D1749542

Vor dem Vergessen bewahren

Lebenswege Weimarer Sozialdemokraten

Herausgegeben von
Peter Lösche
Michael Scholing
Franz Walter

Colloquium Verlag Berlin

CIP-Titelaufnahme der Deutschen Bibliothek

Vor dem Vergessen bewahren: Lebenswege Weimarer
Sozialdemokraten / hrsg. von Peter Lösche... – Berlin:
Colloquium-Verl., 1988
  ISBN 3-7678-0741-6
NE: Lösche, Peter [Hrsg.]

© Colloquium Verlag GmbH, Berlin
Satz: IBV Satz- und Datentechnik GmbH, Berlin
Druck: Color-Druck Dorfi, Berlin
Einband: Schöneberger Buchbinderei, Berlin
Umschlagentwurf: Rudolf Hübler
Printed in Germany

Inhalt

Vorwort der Herausgeber		7
Werner Korthaase	Siegfried Aufhäuser (1884–1969)	15
Detlef Lehnert	Rudolf Breitscheid (1874–1944)	38
Michael Scholing	Georg Decker (1887–1964)	57
Dieter Emig/ Rüdiger Zimmermann	Arkadij Gurland (1904–1979)	81
Peter Lösche	Ernst Heilmann (1881–1940)	99
August Rathmann	Eduard Heimann (1889–1967)	121
Ursula Langkau-Alex	Paul Hertz (1888–1961)	145
Walter Euchner	Rudolf Hilferding (1877–1941)	170
Dietmar Klenke	Hermann Liebmann (1882–1935)	193
Kersten Oschmann	Hendrik de Man (1885–1953)	223
Franz Walter	Siegfried Marck (1889–1957)	251
Antje Dertinger	Toni Pfülf (1877–1933)	280

Hans-Harald Müller	Karl Schröder (1884–1950)	299
Susanne Miller	Toni Sender (1888–1964)	315
Ralf Schmölders	Anna Siemsen (1882–1951)	332
Franz Walter	Wilhelm Sollmann (1881–1951)	362
Helga Grebing	Fritz Sternberg (1895–1963)	391
Über die Autoren		407

Vorwort

Biographische Beiträge über Sozialdemokraten der Weimarer Republik – was mag das für einen Sinn geben? Ist nicht das Urteil über die Sozialdemokraten der Zwischenkriegszeit längst und eindeutig negativ gesprochen? Haben sie nicht vor den Herausforderungen ihrer Zeit restlos versagt, da es ihnen weder gelang, die Republik sozialistisch auszugestalten noch sie vor dem Ansturm der Nationalsozialisten zu schützen? Ja, war es nicht ein Grundübel der SPD, daß sie seit dem Tode von August Bebel keine großen politischen Gestalten mehr hervorbrachte, keine mitreißenden Redner und machtbewußten Politiker mehr, sondern nur noch schwächliche, blasse, phantasiearme, kleinbürgerliche Funktionäre? Statt des Tribuns nur noch den Biedermann, redlich zwar, aber ohne Tatkraft, Schwung und Vision? Und die Lebensgeschichte ausgerechnet solcher Personen soll heute noch interessieren?
Nicht wenige werden so denken. Und wir gestehen es offen: auch wir haben eine Zeitlang so gedacht. Schließlich waren (und sind) solche Ansichten geradezu ein Topos in der Literatur zur Geschichte der Arbeiterbewegung. Doch je mehr wir uns mit der Weimarer Sozialdemokratie beschäftigten, je tiefer wir in die Quellen einstiegen, je intensiver wir mit Zeitzeugen sprachen und diskutierten, um so brüchiger wurde unser anfängliches Urteil, bis wir es am Ende ganz fallenließen. Bei den Zeitzeugen imponierte uns oft ihr sicheres Urteilsvermögen, ihre analytische Strenge, der weite Horizont ihrer Bildung. Fast immer hoben sie stolz hervor, solche Fähigkeiten in der sozialdemokratischen Arbeiterbewegung der Weimarer Zeit erlernt zu haben; immer wieder hörten wir die gleichen Namen von Politikern und Theoretikern, durch deren Schule sie gegangen waren. Diese Politiker und Theoretiker interessierten uns. Mit dem gängigen Klischeebild des biederen, langweiligen und selbstgenügsam-saturierten Sozialdemokraten hatten sie offenkundig wenig gemein. Die meisten von ihnen waren glänzende Redner, besaßen Charisma, sie waren scharfsinnig in ihrer Argumentation und glaubwürdig in ihrer Haltung, urban, weltoffen und liberal, manche auch mit dem Flair der Bohème. Die Reden, Aufsätze und Bücher der Theoretiker beeindruckten durch Originalität und fragende Neugier, sie bestachen nicht selten durch intellektu-

elle Brillanz, ihre analytische Sorgfalt und ihre realistischen Prognosen. Aber auch unter den politischen „Machern" fanden wir nicht nur die so häufig karikierten, einfältigen, willensschwachen und visionsarmen Bürokraten, sondern etwa jenen preußischen Fraktionsvorsitzenden, der die parlamentarischen Spielregeln virtuos beherrschte, der über ein klares politisches Konzept verfügte, überzeugend reden und pointiert schreiben konnte. Wir fanden jenen Gewerkschaftsführer der Angestellten, der seine Organisation pragmatisch leitete, der aber auch ein theoretischer Kopf war, der eine umsichtige, konzeptionelle und handlungsorientierte Gewerkschaftspolitik betrieb, neue Wege suchte und ging. Wir stießen schließlich auf jenen dickschädeligen sozialdemokratischen Linken, der als zeitweiliger Landesinnenminister die Verwaltung und Polizei hart, energisch und kompromißlos auf einen sozialen und republikanischen Kurs zu bringen versuchte.

Diese sozialdemokratischen Theoretiker und Politiker, deren Leben völlig dem widerspricht, was sich an stereotyper Kritik in der Literatur über die Weimarer SPD findet, verteilen sich über das gesamte Spektrum der Partei: es gab sie auf dem linken wie auf dem rechten Flügel und sogar (oder erst recht?) im vielgeschmähten „Zentrum" der Sozialdemokratie. In unserem Buch sind daher auch Sozialdemokraten aller Schattierungen vertreten. Keiner der verschiedenen Flügel und Gruppierungen innerhalb der SPD hatte die Wahrheit, den Erkenntnisfortschritt, die analytische Einsicht für sich allein gepachtet, schon gar nicht gab es den einen großen Übertheoretiker, nach dem die Neue Linke in den 70er Jahren so krampfhaft gesucht hatte. Im Zentrum der Partei überzeugten uns die klugen, gewissenhaften und verantwortungsbewußten marxistischen Politiker mit ihren sorgfältigen Analysen der empirischen Wirklichkeit und mit ihren Strategien für die nähere Zukunft der Arbeiterbewegung. Auf dem rechten Flügel ragten einige Theoretiker durch ihre ausgesprochene Sensibilität für neue Fragen, gesellschaftliche Umbrüche, geistige Veränderungen, durch ihren Mut für unorthodoxe Lösungsvorschläge heraus. Am unproduktivsten erscheint im Rückblick der Kern des linkssozialdemokratischen Flügels, wo mancher phantasielos allein auf die proletarische Revolution hoffte, dafür aber weder ein Handlungskonzept besaß noch über die Funktionsweise einer sozialistischen Gesellschaft nachdachte. Interessanter sind hier eher die Randfiguren und Außenseiter der Linkssozialdemokratie, die eigene Vorstellungen hatten und die die sozialistische Theorie weiterentwickelten, etwa Arkadij Gurland, Siegfried Marck oder Fritz Sternberg, der zwar kein Parteimitglied war, aber bis 1931 in der Sozialdemokratie sein politisches Hauptbetätigungsfeld sah.

Doch keinen dieser sozialdemokratischen Politiker und Theoretiker sollte man auf einen Denkmalsockel stellen und ihn dann ehrfürchtig-kritiklos bestaunen. Vielmehr haben sie Treffendes geschrieben, entschlossen gehandelt, aber eben auch fundamental geirrt und nicht selten sträflich gezaudert. Es gibt daher keinen Grund, sie zu mythologisieren, aber es gibt erst recht keinen Anlaß, sie zu verdammen. Man sollte sich ihrer erinnern, nachdenklich und reflektierend; nicht mehr, aber auch nicht weniger – und das wird in diesem Buch versucht. Die meisten Autoren des vorliegenden Bandes verfolgen mit Sympathie die Lebensgeschichte „ihres" Sozialdemokraten, doch nennen sie auch die individuellen Grenzen und Schwächen, verschweigen nicht Fehler und Versäumnisse. Neue Säulenheilige sollen hier nicht aufs Schild gehoben werden.

Im Mittelpunkt der biographischen Beiträge stehen jeweils die Weimarer Jahre. Wir wollten so, gleichsam durch den Filter individueller Lebensläufe, die breite Palette sozialdemokratischer Deutungen der Krisen in der Republik und die Vielfalt sozialdemokratischer Handlungsentwürfe eindringlich vorstellen, auch um so pauschale Urteile über den demokratischen Sozialismus der Zwischenkriegszeit zu korrigieren. Dabei sind allerdings die Jahre vor bzw. die Zeit nach Weimar nicht ausgeblendet. Besonders haben die Autoren die frühen prägenden Faktoren in den Lebensläufen beachtet, die soziale Herkunft, das regionale Milieu, die gesellschaftlichen Mentalitäten während der Sozialisation, die generationsspezifischen Erfahrungen. Auf diese Weise wird der politische und ideologische Standort der Sozialdemokraten in der Weimarer Republik soziobiographisch entschlüsselt, erklärt und gewissermaßen entindividualisiert. Natürlich wird auch über das Schicksal der Sozialdemokraten nach der Machtübertragung an die Nationalsozialisten 1933 berichtet. Uns interessierte dabei die Frage, wie die Sozialdemokraten die Erfahrungen von Weimar nach dem Scheitern der Republik bewerteten und verarbeiteten, inwieweit sie sich nun veränderten, umstellten und neu orientierten.

Die Mehrzahl der hier porträtierten Sozialdemokraten wird man zu den Theoretikern zählen müssen. Daß der Typus des eher praktischen Politikers etwas unterrepräsentiert ist, hat nichts mit den mehr intellektuellen Vorlieben der Herausgeber zu tun. Wir hätten nur zu gerne eine biographische Studie über Albert Grzesinski aufgenommen. Indessen: für die praktischen Politiker findet man kaum einen Biographen, sei es, daß jene für akademische Bearbeiter nicht attraktiv genug sind, sei es, daß in ihren Fällen die Quellenrecherche ungleich schwieriger ist als bei den Theoretikern, deren publizistisches Wirken leichter zu verfolgende Spuren hinterlassen hat. Doch auch bei der Auswahl der Theoretiker mußten wir uns in einigen Fällen der Begrenzung des verfügbaren biographischen Materials beugen. So hatten wir ein Porträt über Alexander Schifrin zeichnen wollen, da wir ihn für einen der glänzendsten, jedenfalls für den begabtesten Intellektuellen der Weimarer Sozialdemokratie überhaupt halten. Trotz aller Anstrengungen aber erfuhren wir kaum etwas über seine Lebensgeschichte, über seine Herkunft, seine Familie, seinen Freundeskreis, seine Lebensart. Wir hätten so nur seine theoretischen Positionen zusammenfassen können, was gewiß verdienstvoll genug wäre, aber nicht in den Rahmen dieses Bandes gepaßt hätte. So mußten wir auf einen Beitrag über Schifrin wohl oder übel verzichten; ähnlich ist es uns mit Theodor Dan ergangen.

*

Die Mehrheit der hier vorgestellten Sozialdemokraten unterschied sich sowohl nach sozialer Herkunft als auch nach Generationszugehörigkeit von den Repräsentanten an der Spitze der Partei, zu denen man etwa Friedrich Ebert, Philipp Scheidemann, Gustav Noske, Otto Wels, Hermann Müller, Otto Braun, Carl Severing, Rudolf Wissell, Wilhelm Dittmann und Arthur Crispien rechnen kann. Diese waren in den sechziger und siebziger Jahren des 19. Jahrhunderts geboren, hatten fast durchweg ein Handwerk erlernt und sich allmählich autodidaktisch hochgearbeitet. Ihr Weltbild hatte sich während des Kaiserreichs in einer intakten, stets wachsenden Arbeiterbewegung geformt und gefestigt. Auf dieses Fundament, das ihnen Sicherheit und Gelassenheit verlieh, stützten sie sich auch in den turbulenten Jahren der Weimarer Republik.
Anders die Sozialdemokraten, deren Lebensgeschichten in diesem Band erzählt werden. Die meisten von ihnen kamen aus einem wohlhabenden jüdischen Elternhaus. Sie wuchsen auf in einer musischen und kosmopolitischen Umwelt; sie lernten Fremdsprachen,

musizierten und kannten die Klassiker der Literatur. Viele von ihnen besuchten die Universität und schlossen das Studium mit der Erlangung eines Doktorgrades ab. Zur sozialistischen Arbeiterbewegung trieb sie das ethische Empfinden, die soziale Empörung, die intellektuelle Neugier, wohl auch die Erfahrung der Diskriminierung, die viele von ihnen als Juden erlitten. Geboren waren sie größtenteils in den achtziger Jahren; wie kaum eine andere Generation im modernen Sozialismus durchlebten sie die Wechselbäder, die tiefen Einschnitte und Katastrophen in der Geschichte der Arbeiterbewegung, den 4. August 1914, die halbherzige Revolution 1918/19, die Hyper-Inflation 1923, den Höhepunkt der sozialdemokratischen Arbeiterkulturbewegung 1926–1929, die Niederlage der Republik, das nationalsozialistische Terrorregime, Konzentrationslager und Emigration. Die Sozialisten dieser Generation kamen nicht zur Ruhe, sie waren geistig mehr auf der Suche, veränderten sich stärker als die Sozialdemokraten früherer Generationen. Es ist daher auch wenig sinnvoll, sie als Sozialdemokraten des rechten, linken oder zentristischen Flügels zu bezeichnen, da beinahe alle der im folgenden porträtierten Sozialdemokraten in ihrem Leben den Standort mitunter mehrere Male wechselten, sich durch neue einschneidende Erfahrungen auch neu definierten.

In den ersten Jahren ihrer politischen Sozialisation lernten sie noch die zukunftsgewisse und optimistische Arbeiterbewegung kennen, deren Wachstum, so schien es, kaum aufzuhalten war. Als junge Erwachsene erlebten sie den großen Erfolg der Sozialdemokratie bei den Reichstagswahlen 1912. Doch war die Welt, in der sie aufwuchsen und sich politisch zu orientieren begannen, doch schon eine erkennbar andere als die zu Zeiten von Marx und Engels, aber auch eine andere als die des Erfurter Programms. Die ersten Anzeichen für die in Weimar dann manifeste Krise des Marxismus zeichneten sich bereits in den unmittelbaren Vorkriegsjahren am politischen Horizont der Sozialdemokratie ab und blieben zumindest den sensiblen Beobachtern der jungen Generation nicht verborgen. Der Krieg und die revolutionären Wirren wühlten sie tief auf; kaum einer von ihnen stand 1920 geistig und politisch noch da, wo er sich ursprünglich 1913 befunden hatte – das war der Unterschied zur Generation Friedrich Eberts und Philipp Scheidemanns. In den Weimarer Jahren gelangten die wenigsten der hier vorgestellten Sozialdemokraten in das Führungszentrum der Partei; als intellektuelle Interpreten und Pädagogen der sozialistischen Bewegung aber gelangten einige von ihnen zu Einfluß. Sie hatten eine gesellschaftliche und politische Umwelt zu deuten, auf die die sozialistische Arbeiterbewegung im Grunde nicht vorbereitet war und die für sie auch einzigartig kompliziert war. Die Expansionszeit der Sozialdemokratie war vorbei, sowohl sozialstrukturell als auch bei den Wählerstimmen. Sie war im Grunde eine isolierte Organisation, die schließlich als einzige uneingeschränkt für die Republik eintrat, sich dabei von links der Konkurrenz der größten kommunistischen Partei Europas ausgesetzt sah, rechts gegen die mächtigste und aggressivste faschistische Bewegung zu kämpfen hatte und schließlich eine beispiellose soziale, konfessionelle und politische Spaltung des Proletariats hinnehmen mußte. So komplex und problemreich hatte man sich in der sozialistischen Vision der Vorkriegssozialdemokratie die künftige Realität nicht ausmalen können.

Die Mehrheit der Sozialdemokraten, um deren Biographie wir uns bemüht haben, hat versucht, konzeptionelle Wege aus der Krise des Sozialismus zu finden. Es hat dabei nicht an originellen, sogar modern erscheinenden Vorschlägen gefehlt. Einige wollten die Partei geistig und sozial öffnen, sie zur Volkspartei ausbauen. Andere wiederum warnten, sich vom Wurzelgrund der Arbeiterklasse zu lösen, und plädierten für ein Festhalten am proletarischen Sozialismus. Für beides gab es gute Argumente; für beides finden sich aber auch Beispiele des Scheiterns. Gerade das machen die biographischen Beiträge auf bedrückende Weise deutlich: Es gab nicht den einen befreienden Schlag zur Überwindung der Schwierigkeiten des Weimarer Sozialismus und der Republik schlechthin. Auch Historiker, die so tun, als könnten sie ihn post festum noch nachholen, sollten das heute einsehen.

Mit sich selbst im reinen waren die Sozialdemokraten, um die es in diesem Buch geht, eigentlich nur in den Jahren 1926 bis 1929, während der Blütezeit der sozialdemokratischen Arbeiterkultur. Hier hatten die Intellektuellen ihr Betätigungsfeld, hier engagierten sie sich, als Redner vor allem in der Bildungsarbeit mit sozialdemokratischen Jugendlichen, die sie als Hoffnungsträger für eine Erneuerung der sozialistischen Bewegung ansahen. Die Kultur und die Bildungsbestrebungen der Arbeiterbewegung – allein um derentwillen waren schließlich nicht wenige Intellektuelle erst zum Sozialismus gestoßen. So entstand ein Charakteristikum der sozialdemokratischen Solidargemeinschaft der Weimarer Republik, nämlich die Symbiose von sozialistischen Akademikern, mit einer spezifischen

Schicht junger Facharbeiter, das Zusammentreffen des intellektuellen Vermögens konvertierter Bildungsbürger mit dem Orientierungs- und Wissensbedürfnis qualifizierter Proletarier. Diese Arbeiter hatten eine ganz andere Vorstellung von einem guten Redner als manche heutige Historiker, die die großen Rhetoren in der Weimarer Sozialdemokratie vermissen und auch darin sogar einen Grund für die Niederlage der SPD im Kampf gegen die mit Demagogen reichlich bestückten Nationalsozialisten sahen. Doch eine solche Demagogie fand innerhalb der sozialdemokratischen Facharbeiterschaft keinen Anklang, auch wenn sie rot getüncht gewesen wäre. Dafür waren Mentalität und Weltbild der aktiven Mitglieder in der sozialdemokratischen Solidargemeinschaft zu rationalistisch. Dort begeisterte man sich für die Rhetorik eines Wilhelm Sollmann, eines Rudolf Breitscheid, eines Georg Decker, auch – besonders die Jüngeren – für die eines Fritz Sternberg und Karl Schröder, weil deren Reden argumentativ, inhaltsreich, präzise und logisch scharf waren.

Die goldenen Jahre der Arbeiterkultur aber waren bald vorbei. Ab 1930 wußten die meisten unserer Sozialdemokraten, was die Stunde geschlagen hatte. Illusionen über den Charakter der Nationalsozialisten hatte sich schon zu dieser Zeit kaum einer von ihnen gemacht. Vielmehr begriffen sie genau, welche Gefahren der Nationalsozialismus an der Macht bedeutete. Gerade deshalb hielten die meisten von ihnen, auch wenn sie kurz zuvor noch zur innerparteilichen Linksopposition gehörten, die Tolerierungspolitik der SPD für alternativlos, da alles darauf ankam, den Eintritt der Nationalsozialisten in die Regierung zu verhindern. Allerdings täuschten sie sich auch darüber nicht hinweg, wie demoralisierend die Tolerierungspolitik wirkte. Daher traten die meisten auch für außerparlamentarische Kampagnen, für eine Modernisierung der Werbemethoden, für aktivere Agitationsmethoden ein. Doch im Grunde zweifelten sie selbst am Nutzen ihrer Vorschläge, da sie einsahen, daß die Sozialdemokratie eine unpopuläre, wenngleich notwendige parlamentarische Politik, nicht durch moderne Formen und aktionistische Betriebsamkeit kompensieren und erträglicher gestalten konnte. Niemand verfügte über ein taugliches Rezept für eine sozialdemokratische Offensive; und es gab nach 1930 wohl auch keins.

Die nationalsozialistische Diktatur leitete für diejenigen, die nicht in den Konzentrationslagern erschlagen wurden, eine Zeit gründlichen Umdenkens ein. Einige radikalisierten sich anfangs nach links und griffen, zunächst auf die Schlagworte aus der marxistischen Heroenzeit zurück. Andere entfernten und lösten sich vom Marxismus; sie nahmen Abschied von dessen optimistischem und rationalistischem Menschenbild. Viele kehrten gewissermaßen zum liberalen Humanismus ihrer Jugend zurück. Sie besannen sich wieder der Bedeutung der individuellen Freiheitsrechte, die sie lange zugunsten der kollektiven Sicherungen unterschätzt hatten. Sie setzten sich mit den Bedrohungen durch die totalitären Ideologien auseinander, und sie grübelten darüber nach, ob sich eine zentralisierte Ökonomie und Staatsverfassung mit der Freiheit des Menschen würde vereinbaren lassen. Viele Emigranten lernten um, weil sie in ihren Zufluchtsländern eine ihnen bis dahin unbekannte Art des Denkens in der Politik kennen- und schätzenlernten. Das Politikverständnis dieser Sozialdemokraten öffnete sich dadurch, es löste sich aus seiner deutschen Enge, wurde westlicher und liberaler.

Göttingen, Bonn und Detmold	Peter Lösche
im März 1988	Michael Scholing
	Franz Walter

Siegfried Aufhäuser (1884–1969)

Der Organisator der „Kopfarbeiter"

von
Werner Korthaase

Als der letzte Exponent planwirtschaftlicher Zielsetzungen im sozialdemokratischen Parteivorstand am 1. Mai 1884 in der bayerischen Stadt Augsburg das Licht der Welt erblickte, gab es noch keinen „Festtag der Arbeiter aller Länder", und die Mitglieder der Familie, die sich um den jungen Erdenbürger versammelt hatten, waren weit davon entfernt anzunehmen, er werde eines Tages den „Umbau der kapitalistischen Wirtschaft zur planvollen Bedarfswirtschaft" fordern. Dem Vater gehörte eine „Branntwein-, Liqueur-, Essig-, Spiritus- & Puntsch-Essenzen-Fabrik", und niemand in dieser ebenso wohlhabenden wie unpolitischen Familie war Sozialist.
David, der ältere Bruder, studierte Naturwissenschaften, arbeitete in Zürich als wissenschaftlicher Assistent, eröffnete 1905 in Hamburg die „Thermochemische Prüfungs- und Versuchsanstalt Dr. Aufhäuser" und wurde 1927 Professor der Technischen Hochschule von Berlin-Charlottenburg. Albert übernahm die väterliche Firma; Schwester Friedl heiratete einen Kaufmann aus Bamberg. Ein Cousin des Vaters gründete 1870 in München das heute dort noch vorhandene „Bankhaus Heinrich Aufhäuser". Seine Söhne galten als „deutsche Wirtschaftsführer". Der eine von ihnen, Siegfried, hatte in London im Bankfach gearbeitet, war nun in München Mitinhaber des väterlichen Bankhauses, Mitglied von Aufsichtsräten und Generalkonsul für Schweden; der andere, Martin, wurde Seniorchef der Aufhäuser-Bank, Teilhaber der S. Bleichröder Bank, Handels- und Kaufmannsrichter, Aufsichtsratsmitglied zahlreicher Aktiengesellschaften, außerdem Mitglied des Bezirksausschusses der Reichsbankhauptstelle München, der Kaiser-Wilhelm-Gesellschaft zur Förderung der Wissenschaften, des Vorstandes des Münchener Handelsvereins und der Münchener Börse.
Der Weg des Siegfried Aufhäuser schien vorgezeichnet. Er begab sich nach dem Besuch der Höheren Handelsschule zur Jahrhun-

dertwende mit der Berechtigung zum „Einjährigen-Freiwilligen-Dienst" versehen nach München, trat als Lehrling in die Firma „J. Einhorn & Co.", Manufaktur en gros" ein und wurde Handlungsgehilfe. Er verheiratete sich 1910 standesgemäß mit der Tochter eines Frankfurter Kaufmanns. Mit 26 Jahren war er „Fabrikant" wie sein Vater. Doch alles kam anders, denn er hatte 1903 die Mitgliedskarte des „Vereins der Deutschen Kaufleute" (VdDK) erworben, einer Handlungsgehilfenorganisation, die zu den Hirsch-Dunckerschen Gewerkvereinen gehörte, mit etwa hundert Mitgliedern in München und zehntausend im Deutschen Reich. Sie betätigte sich „frei von jeder politischen Parteistellung, frei von jeder religiösen Voreingenommenheit, ohne Rücksicht auf die Geschlechter" und forderte für die unter zwölf- bis vierzehnstündigen Arbeitszeiten leidenden Handlungsgehilfen, die selbst sonntags arbeiten mußten, menschenwürdige Lebensbedingungen wie den „Acht-Uhr-Abendschluß". Der junge Handlungsgehilfe wurde politisch, forderte staatsbürgerliche Gleichheit, nicht wirtschaftliche – vom „Endziel" und vom „Vernichtungsschlag" der Sozialdemokratie wollte er nichts wissen. Die gesellschaftliche Diskriminierung der Juden verstärkte sein Interesse an der Politik, denn die Redner des antisemitischen „Deutschnationalen Handlungsgehilfenverbandes" (DHV) trugen auch in München ihre „von fanatischem Haß erfüllten" Angriffe gegen den „Verein der Deutschen Kaufleute" und dessen jüdische Mitglieder vor. Der junge Aufhäuser ist entrüstet und berichtet im September 1903 der „Kaufmännischen Rundschau", seinem Verbandsblatt, über deren „bodenlose Frechheiten, Lügen und Verleumdungen"; er versichert: „Wir sind um eine Erfahrung reicher und werden wissen, wie wir uns für die Zukunft in öffentlichen Versammlungen den Deutschnationalen gegenüber zu verhalten haben."[1]

Mitbegründer einer Partei

Er war politisch talentiert, vermochte begeisternd zu reden und versuchte sich früh als politischer Berichterstatter. Da lebhaft interessiert an ökonomischen und sozialpolitischen Themen betätigte er sich später als Archivar, Verfasser sozialpolitischer Darstellungen, Redakteur und Herausgeber vieler Zeitschriften. Seine ersten drei Karrieren noch im „bürgerlichen" Milieu führten derart steil „nach oben", daß Jungpolitiker von heute, lesen sie das folgende, Anlaß haben dürften, überrascht zu sein. Zunächst ist er Mitglied des Münchener Ortsvorstandes seines „Vereins der Deutschen Kaufleute". 1905 trifft er in Berlin ein; einige Monate später leitet er einen der Berliner Vereine, im Jahr darauf, 23 Jahre alt, als Vorsitzender, alle in der Reichshauptstadt vorhandenen Ortsgruppen. Er ist der erste Mann der größten Regionalorganisation des VdDK. Es wäre falsch anzunehmen, daß diese Vereine unbedeutend gewesen seien hinsichtlich ihrer nach innen gerichteten Aktivität. Das Gegenteil trifft zu. Rechtsanwälte, Ärzte, Lehrer, Redakteure, Schriftsteller, Privatdozenten und erfahrene ältere Verbandsfunktionäre traten in Berlin als Redner auf, auch der spätere Präsident der Reichsbank, Dr. Hjalmar Schacht, aber der Handlungsgehilfe mit dem imponierenden „Es-ist-vollbracht"-Bart gehörte zu den schlagfertigsten und beliebtesten, obwohl er bis in die späten Abendstunden am Werderschen Markt 5–6 bei „Herrmann Gerson – Modewaren, Konfektion, Seide usw." hinter dem Ladentisch auszuharren hatte. Die Delegierten des Verbandstages wählten ihn 1907 zum Mitglied des Generalrates des VdDK, des Hauptvorstandes der VdDK-Krankenkasse und zum Delegierten des Verbandstages der Gewerkvereine. Er war Wortführer der „Reformer", trat für die Rechte der Handlungsgehilfinnen ein, forderte den Ausschluß auch des letzten noch im VdDK vorhandenen Prinzipals.

Im Mai 1908 gründete Theodor Barth, ein bekannter Politiker, als Antwort auf die Koalition der Liberalen mit den Konservativen eine neue Partei: die „Demokratische Vereinigung" (DV), die der Zusammenschluß all derer sein sollte, die gewillt waren, „energisch an der Demokratisierung von Reich, Staat und Gemeinde mitzuarbeiten". Der 24jährige Bezirksvorsitzende der Berliner VdDK-Vereine gehört zu ihren Gründern, wurde Mitglied ihres Zentralvorstandes und sogar des fünfköpfigen Ausschusses zur Erarbeitung des Parteiprogramms. Auf dem Parteitag von 1909 erhält er für einen seiner Vorschläge mehr Applaus als der Parteivorsitzende Dr. Rudolf Breitscheid; auf dem zweiten Parteitag von 1910 steht er mit 26 Jahren als Grundsatzredner vor den Delegierten. Seine Rede wird als Broschüre veröffentlicht. Auf dem dritten Parteitag (1911) erzwingt er mittels namentlicher Abstimmung mit 56 gegen 33 Stimmen gegen den Willen der Parteiführung die Aufnahme der Forderung auf Verbot der Todesstrafe in das Parteiprogramm. Er profiliert sich als Interessenvertreter der „Privatangestellten": „Privatangestellte, Handlungsgehilfen, Techniker! Euer Platz ist in den Reihen der Demokratie, die gewillt ist, rücksichtslos für das Recht der Arbeit gegen die durch Privilegien geschützten Rechte des Großkapitals zu kämpfen, bis die Angestellten auf politischem und wirtschaftlichem Boden die bürgerliche Gleichberechtigung ihres Standes errungen haben. Sammelt Euch um die Fahne der Demokratischen Vereinigung! Ihr Kampf ist Euer Kampf, und ihr Sieg bringt Euch die wirtschaftliche wie die politische Freiheit."[2]

Mit solchen Aufrufen, Dutzenden Zeitungsartikeln und nicht weniger Versammlungen versuchte der junge Sprecher des „Arbeitnehmerflügels" der DV, der besser als viele andere begriffen hatte, daß seine Partei Wähler und Anhänger in Massen benötigte, die Angestellten zu gewinnen, denen er versichert, sie seien ein „politischer Machtfaktor". Er korrigiert zornig die „unglaublichsten Ansichten" des Sozialdemokraten Karl Kautsky, weil dieser „vor lauter Theorie den Boden unter den Füßen verloren" habe – der Theoretiker der SPD hatte behauptet, die Angestellten stünden zwischen den Arbeitgebern und Arbeitern und hätten Interesse am Imperialismus. Kautskys Standpunkt sei geeignet, „einen Keil zwischen die beiden Arbeitnehmergruppen der Kopf- und Handarbeiter zu treiben".[3] Die Angestellten seien „Arbeitnehmer" wie die Arbeiter, das „Märchen" vom „neuen Mittelstand" hätten die „Herrschenden" nur erfunden, um zwischen Arbeitern und Angestellten eine Kluft „aufzureißen".[4] Die SPD solle wie bisher die Arbeiter organisieren, sie sei mit ihrem „Hang zum Dogmatisieren" und ihrem Endziel „bedingungsloser Verstaatlichung" doch nicht in der Lage, Angestellte für sich zu gewinnen. 1909, auf dem ersten Parteitag der „Demokratischen Vereinigung", behauptet Aufhäuser vor den versammelten mittelständischen Delegierten: „Wir haben als Angestellte gemeinsame Interessen mit den Arbeitern."[5]

Aber die Führer der weithin unbekannten DV, die viel zu früh in einen Wahlkampf zogen, erlebten in der Reichstagswahl von 1912 eine herbe Enttäuschung. Keinem der wenigen Kandidaten der Partei gelang der Sprung in den Reichstag, was den Vorsitzenden und andere veranlaßte, zur SPD überzuwechseln. Aufhäuser fordert Durchhalten. Die schwarz-rot-goldene Fahne, deren Bannerträger Theodor Barth gewesen sei, dürfe „nie mehr schwächlichen Führern anvertraut" werden.[6] Breitscheids Ansichten hätten dem Klassenkampf, „wie ihn Karl Marx propagierte", entsprochen. Es

gäbe keinen Grund, die Partei zu verlassen, der Kampf um die „Demokratisierung in Reich, Staat und Gemeinde" sei unter „völliger Aufrechterhaltung" des Programms und der Taktik der DV „konsequent weiterzuführen".[7]
Der vorzügliche Versammlungsredner, stets Mitglied des Zentralvorstandes oder des Parteiausschusses, 1913 auch Vorsitzender der Preßkommission, dem der „Glaube an den Sieg" in „Fleisch und Blut" übergegangen war, stieg in den engsten Führungskreis auf. Am Abend des 12. Dezember 1911 ist er Wahlredner im ersten Berliner Wahlkreis. Anderentags war in der „Berliner Volks-Zeitung" zu lesen: „Der große Saal des Tiergartens barst, und die Tribünen waren total überfüllt." Am 12. Juni 1913 fordert Aufhäuser im Parteiorgan „Das freie Volk" von den Führern der Arbeitergewerkschaften und der SPD das Signal zum Massenstreik gegen das Dreiklassenwahlrecht in Preußen. Der Generalstreik als „schärfste Waffe der Entrechteten" dürfe nicht länger „indiskutabel" bleiben. Die Angestellten würden „aufgepeitscht" von ihrer „Sehnsucht", endlich die „preußische Zwingburg im Sturm zu nehmen", am großen politischen Kampf teilnehmen. Er kritisierte, die Jagd nach Stimmen und Mandaten habe auf die Sozialdemokratie offenbar „verflachend" gewirkt; die „Beweglichkeit der sozialdemokratischen Arbeiterbataillone lasse zu wünschen übrig"; man werde über die Zurückhaltung der sozialdemokratischen Führer auch dann enttäuscht sein, berücksichtige man, daß der „bedächtige, vielleicht manchmal schwerfällige deutsche Arbeiter nur allmählich für revolutionäre Ideen zu gewinnen" sei. Rosa Luxemburgs Lob der „Aktionsfähigkeit der unorganisierten Masse" erhielt von ihm Beifall.

Gewerkschaftssekretär statt Fabrikant

Im November 1910 verabschiedete sich Aufhäuser von seinen Berliner Parteifreunden, siedelte nach Frankfurt am Main über und wurde – „Fabrikant". Aber Frankfurt war Provinz, die politischen Akteure agierten in Berlin. Schon im Januar 1913 ist er erneut in der Reichshauptstadt – jetzt als „wissenschaftlicher Hilfsarbeiter" im „Bund der technisch-industriellen Beamten" (Butib). Die politische Leidenschaft besiegte den Kommerz.
Der „Butib" hatte 22 000 Mitglieder, aber er vertrat Techniker und

Ingenieure, die „modernste Gruppe" der Angestellten, und marschierte „hinsichtlich seiner Energie und Schlagfertigkeit" – wie Emil Lederer 1912 feststellte – „an der Spitze aller Organisationen der technischen Angestellten". Da er politisch von der DV beeinflußt war, gewann Aufhäuser mit seinem Wechsel ‚vom Fabrikanten zum Gewerkschaftssekretär' eine solidere Hausmacht als den „Verband der Deutschen Kaufleute". Die Verbandsführung des „Butib" zerfiel zwar gerade in verfeindete Fraktionen, aber der geschickte Politiker, allen anderen in politischer Taktik überlegen, war dem gewachsen, und deshalb steht er im September 1913, einige Monate nach seinem Eintritt, vom Vorstand für dieses Nebenamt in Vorschlag gebracht, als geschäftsführender Vorsitzender an der Spitze einer von zwölf Angestelltenorganisationen mit zusammen 130 000 Mitgliedern gebildeten Koalition: des „Arbeitsausschusses für das einheitliche Angestelltenrecht". Welche Position der Fabrikantensohn und jetzige Gewerkschaftsangestellte zur gleichen Zeit in der „Demokratischen Vereinigung" erreicht hatte, läßt deren anläßlich des Kriegsausbruchs herausgebrachter Aufruf „An die Partei!" vom 8. August 1914 erkennen. Er trägt zwei Unterschriften: „Der Ausschuß: i. A. Rechtsanwalt Dr. Halpert. Der Zentralvorstand: i. A. Aufhäuser."

Über die „Demokratische Vereinigung" schlugen die Wogen der Kriegsbegeisterung zusammen. Sie ging in ihnen unter. Dem auf einem Auge blinden oder sehbehinderten Aufhäuser blieb der Kriegsdienst erspart, und er konzentrierte jetzt alle seine Kraft auf den „Bund der technisch-industriellen Beamten", dessen führende Funktionäre schon in den ersten Kriegstagen eingezogen worden waren. Nur er war befähigt, den erneut von heftigen Fraktionskämpfen erschütterten Verband zu leiten. Und so stand, siebzehn Monate nach seinem Eintritt, ein Handlungsgehilfe an der Spitze einer Organisation berufsstolzer Techniker und handelte für sie wie ein geschäftsführender Vorsitzender, was unter normalen Umständen unvorstellbar gewesen wäre. Weggefährten wie Hellmut von Gerlach oder Rudolf Breitscheid waren während des Krieges ohne organisatorischen Rückhalt. Aufhäusers unaufhaltsamer Aufstieg beginnt in dieser Zeit. Er war unentwegt als Organisator und Redner unterwegs, füllte mit seinen Beiträgen beinahe ausschließlich die Spalten der „Deutschen Industriebeamten-Zeitung" und warnte schon im ersten Kriegsjahr, nicht zu vergessen, „was man in zehnjähriger Bundesarbeit als richtig erkannt habe".[8] Ab 1916 agiert er auf höherer Ebene, weil die militärische Führung des Deutschen Reiches zur Überzeugung gekommen war, sie benötige zur Aufrechterhaltung der Kriegswirtschaft die Mitwirkung der Berufsverbände: der Vorsitzende der „Arbeitsgemeinschaft für das einheitliche Angestelltenrecht" wurde Mitglied des „Vertrauensmännerausschusses der Angestellten und Arbeiter" beim „Kriegsamt" der Kaiserlichen Regierung. Er saß mit Carl Legien, dem Vorsitzenden der „Generalkommission der Gewerkschaften Deutschlands", Adam Stegerwald, dem Vorsitzenden des „Gesamtverbandes der christlichen Gewerkschaften" und anderen bekannten Repräsentanten der Berufskartelle den Vertretern der Staatsmacht gegenüber. Sein Kartell forderte als erste deutsche Arbeitnehmervereinigung eine Kriegsbeschädigtenfürsorge als Rechtsanspruch, und als das Gesetz über den „Vaterländischen Hilfsdienst" in Vorbereitung war (1916), setzte Aufhäuser durch, daß in den größeren Betrieben nicht nur Arbeiter-, sondern auch Angestelltenausschüsse gewählt werden mußten. Gegen Ende 1917 gelang ihm dann die Umbildung des von ihm vertretenen Kartells zur „Arbeitsgemeinschaft freier Angestelltenverbände" (AfA). Die Verbände verpflichteten sich zu engerer Zusammenarbeit und sogar zur Bildung von Ortskartellen. Dieses verfestigte, neue Kartell, mit dem die „berühmte Abkürzung ‚AfA' ihren Einzug in die deutsche Sprache hielt" (F. Croner), wurde zum Ausgangspunkt und zur Grundlage seines weiteren politischen Wirkens.

Hellmut von Gerlach empfahl Mitte November 1918, der „Demokratischen Partei" beizutreten. Aufhäuser ging zu den Sozialisten. Seine Frau war bereits vor ihm USPD-Mitglied. Er trat im Oktober 1918 ebenfalls der Partei der „Unabhängigen Sozialdemokraten" bei. Im Mitgliedsbuch ist der 1. November als Eintrittsdatum eingetragen. Der Schritt entsprach seiner inneren Entwicklung und der einiger Mitgliedsverbände der AfA, denn die AfA weigerte sich bereits im März 1918, den Aufruf zur „Ludendorff-Spende" zu unterzeichnen, unter den Carl Legien für die „Generalkommission der Gewerkschaften Deutschlands" seinen Namen setzte. Aufhäuser drohte überdies im Oktober 1918 mit der „Radikalisierung der Angestellten".

Im November 1918 forderte er „weitestgehende Sozialisierung der Betriebe". Die Wahl einer Nationalversammlung lehnte er ab. Habe man die in der Revolution erkämpfte Vormachtstellung der Arbeiter erst einmal an ein Parlament abgetreten, sei der Zeitpunkt, „die ka-

pitalistische Ausbeutung zu beseitigen oder zu beschränken, verpaßt", denn nie werde das Industriekapital „freiwillig die verlangte Gleichberechtigung einräumen".[9]
Im Dezember 1916 hatte er die ersten Betriebsausschüsse der Angestellten durchgesetzt. Nun beherrschten in Berlin die Arbeiter- und Soldatenräte die Szene. Im Parkett zu sitzen und Beifall zu klatschen, entsprach nicht seinem Temperament. Aufhäuser gründete mit anderen AfA-Verbandsvorsitzenden in den ersten Tagen der Revolution unter Ausschaltung der außerhalb der AfA stehenden Bünde, sehr zu deren Mißvergnügen, eine „Zentrale der Angestelltenräte", belegte für sie einen Raum im Reichstagsgebäude und erließ in Übereinstimmung mit dem Vollzugsrat der Arbeiter- und Soldatenräte von Groß-Berlin Bestimmungen über die Wahl von Angestellten- und Betriebsräten; veranlaßte unter „zwar bestrittenem, aber nicht wegzuleugnendem Terror" – wie die Konkurrenten protestierend vortrugen – die Wahl von Angestelltenräten, für die es gesetzliche Bestimmungen noch nicht gab. Am 17. November 1918 beteiligten sich mehr als 20 000 Angestellte an einer Kundgebung, zu der die „Zentrale der Angestelltenräte" aufgerufen hatte. Sie stimmten einer Resolution zu, die folgende Sätze enthielt: „Die heute zu vielen Tausenden versammelten Angestellten Groß-Berlins begrüßen die befreiende deutsche Revolution. Der Platz der Angestellten ist an der Seite der Arbeiter."[10]
Die meisten Organisationen der AfA radikalisierten sich in diesen Wochen und Monaten, allen voran der „Zentralverband der Angestellten" (ZdA). Selbst der früher eher konservative „Deutsche Technikerverband" (DTV) verschmolz gegen den Willen einiger seiner Führer mit dem „Butib" Aufhäusers zum „Bund der technischen Angestellten und Beamten" (Butab). Von größter Bedeutung wurde der Beitritt des „Deutschen Werkmeister-Verbandes" (DWV), der ältesten, wohlhabendsten, bereits 1884 gegründeten Organisation der technischen „Privatbeamten", in der über zwei Drittel der im Deutschen Reich arbeitenden Werkmeister organisiert waren. Verbände, die bis dahin jede Politisierung abgelehnt hatten oder Gegner der AfA gewesen waren, wurden jetzt von einem Mann geführt, der einer Partei angehörte, die den „Rätestaat" forderte und deren linker Flügel zum Kommunismus drängte. Ihm gelang trotzdem das „Kunststück", eine halbe Million „Kopfarbeiter" verschiedenster Berufszweige „unter einen (sozialistischen) Hut" zu bringen, obwohl diese halbe Million aus „fünfmalhundert-

tausend mehr oder weniger individualistischen Individualisten" bestand, aus „Leuten mit ganz besonderen, vom Beruf her bestimmten Ideologien": Schauspieler, Artisten, Architekten, Techniker, Werkmeister, Bankbeamte, Hochseedampferkapitäne, Tänzer, Schiffsingenieure, Chorsänger und kaufmännische Angestellte aller Sparten.[11] Zu den Genossenschaften, Bünden, Logen und Verbänden gehörten Organisationen, deren Mitglieder als „Unternehmer" oder Interessenvertreter der Betriebsleitungen galten. Der agile Kartellvorsitzende nahm ferner auf die Bewegung der Betriebsräte Einfluß, gliederte sie gemeinsam mit dem ADGB, trotz starker Widerstände, in die Gewerkschaften ein: im November 1919 erschien die erste Ausgabe seiner Zeitschrift „Der Betriebsrat"; er leitete mit Peter Graßmann, dem zweiten Vorsitzenden des Bundes der Arbeitergewerkschaften (ADGB), vom 5. bis 7. Oktober 1920 die Verhandlungen des „Ersten Reichskongresses der Betriebsräte Deutschlands". Die AfA wurde während der Revolution zum „Sammelpunkt der gesamten zielbewußten Angestelltenschaft", zum Ausgangspunkt des „Kampfes um das Mitbestimmungsrecht und der Forderung nach Betriebsräten".[12] Ihre Verbände vermochten den Zulauf kaum noch aufzufangen. Erfaßten sie 1917 etwa 57000 Mitglieder, waren es Anfang 1919 270000 und Ende des Jahres 600000. Im Juni 1920 gab Aufhäuser bekannt, die AfA schare bereits 700000 „zielbewußte Streiter" um sich. Gegen Ende 1922 vertrat das Kartell 42 Prozent der Mitglieder aller vom Statistischen Reichsamt erfaßten Angestelltenverbände.

Kämpfe um politische Behauptung

Es fällt schwer, die Auseinandersetzungen der politisch verfeindeten Angestelltenverbände der Weimarer Republik heute noch zu verstehen. Gegen die freigewerkschaftlichen richtete sich die „geradezu fanatische Gegnerschaft des organisierten Unternehmertums", sie wurden wie „Abtrünnige" verfolgt. Angestellte gehörten eben nicht an die Seite der Arbeiter. Der „Deutschnationale Handlungsgehilfenverband" (DHV) und der „Gewerkschaftsbund der Angestellten" (GDA) behaupteten, die AfA wolle die Angestellten proletarisieren, auf den Stand der rechtloseren Arbeiter herabdrücken. 1919 erfaßte der DHV 207800 Mitglieder. Ende 1932 beinahe 410000. Er stieg zur mitgliederstärksten Einzelorganisation der Angestellten der Weimarer Republik auf. Die Verbände des AfA-Bundes erfaßten zur Zeit der freigewerkschaftlichen Hochflut, Ende 1922, 667 898 Angestellte, 1928 noch 395 756, im Juni 1931 477 300, doch den Freigewerkschaftern standen 1930 wie ein starkes ideologisches Bollwerk nicht weniger als 927 000 bürgerlich Organisierte gegenüber.

Der Kampf um den „neuen Mittelstand" entbrannte schon 1919/20, nicht erst während der Wirtschaftskrise nach 1929. Auf den AfA-Vorsitzenden – Sozialist und überdies Jude – konzentrierte sich das Feuer der Gegner. Man versuchte, das von ihm geschaffene Kartell Hunderttausender „unfreiwilliger Spartakusdiener" zu zerstören, bezichtigte ihn kommunistischer, sogar bolschewistischer Ziele. Selbst die Fuldaer Bischofskonferenz bezog gegen den angeblich religionsfeindlichen AfA-Bund Stellung – die christlichen Verbände wollten „mit allen Mitteln, auch den verwerflichsten", überall Boden gewinnen, im rheinisch-westfälischen Industriegebiet verweigerte man Mitgliedern des „Deutschen Werkmeister-Verbandes" an verschiedenen Orten die Absolution. Der „Deutsche Werkmeister-Verband" war das schwächste Glied der AfA-Kette. Die Mehrheit seines Vorstandes opponierte gegen den „Sozialisten" Aufhäuser und drängte auf Austritt, doch der wußte zu kämpfen, brachte Funktionäre auf seine Seite, und der sorgfältig geplante Austrittsversuch wurde auf dem Würzburger Delegiertentag des DWV von 1924 nach scharfen Rededuellen und einer kämpferischen Erklärung Aufhäusers vereitelt. Der DWV blieb Mitglied. Es gelang ebensowenig, andere Verbände herauszubrechen.

Der unscheinbare, kleingewachsene Aufhäuser wurde durch Einsatz, zähen Fleiß, Rednergabe, Verhandlungsgeschick und Intelligenz zum „Prototyp der Tüchtigkeit und des praktischen Zupackens",[13] nicht nur als Interessenvertreter der Angestellten oder Spezialist für Sozialpolitik der SPD-Reichstagsfraktion. Er gehörte dem Deutschen Reichstag nicht deshalb an, weil er als Vorsitzender eines Gewerkschaftsbundes einen Platz auf der Reichsliste der SPD beanspruchen konnte. Er hat auch früh erkannt, daß die Gewerkschaften wissenschaftliche Berater benötigen, und umgab sich mit einem „Brain-Trust" junger Doktoren, denen er zuhörte, mit denen er diskutierte und die ihn als erfolgreichen und klugen Politiker verehrten. Zu ihnen gehörte Dr. Otto Suhr, der spätere Regierende Bürgermeister von Berlin, Dr. Fritz Croner, der später in Schweden lebende Sozialwissenschaftler, und Dr. Gerhard Kreyssig, ab 1931

Leiter der Wirtschaftsabteilung des „Internationalen Gewerkschaftsbundes" (IGB). Bei den Arbeitern sei Aufhäuser eigentlich noch beliebter als bei den Angestellten, meinte O. B. Server, ein zeitgenössischer aufmerksamer Beobachter, 1932 erkannt zu haben. Ob seine Feststellung richtig war, läßt sich heute kaum noch nachprüfen, aber belegbar ist, daß der AfA-Bundesvorsitzende den Massen während der letzten Jahre der Republik tatsächlich, wie Server feststellte, „einen Schritt voraus" war. Er machte in Parolen und Leitsätzen das „handgreiflich, was die Werktätigen unklar" fühlten, „aber noch nicht gestalten" konnten, und er hatte im Handumdrehen in Versammlungen die Hörer auf seiner Seite."[14] Zeitzeugen bestätigen dies.

Aber wir sind weit vorausgeeilt. 1920/21 existierte nur die „AfA", als deren geschäftsführender Vorsitzender sich Aufhäuser im Nebenamt betätigte. Die AfA war keine Spitzenorganisation, kein Gewerkschaftsbund, nur ein Kartell. Einige ihrer Verbände gehörten zum Bund der Arbeitergewerkschaften (ADGB), und einflußreiche Funktionäre dieser Gewerkschaften lehnten die Bildung einer besonderen Spitzenorganisation der Angestellten entschieden ab. Ihr Widerstand wurde durch ein unerwartetes Ereignis – den Kapp-Putsch – gebrochen. Carl Legien, der Vorsitzende des ADGB, und Siegfried Aufhäuser riefen 1920 zum politischen Generalstreik auf, dem einzigen, den Deutschland erlebt hat. Die letzte Zeile des von ihnen am Vormittag des 13. März formulierten Flugblattes, mit dem die Arbeiter, Angestellten und Beamten Deutschlands zum „einmütigen Protest gegen die Gewaltherrschaft" aufgefordert wurden, lautete: „Für den Inhalt verantwortlich C. Legien und S. Aufhäuser." Sie versicherten: „Der Sieg wird auf seiten des arbeitenden Volkes sein."

Der AfA-Vorsitzende wich in diesen ereignisreichen Tagen und Nächten nicht von der Seite Legiens. Als über den Abbruch des Streiks verhandelt wurde und die Gewerkschaften den Parteien Garantien für eine Änderung der politischen Machtverhältnisse im Deutschen Reich abverlangten, rief Aufhäuser, der die Bildung einer „Arbeiterregierung" wünschte, dem Vorsitzenden der Sozialdemokraten Otto Wels zu: „Wir haben acht Millionen Menschen hinter uns. Mehr als alle Parteien zusammen... Wir wollen Kontrolle aller Minister, auch wenn sie aus den Arbeitern gekommen sind."[15] Legien hatte schon vorher den Wert des von Aufhäuser geführten Kartells erkannt, und diese „Feuerprobe der AfA" bestätigte, daß es von Vorteil war, konnte man sich in politisch schwieriger Lage auch auf die Unterstützung eines Angestelltenbundes berufen. Am 6. November 1920 beschloß die Vorständekonferenz der AfA-Verbände die Gründung eines Gewerkschaftsbundes. Es entstand der „Allgemeine freie Angestelltenbund" (AfA-Bund), dessen „dynamischer Organisationsleiter, Antreiber, Feuergeist und Ideologe"[16] am 3. Oktober 1921 mit 101 von 102 abgegebenen Stimmen als Vorsitzender bestätigt wurde. Seine Position war nun eindeutig: Er war Vorsitzender eines Gewerkschaftsbundes. Wichtige Ämter kamen hinzu: Reichstagsabgeordneter, Mitglied des Vorläufigen Reichswirtschaftsrates, des Staatsgerichtshofs zum Schutz der Republik, des Ausschusses des Internationalen Gewerkschaftsbundes (IGB), um nur einige zu nennen.

Der Taktiker der freien Gewerkschaften

Aufhäuser setzte Anfang der 20er Jahre die „Dreisäulen"-Gliederung der freien Gewerkschaften durch, eröffnete den Gewerkschaften neue Rekrutierungsfelder und war der eigentliche Taktiker der Bewegung der freien Gewerkschaften der Weimarer Republik. Wirtschaftliche Machtverhältnisse könnten ohne zur Leitung von Staats- und Wirtschaftsapparaten befähigte „Kopfarbeiter" nicht verändert werden – das war sein Credo –, die Arbeiter bedürften der Angestellten, auch der technischen Intelligenz. Deshalb war nach Aufhäuser – neben anderen Angestelltenorganisationen – z. B. ein freigewerkschaftlicher Verband der Techniker von „entscheidender Bedeutung" für den „Befreiungskampf der gesamten Arbeitnehmerschaft". Er forderte einen „gewaltigen Organisationsbau", eine „Großorganisation der freigewerkschaftlichen Arbeitnehmerschaft"; drei „einheitlich gerichtete, in sich selbständige Spitzenorganisationen der Arbeiter, Angestellten und Beamten", vereinigt in einer „großen gemeinsamen Rahmenorganisation".[17]
„Wie können wir die Angestellten restlos, wie können wir die breite Masse der noch ungeschulten, unorganisierten oder falsch organisierten Angestellten gewinnen, um sie dann zusammen mit den Handarbeitern in das Feuer des sozialen Kampfes führen zu können?" Man mußte auf ihre Besonderheiten achten, ihre Interessen berücksichtigen, ihnen erklären, daß sie nur im Bündnis mit den zahlenmäßig mächtigen Arbeitergewerkschaften eine Chance hät-

ten, ihre Lage zu verbessern. Die Forderung einiger Führer von Arbeitergewerkschaften, gewaltige Industrieverbände zu gründen, hielt der Angestelltenvorsitzende für abwegig. Man benötige starke Berufsverbände und Spitzenorganisationen. Übergebe man einem „Industrieverband" Mitglieder der AfA, bedeute das, sie „geradezu künstlich den Harmonieverbänden" zuzutreiben."[18]
Aber nicht nur Angestellte, auch Beamte wollte Aufhäuser für die freien Gewerkschaften gewinnen. Er drohte schon im Juni 1920: „Entweder der Deutsche Beamtenbund wird freigewerkschaftlich, oder die fortschrittlichen Gruppen bilden eine eigene Bewegung."[19]
Im Juni 1922 gründeten die zu den freien Gewerkschaften Drängenden den „Allgemeinen freien Beamtenbund" (ADB). Aufhäuser hat systematisch auf dessen Entstehung hingearbeitet; er sprach gegen prominente Redner von Arbeitergewerkschaften, die den freigewerkschaftlichen Beamtenbund noch auf der Gründungsversammlung in letzter Minute verhindern wollten. Mit dem ADB war die dritte der „drei Säulen" errichtet. Die drei Spitzenverbände verpflichteten sich in „Organisationsverträgen" zum Zusammenwirken in „allen gewerkschaftlichen, sozial- und wirtschaftspolitischen Angelegenheiten", welche die Interessen der Arbeiter, Angestellten und Beamten gemeinsam berührten.

Selbstbehauptung in der Sozialdemokratischen Partei

Der Kampf um aussichtsreiche Kandidaturen wurde in Berlin selten mit ähnlicher Schärfe geführt wie im Frühjahr 1924. Aufhäuser kam im Februar 1921 in einer Nachwahl für die USPD in den Reichstag, aber die USPD existierte nicht mehr, und die SPD hatte 1920 in der Reichstagswahl von ihren 163 Mandaten in der Nationalversammlung 50 verloren. Im Wahlkreis 2 (Berlin) waren 1920 nur noch drei SPD-Kandidaten gewählt worden. Kehrte Aufhäuser nicht wieder ins Parlament zurück, bedeutete das gleichzeitig eine Niederlage für den AfA-Bund, denn der „Deutschnationale Handlungsgehilfenverband" war im neuen Reichstag vom Mai 1924 mit nicht weniger als fünf hauptamtlichen Funktionären vertreten.
Die Nominierungswahl des Bezirksparteitages der Groß-Berliner SPD für den Wahlkreis Berlin endete mit einer Sensation. Den ersten Platz beanspruchte der Parteivorsitzende Artur Crispien, aber

Aufhäuser kandidierte bereits um den zweiten, unterlag zwar, erhielt aber, trotz des gegen ihn gerichteten massiven Drucks des SPD-Parteivorstandes, sehr viele Stimmen (220:269). Im nächsten Wahlgang errang er 307. Er stand damit an der dritten Stelle der SPD-Liste des Wahlkreises Berlin. Die Delegierten hatten nach „rein persönlicher Sympathie bzw. Wertschätzung" abgestimmt – aber gegen die Empfehlung des SPD-Parteivorstandes. Das Führungsgremium verlangte sofort eine veränderte Reihenfolge. Es kam zu erregten Auseinandersetzungen, aber der Parteivorstand setzte sich durch, noch gab es kein Parteiengesetz, das Schutz geboten hätte. Aufhäuser wurde auf den vierten Platz zurückgestuft. Innerparteiliche Berechnungen, persönliche und Richtungsgegensätze, schienen wichtiger zu sein als die Vertretung einer Wählergruppe von nun bereits über 3 1/2 Millionen durch einen Sozialdemokraten im Deutschen Reichstag. Da im Wahlkreis Berlin ein Sitz hinzugewonnen wurde, kehrte der Zurückgedrängte dann doch als einziger AfA-Bund-Vertreter in den Reichstag zurück.

Die Vorsitzenden der Arbeitergewerkschaften gehörten, von wenigen Ausnahmen abgesehen, zur Parteimehrheit, der Vorsitzende des Bundes der Angestellten zur Minderheitsrichtung, und er hatte deshalb in der SPD einen schweren Stand – nicht in der Berliner Bezirksorganisation, dort war die Minderheit die Mehrheit, aber in der Gesamtpartei. Er hätte es leichter haben können, blieb indes bei seinen Überzeugungen, die nicht mit denen der Mehrheit übereinstimmten. Als Delegierter der parteilinken SPD-Bezirksorganisation von Groß-Berlin versuchte er nun auf den Parteitagen, die Mehrheit auf „proletarische Klasseninteressen" festzulegen. Dem Parteitag von 1927 lag ein Antrag „Aufhäuser, Tony Sender und Genossen" vor, der folgende, von Aufhäuser formulierte Sätze enthielt: „Die Aufgabe der Sozialdemokratie in der deutschen Republik ist die Vertretung der proletarischen Klasseninteressen gegenüber der Klassenherrschaft des Kapitalismus, der Kampf für soziale Forderungen und für den Sozialismus. Gegenüber dieser Aufgabe tritt der Kampf für die Erhaltung der Republik, mit der sich die Bourgeoisie abgefunden hat, an Bedeutung zurück."[20] Der Antrag wurde mit 255 gegen 83 Stimmen abgelehnt. Der Antragsteller fiel als Kandidat für eine Beisitzerfunktion im Parteivorstand durch. Auch im „Vorwärts" wurde dem unbequemen Delegierten der starrköpfigen Berliner Widersacher des Parteivorstandes bis Anfang der 30er Jahre nur selten der Platz für einen Leitartikel eingeräumt. Auf dem letzten sozialdemokratischen Parteitag von Anfang Juni 1931 stand Aufhäuser dann allerdings im Zentrum des innerparteilichen Geschehens, und die beiden am heftigsten verfeindeten Parteigruppierungen, die Mehrheit unter Otto Wels und die Gruppe um Max Seydewitz, sahen sich in Leipzig gezwungen, einer von ihm eingebrachten Willenskundgebung zur politischen Taktik zuzustimmen, mit der noch einmal die gegensätzlichen Kräfte vereinigt wurden, wenn auch nur für kurze Zeit.

Seit dem Leipziger Parteitag war Aufhäuser der erste Mann des linken Flügels. „Aufhäuser gegen die Spalter" – so und ähnlich lauteten Schlagzeilen in sozialdemokratischen Zeitungen, nachdem die „Sozialistische Arbeiterpartei Deutschlands" (SAPD) des Max Seydewitz Anfang Oktober 1931 von der SPD abgesplittert war. Parteispaltung in einem Augenblick, da Konservative, Nationalsozialisten und Kommunisten sich gegen die Sozialdemokratie zur letzten Schlacht formierten? Das erschien der Mehrheit der sozialdemokratischen Linken selbstmörderisch. „Eiserneste Geschlossenheit!" – galt als neue Parole, auch in den sächsischen Bezirken. „Wo es sich um den Existenzkampf einer Organisation und noch mehr: um den Bestand der sozialistischen Bewegung überhaupt handelt" – so Hermann Liebmann, der Unterbezirksvorsitzende von Leipzig – „ist es die Pflicht eines jeden Genossen und jeder Genossin, die Partei gegenüber unseren Feinden zu verteidigen, Disziplin zu üben und nicht den eigenen Kopf durchsetzen zu wollen gegen Beschlüsse, die mit erdrückender Mehrheit auf breitester demokratischer Grundlage in Generalversammlungen gefaßt worden sind."[21]
Auch in Sachsen wurde keine Opposition mehr gegen die Taktik der Parteiführung geduldet. „Wer noch nicht gelernt hat, innerhalb dieser Arbeiterbewegung heute in Reih und Glied zu marschieren, der wird auch im gegebenen Augenblick nicht in der Lage sein zu stürmen" – so Aufhäuser im Oktober 1931.[22]
Die Bezirksvorsitzenden und Reichstagsabgeordneten des linken Parteiflügels hatten alle nur Bedeutung in ihren Heimatbezirken. Max Seydewitz brachte nicht einmal die linken Bezirke Dresden-Ostsachsen, Leipzig-Westsachsen oder Chemnitz hinter sich, Leipzig und Dresden hatten ihn sogar als Redner für Parteiveranstaltungen abgelehnt, er war überdies von den Gewerkschaften isoliert gewesen. Aufhäuser, der Vorsitzende des AfA-Bundes, unterzeichnete seit über zehn Jahren neben dem ADGB-Vorsitzenden alle bedeutenden Gewerkschaftskundgebungen, und die AfA-

Orts- und Bezirkskartelle arbeiteten eng verbunden mit den Orts- und Bezirksausschüssen des ADGB in sämtlichen Bezirken des Reiches. Er galt als besonnen, umsichtig und mehrheitsfähig, zudem als Wirtschaftsfachmann und Autorität auf allen Gebieten der Sozialpolitik. Als sozialpolitischer Sprecher der SPD-Reichstagsfraktion verteidigte er im Parlament verbissen die sozialpolitischen Errungenschaften der Republik, vor allem die Arbeitslosenversicherung und die Sozialfürsorge, was jeder erfuhr, denn von den Ergebnissen des Kampfes gegen die Notverordnungen der Reichsregierungen Dr. Brüning und Franz von Papen hing die Existenz von Millionen ab. Die über einhundertfünfzig sozialdemokratischen Zeitungen berichteten darüber. Selbst die Zeitungen kleinerer Orte übernahmen nach 1930 gern Aufhäusers für den „Vorwärts" oder für Gewerkschaftsorgane verfaßte Leitartikel. Die vier sächsischen Parteibezirke unterstützten ihn, Dresden-Ostsachsen besonders, aber auch Leipzig-Westsachsen und Chemnitz, nach dem Ausscheiden der Seydewitz-Gruppe auch der Bezirk Zwickau-Erzgebirge, ebenso Groß-Thüringen, und die Politik des Bezirks Groß-Berlin wurde bereits seit Jahren von ihm mitbestimmt. Der „aller Radikalität abholde" Vorsitzende des ADGB trat dagegen selten vor die Öffentlichkeit. Zu reden war Theodor Leipart ein Greuel, Artikel zu schreiben ebenso, er gehörte nicht einmal dem Reichstag an. Den ADGB vertrat im Parlament der zweite Vorsitzende Peter Graßmann. Aber Aufhäuser, nicht Graßmann, leitete den wichtigen Sozialpolitischen Arbeitskreis der SPD-Fraktion, und der stellvertretende ADGB-Vorsitzende verlor sogar anläßlich der Nominierungen für die Reichstagswahl vom November 1932 seinen Hamburger Wahlkreis, weil die dortige SPD jetzt andere als ihn im Reichstag zu sehen wünschte, während Aufhäuser zur gleichen Zeit im Wahlkreis Berlin vom 4. auf den 2. Listenplatz vorrückte: auf dem ersten kandidierte Artur Crispien, der Parteivorsitzende.

Umbau der Wirtschaft – 1932

Der letzte von der Durchsetzbarkeit einer geplanten Wirtschaft überzeugte und auf sie hinarbeitende Mann der sozialdemokratischen Führungsgruppe hat immer bedauert, daß die Mehrheitssozialdemokraten zur Zeit der Revolution „versäumten, die kapitalistische Ausbeutung zu beseitigen oder zu beschränken". Weltwirtschaftskrise – Millionen Arbeitslose, Straßenschlachten. „Drittes Reich"? „Sowjetdeutschland"? Sogar Nationalsozialisten wie Gregor Strasser entdeckten im Volk „antikapitalistische Sehnsucht". Würde die SPD jetzt versuchen, freigewerkschaftliche und sozialistische Programmforderungen durchzusetzen? Ein „ganzes Wirtschafts- und Gesellschaftssystem" – stellte Aufhäuser fest – war in seinen „Grundfesten erschüttert", „Wirtschaftsnot und nahezu unbegrenzte Arbeitsnot" drängten täglich und stündlich dazu, die „kapitalistische Anarchie abzulösen und zu einer Planmäßigkeit in der Warenerzeugung zu gelangen".[23] Er schlug Verstaatlichung der wichtigsten Wirtschaftsbereiche vor, vermied das Wort „Sozialisierung", erfand den Begriff „Umbau der Wirtschaft". Der ADGB wollte Näherliegendes erreichen, aber die SPD-Führer fürchteten, der Kreditschöpfungsplan des ADGB, der die Maschinerie bisherigen Wirtschaftens erneut in Gang setzen sollte, würde zur Inflation führen. Aufhäuser lehnte ihn ebenfalls ab. Der Leiter der AfA-Bund-Wirtschaftsabteilung, Dr. Otto Suhr, spottete über „Kampferspritzen" zur Erzeugung eines „kleinen Inflatiönchens"; man dürfe nicht warten, bis der Kapitalismus wieder stark genug sei, „unsere Angriffe zurückzuschlagen".[24]

Am 22. März 1932 stellte Aufhäuser der Presse den Wirtschaftsplan des von ihm geführten Bundes mit der Bemerkung vor, es handele sich um „Material" für ein Wirtschaftsprogramm der freien Gewerkschaften. Die Gewerkschaften seien berufen, der wachsenden antikapitalistischen Stimmung im Volke „Ziel und Richtung" zu geben: „Es ist unsere historische Aufgabe, noch während des Zusammenbruches des herrschenden Wirtschaftssystems die Ansätze zur Organisation einer neuen Wirtschaft zu finden."[25] Die „Umbau"-Forderungen waren bereits am 6. Oktober 1931 auf dem 3. AfA-Gewerkschaftskongreß in Leipzig unter dem Titel „Gesellschaftsmacht oder Privatmacht über die Wirtschaft" beschlossen worden. Das Programm vom 22. März 1932 schlug die Bildung eines zentralen „Bankenamtes", eines „Monopolamtes" und einer zentralen „Planstelle" vor. Was an öffentlicher Wirtschaft vorhanden war, sollte „zusammengefaßt, vereinheitlicht und organisatorisch gefestigt" werden. Wo ein privates Monopol, die „Alleinherrschaft einer Wirtschaftsgruppe", existierte, sollte Enteignung durch den Staat und „Eingliederung in den festen Block der öffentlichen Wirtschaft" erfolgen.[26]

Aufhäusers „einheitliche Wirtschaftspolitik der Gewerkschaften" setzte sich durch. Sozialdemokratische Bezirksparteitage begrüßten lebhaft das Programm des AfA-Bundes, wie am 23. März in Weimar und am 8. Mai in Erfurt. Die Jenaer SPD-Zeitung lobte, der AfA-Bund habe sich ein Verdienst erworben, weil er „entschlossen und mutig durch das Gestrüpp eines endlosen Krisengeredes, das mit seinem tausendfachen Wenn und Aber nur immer tiefer in ein schier ausweglose Dickicht geführt hat, beherzt und mutig einen Weg bahnt, der wenigstens einmal den ersehnten Ausblick eröffnet und damit eine Orientierung für die Marschrichtung aus dem Elend heraus".[27] Der Parteivorstand der SPD beauftragte den AfA-Bundesvorsitzenden daraufhin mit der Ausarbeitung des wirtschafts- und sozialpolitischen Hauptreferates des für den März 1933 in Frankfurt am Main vorgesehenen Parteitages. Aufhäuser konnte zufrieden sein. Endlich hatte er sich durchgesetzt. Endlich gehörte er zur Führungsgruppe, emporgetragen von der Zustimmung der Parteimitglieder. Er war Redner eines sozialdemokratischen Parteitages und überdies zum brennendsten Problem der Zeit! Er wählte für sein Referat den Titel: „Krisenüberwindung durch sozialistische Güter- und Menschenökonomie".

Aufhäuser und Wels standen sich 1932 näher als Wels und der ADGB-Vorsitzende. Die Parteiführung war in ihren Erklärungen weit nach links gerückt, und die ADGB-Führung versuchte, von der Sozialdemokratischen Partei Abstand zu gewinnen, während Aufhäuser jede, auch die geringste Annäherung an den politischen Gegner scharf verurteilte.

Viele meinten 1932, der Parteivorstand sei seiner Aufgabe nicht mehr gewachsen, auch Aufhäuser. Aber die „vielerörterte Personalfrage" und die „Führerauslese" hatten nach ihm die „Bewältigung des Organisationsproblems" zur Voraussetzung. Unter „weniger komplizierten" Verhältnissen hätte eine aus „politisch bewährten Persönlichkeiten" zusammengesetzte Parteiführung ausgereicht, jetzt nicht mehr. Der Bezirksparteitag von Groß-Berlin hatte seinen Plan zur Reform der Arbeit des Parteivorstandes bereits im Oktober 1932 als Antrag zum Parteitag übernommen. Aufhäuser kommentierte ihn im Februar 1933. Im Vorstand müßten „vier Säulen", vier Hauptarbeitsgebiete gebildet werden, ferner eine „Planstelle" zur Verwirklichung des wirtschaftlichen Aktionsprogramms. An der Spitze der Partei müsse ein „Parteiführer" stehen, umgeben von drei weiteren Vorsitzenden.[28] Er wünschte also die Wahl eines vierten Parteivorsitzenden. Der linke Parteiflügel hätte Anspruch auf diese zusätzliche Position gehabt. Wollte er in den engsten Kreis der Parteiführung eintreten? Der Antrag des Berliner Bezirksparteitages war maßgeschneidert. Daß Aufhäuser bei erneuter Regierungsbeteiligung der SPD als Kandidat für das Amt des Reichsarbeitsministers in Frage gekommen wäre, dürfte feststehen.

Jahrzehnte politischer Enttäuschung

Er stand im Zenit seines Einflusses, als die Republik niedergeknüppelt und zusammengeschossen wurde. Was wäre geschehen, hätte nicht der entscheidungsschwache Leipart, sondern der Vorsitzende des AfA-Bundes an der Spitze des Millionen Mitglieder zählenden ADGB gestanden? Dies zu fragen drängt sich auf, weil Aufhäuser Aktionen gegen die systematisch betriebene Vernichtung republikanischer Freiheiten forderte, z. B. in der gemeinsamen Sitzung der Partei- und Gewerkschaftsführer vom Juli 1932 nach dem Preußenputsch des Reichskanzlers Franz von Papen, während die Vertreter des ADGB Aktionen, gleichgültig, welcher Art, ablehnten. In der Sitzung vom 30. Januar 1933 erklärte er, der „Abwehrwille" müsse deutlich gemacht werden. Die Vorsitzenden der Arbeitergewerkschaften entschieden anders. Auch in der Sitzung vom 2. Februar die gleiche Antwort.

Aufhäuser zog 1933 erneut als Kandidat der Berliner SPD in den Reichstagswahlkampf, aber die Zeit vom 30. Januar bis zur Besetzung der Gewerkschaftshäuser am 2. Mai schleppte sich quälend dahin. Es erschienen Aufrufe des ADGB zur Beteiligung an den nationalsozialistischen Veranstaltungen des 1. Mai 1933. Da keine Hoffnung mehr auf Widerstandsaktionen des ADGB bestand, löste sich der AfA-Bund drei Tage vor dem 1. Mai auf. Seine Führung weigerte sich bis zum Schluß, Erklärungen herauszugeben, die als Anpassung an die neuen Machthaber hätten ausgelegt werden können.

Aufhäuser trat schon am 28. März 1933 von seinem Amt als AfA-Bundesvorsitzender zurück. Sein Rücktritt ist als Protest gegen das kampflose Zurückweichen der ADGB-Führung interpretiert worden; andere Motive kamen hinzu. Er wollte die AfA-Bund-Gewerkschaften mit seiner Person nicht belasten. Der jüdische Bundesvorsitzende verließ am 4. Mai 1933 das Reichsgebiet, ging nach Saarbrücken, von dort nach Paris und reiste am 1. Oktober in die Tschechoslowakische Republik ein. Am 7. Mai 1933 erschien in der Wiener „Arbeiter-Zeitung" ein Artikel aus seiner Feder – verfaßt von einem „hervorragenden Vertrauensmann der deutschen Gewerkschaftsbewegung", wie die Redaktion hinzusetzte –, der besser nicht erschienen wäre, obwohl das nun folgende sich trotzdem ereignet hätte: In „holder Eintracht" mit den Spitzen der deutschen Unternehmerverbände, „in einer Front mit den Nazibetriebszellen und mit zahlreichen arbeiterfeindlichen Organisationen" hätte der Vorstand des ADGB am 1. Mai den Klassenkampfstandpunkt verleugnet. Jene Führerschaft habe zum erstenmal am 1. August 1914 enttäuscht, der 1. Mai 1933 sei die „gradlinige Fortsetzung von damals". Es möge genügen, „geschichtlich festzustellen, daß in einer Zeit des verfallenden Kapitalismus, dem der stärkste sozialistische Tatwille entgegengesetzt werden mußte, die Führung der größten gewerkschaftlichen Bewegung mit Millionen bestgeschulter Proletarier durch ihr Versagen zum Verhängnis eines Landes und Volkes geworden ist".

Da Leipart im Reich blieb, war Aufhäuser der funktionshöchste Emigrant der Gewerkschaftsführungen. Er versuchte von Paris aus, den SPD-Exilvorstand (SOPADE) auf „radikalsten Kurswechsel" und „brutalsten Kampf gegen den Faschismus" zu verpflichten[29] und beabsichtigte, alle Gewerkschaftsemigranten und die Mitglieder der noch legalen Gewerkschaften des Saargebiets und des Freistaats Danzig unter Einbeziehung der im Reich arbeitenden Widerstandsgruppen in eine freie deutsche Gewerkschaftsorganisation zusammenzuführen und deren Leitung zu übernehmen. Der Versuch scheiterte am Widerstand emigrierter Gewerkschaftsführer des ADGB. Auch die „Bürogemeinschaft" des SPD-Exilvorstandes verweigerte ihm das Recht, an ihrer Arbeit teilzunehmen, obwohl er am 26. April 1933 auf der Reichskonferenz der SPD als Beisitzer in den SPD-Vorstand gewählt worden war.

Aufhäuser gehörte in Prag, tief enttäuscht von Wels und dessen SOPADE, in der junge Leute den Ton angaben, die zuvor im Reich keine Bedeutung gehabt hatten, zur Gruppe der „Revolutionären Sozialisten" (RS) und zu den Verfassern der Programmerklärung vom Oktober 1934 „Der Weg zum sozialistischen Deutschland. Eine Plattform für die Einheitsfront". Im 35. Heft der „Neuen Weltbühne" des Jahrgangs 1934 erschien sein Aufruf zur Bildung einer gemeinsamen Front gegen den „Hauptfeind Faschismus". Für das

ZK der KPD antwortete Walter Ulbricht. Am 30. Januar 1935 schloß die „Bürogemeinschaft" Aufhäuser aus dem Vorstand der SOPADE aus. Der frühere Vorsitzende des größten freigewerkschaftlichen Angestelltenbundes war auf die „gerettete Parteikasse" des SOPADE-Vorstandes nicht angewiesen, denn er hatte in Prag, unmittelbar nach seinem Eintreffen, ein wichtiges Amt erhalten, obwohl es Emigranten untersagt war, in den ČSR beruflich zu arbeiten. Er leitete bis November 1938 zusammen mit dem Generalsekretär des „Einheitsverbandes der Privatangestellten in der ČSR" und Parlamentsabgeordneten Robert Klein unter der Bezeichnung „Sekretär" die „Arbeitsgemeinschaft der freien Angestelltenverbände Mitteleuropas", ein Kartell, dem die freigewerkschaftlichen Angestelltenverbände der ČSR, Ungarns, Jugoslawiens, Rumäniens, Polens, Griechenlands und bis zum Wiener Staatsstreich vom Februar 1934 auch die österreichischen angehörten. Es sollte die Bildung eines Großwirtschaftsraumes der Donaustaaten, einer „Donauföderation", als Bollwerk gegen die Expansion des Deutschen Reiches fördern. Aufhäuser arbeitete ferner für die „Flüchtlingshilfe" des „Einheitsverbandes" und verhalf Hunderten deutscher Emigranten der ehemaligen AfA-Bund-Gewerkschaften zur Weiterreise in andere Länder. Er verfolgte intensiv die wirtschaftliche und politische Entwicklung im Deutschen Reich, schrieb für „Die Neue Weltbühne", redigierte eine in Prag erscheinende Wirtschaftszeitschrift und war so eng mit der tschechoslowakischen Gewerkschaftsbewegung verbunden, daß er bis zur letzten Minute im Lande blieb. Nach gefährlichem Flug über das Gebiet des Deutschen Reiches erreichte Aufhäuser Ende November 1938 mit seiner Frau London. Robert Klein wurde am 25. Juli 1941 im Konzentrationslager Weimar-Buchenwald umgebracht.

Am 22. April 1939 legte das Schiff ab, das beide Aufhäuser einige Monate vor Ausbruch des europäischen Infernos in die Neue Welt brachte. In New York arbeitete der zum zweiten Male Geflüchtete mehrere Jahre für die jüdische Wochenzeitung „Aufbau (Reconstruction)" und später, bis 1950, als Redakteur und Leitartikler für die „New Yorker Staats-Zeitung und Herold". Er beteiligte sich am Vereinsleben der sozialdemokratischen Emigranten und versuchte im Herbst 1944 im Auftrag des „Internationalen Gewerkschaftsbundes" die in den USA lebenden deutschen Gewerkschaftsemigranten in einer überparteilichen Landesgruppe zu vereinigen, was je-

doch am Widerstand der Sozialdemokraten des rechten Parteiflügels scheiterte.
1951 kehrte Aufhäuser nach Deutschland zurück, in die Stadt, in der er seine großen gewerkschaftlichen und politischen Erfolge errungen hatte. Das Berufsleben, sollte man meinen, lag hinter ihm. Aber er übernahm im Januar 1952 trotz seiner 68 Jahre noch einmal die Leitung einer Gewerkschaftsorganisation, als er zum Landesverbandsleiter des Berliner Landesverbandes der „Deutschen Angestellten-Gewerkschaft" (DAG) gewählt wurde, aus welcher Funktion er erst 1959 mit 75 Jahren ausschied. Er spielte im politischen Leben der geteilten Stadt als letzter, aber immer noch beruflich tätiger Gewerkschaftsführer der Weimarer Republik noch eine Rolle, nahm auch erneut als Delegierter des Berliner Landesverbandes an sozialdemokratischen Parteitagen teil: 1954, 1956 und 1958, und ergriff auf jedem dieser Treffen das Wort. Seine Warnungen, die Macht der Wirtschaft nicht zu unterschätzen und ihr entgegenzuarbeiten: die Großindustrie habe sich „in wenigen Nachkriegsjahren eine ungeheure Machtfülle angeeignet", die „Änderung der Eigentumsordnung" sei „auch der Kern des freiheitlichen Sozialismus",[30] waren nicht zeitgemäß. Befriedigt stellte er ein Jahr vor seinem Tode, anläßlich der 50. Wiederkehr der Novemberrevolution, in der Zeitschrift „Die Neue Gesellschaft" fest, es sei den Nationalsozialisten nicht gelungen, die soziale Gesetzgebung der Weimarer Republik – an deren Zustandekommen und Ausbau er führend beteiligt gewesen ist – zu zerstören.
Siegfried Aufhäuser starb am 6. Dezember 1969 in Berlin. Der „Vorwärts" widmete ihm eine 58-Zeilen-Notiz.

Anmerkungen

1 Kaufmännische Rundschau, 11. Jg., Nr. 20, 25. 9. 1903.
2 Das freie Volk, 3. Jg., Nr. 42, 19. 10. 1912.
3 Ebd.
4 Der zweite Parteitag der Demokratischen Vereinigung in Köln 1910, S. 89.
5 Der erste Parteitag der Demokratischen Vereinigung in Köln 1909, S. 58.
6 Das freie Volk, 3. Jg., Nr. 26, 29. 6. 1912.
7 Ebd., 3. Jg., Nr. 10, 9. 3. 1912.
8 Deutsche Industriebeamten-Zeitung, 11. Jg., Nr. 21, 15. 10. 1915.
9 Ebd., 14. Jg., Nr. 23/24, 29. 11. 1918.
10 Die Welt am Montag, 18. 11. 1918.

11 O. B. Server, Matadore der Politik, Berlin 1932, S. 90.
12 S. Aufhäuser, Die freie Angestellten- und Arbeiterbewegung, Berlin 1920, S. 10f.
13 Server (Anm. 11), S. 93.
14 Ebd. S. 92.
15 Nachlaß Südekum, Nr. 121, Bundesarchiv Koblenz.
16 Fritz Croner, Ein Leben in unserer Zeit, Frankfurt/M. 1968, S. 212.
17 Aufhäuser (Anm. 12), S. 11f.
18 S. Aufhäuser, Industrieverband oder Berufsverband, Berlin 1920, S. 11.
19 Aufhäuser (Anm. 12), S. 11.
20 Protokoll des Sozialdemokratischen Parteitages 1927 in Kiel, S. 272.
21 Jahresbericht 1930 des Vorstandes und des Sekretariats, Unterbezirk Groß-Leipzig der SPD, Leipzig Februar 1931, S. 6.
22 Protokoll des 4. AfA-Gewerkschaftskongresses in Leipzig, Berlin 1931, S. 10.
23 AfA-Bundeszeitung, 1. 4. 1932.
24 Wie Anm. 22, S. 132.
25 Wie Anm. 23.
26 Ebd.
27 Das Volk (Jena-Weimar), 24. 3. 1932.
28 Unser Weg (Berlin), 7. Jg., Nr. 2, Febr. 1933, S. 34.
29 Brief an S. Crummenerl, AdsD Bonn.
30 Protokoll des SPD-Parteitages 1954 in Berlin, S. 189f.

Literatur

Aufhäuser, S./Lüdemann, H.: Angestellte und Demokratie, 1910.
Aufhäuser, S.: Weltkrieg und Angestelltenbewegung, 1918.
– Die freie Angestellten- und Arbeiterbewegung, 1920.
– Industrieverband oder Berufsverband, 1920.
– Das Gesetz über Betriebsräte, 1920.
– Ideologie und Taktik der Angestelltenbewegung, 1931.
– Arbeit und Wirtschaft in Berlin, 1952.
– Eine unromantische Betrachtung zum Geschichtsbild der Angestelltenbewegung, 1960.
– An der Schwelle des Zeitalters der Angestellten, 1963.

Rudolf Breitscheid (1874–1944)

Vom linksbürgerlichen Publizisten zum sozialdemokratischen Parlamentarier

von
Detlef Lehnert

Ein Berlin-Tourist, der vom Bahnhof Zoo an der musealen Kaiser-Wilhelm-Gedächtniskirche vorbei zum Europa-Center-Wolkenkratzer spazierengeht, überquert vermutlich nichtsahnend den Breitscheid-Platz. Auf dem Gelände des ehemaligen Konzentrationslagers Buchenwald, wo der sozialdemokratische Widerstandskämpfer Breitscheid am 24. August 1944 als politischer Häftling bei einem Luftangriff ums Leben kam, hat ihm auch die DDR ein Denkmal setzen lassen. Dieses seltene Beispiel innerdeutscher Gemeinsamkeiten in der sinnfälligen Bewahrung eines geschichtlichen Erbes wirft ein erstes Schlaglicht auf die schillernde Vielfalt, in der sich das Lebenswerk dieses bedeutenden demokratischen Sozialisten der 20er und 30er Jahre würdigen läßt. Beginnen wir deshalb, bevor der schwankende Boden einer ideologischen Einordnung und zeitgeschichtlichen Interpretation betreten wird, mit einer Skizze der wichtigsten Stationen seiner politischen Biographie.

Mittelschichtmilieu und Sozialliberalismus

Als einziges Kind eines Buchhandlungsgehilfen und einer Schneiderstochter wurde Rudolf Breitscheid am 2. November 1874 in Köln geboren. Das Elternhaus war in der katholischen Umgebung der rheinischen Erzbischofsstadt protestantisch, und seine Mutter (den Vater hatte er mit neun Jahren verloren) hätte es offenbar gern gesehen, wenn sich ihr begabter Sprößling zum Geistlichen berufen gefühlt hätte. In seinem 1894 begonnenen Studium widmete sich Breitscheid zunächst der juristischen Fakultät in München, danach der Nationalökonomie in Marburg. Dort wurde er Mitglied der Burschenschaft „Arminia", die er anscheinend idealisierend noch in der liberal-demokratischen Tradition der 1848er Nationalbewegung verorten wollte. Im Jahre 1898 promovierte er bei dem Staatswissenschaftler Karl Rathgen mit einer historischen Untersuchung über koloniale Wirtschaftspolitik. Durch seinen Doktorvater, der bezeichnenderweise ebenso der imperialistischen Deutschen Kolonialgesellschaft wie dem Evangelisch-sozialen Kongreß und dem Verein für Sozialpolitik angehörte, wurde Breitscheid mit den Ideen Friedrich Naumanns vertraut. Dieser noch im Freiburger Programm der FDP von 1971 als Kronzeuge für einen „sozialen Liberalismus" bemühte Politiker entsprach sichtlich den Vorstellungen des jungen Bildungsbürgers von einem persönlichen Vorbild: Als evangelischer Pfarrer verkündete Naumann seine politische Mission einer sozialen Integration der Arbeiterschaft in ein Deutsches Reich, dem auf dieser breiteren Loyalitätsbasis zugleich eine neue Weltgeltung im Konzert der europäischen Großmächte verschafft werden sollte. Eine solche Verbindung des liberalen Imperialismus mit sozialreformerischen Zielen der Innenpolitik muß uns heute befremdlich erscheinen. Dabei darf jedoch nicht verschwiegen werden, daß selbst Marx und Engels der englischen Kolonialpolitik z. B. in Indien unter dem Gesichtspunkt der Produktivkraftentfaltung eine „zivilisatorische" Bedeutung zugemessen hatten.

Als Delegierter auf dem Vertretertag von Naumanns „Nationalsozialem Verein" betrat Breitscheid 1903 erstmals in offizieller Funktion die Bühne des politischen Geschehens. Im folgenden Jahr, in dem er gerade seinem 30. Geburtstag zustrebte, übernahm er den Vorsitz des Berliner „Sozialliberalen Vereins". Dieser stand, wie bereits die Namensgebung signalisierte, in Naumannscher Tradition und auf dem äußersten linken Flügel der liberalen „Freisinnigen Vereinigung", der sich die „Nationalsozialen" als geschlossene Gruppierung nach dem Ausbleiben des erhofften Massenzustroms angegliedert hatten. Das unter imperialistischem Vorzeichen geschmiedete Bündnis der Liberalen mit den Konservativen im sogenannten „Bülow-Block" leitete 1907 die Entfremdung Breitscheids von jenen einstigen politischen Weggefährten ein, denen die nationale Komponente der Lehren Naumanns stets mehr bedeutet hatte als die soziale.

Gemeinsam mit den profilierten linksbürgerlichen Intellektuellen Theodor Barth und Hellmut v. Gerlach gründete Breitscheid 1908 die „Demokratische Vereinigung". Den aktuellen Anlaß des endgültigen Bruches mit dem preußisch-deutschen Liberalismus bildete die Auseinandersetzung um das Reichsvereinsgesetz, das u. a. die polnische Minderheit des Rechtes an der eigenen Sprache beraubte und innenpolitisch als Entliberalisierung verstanden werden konnte. Nach dem überraschenden Tod von Barth wurde Breitscheid bereits im folgenden Jahr zum Vorsitzenden dieser linksbürgerlichen Splittergruppe gewählt, die ihren demokratischen Charakter durch ihr – den damaligen Wirtschaftsliberalen suspektes – Bekenntnis zum allgemeinen und gleichen Wahlrecht zu erkennen gab.

Die „Demokratische Vereinigung" ließe sich als elitärer Club prinzipienfester Einzelgänger aus dem Bildungsbürgertum qualifizieren, wenn sie nicht immerhin einen (allerdings vornehmlich auf Berlin) begrenzten Beitrag zur politischen Emanzipation neuer Angestelltenschichten geleistet hätte. So ist z. B. der spätere linkssozialdemokratische Vorsitzende der freigewerkschaftlichen Angestelltenverbände, Siegfried Aufhäuser, aus der „Demokratischen Vereinigung" hervorgegangen. Das Bündnis mit der sozialdemokratischen Arbeiterbewegung, von Naumann noch allzu sehr auf die nationalen Integrationsziele reduziert, hat Breitscheid schon in seinem Engagement als linksbürgerlicher Demokrat zum wesentlichen Ansatzpunkt für durchgreifende Reformen der verkrusteten Staats- und Gesellschaftsstrukturen in Preußen-Deutschland erklärt.

Eintritt in die SPD, Übertritt zur USPD

Das klägliche Abschneiden der „Demokratischen Vereinigung" bei den Reichstagswahlen im Januar 1912 (reichsweit nur 0,2% aller Stimmen) gab Breitscheid endgültig Gewißheit, daß er im saturierten deutschen Bürgertum ein Prediger ohne Volk geblieben war. Der offizielle Anschluß an die SPD, dem die Mehrzahl der Berliner sozialliberalen Demokraten folgte, entsprang der Einsicht Breitscheids, „daß außerhalb des Sozialismus demokratische Ideen dauernd und konsequent nicht mehr vertreten werden können" (wie er dem ihm freundschaftlich verbundenen Führer der schwedischen Sozialdemokraten Branting in einem Brief am 30. Mai 1912 schrieb). Neben seiner Ehefrau Tony, die ihn auf sämtlichen Stationen seines Lebensweges auch mit eigener politischer Tätigkeit begleitete, und Aufhäuser ist als Weggefährte beim Übertritt zur SPD aus der „Demokratischen Vereinigung" noch Siegfried Nestriepke erwähnenswert, der später ebenfalls der USPD angehören sollte und sich als Redakteur des Parteiorgans „Die Freiheit" (nach der Wiedervereinigung mit der SPD 1922 auch des „Vorwärts") einen Ruf als politischer Publizist erwarb. Überhaupt haben sich die – besonders lautstark von eifersüchtig das „wahre Erbe" des marxistischen Radikalismus behütenden Linksintellektuellen vorgebrachten – Besorgnisse zumeist nicht bestätigt, daß abtrünnige bürgerliche Demokraten die SPD auf Rechtskurs bringen könnten. Schon Georg Ledebour und Franz Mehring, um nur die prominentesten Vertreter jener Generation der um 1850 Geborenen zu nennen, die durch die Erfahrung des Sozialistengesetzes seit Beginn der 1890er Jahre aktive Sozialdemokraten waren (und sich später der USPD bzw. gar noch der KPD anschlossen), repräsentierten einen unter Linkssozialisten nicht einmal seltenen Typus des Prinzipienverfechters: Deren bürgerliche Herkunft, mit der kaum jemals ohne das Zurückbleiben massiver Ressentiments gebrochen werden konnte, erwies sich keineswegs als Chance zum Brückenschlag ins linksliberale Milieu; vielmehr profilierten sie sich vornehmlich als die eifrigsten „Sittenwächter" des unbefleckten proletarischen Charakters der Sozialdemokratie.

Auch Breitscheid fand sich während der Massenstreikdebatte 1913 in einer SPD, die – nicht zuletzt aufgrund der engen Verflechtung mit den 2,5 Millionen Mitglieder zählenden Gewerkschaften – ihre schrittweise aufgebaute Organisationsmacht auf keinen Fall durch direkte Konfrontation mit dem Herrschaftssystem aufs Spiel setzen wollte, gewiß unverhofft rasch in der linken Mitte des politischen Spektrums wieder. Neben seinem radikaldemokratischen Standpunkt, der zur tatkräftigen Beseitigung des verhaßten preußischdeutschen Obrigkeitsstaates drängte, ebnete nach Kriegsausbruch seine kosmopolitische und pazifistische Grundhaltung Breitscheid den Weg in die Reihen der Linksopposition. Mit den profiliertesten Köpfen wie Kautsky, Bernstein, Hilferding und Rosa Luxemburg befand er sich in der 1917 gegründeten USPD durchaus in guter Gesellschaft, während der Kriegskredite bewilligenden Mehrheitssozialdemokratie kaum ein Theoretiker von Rang verblieben war.

Als leitender Redakteur der oppositionellen Zeitschrift „Sozialistische Auslandspolitik" gewann Breitscheid bald sein künftiges Profil als Spezialist für die internationalen Beziehungen. Seine intensiven Kontakte mit Sozialisten der westlichen Kriegsgegner Deutschlands, vor allem Frankreichs und Englands, hatten Anfang 1916 seine Einberufung zum Kriegsdienst veranlaßt, wobei denunziatorische Äußerungen aus rechten Gewerkschaftskreisen eine Rolle gespielt haben sollen. Der traditionelle Intellektuellenhaß von „linientreuen" Pragmatikern in der Arbeiterbewegung vermengte sich in den Kriegsjahren zuweilen mit nationalistischen Stimmungen, die das der SPD vor ihrer „Burgfriedenspolitik" seitens der Herrschenden zugeschriebene Stigma der „Landesverräter" an linke Kritiker aus den eigenen Reihen weitergab.

In den Revolutionstagen des November 1918 zählte Breitscheid zu den energischen Befürwortern einer Zusammenarbeit von SPD und USPD. Die ereignisreichen Monate des republikanischen Neubeginns brachten den politischen Publizisten zum ersten und zugleich letzten Male in ein Regierungsamt: als preußischer Volksbeauftragter übernahm er, da an eine außenpolitische Aufgabe in der Stunde des militärischen Debakels nicht zu denken war, das Innenressort. Zum Unterstaatssekretär und persönlichen Vertrauensmann, der sich auf eine Verwaltungsausbildung stützen konnte, ließ er sich seinen alten Freund v. Gerlach berufen, obgleich dieser zunächst in der Hoffnung auf eine linksrepublikanische Erneuerung des Bürgertums der liberalen DDP beigetreten war.

Aufgrund der paritätischen Besetzung sämtlicher politischer Führungspositionen mußte sich Breitscheid die Leitung des Innenressorts mit Paul Hirsch von der SPD teilen, der zugleich preußischer Ministerpräsident war und somit seinen USPD-Kollegen an Einflußmöglichkeiten übertraf. In erster Linie dürfte jedoch das Beharrungsvermögen der überkommenen Bürokratie, die unter „Loyalität" zur jeweilen Regierung das Verbleiben in den eingefahrenen Gleisen der Verwaltungsroutine verstand, den Wirkungskreis Breitscheids von vornherein eingegrenzt haben. Jedenfalls ist aus seiner Tätigkeit als „revolutionärer" Volksbeauftragter für das Innenressort lediglich das entschiedene und mit diplomatischem Geschick verbundene Eintreten gegen partikularistische Tendenzen in den Rheinprovinzen überliefert, die sich gegen das „rote Berlin" richteten und an denen der damalige Kölner Oberbürgermeister Adenauer maßgeblich beteiligt war.

Auch während seiner Amtszeit blieb Breitscheid leitender Redakteur der USPD-Zeitschrift „Der Sozialist", die aus der „Sozialistischen Auslandspolitik" hervorging. Auf der Titelseite des 12. Dezember 1918 konfrontierte er seine Parteigenossen mit der auf die schwankende Haltung zwischen dem mehrheitssozialdemokratischen Koalitionspartner und der linksradikalen Spartakusgruppe gemünzten Selbstkritik: „Wir haben keine Politik". Dieser Mangel an einer konsensfähigen und erfolgsträchtigen politischen Strategie führte zur Jahreswende 1918/19 auch zum resignierenden Austritt der USPD-Volksbeauftragten aus dem Koalitionskabinett mit der SPD im Reich und in Preußen, so daß die Episode der Regierungstätigkeit Breitscheids schon nach zwei Monaten ein wenig ruhmreiches Ende fand. Es ist eben das Charakteristikum eher nachdenklicher als tatendurstiger „Zentristen" in Revolutionszeiten, daß ihnen die fragwürdige Berühmtheit versagt blieb, mit der z. B. der „Bluthund" Noske oder die „Märtyrer" Luxemburg/Liebknecht in den Geschichtsbüchern verewigt wurden.

Der Weg zum außenpolitischen Experten der SPD-Reichstagsfraktion

Die Reichstagswahlen im Juni 1920 brachten nicht nur der USPD den eindrucksvollen Durchbruch zur Massenpartei mit 18,6% aller Wählerstimmen, sondern auch Breitscheid die persönliche Genugtuung des langersehnten Reichstagsmandats. Seither wurde sein bislang prägendes Berufsbild des parteipolitischen Publizisten um die prestigefördernde Funktion des Parlamentariers ergänzt und im Verlauf der 20er Jahre sogar zunehmend durch sie ersetzt. Für einen im besten Wortsinne radikalen Demokraten, der Breitscheid als früherer linksbürgerlicher wie nunmehr sozialistischer Politiker zuallererst sein wollte, blieb die Wahl zum Volksvertreter begreiflicherweise die Erfüllung eines Lebensplanes. Folgerichtig war er eher erleichtert, als die linksradikalen Demokratieverächter und Propagandisten der „Diktatur des Proletariats" innerhalb der USPD im Herbst 1920 den Schritt des Anschlusses an die Moskauer III. Internationale und Verschmelzung mit der KPD vollzogen. An der SPD Friedrich Eberts hat er nicht deshalb Kritik geübt, weil sie der „bürgerlichen Demokratie" verhaftet geblieben sei, vielmehr vermißte er in ihr den Impuls zur umfassenden Demokratisierung der obrigkeitsstaatlichen Herrschaftsstrukturen.

Entgegen seinem herkunftsbedingten Ruf als gesinnungstüchtiger Einzelgänger profilierte sich Breitscheid in den Jahren 1921/22, unter dem Eindruck der rechtsradikalen Morde an den bürgerlichen

Republikanern Erzberger und Rathenau, als zielstrebiger Verfechter einer linken Realpolitik. Erneut wollte er sich nicht wider bessere Einsicht dem Fraktionszwang beugen und gehörte zu jenen 13 USPD-Abgeordneten, die sich am 15. Februar 1922 von dem Mißtrauensvotum gegen das Kabinett der Weimarer Koalition unter dem linkskatholischen Reichskanzler Joseph Wirth fernhielten und somit der friedensbewahrenden Verständigungspolitik eine weitere Gnadenfrist gewährten. Immerhin war dieser demokratische Zentrumspolitiker Wirth der erste Regierungschef, der im Zeichen der antirepublikanischen Haßpropaganda und Mordanschläge die in den Revolutionsmonaten auch von der SPD-Führung bagatellisierte Einsicht von der Reichstagstribüne ausrief: »Dieser Feind steht rechts!«

Bei dieser Entwicklung kann es nicht überraschen, daß Breitscheid nach dem fortschreitenden wahlpolitischen und finanziellen Auszehrungsprozeß der zwischen SPD und KPD aufgeriebenen USPD nachdrücklich für den organisatorischen Zusammenschluß aller Sozialdemokraten eintrat. Auf dem Vereinigungsparteitag der USPD im Jahre 1922 formulierte er das Bekenntnis zu einer konstruktiven Politik im Einklang mit dem Mehrheitsbewußtsein der Arbeiterschaft: „Die Methoden der SPD gefallen uns vielleicht nicht, aber sie ist eine Partei der Massen des Proletariats und damit des Sozialismus". Anders als viele Parteiintellektuelle bemühte er sich zeitlebens um die fruchtbare Synthese einer gleichermaßen gesinnungs- und verantwortungsethischen Handlungsorientierung – wohl wissend, daß Politik das „Bohren von harten Brettern mit Leidenschaft und Augenmaß" (Max Weber) sein muß.

Bis zur Zerstörung der Weimarer Republik durch die NS-Diktatur entfaltete sich die Stellung Breitscheids erstmals auf seinem politischen Lebensweg für ein Jahrzehnt innerhalb der SPD relativ kontinuierlich. Neben dem späteren Reichskanzler Hermann Müller war er als der unbestrittene Fachmann seiner Fraktion für Fragen der internationalen Politik anerkannt. Ein besonders kritisches Augenmerk galt stets der Privilegienstruktur und der Geheimniskrämerei einer auswärtigen Diplomatie, deren vorrangige Besetzung mit Adelskreisen dem aus einem einfachen Angestelltenmilieu hervorgegangenen Linksrepublikaner ein Ärgernis blieb. Die Rolle des parlamentarischen Begleiters und Kontrolleurs diplomatischer Delegationen, die er vor allem in den zahlreichen Verhandlungsrunden um die Folgelasten des Versailler Diktatfriedens und die Aussöhnung mit den Siegermächten wahrzunehmen hatte, war ihm deshalb geradezu auf den Leib geschneidert. Dabei profitierte Breitscheid gewiß auch von der Ausstrahlung und dem Erscheinungsbild seiner Person, die ihm den Ruf des „SPD-Lords" eintrugen: Seine ungewöhnliche Körperlänge präsentierte er durchweg in etikettenreifer Kleiderordnung und würdevoll gemessenen Bewegungen. Gleichzeitig war er ein vorzüglicher Redner, der seine Zuhörer durch die Logik seiner scharfsinnigen Analysen mitzureißen verstand. Allerdings fiel es ihm wie den meisten Repräsentanten eines rationalen Politikstils nicht leicht, der gegen ihn und seine Partei eingesetzten hemmungslosen Demagogie vor allem der rechtsradikalen, aber auch der kommunistischen Republikverächter mit gleicher Münze heimzuzahlen.

Durch seine intensiven Kontakte zur französischen Linken, die nach dem Sturz des rechtsnationalen Kabinetts Poincaré seit 1924 wieder Einfluß auf die Regierungspolitik nehmen konnte, wirkte Breitscheid im Vorfeld an der deutsch-französischen Verständigungspolitik mit, die 1925 zum Locarno-Abkommen führte und ein Jahr später den Beitritt Deutschlands zum Völkerbund ermöglichte. Aufgrund dieser Prioritätensetzung hatte er sich gegenüber dem Rapallo-Vertrag von 1922 mit der Sowjetunion skeptisch geäußert, da eine neue Friedensordnung „in erster Linie eine Verständigung nach dem Westen hin" erfordere (Reichstagsprotokolle, Bd. 357, S. 9356). Selbstverständlich wünschte Breitscheid auch im Verhältnis zur Sowjetunion einen Kurs der Entspannung und Zusammenarbeit, doch wußte er um die Absichten der deutschen Rechten, durch „Ruhe an der Ostfront" eine Revanchepolitik gegenüber Frankreich vorzubereiten.

Gestützt auf diesen Minimalkonsens über eine vertragsgetreue „Erfüllungspolitik" im Rahmen der Versailler Ordnung mit dem Ziel einer friedlichen Revision schätzte auch Stresemann, der wirtschaftsliberale Außenminister der Jahre 1923 bis 1929, Breitscheid als verläßlichen Gesprächspartner der für die außenpolitische Mehrheitsfindung unverzichtbaren sozialdemokratischen Opposition. Die deutliche Aufwertung seines Ansehens in diesen Jahren der relativen Stabilisierung der Republik unter bürgerlichen Kabinetten kam sogar darin zum Ausdruck, daß Breitscheid vielfach als der kommende Außenminister jeder neuen SPD-geführten Regierung betrachtet wurde. Als die Sozialdemokraten im Mai 1928 nach einem beachtlichen Wahlerfolg tatsächlich wieder die politische

Verantwortung übernahmen, wollten sie jedoch nicht auf die bewährte Mitarbeit des Außenministers Stresemann verzichten, der als einstiger Nationalliberaler die „Große Koalition" nach rechts hin vor den Anfeindungen gegen ihre angebliche „Verzichts- und Verratspolitik" abfedern sollte.

Als Fraktionsvorsitzender gegen den Nationalsozialismus

Ob Breitscheid nach seinen Erfahrungen von 1918/19 überhaupt wieder nachdrücklich in ein Regierungsamt strebte, darf als durchaus offene Frage gelten. Nur wenige sozialdemokratische Spitzenpolitiker der aufreibenden Nachkriegsära haben im weiteren Verlauf der Weimarer Republik noch einmal ein Ministeramt übernommen; selbst der erste Reichskanzler, Philipp Scheidemann, zog sich nach seinem aus Protest gegen den Versailler Diktatfrieden erfolgten Rücktritt bald in die überschaubare Sphäre eines Oberbürgermeisters von Kassel zurück. Immerhin wurde die kompetente politische Arbeit Breitscheids 1928 mit seiner Wahl zu einem der drei Vorsitzenden (neben Otto Wels und Wilhelm Dittmann, die ebenfalls 1918/19 bittere Erfahrungen mit „staatspolitischer Verantwortung" gemacht hatten) der gestärkten SPD-Reichstagsfraktion honoriert. Daß er gleichwohl erst 1931 in den Parteivorstand aufrückte, dokumentiert fortbestehende Vorbehalte gegenüber einem „Seiteneinsteiger" ohne „Ochsentour" durch den Parteiapparat.
Unmittelbar nach seinem Aufstieg in den Fraktionsvorstand hatte Breitscheid den schweren innerparteilichen Konflikt um den Panzerkreuzerbau zu bestehen. Da die SPD den Wahlkampf von 1928 erfolgreich mit der Parole „Kinderspeisung statt Panzerkreuzer" bestritten hatte, mußte das nachgiebige Verhalten der sozialdemokratischen Minister gegenüber ihren bürgerlichen Kabinettskollegen als Wortbruch erscheinen. Der heftige Proteststurm an der Parteibasis bewirkte lediglich ein entschiedenes Nein der Fraktion zum Panzerkreuzerbau, während die Minister in einer geradezu ritualisierten Rollenverteilung die Koalition nicht aufs Spiel setzen wollten. Da Breitscheid die Aufgaben der parlamentarischen Kontrolle unverändert ernst nahm, mahnte er auf dem Parteitag von 1929 bei den SPD-Ministern eine größere Rücksichtnahme auf die Stimmung in der Mitgliedschaft an, schließlich sei doch die Partei „eine Art von Lebensgemeinschaft".

Diese Äußerung wie sein langjähriges praktisches Wirken in der Reichstagsfraktion bezeugt, daß sich Breitscheid trotz seines eher distanzierten persönlichen Habitus uneingeschränkt in das sozialdemokratische Milieu integriert hatte. Die Spaltung der Arbeiterbewegung im Ersten Weltkrieg bezeichnete er aus der Rückschau stets als einen schwerwiegenden politischen Fehler, wobei er mit der USPD ohne Rücksicht auf eigene Betroffenheit hart ins Gericht ging. Auch generell läßt sich feststellen, daß die führenden USPD-Politiker in der Weimarer SPD keineswegs überwiegend profilierte Linkssozialdemokraten wurden, sondern eher eine vermittelnde Position einzunehmen versuchten, die im übrigen dem „zentristischen" Charakter der USPD durchaus entsprach. Diese den Traditionen der SPD in der Ära Bebel verpflichtete Orientierung an der Parteiintegration wurde bei unduldsamen Linken häufig bereits als „opportunistisch" abgetan, während intolerante Rechte ihr Mißtrauen gegen die früheren „Disziplinbrecher" aus der USPD niemals überwanden.

In den 30er Jahren standen die politischen Initiativen Breitscheids zunehmend nur noch im Zeichen des Abwehrkampfes gegen den Nationalsozialismus. Es war kennzeichnend für sein illusionsloses Verständnis linker Realpolitik, daß er seit 1931 vorsichtig Chancen in Richtung eines von Vorbedingungen freien Zusammenwirkens von Sozialdemokraten und Kommunisten sondierte, gleichzeitig aber die unaufrichtigen „Einheitsfront von unten"-Manöver der KPD zutreffend als Instrument zur Spaltung der SPD durchschaute. Da er nach Lage der Dinge als einzige konkrete Alternative zur existierenden Weimarer Republik die weitere Durchsetzung des autoritären Trends befürchtete, hielt er in Übereinstimmung mit der Parteimehrheit die perspektivenarme SPD-Politik der Tolerierung des halbparlamentarischen Präsidialregimes unter dem rechtskatholischen Reichskanzler Brüning für das kleinere Übel.

Obwohl er ein entschiedener Befürworter der Formierung einer antifaschistischen „Eisernen Front" der Sozialdemokraten und Gewerkschafter war, ging ihm als eingefleischtem Parlamentarier der bloße Verbalradikalismus eines Appells an die Massenaktion nicht eilfertig über die Lippen. Die ausführliche Rede über die nationalsozialistische Gefahr auf dem Parteitag von 1931 trug Breitscheid den Ruf eines maßgeblichen sozialdemokratischen Faschismusanalytikers ein. Tatsächlich standen seine Ausführungen zur kleinbürgerlichen Massenbasis und der Krisenkonjunktur des Nationalsozialismus im Niveau turmhoch über den geistlosen Phrasen zum „monopolkapitalistischen" Grundcharakter der NS-Bewegung seitens der kommunistischen Propaganda, die zugleich mit ihrer „Sozialfaschismus"-Agitation gegen die SPD jeden konstruktiven Ansatz zum gemeinsamen Abwehrkampf torpedierte. Überhaupt verkennen rückblickende Beschwörungen einer antifaschistischen Wunderwaffe namens „Einheitsfront" in doppelter Weise die historische Realität: Zum einen lehnte die KPD sämtliche für das Selbstverständnis der SPD zentralen Grundentscheidungen der Weimarer Republik – die parlamentarische Demokratie, den Sozialstaat als Klassenkompromiß und die Erfüllung des Versailler Vertrages – kategorisch ab und stellte sich damit selbst das Zeugnis der Bündnisunfähigkeit aus. Zum anderen hätten auch die vereinten Kräfte der Arbeiterbewegung, wie das Schicksal der wählerstärkeren, geschlossen auftretenden und auf bewaffnete Auseinandersetzungen besser vorbereiteten österreichischen Bruderpartei bezeugt, ohne weitere Bundesgenossen nicht ausgereicht, um den im Windschatten der etablierten Rechten auf Machtkurs eingestellten Nationalsozialisten wirksam zu begegnen. Ein Zusammengehen mit der unverändert moskauhörigen und durch ihre Gewaltbereitschaft unkalkulierbaren KPD hätte in dieser Hinsicht aber vor 1933 den sichersten Weg bedeutet, der SPD sämtliche Kooperationschancen zu anderen republikanischen und verfassungstragenden Kräften zu verbauen.

Allerdings war auch Breitscheid vor dem Grundirrtum des rationalistischen Weltbildes der Weimarer Demokraten und Sozialisten, nämlich einer verhängnisvollen Unterschätzung der massenpsychologischen Tiefenwirkung der faschistischen Bewegung, keineswegs gefeit. Aus der richtigen Einsicht in den Zusammenhang des nationalsozialistischen Massenzustroms mit der Krisenentwicklung seit 1929/30 leitete er den verfehlten Umkehrschluß ab, daß die Partei Hitlers mit dem Ende des Krisenzyklus einen raschen Niedergang erleben werde. Der Stimmenrückgang der NSDAP bei den Reichstagswahlen im November 1932 gegenüber dem Juli des gleichen Jahres (von 37,3 % auf 33,1 %) schien die Stichhaltigkeit dieser Prognose schon bei den ersten Anzeichen einer wirtschaftlichen Trendwende zu bestätigen.

Trotz unzähliger scharfsinniger Analysen über die reaktionäre Tendenz der führenden Kräfte in der Schwerindustrie, dem Großgrundbesitz und dem Militär konnten sich die Sozialdemokraten bis zuletzt nicht vorstellen, daß die ostelbische Herrenkaste und ihre Symbolfigur, der 1932 gar noch von den republikanischen und verfassungstreuen Parteien wiedergewählte Reichspräsident Hindenburg, den politischen Abenteurer Hitler an die Schalthebel der Macht lassen könnten. Erst recht erschien ihnen undenkbar, daß der chaotische Gewalthaufen der Nationalsozialisten mit seinen SA-Banden, rivalisierenden Cliquen und konfusen Ideologen zur effektiven Leitung einer der fortgeschrittensten Industriegesellschaften und eines differenzierten Verwaltungsapparates befähigt sein würde. Um so lähmender auf die Handlungsfähigkeit der Partei mußte sich die Machtübergabe an Hitler am 30. Januar 1933 und die im Gegensatz zum sozialdemokratischen Verhalten von 1918/19 überaus zielstrebige Gleichschaltungspolitik der folgenden Monate auswirken.

Von der Exilpolitik zum KZ-Opfer

Ausgehend von einer realistischen Beurteilung der Handlungsmöglichkeiten, die den Oppositionellen unter dem NS-Regime noch verblieben waren, darf es bereits als Zeugnis seines politisch aufrechten Ganges gelten, daß Breitscheid keinerlei Anpassungsbereitschaft zeigte und opportunistische „Überwinterungs"-Strategien wie die Zustimmung der SPD-Reichstagsfraktion zu Hitlers verlogener Friedensresolution scharf verurteilte. In einem unbeantwortet gebliebenen Protestbrief an den rechtskonservativen Außenminister v. Neurath faßte Breitscheid im August 1933 seine Empörung über die klägliche Rolle der aristokratischen und großbürgerlichen Steigbügelhalter des Naziterrors in denkwürdige Worte: „Die Geschichte wird einmal ein vernichtendes Urteil nicht nur über diejenigen fällen, die Unrecht getan haben, sondern auch über die, die dem Unrecht stillschweigend zusahen". Solche offenen Äußerungen konnte eine totalitäre Diktatur, welche die Wahrheit fürchten mußte wie der Teufel das Weihwasser, nicht ertragen; die kurz darauf erfolgende Aberkennung der Staatsbürgerschaft verwies ihn auf die Vision eines „anderen Deutschland" im verbliebenen Wirkungskreis jenseits der Landesgrenzen.

Im Hinblick auf die Erfolgschancen des direkten Widerstandes war Breitscheid seinem Naturell und politischen Realitätssinn entsprechend eher skeptisch. Folglich empfand er keine Sympathien für die wortstarken Manifeste der sich vielfältig artikulierenden Strömungen einer revolutionären Linken, die teilweise auch in sozialdemokratischen Kreisen hervortraten. Gleichzeitig hatte er sich von der seiner Ansicht nach rettungslos blamierten offiziellen Führung der SPD dermaßen entfremdet, daß er im Exilland Frankreich eine zweite politische Heimat fand. Wenn man seine intensiven Beziehungen zur demokratischen Linken Frankreichs aus der Zeit seines Wirkungskreises als außenpolitischer Experte der Reichstagsfraktion berücksichtigt, kann der demonstrative Beitritt zur französischen Sozialistischen Partei unter Léon Blum im Jahre 1937 nicht mehr so sehr erstaunen.

In seinem Pariser Exil stand Breitscheid unter dem Eindruck der 1934 gegen die von Deutschland her drohende faschistische Gefahr gebildeten Volksfront-Regierung, an der sich neben den Sozialisten und Kommunisten auch die linksbürgerlichen sog. „Radikalsozialisten" beteiligten. Das französische Beispiel lieferte das Vorbild des 1936 gegründeten Exilkomitees „Deutsche Volksfront", dem linksbürgerliche Intellektuelle wie sein prominenter Sprecher Heinrich Mann, Repräsentanten der KPD sowie der linkssozialistischen Splittergruppen und Sozialdemokraten um Breitscheid angehörten. Obgleich ihm als erfahrenem Politiker die kommunistische Fraktionsarbeit von vornherein nicht verborgen blieb, wollte er nichts unversucht lassen, um wenigstens in der Bekämpfung des übermächtigen Gegners ein gemeinsames Vorgehen aller Linkskräfte zu ermöglichen. Dabei erschien ihm das Verhalten einzelner unabhängiger Kommunisten wie z. B. des „roten Pressezaren" Willi Münzenberg durchaus als glaubwürdig, was in diesem Falle durch die Tatsache bestätigt wird, daß Münzenberg später ein Opfer der stalinistischen „Säuberungen" wurde.

Nach dem außenpolitischen Kurswechsel der Sowjetunion, der bald darauf zum fatalen Hitler-Stalin-Pakt führte, zeigten sich die Kommunisten zunehmend desinteressiert an weiterer Zusammenarbeit mit den Sozialdemokraten. Im August 1938 ließ Breitscheid keinen Zweifel daran, daß es „auf Schritt und Tritt deutlicher" werde, „wie die Kommunisten an dem Volksfrontfeuer nur ihren Parteitopf kochen möchten. Aufhetzung der Massen gegen die Führer (der Sozialdemokratie, D. L.) nach altem Rezept, Verdrehung des Begriffs der Demokratie und was dergleichen bewährte Methoden mehr sind". Die Unmißverständlichkeit solcher Urteile muß es einer wissenschaftlich seriösen Geschichtsschreibung verbieten, mit Breitscheid eine „Einheitsfront"-Legende zur ideologischen Verblendung naiver Gemüter zu konstruieren. Mit der Weigerung des Schweizer Konsulats, ein Transitvisum für den Flug nach Portugal und den bereits vorbereiteten Weiterflug in die USA zu gewähren, begann 1940 für Breitscheid und den an seiner Seite weilenden Hilferding die Leidensgeschichte des französischen Exils. Die deutsche Besetzung führte einen Verhaltenswechsel der Behörden herbei, so daß die beiden Sozialdemokraten zunächst in Südfrankreich unter Polizeiaufsicht leben mußten. Im Februar 1941 wurden sie bei einer vermeintlichen Fluchthilfe verhaftet und an die Gestapo ausgeliefert. Während Hilferding unter bis heute nicht geklärten Umständen (vermutlich durch Selbstmord) ums Leben kam, wurde Breitscheid zusammen mit seiner Frau Tony nach der längeren Zwischenstation des Konzentrationslagers Sachsenhausen im September 1943 in Buchenwald eingeliefert. Die Haftbedingungen hätte der fast 70jährige auch ohne das tragische Ende durch die Bomben jener Westmächte, mit denen er stets den Weg der Verständigung gesucht hatte, vermutlich nicht bis zur Befreiung von dem NS-Terrorregime überlebt.

Die politische Herkunft in historischer Perspektive

In Beantwortung der Frage, weshalb wir heute Rudolf Breitscheid vor dem Vergessen bewahren sollten, ist zweifellos mehr die geschichtliche Persönlichkeit zu würdigen, als daß sich umstandslos Ansatzpunkte für eine politische Aktualisierung seines Lebenswerkes ergeben könnten. Die soziobiographische Interpretation seines Herkunftsmilieus wird insbesondere die Generationserfahrung und die aufstiegsorientierte Mittelschicht-Sozialisation zu berücksichtigen haben. Einige Jahre jünger als Lenin und Rosa Luxemburg, ein wenig älter als sein Schicksalsgenosse Hilferding, gehörte Breitscheid zur Generation dieser drei maßgebenden Imperialismus-Theoretiker, deren politischer Bewußtseinshorizont in den 1890er Jahren geprägt wurde. Es war dies das Jahrzehnt der beginnenden „Weltpolitik" des wilhelminischen Deutschland, der Flottenagitation und erster Ansätze zu einer internationalen Friedensbewegung der Sozialisten und linksbürgerlichen Pazifisten. Angesichts dieser Rahmenbedingungen kann es nicht überraschen, daß sich der junge Linksliberale in seiner Dissertation mit Kolonialpolitik beschäftigte und das von den Herrschenden propagierte „Primat der Außenpolitik" auch zum Schwerpunkt seiner zunehmend kritischen Analysen machte. Gleichzeitig hat seine Herkunft aus einer protestantischen Angestelltenfamilie gewiß dazu beigetragen, daß sich Breitscheid zunächst dem demokratisch-sozialen Liberalismus eines Naumann zuwandte. Auch wenn dieser Vergleich nicht mißverstanden werden darf, ist darauf hinzuweisen, daß bereits die Nationalsozialen Naumanns – wie später die Nationalsozialisten – auf der Suche nach dem national integrierten Arbeiter vornehmlich Angestellte und „Geistesarbeiter" erreichten. Die Sozialgeschichte der deutschen Angestellten ist bislang zu eindimensional unter dem Gesichtspunkt des konservativen Statusdenkens von „Privatbeamten" geschrieben worden. Dabei kann leicht aus dem Blickfeld geraten, daß die für diese neuen Mittelschichten charakteristische Aufstiegsorientierung neben häufig anzutreffender Unternehmens- und Staatsloyalität auch Innovationspotentiale erzeugt hat. Dies gilt einerseits für die – unter den der Arbeiterschaft näheren technischen Angestellten häufiger als bei den kaufmännischen zu finden den – freigewerkschaftlichen Gruppen, die angesichts des Einkommensverlustes im Ersten Weltkrieg auf Linkskurs gingen. Andererseits sind auch viele der später von der NSDAP aufgesogenen nationalen Angestellten nicht einfach von reaktionärem Standesdenken geleitet, sondern in der ausweglosen Existenzkrise vom trügerischen Schein der visionären Synthese eines „nationalen Sozialismus" fasziniert gewesen.

Ohne diese Grundsatzfragen einer politischen Sozialgeschichte im Rahmen eines biographischen Essays vertiefen zu wollen, sei wenigstens stichwortartig darauf verwiesen, daß im deutschen Parteiensystem des späten Kaiserreiches und der Weimarer Republik im Prinzip durchaus Spielraum für eine Gruppierung des national-demokratischen Sozialliberalismus vorhanden war. Die etablierten liberalen Parteien trugen noch zu sehr Honoratiorencharakter, in ihnen dominierte unverändert „Bildung und Besitz", so daß sich die Mittelschichten mit ihnen nicht identifizieren konnten. Den klassenorientierten Sozialdemokraten, der katholischen Zentrumspartei und den agrarischen Konservativen wollte sich die Mehrheit der in protestantischen Städten lebenden Angestellten, einfachen und mittleren Beamten, Freiberufler etc. erst recht nicht anschließen. In dieses Vakuum soziopolitischer Identitätsfindung sind in der Weltwirtschaftskrise mit unaufhaltsamer Durchschlagskraft die Nationalsozialisten eingedrungen. Vermutlich kam die Gründung Naumanns zur Jahrhundertwende noch zu früh, um in diesen erst allmählich expandierenden und ihr Selbstverständnis definierenden Zwischenschichten eine verläßliche Massenbasis zu finden. Dennoch ist die Überlegung mehr als nur ein Wortspiel, ob ein Gelingen des nationalsozialen Experiments vielleicht der nationalsozialistischen Parteineugründung die Ausdehnungsmöglichkeiten von den Kriegsabenteurern in die „gesitteten" Mittelschichten stärker beschnitten hätte.

Demgegenüber war die Demokratische Vereinigung, als deren Vorsitzender Breitscheid ins Rampenlicht der politischen Öffentlichkeit vorrückte, aus ihrem Entstehungskontext von vornherein auf ein Sektendasein beschränkt. Anders als z. B. die französischen „Radikalsozialisten", deren Linksrepublikanismus bis weit in die Mittelschichten ausstrahlte, zielte die anspruchsvolle Programmatik der deutschen Radikaldemokraten in erster Linie auf das Bildungsbürgertum, dem jedoch die Ideen von 1789 überwiegend zu egalitär und libertär erschienen und die Tendenzen der „Ideen von 1914" schon vor Kriegsausbruch sympathischer waren. Der Übertritt Breitscheids zur SPD war deshalb die konsequentere und für seinen weiteren Lebensweg erfolgsträchtigere Entscheidung, wenn man zum Vergleich seinen Kampfgefährten v. Gerlach heranzieht, der auch in der Weimarer Republik ein scharfsinniger Einzelgänger ohne politische Heimat blieb.

Über die weltanschauliche Prägung Breitscheids im engeren Sinne lassen sich keine allzu tiefschürfenden Informationen ermitteln, da er stets mehr ein Repräsentant tagespolitisch orientierter Grundsatzdebatten als „epochaler" Theoriebildung war. Fraglos blieb er auch als Sozialdemokrat einer Geisteshaltung des rationalistischen Aufklärers verpflichtet, der ethisch motiviert war, ohne religiös zu sein oder Ersatzreligionen zu benötigen. Zwar verstand sich Breitscheid durchaus in der Gedankenwelt des Marxismus zu bewegen und sich ihn gewissermaßen als sozialistische Variante einer humanistischen Aufklärungsphilosophie anzueignen, doch wird er schwerlich ein marxistischer Theoretiker genannt werden können. Selbst über sein Spezialgebiet, die internationale Politik, hat er kaum über aktualitätsbezogene Zeitschriftenartikel hinausgehende Abhandlungen verfaßt, geschweige denn ein zusammenfassendes systematisches Werk hinterlassen.

Was bleibt als lebensfähiges Erbe?

Der Aktualisierung als politisches Vorbild ist der historische Breitscheid noch am ehesten in seinen Berufsrollen zunächst als Publizist, dann in den 20er Jahren primär als Parlamentarier zugänglich. Seit der Machtübernahme durch die Nationalsozialisten war er, allen heroischen Legenden zum Trotze, doch stärker Opfer der Entwicklung als gestaltender Akteur. Innerhalb der sozialdemokratischen Traditionslinie verdient zum einen seine Tätigkeit als leitender Redakteur der USPD-Zeitschrift „Der Sozialist" die größte Beachtung. Aus guten Gründen läßt sich dieses Parteiorgan als die – nach Otto Bauers „Der Kampf" in Österreich – vielleicht gelungenste deutschsprachige sozialistische Publikation bezeichnen: Nicht so akademisch wie Kautskys „Die Neue Zeit" und Hilferdings „Die Gesellschaft", aber auch nicht dermaßen ideologische Streitschrift wie die „Sozialistische Politik und Wirtschaft" sowie „Der Klassenkampf" um Paul Levi und Max Adler.

Als einer ihrer profiliertesten Parlamentarier der SPD hat Breitscheid zum anderen in die Arbeiterbewegung ein Stück jener liberal-demokratischen Tradition mit eingebracht, die in einer von autoritären Parteistrukturen nicht freien preußisch-deutschen Sozialdemokratie keineswegs Gefahren der „Verbürgerlichung" heraufbeschworen, sondern die gleichfalls in ihr angelegten freiheitlichen Charakterzüge förderten. In dieser Hinsicht sind die fortwirkenden Einflüsse des Herkunftsmilieus häufig unterschätzt worden: Selbst Ledebour war trotz seines radikaleren Standpunktes als einstiger linksbürgerlicher Demokrat in der SPD und USPD nicht zufällig ebenso ein leidenschaftlicher Parlamentarier. Die gelegentliche „Blutauffrischung" aus dem kosmopolitischen linksbürgerlichen Lager ist der deutschen Sozialdemokratie jedenfalls in ihrer bisherigen Geschichte zumeist besser bekommen als eine Provinzialisierung in organisationspatriotischer und nurgewerkschaftlicher „Inzucht".

Wer sein Politikverständnis von Machiavelli bis zu Carl Schmitt herleitet, wird Breitscheid nicht zum engeren Kreis des sozialdemokratischen „Politiker"-Typus der Weimarer Republik rechnen wollen. Es gehört aber gerade zu den Horizontverengungen einer deutschen obrigkeitsstaatlichen Denktradition, sich die Erfüllung der Politikerkarriere grundsätzlich in einem Ministersessel vorzustellen. Eine lebendige Demokratie im klassischen britischen Sinne des „government by discussion" ist jedoch auf politische Publizisten vom Range eines Breitscheid angewiesen. Erst recht kann sich „Politik als Beruf" vornehmlich und ausschließlich in der parlamentarischen Arbeit manifestieren, die im demokratischen Verfassungssystem ohne entsprechende Kontakte zur eigenen Wählerbasis nicht sinnvoll möglich ist.

Ein Bebel hätte niemals Minister werden können oder wollen, und doch ist er jahrzehntelang der bedeutendste Politiker gewesen, den die SPD hervorbrachte – erst Willy Brandt hat ihn schließlich an Lebensalter und Amtsdauer als Parteivorsitzender überholt und nimmt einen ähnlich herausgehobenen Platz in der Geschichte ein. Auch der andere große Parlamentarier der deutschen Sozialdemokratie, Herbert Wehner, hat sich in der Großen Koalition als deren politischer Architekt nur widerstrebend für knapp drei Jahre zum Minister machen lassen. Es sollte den allzu leichtfertigen Parlamentarismuskritikern zu denken geben, daß diese beiden furchtlosen Kämpfernaturen, die sich von keiner Obrigkeit einschüchtern ließen, die Würde einer Volksvertretung in geradezu ritualisierter Weise zu respektieren pflegten: Bebel legte Wert darauf, daß die Abgeordneten der SPD den Reichstag im Gehrock betraten, und Wehner fehlte selbst bei den zweitrangigsten Sitzungen im sonst gähnend leeren „Plenum" ungern auf seiner Parlamentarierbank links vor dem Rednerpult, um auch die langweiligsten Debatten mit belebenden Zwischenrufen zu würzen.

In dieser Traditionslinie befindet sich „Lord Breitscheid" also in guter Gesellschaft, wenn er sogar in scharfzüngiger Rede selten seinen Diplomatenhabitus verleugnete und als Parlamentarier von Leib und Seele nicht auf Staatssekretärspension spekulierte. Bei manchen in ihrer gespreizten „Fachkompetenz" hochmütigen Polit-Managern aller Parteien gehört es leider heute schon fast zum guten Ton, über die nachgeordnete Position des Bundestags in einer Weise zu spotten, die bedenklich an das Weimarer Stigma der „Schwatzbude" erinnert. Umgekehrt sind auch gelegentliche Ansätze einer Umfunktionierung der Parlamente zum Demonstrationsort im Hinblick auf fatale Vorläufer als geschichtsvergessen zu kritisieren.

Schließlich gibt es sehr vernünftige Gründe, in einer sich nach Lebenslagen und Lebensstil über die früheren schichten- und konfessionsspezifischen Differenzierungen hinaus aufspaltenden Gesellschaft wenigstens die Volksvertretung als konsensfähige Institution mit parteiübergreifendem Identifikationscharakter zu verankern. Allerdings ist dieses erstrebenswerte Ziel nur durch kontroverse, die Probleme und Bewußtseinsentwicklungen in der Gesellschaft aufgreifende und konkrete Lösungsvorschläge popularisierende Parlamentsarbeit zu verwirklichen. In diesem Sinne ist der Weimarer Parlamentarier Breitscheid noch immer ein zeitgemäßer Politiker des demokratischen Sozialismus, wenngleich seine Nachfolger aus anderem Holz geschnitzt sein müßten, um die jüngere Generation wirksam zum Engagement motivieren zu können.

Literatur

Da Breitscheid in der Geschichtsschreibung bislang nicht die ihm gebührende Beachtung gefunden hat, lassen sich weiterführende Informationen zu seiner politischen Biographie im wesentlichen noch immer einer Überblicksdarstellung entnehmen: Peter Pistorius, Rudolf Breitscheid 1874–1944. Ein biographischer Beitrag zur deutschen Parteiengeschichte, Phil. Diss. Köln 1970 (vgl. dort auch die Belege für die Zitate dieses Beitrags). Im Anhang zu diesem nur im Dissertationsdruck vorliegenden Buch findet sich eine Übersicht aller überlieferten (primär Zeitschriften-)Veröffentlichungen Breitscheids sowie die verstreute und im einzelnen nicht sehr ergiebige Literatur über Person und Wirkungsbereich.

Georg Decker (1887–1964)

Für eine marxistische Realpolitik

von
Michael Scholing

> „Die Freiheit ist wie Luft und Sonne;
> man muß sie verloren haben,
> um zu verstehen,
> daß man ohne sie nicht leben kann."
> (Giacomo Matteotti)

Es gibt wohl kaum einen Aufsatz oder Zeitungsartikel Georg Dekkers, der nicht mit mindestens einem Marx-Zitat angereichert ist. Decker war Marxist durch und durch. Und doch war er es nicht in dem Sinne, daß er an jedem Wort des großen Meisters sklavisch festgehalten hätte.

In Deckers Heimatstadt Kasan hatte sich seit Mitte der 80er Jahre ein relativ selbständiger Marxismus herausgebildet. Von diesem Marxismus war Decker beeinflußt. Was er an Marx ganz uneingeschränkt bewunderte, das war dessen unerhörte Gewissenhaftigkeit als Forscher, gerade auch als Historiker. Erst wenn Zusammenhänge so rekonstruiert waren, daß sie nicht als in die Tatsachen hineingedacht erschienen, sondern sich gleichsam „aus den Sachen selbst" (Marx) ergaben, dann, aber auch erst dann sei Marx – wie Decker bewundernd hervorhob – bereit gewesen, die historische Tatsachenforschung abzuschließen. Danach konnten auch neue Tatsachen nicht mehr irritieren, sondern mußten die theoretischen Resultate bestätigen, die aus der konkreten Erfassung der „Sachen" abgeleitet wurden.

Diese wissenschaftliche Maxime stand – das war Deckers tiefe Überzeugung – auch nicht im Widerspruch zu Marx' sogenannter „Geschichtsphilosophie". Die großen gesellschaftlichen Perioden („Stufen") waren Deckers Marx-Interpretation gemäß nicht mehr und nicht weniger als konkrete historische Begriffe, in denen bestimmte Abschnitte der geschichtlichen Entwicklung zusammengefaßt wurden, nicht aber notwendige Entwicklungsstufen, die von jedem Volk durchgemacht werden mußten. Marx habe keine allge-

meinen Gesetze aufstellen wollen. Jede einzelne Stufe, jede einzelne historische Form habe aber ihre Gesetze, die zugleich die Bedingungen ihrer Existenz und ihrer Entwicklung waren. Unter Naturnotwendigkeit habe Marx folglich die Konsequenzen verstanden, die sich notwendig aus einem bestimmten historischen Prozeß ergaben (z. B. die Verdrängung vorkapitalistischer Formen – Zünfte, Rechtsordnung – bei der Durchsetzung der kapitalistischen Wirtschaftsform). Entstanden solche „naturnotwendigen" Konsequenzen nicht, dann setze sich – so Decker lakonisch – die entsprechende Form eben nicht durch.
Gegen Versuche, seine Entstehungsgeschichte des Kapitalismus in eine allgemeingültige Theorie zu transformieren – Versuche, die in der damaligen SPD bekanntlich tiefe Spuren hinterlassen hatten –, habe sich Marx vor allem aber als Politiker zur Wehr gesetzt. Marx' wissenschaftliche Arbeit sei nämlich seinem politischen Willen stets untergeordnet gewesen – untergeordnet freilich nicht in dem Sinne, daß Marx seine wissenschaftlichen Resultate den praktischen Erfordernissen angepaßt hätte, sondern im Sinne eines außerordentlichen Verantwortungsgefühls gegenüber denen, deren „Waffe" sein Werk sein sollte, der modernen Arbeiterbewegung. Sollte diese Waffe wirklich zielsicher sein, so bedurfte es höchster wissenschaftlicher Ehrlichkeit („Objektivität").
Decker fühlte sich seinem großen Vorbild zweifellos verpflichtet: Zwar fehlte ihm die Zeit und vielleicht auch die Bereitschaft, um ein Werk von auch nur annähernd vergleichbarem Umfang und Qualität zu schaffen. Doch waren auch bei Decker fast alle politischen Artikel zugleich historische und sozialwissenschaftliche Untersuchungen. Überall wird sein intensives Streben nach Konkretisierung und erschöpfender Erfassung aller zum Thema gehörenden Umstände deutlich. Stets waren seine politischen Ratschläge an die Adresse der Sozialdemokratischen Partei auf eine genaue Analyse aller sozialen und ökonomischen Bedingungen sowie der jeweiligen politischen Kräftekonstellation und ihrer Entwicklungstendenzen gestützt.
Georg Decker hieß eigentlich Georg Denike; den Namen Decker nahm er erst in der deutschen Emigration an. Da es hier aber vor allem um die Weimarer Zeit gehen soll, wollen wir es bei dem Namen belassen, unter dem er seinerzeit eine gewisse Berühmtheit erlangte. Er kam aus der Gegend von Kasan, heute die Hauptstadt der Tartarischen ASSR und größte Industrie- und Handelsstadt an

der mittleren Wolga. Sein Vater gehörte der mittleren dienstpflichtigen Beamtenschaft an, die Mutter entstammte einem alten bodenständigen Adelsgeschlecht. Die Eltern liebten die Musik, waren literaturbegeistert und beherrschten mehrere Fremdsprachen. Man lebte in mittlerem Wohlstand. Georg Decker hatte fünf Brüder, die wie er nach der Schule alle die Universität besuchten; vier von ihnen – Georg eingeschlossen – brachten es immerhin zum Professor.

Der im November 1887 geborene Georg hatte von seinen Eltern die kulturellen Neigungen zu Musik, Kunst und Literatur „geerbt", hinzu kam ein außerordentlich starkes Interesse für die Geschichte und die Politik. Diese seine politische – man muß schon sagen – Leidenschaft war es, die ihn letzlich daran hinderte, eine glänzende wissenschaftliche Karriere zu machen.

Bereits als Gymnasiast hatte er Kontakte zur sozialdemokratischen Untergrundorganisation geknüpft. Sein Vetter Demperow, damals Führer der Kasaner Bolschewiki, hatte ihn politisiert. Aufgrund seiner herausragenden Intelligenz und seiner rhetorischen Begabung avancierte er rasch zum lokalen Agitator und Propagandisten. Als 18jähriger verließ er Kasan und ging 1905 in Erwartung revolutionärer Ereignisse nach Petersburg. Da er als mitreißender Redner auf studentischen Versammlungen schnell stadtbekannt wurde, gelang ihm trotz des Verlustes seines Parteiausweises (ohne den die Aufnahme in die Partei damals unmöglich war) eine politische Blitzkarriere als Berufsrevolutionär. Im Herbst 1905 wurde Decker in das Kollegium der Agitatoren des Parteikomitees der Bolschewiki aufgenommen und dem Putilow-Werk zugewiesen, wenig später aber zusammen mit allen Mitgliedern des Petersburger Sowjets festgenommen. Bis Mai 1908 blieb er in Haft. Als einer der talentiertesten Jungbolschewisten wurde Decker – noch nicht zwanzig Jahre alt – in das informelle Führungskollektiv der bolschewistischen Fraktion aufgenommen. Dort lernte er viele prominente Genossen kennen, so z. B. Basarov, Bogdanov, Lunatscharski und natürlich Lenin.

Nach eigenem Eingeständnis stand Decker zunächst ganz im Banne von Lenins Persönlichkeit. Ein treuer Gefolgsmann des großen Revolutionärs wurde er aber nicht. Unaufrichtigkeit, Intoleranz und Amoralität Lenins blieben ihm nämlich nicht lange verborgen. Als besonders verwerflich empfand Decker, daß Lenin alles, das Wohl der Bewegung als Ganzer eingeschlossen, dem Kampf ge-

gen die Menschewiki unterordnete und bei seinen taktischen Winkelzügen gegen die „Minderheitler" selbst vor Lügen und Entstellungen nicht zurückschreckte. Decker war auch nicht bereit, seine selbständige Denkarbeit einzustellen. Das mußte Konflikte mit der bolschewistischen Führung geradezu „naturnotwendig" heraufbeschwören: Ein folgenreicher Streit entbrannte, als Decker noch im gleichen Jahr 1906 eine Abschwächung der Krise und ein Abebben der revolutionären Flut auf dem Lande prognostizierte. Das war zwar völlig zutreffend, doch träumten die anderen – auch darin Lenin treu folgend – von einem Bauernaufstand „unmittelbar nach Abschluß der Feldarbeiten". Decker erhielt daraufhin Redeverbot und wurde schließlich „zur Bewährung" nach Lugansk geschickt.
In dieser Zeit – Ende 1906, Anfang 1907 – hat er sich innerlich vom Bolschewismus getrennt: ein Schritt, der im nachhinein als Aufstand des sozialen Demokraten gegen die autoritäre Transformation des Bolschewismus und zugleich als Widerstand des Historikers gegen den blanken politischen Voluntarismus gedeutet werden kann. In Lugansk geriet Decker ein weiteres Mal in die Klauen des zaristischen Staates und blieb bis Juli 1907 in Haft. Erst nach dem Ende der Polizeiüberwachung konnte er im Jahr 1910 sein Studium an der Universität Moskau aufnehmen. Wegen des Todes seines Vaters und einer Krankheit seiner Mutter kehrte er aber schon 1914 nach Kasan zurück. In den folgenden Jahren entwickelte sich Georg Decker zu einem der angesehensten Journalisten der Region; bald war er *der* Publizist der lokalen demokratischen Presse. Mit der revolutionären Bewegung war er nur noch über persönliche Beziehungen verbunden, organisatorisch nicht mehr.

Revolutionäre Lehrjahre

Das Jahr 1917 bildete für die Geschichte Rußlands und für den Lebensweg Georg Deckers den entscheidenden Wendepunkt: In der Februarrevolution bewies der junge Mann, daß er nicht nur brillant zu reden verstand, sondern auch zu entschlossenem und zielsicherem Handeln fähig war. Er wurde Vorsitzender sowohl des Sowjets der Arbeiter-Deputierten als auch des Komitees für öffentliche Sicherheit und hatte damit den gesamten lokalen Machtapparat unter sich. Später erzählte er gern, daß er damals so viel zu tun hatte – er redigierte ja auch noch die Tageszeitung und schrieb viele Leitartikel selbst –, daß er zum Schlafen nachts gar nicht mehr nach Hause ging.

Die Partei war bekanntlich seit 1903 gespalten, und auch der Vereinigungsparteitag 1906 in Stockholm hatte nichts daran ändern können, daß Bolschewiki und Menschewiki als Fraktionen fortbestanden. Die Feindseligkeit war nach 1906 vielleicht sogar noch größer als zuvor, so daß Decker später davon sprach, die wirkliche Spaltung sei erst 1906 vollzogen worden. Decker war dagegen „immer ein glühender Anhänger der Einheit" (Decker) und hoffte, daß die revolutionären Ereignisse des Jahres 1917 eine Wiedervereinigung der Partei möglich machen würden. Tatsächlich gab es in Kasan zunächst gar keine bolschewistische Organisationszelle; die Genossen am Ort standen in Verbindung mit dem menschewistischen Zentralkomitee.

Decker trat den Menschewiki erst im Anschluß an eine Reise nach Petersburg formell bei. Seine Entscheidung war maßgeblich durch die seines Erachtens unverantwortliche Agitation der Bolschewiki beeinflußt worden. Diese heizten die revolutionäre Stimmung im Volk unablässig an, bestärkten die ohnehin schon überzogenen Erwartungen und untergruben zielstrebig das Vertrauen der Massen in die menschewistischen und sozialrevolutionären Führer, während es nach Deckers tiefer Überzeugung zuvörderst darauf ankam, angesichts der schier unlösbaren Probleme des Landes das Tempo des Aufstands zu verlangsamen und die revolutionären Leidenschaften zu besänftigen.

Im August 1917 wurde Decker zum Delegierten des menschewistischen Parteitages in Petersburg gewählt. Er war ein Anhänger der Mehrheitsgruppe um Zeretelli und wandte sich vehement gegen die „internationalistische" Minorität um Martow, die einen sofortigen Friedensschluß forderte und jede Kooperation mit dem Bürgertum ablehnte. Schon damals vertrat Decker in der Frage einer Koalition mit bürgerlich-demokratischen Kräften eine ausgesprochen undogmatische Position: Für ihn waren vor allem die jeweiligen besonderen historischen Bedingungen entscheidend. Im Verlauf des Jahres 1917 verstärkte sich bei Decker die Überzeugung, daß es zur Abwehr des bevorstehenden Angriffs der Bolschewiki der Konzentration aller demokratischen Kräfte bedurfte, die zu diesem Zweck eine Zeitlang ihre besonderen Ziele zurückstellen sollten. Er begrüßte deshalb die im September stattfindende Allrussische Demokratische Konferenz und das von ihr gewählte Vor-Parlament, eine

Art repräsentative Versammlung, die der Provisorischen Regierung eine breitere Basis verschaffen sollte. Der Fehler war allerdings – wie Decker später selbst erkannte –, daß ein politisches Forum in Petersburg machtlos bleiben mußte, wenn es nicht von einer starken Organisation im Lande getragen wurde, die möglichst über eine bewaffnete Macht verfügen mußte.
Die Revolution vom 25. Oktober 1917 hätte Decker beinahe das Leben gekostet: Er wurde in Kasan von der Tscheka zum Tode verurteilt, konnte aber im letzten Moment untertauchen. Dennoch gab er den Kampf nicht verloren. Er wurde nämlich einer der Hauptinitiatoren und -organisatoren der „Bewegung der Fabrik- und Betriebsbevollmächtigten", einer demokratischen Bewegung der Arbeiter zum offiziellen Widerstand gegen die sich anbahnende bolschewistische Diktatur. Diese Bewegung wurde freilich immer stärker behindert und unterdrückt. Im Juli 1918 nahm man alle Mitglieder der Allrussischen Konferenz der Bevollmächtigten fest. Die anschließenden Verhaftungen im ganzen Lande besiegelten das Schicksal der bis heute letzten staatsunabhängigen, freien Arbeiterorganisationen in Rußland.
Unter den Festgenommenen befand sich auch Georg Decker. Für kurze Zeit drohte ihm erneut die Erschießung. Auch wenn er ein weiteres Mal davonkam – das Leben in dieser Zeit war wahrhaftig kein Zuckerschlecken: Decker litt um 1918/19 wie viele andere auch unter Hunger und Frost, er verlor Zähne und Fußnägel und kehrte schließlich als Halbinvalide an die Universität zurück. Man wählte ihn zwar noch zum Professor der Moskauer Universität auf den Lehrstuhl für neue Geschichte des Westens. Vorlesungen konnte er aber nur ein Semester lang halten.
Eine erneute Wendung nahm Deckers Leben, als er im Jahre 1922 von der Staatsbibliothek Moskau an die Berliner Sowjetbotschaft geschickt wurde, um Bücher zu beschaffen. Nachdem er für den Botschafter, der seine besondere Begabung anscheinend rasch erkannt hatte, eine Zeitlang das Wesen und Wirken der deutschen Parteien erforscht hatte, löste Decker seine Bindung an die Sowjetherrschaft und blieb als politischer Emigrant in Deutschland. Um die Mitte der 20er Jahre herum hatten sich in Berlin eine ganze Reihe menschewistischer Emigranten niedergelassen. Dazu zählten Theodor Dan, Martow, Raphael Abramowitsch, Peter Gawry, Lola und David Dallin, Solomon Schwarz, Boris Nikolajewski und der alte Pawel Axelrod. Ein anderer Russe, Alexander (Rubin-)Stein

war schon 1906/07 nach Deutschland gekommen. Die Russen hielten engen Kontakt untereinander, viele von ihnen suchten aber auch den Anschluß an die deutsche Sozialdemokratie, die es ihnen leichtmachte: Vorurteile gegenüber Ausländern, Intellektuellen zumal, gab es damals nur wenige. Während die meisten Russen politische und menschliche Kontakte vornehmlich mit den sozialdemokratischen Redakteuren und Schriftstellern knüpften, erwarb sich Decker schon bald das Vertrauen keines Geringeren als des Parteivorsitzenden Otto Wels. Er war damit einer der ganz wenigen Intellektuellen – vielleicht der einzige neben Friedrich Stampfer –, die in den engsten Kreis der Wels-Berater einzudringen vermochten. Decker war überzeugter Internationalist, überdies sprachbegabt genug, um sich in der deutschen Partei bald heimisch zu fühlen und sich mit ihr zu identifizieren. Da er die Geschichte Deutschlands und der SPD besser kannte als die meisten deutschen Sozialdemokraten und außerdem über Berufserfahrung als politischer Redakteur verfügte, war es eigentlich nicht weiter verwunderlich, daß Rudolf Hilferding auf ihn aufmerksam wurde und ihm eine Stelle bei der „Gesellschaft" anbot.

Alte Schönheit – neue Wahrheit

Die „Gesellschaft" war die Theoriezeitschrift der SPD, Nachfolgerin der 1923 während der Inflationskrise eingegangenen „Neuen Zeit". Decker war übrigens nicht der einzige menschewistische Emigrant, der in der „Gesellschaft" zu Worte kam: Ein wichtiger Artikelschreiber war Alexander Schifrin; aber auch Martow, Dan, Woytinsky u. a. griffen gelegentlich zur Feder. Zwischen 1926 und 1933 hat Georg Decker in der „Gesellschaft" Dutzende von Aufsätzen, Berichten und Kommentaren veröffentlicht. Zunächst schrieb er über verschiedenste Themen, doch schon bald richtete er sein Augenmerk ganz auf den Weg der deutschen Sozialdemokratie.
Die befand sich Mitte der 20er Jahre wieder in der Opposition. Doch obwohl die bürgerlichen Parteien allein regieren konnten, gab es keine politische Stetigkeit, sondern dauernd Regierungskrisen. Völlig zu Recht wandte sich Decker gegen verkürzte – im übrigen noch heute anzutreffende – Erklärungsmuster, denen zufolge der Grund für die politischen Krisen in dem veralteten Vielparteiensy-

stem läge. Die bürgerlichen Parteien befanden sich in der Demokratie in dem Widerspruch, analysierte Decker, zwischen den Zielen der führenden wirtschaftlichen Gruppen und der Notwendigkeit, sich immer wieder den Interessen und Stimmungen der Massen anpassen zu müssen. Regierungskrisen waren in seiner Sicht Ausdruck der Schwierigkeit für die herrschende Klasse, ihrer politischen Macht in der parlamentarischen Demokratie ein stabiles Fundament zu geben. Er war aber davon überzeugt, daß auf lange Sicht die „dauernden Klasseninteressen" für die politische Willensbildung und die Aktionen der Massen bestimmend sein würden. Decker erwartete eine politische Dichotomisierung im Sinne einer „klaren Scheidung – hie Sozialdemokratie, hie Kapital". Die Befreiung der gesamten Arbeiterschaft von der bürgerlichen Ideologie und ihr politischer Zusammenschluß würde auf einen Teil der noch an ihrer politischen Selbständigkeit festhaltenden Mittelschichten anziehend und auf den anderen Teil abstoßend wirken. Die Entwicklung lief damit auf die entscheidende Auseinandersetzung um Kapitalismus und Sozialismus zu.

In seinen zahlreichen Wahlanalysen fand Decker diese Erwartung zunächst bestätigt. Gruppeninteressen und Stimmungen, die durch vorübergehende Problemlagen wie Inflation und Ruhrkampf von rechts, d. h. vor allem von der DNVP, mobilisiert worden waren, wurden nach und nach in den Hintergrund gedrängt.

Die SPD erhielt allmählich Zugang zu proletarischen Wählerschichten, deren Bindung an die Kirche und die Zentrumspartei lockerer wurden; die Mittelschichten gerieten in wachsende Schwierigkeiten, eine politische Heimat zu finden. Die Reichstagswahl 1928 ergab allerdings auch, daß die Spaltung der beiden sozialistischen Parteien SPD und KPD vorerst zementiert war und es – wie Decker zugab – eines „mächtigen Stoßes" bedurfte, um sie zu überwinden.

Decker beschrieb die politische Lage Ende der 20er Jahre – wie Otto Bauer – mit der Formel eines „Gleichgewichts der Kräfte": ein Zustand, den die Bourgeoisie, so sein Befund, zu „verewigen" trachte. Wenn sich die Arbeiterbewegung mit winzigen Erfolgen abspeisen lasse, wenn die Massen ihr politisches Interesse verlören, die Stoßkraft der Bewegung und damit ihre Anziehungskraft erlahmten, dann – so Decker 1929 – drohe die Gefahr einer Art formierten Gesellschaft, einer Gesellschaft, in der der „vorhandene Gleichgewichtszustand in organisatorische Formen" gegossen werde. Die Bewußtseinslage des demokratischen Sozialismus versuchte er mit einem – etwas abgewandelten – Wort H. Ibsens zu charakterisieren: „Die alte Schönheit ist nicht mehr wahr und die neue Wahrheit ist noch nicht schön." Die alte Schönheit – das war die Zeit, als alle Sorgen und Kämpfe des Alltags einfach im hellen Licht des Ideals, der Vision des sozialistischen Endziels verblaßten. Diese Zeit war zweifellos abgelaufen, obwohl – wie Decker versicherte – die großen Linien der geschichtlichen Entwicklung in der Marxschen Theorie mit erstaunlicher Schärfe und Genauigkeit vorausgesehen worden waren.

Gleichwohl waren die Machtverhältnisse und Kampfbedingungen in der Demokratie komplizierter und verworrener als zuvor, und die politischen Aufgaben der SPD hatten sich gleichzeitig gewaltig vermehrt. Wer wollte bestreiten, daß die SPD gezwungen war, die Gesellschaft „in ihren unzähligen Bestandteilen umzubauen, nicht im Gegensatz zu allen anderen Kräften, da wir noch immer schwächer als alle übrigen sind, sondern als eine mitwirkende Kraft". Dabei mußte nicht nur die eigene Identität gewahrt bleiben, man mußte außerdem die neuen Arbeits- und Kampfmethoden in Einklang bringen mit dem sozialistischen Ziel und sie den Volksmassen verständlich machen. Das gelang nicht immer, oft genug kam in der täglichen Kleinarbeit die lebendige Verbindung zum sozialistischen Endziel zu kurz. Decker war ehrlich genug einzugestehen, daß es auch für ihn selbst ein riesiges Problem war, in rasch wechselnden Situationen immer wieder neu bestimmen zu müssen, „welche Politik in diesem Falle sozialistisch ist".

Zu der „neuen Wahrheit" gehörte auch, daß Tausende Funktionäre und Mandatsträger der SPD in öffentliche Ämter aufstiegen und sich die „Berührungsflächen" zwischen ihnen und Vertretern anderer Klassen erweiterten. Da konnte es schon mal passieren, daß das lebendige Gefühl der Verbundenheit mit der eigenen Klasse und der Bewegung darunter litt. Die Kraft der Arbeiterbewegung wurde aber – Decker zufolge – in hohem Maße „durch zwei Faktoren bestimmt: durch die Treue der Handelnden gegenüber dem idealen Ziel der Bewegung und durch das unerschütterliche Vertrauensverhältnis zwischen den Vertretern und den großen, die Bewegung tragenden Massen". Eine Verquickung von Politik und Geschäft kam für die SPD nicht in Frage; auch der neue Typus eines Berufspolitikers konnte kein sozialistisches Ideal sein. Decker gab statt dessen die Parole von der „Politik als Dienst" an der Klasse aus und verlangte von der Partei, diesen Grundsatz „mit unerbittlicher Strenge" durchzusetzen. Von der Neuen Heimat konnte damals keine Rede sein, die Zahl der „Sündenfälle" war vergleichsweise lächerlich gering. Und doch erkannte Decker bereits die darin verborgene Gefahr für die Anziehungskraft der ganzen Bewegung: Die Partei und ihre führenden Repräsentanten mußten ihr Programm unbedingt glaubwürdig verkörpern. Es war an der Zeit, die von Decker geforderten neuen Normen sozialistischen Verhaltens inhaltlich zu füllen.

Am schließlichen Sieg der guten sozialistischen Sache zu zweifeln, hätte Decker freilich nicht gewagt. So hatte er – trotz allem – ein „sicheres Gefühl", daß der Sozialismus im alltäglichen Kampf Schritt für Schritt errungen würde und daß „Ansätze zum Sozialismus schon im Werden" waren. Ein wichtiger Hoffnungsträger war für ihn – und nicht nur für ihn – die sozialistische Jugend: „Der Mensch", so Decker emphatisch, „der in der vom Sozialismus stark beeinflußten Welt entsteht, ist ein neuer Mensch – neu in seinen Beziehungen zum Leben, zum Mitmenschen und zur Natur." Diese Zeilen wurden unmittelbar nach dem internationalen Arbeiterjugendtag 1929 geschrieben, und Decker stand noch ganz im Banne der beeindruckenden Veranstaltung. Der russische Sozialdemokrat hatte übrigens auch persönlich ein ausgezeichnetes Verhältnis zur Parteijugend; oft leitete er Bildungsseminare oder hielt Vorträge vor Arbeiterkulturkartellen in verschiedenen Städten. Im Kontakt mit der Jugend erwies er sich als ein mitreißender Alleinunterhalter; gelegentlich brachte er seine Schallplattensammlung mit und tanzte auch leidenschaftlich gern nach russischer Volksmusik. Ein reiner „Kopfmensch", ein dröger Bücherwurm – das war Georg Decker beileibe nicht.

Koalition oder Opposition

In der Koalitionspolitik trat der Mangel einer sozialistischen Fundierung der Politik besonders schmerzlich ins Bewußtsein. Man wußte – wie Decker bekannte – oft ganz einfach nicht, „was erlaubt und was nicht erlaubt ist". An sich war er kein großer Freund von Regierungskoalitionen mit bürgerlichen Parteien. Die SPD wolle „die ganze Macht" und dränge nicht unter allen Umständen auf Teilhabe: „Ihrem Willen zur Macht widerspricht das dauernde Verblei-

ben in der Opposition nicht." Wenn er darauf bestand, daß das sozialdemokratische Programm die Grundlage „für den Kampf zwischen SPD und bürgerlichen Parteien und nicht für gemeinsames Regieren" sei, so zog er damit eine klare Grenzlinie gegenüber dem rechten, koalitionsgeneigten Flügel der Partei.
Der Wahlsieg der SPD 1928 bedeutete aber für Decker einen „gewissen Zwang" zur Koalition, dem die Partei freilich nur dann nachgeben sollte, wenn sich die bürgerlichen Parteien zu nennenswerten Zugeständnissen vor allem auf dem Feld der Sozialpolitik bereit erklärten. Statt dessen ging die Fraktion nicht nur ohne verbindliche Absprachen über ein gemeinsames Regierungsprogramm in die große Koalition, sie erlaubte sich auch gleich zu Anfang eine geradezu beispiellose politisch-taktische Fehlleistung, die berühmt-berüchtigte Panzerkreuzeraffäre. Mit vollem Recht hatte Decker die Partei daraufhin ermahnt: Wenn sie in einer Koalitionsregierung stark bleiben wolle, müsse sie ihre Partner in allen strittigen Sachfragen zu klaren Entscheidungen zwingen, öffentlich verhandeln, die Politik „enthüllen". Mit anderen Worten: Statt sich auf bürgerliche Arkanpolitik einzulassen, mußte es der SPD – umgekehrt – darum zu tun sein, dem Wahlvolk den Blick auf den kapitalistischen Interessenhintergrund der bürgerlichen Parteien freizuräumen.
Obwohl Decker schon bald erkannte, daß DVP und Zentrum in der Sozialpolitik mauerten, wollte er seiner Partei nicht – wie die linke Opposition – den sofortigen Austritt aus der Koalition empfehlen. Die weitergehenden sozialpolitischen Kahlschlag-Pläne der DVP könnten, argumentierte er, besser von den Regierungsbänken aus bekämpft werden. Außerdem befürchtete er, daß ohne die SPD womöglich gar keine parlamentarische Regierung zustande käme. Sich in einer solchen Lage grundsätzlich zu verweigern, „hieße nichts anderes als den Sturz des demokratischen Systems direkt zu provozieren". Gegen die Parteirechte gewandt, fügte er allerdings hinzu, daß die SPD keineswegs „um jeden Preis" an der Koalition festhalten dürfe. Wenn die anderen die Sozialdemokratie zur Kapitulation zwingen wollten, dann müsse sie die Regierungskrise in Kauf nehmen. Zu einer bürgerlichen oder faschistischen Diktatur werde es schon nicht kommen, weil die SPD – gestützt auf die Arbeiterklasse und andere Kräfte – notfalls um die Demokratie kämpfe.
Decker entging nicht, daß die bürgerlichen Parteien ihrerseits Vorbereitungen trafen, die SPD nach der Annahme des Young-Plans

aus der Regierung hinauszudrängen und einen neuen Bürgerblock unter Einschluß der DNVP zu installieren. Mit vollem Recht warnte er seine Partei, diese Entwicklung bloß passiv abzuwarten oder gar durch eine noch weitergehende Kompromißbereitschaft zu verhindern zu suchen. Statt dessen solle die SPD, so sein Rat, alle verfügbaren Kräfte gegen einen Bürgerblock mobilisieren. Es gelte vor allem, die Widerstände an der Wählerbasis der bürgerlichen Parteien gegen eine Lossagung von der SPD und ein Bündnis mit der erzreaktionären DNVP zu stärken. Dadurch erhalte die SPD auf jeden Fall mehr politisches Gewicht – gleich ob die Koalition nun fortbestehe oder dennoch zu Fall komme. Daß die Koalition im Herbst 1929 überhaupt noch bestand, bewies Decker, daß auch die bürgerlichen Parteien sich in einer Zwangslage befanden.
In der Tat: Ohne die Unterstützung der SPD war der Young-Plan nicht über die parlamentarischen Hürden zu bekommen. Die bürgerlichen Koalitionäre waren allerdings – Zwangslage hin, Zwangslage her – nicht bereit, der SPD im Gegenzug substantielle Zugeständnisse auf sozialpolitischem Gebiet zu machen. Schon 1923 hatte sich, wie Decker ja wissen mußte, gezeigt, daß sie eher bereit waren, die Koalition platzen zu lassen und außenpolitisch Vabanque zu spielen, als der SPD entgegenzukommen. Im Zuge der Wirtschaftskrise vollzog sich im bürgerlichen Lager nun ein interessenpolitischer Schulterschluß, der die – auch von Decker verbreitete – Hoffnung auf eine sozialgerechte Finanzreform nach der Verabschiedung des Young-Plans von vornherein ins Reich der Illusionen verwies. Zu Recht warf der Linke Franz Petrich Georg Decker deshalb später vor, er habe es „versäumt", die „grundlegende Bedeutung der jeweiligen Wirtschaftskonjunktur für die Koalitionspolitik aufzuhellen". Vor dem ökonomischen Hintergrund der heraufziehenden Weltwirtschaftskrise mußten Deckers politisch an sich sehr vernünftigen Ratschläge, wie die SPD ihre Machtposition gegenüber den Koalitionspartnern stärken sollte, tatsächlich wirkungslos verpuffen.
Selbst wenn die SPD sich strikt an die Anweisungen ihres Meister-Analytikers gehalten hätte: Ihre politischen Erfolge wären doch zu geringfügig geblieben, als daß sie die drohende Legitimationsschwächung der Partei hätten abwenden können. Wenn die SPD aber – und darin lag die größte Gefahr weiterer Regierungsbeteiligung – aufhörte, eine überzeugende prodemokratische Alternative zum miserablen Status-quo zu verkörpern, dann konnte die Bereit-

schaft der unzufriedenen Massen, notfalls für die „bloß formale Demokratie" zu kämpfen, allzu leicht dahinschwinden. Nur die Gefahr einer Katastrophenpolitik nach außen hätte folglich den weiteren Verbleib in der Koalition rechtfertigen können. Diese Gefahr war aber – das sah auch Decker so – wesentlich geringer als etwa 1923.

Die Linksopposition in der SPD nahm es dem Redakteur der „Gesellschaft" übel, daß er – wie sie meinte: entgegen besserer Einsicht – ihre Forderung nach Aufkündigung der Koalition bis zu deren unvermeidlichem Ende im März 1930 nicht unterstützt hatte. Franz Petrich titulierte ihn deshalb als einen „klugen Skeptiker", der „äußerst vorsichtig abwägt", der es aber „peinlich vermeidet, Forderungen zu stellen, Konsequenzen zu ziehen, Anstoß zu erregen". Decker trage, so Petrich, die „intellektuelle Mitschuld" dafür, daß die Arbeiterbewegung jetzt „am Rande einer Finanzdiktatur" stehe.

Von Diktatur konnte freilich 1930 noch keine Rede sein. Immerhin: Die antidemokratischen Kräfte, allen voran die NSDAP, waren aus den Septemberwahlen so gestärkt hervorgegangen, daß Georg Decker, peinlich genug, erstmals von dem „unbekannten Volk" sprechen mußte, das die SPD kennenzulernen habe. Er war aber nicht lange gelähmt, sondern machte sich schon bald daran, die „politische Wandlung" in Deutschland zu analysieren: Die „Katastrophe des Liberalismus" signalisierte ihm, daß der Kapitalismus seine politische Massengrundlage verloren hatte. Gegen die Kräfte der vorkapitalistischen Gesellschaft hatte er sich politisch ja nie vollständig durchgesetzt; die Massenloyalität ruhte auf der brüchigen Grundlage eines rasch steigenden, zur Verteilung anstehenden Sozialprodukts. Die Krise ließ nun alte antikapitalistische Stimmungen aufleben, sie produzierte aber auch Haß auf den entstehenden „Wohlfahrtsstaat" und damit auf die erreichte Machtstellung der Arbeiterschaft.

Ausgesprochen bedeutsam schien Decker das wachsende Machtbewußtsein der traditionellen Mittelschichten, vor allem der Bauern: eine Entwicklung, in der er – Decker wäre nicht Decker gewesen, wenn er anders geurteilt hätte – zugleich Chancen und Gefahren erkannte. Sie konnte „den Boden für die Erfolge des wahnsinnigsten politischen Abenteurertums" schaffen, meinte er in (später ausdrücklicher) Analogie zum achtzehnten Brumaire des Louis Bonaparte; sie enthielt aber auch Ansätze „zur Erziehung zur Demokratie". Die wichtigste Schlußfolgerung, die Decker aus seiner Analyse zog, war, daß die eigene überkommene Auffassung eines gesetzmäßigen Zuges zur politischen Zweiteilung der Gesellschaft nicht aufrechterhalten werden konnte. Jetzt war von einem Kräftedreieck auszugehen, einem Dreieck freilich, dessen Ecken noch in sich gebrochen waren. Deckers Schluß in dem Aufsatz „Politische Wandlung" (1930) war ebenso analytisch klar wie beinahe hellseherisch: „Kinder des Krieges und der Demokratie drohen die Demokratie zu zerschlagen und einen neuen Krieg zu entfesseln."

„Daß sich die Feinde nicht vereinigen"

Zu der Zeit hatte Decker noch keinen präzisen Begriff des Faschismus. Vor allem erkannte er in ihm noch keinen selbständigen Machtfaktor. Das änderte sich bald: Der Nationalsozialismus hatte eine unverkennbare Wesensverwandtschaft mit dem italienischen Faschismus, weshalb Decker den Begriff für „sinnvoll und zweckmäßig" hielt. Er war eine „neuartige Entwicklungserscheinung", keine unmittelbare Reaktion oder Gegenrevolution, sondern eine Reaktion gegen die Demokratie inmitten der demokratischen Entwicklung und eine Reaktion gegen den Aufstieg der Arbeiterklasse. Während die sozialdemokratische Linke das Anwachsen des Nationalsozialismus vor allem auf die durch die „verfehlte SPD-Politik bewirkte Enttäuschung" zurückführte, erkannte Decker völlig zutreffend, daß „Mißerfolge unserer Politik (...) vor allem den Kommunisten zugute kommen", während die Nazis „in starkem Maße durch unsere Erfolge genährt wurden, durch den Ausbau der Sozialpolitik und durch alles, was vom Staate für die Arbeiterschaft erreicht worden ist". Der Nationalsozialismus strebte Decker zufolge eine Umwandlung der Staatsform im antidemokratischen *und* antiliberalen Sinne an und war außerdem – ein viertes wichtiges Merkmal – mit intensiver Massenaktivität verbunden. Schon 1931 bestand der Redakteur der „Gesellschaft" darauf – und richtete sich damit sowohl gegen die „Seydewitze" wie auch gegen die KPD –, daß der Faschismus kein Werkzeug seiner kapitalistischen Geldgeber war. Gewiß werde er von kapitalistischen Kreisen beeinflußt; trotzdem gebe es im Nationalsozialismus „auch eigene Willensrichtungen".

Decker hat die faschistische Gefahr von Anfang an realistisch eingeschätzt. Auf dem Spiel standen nicht „bloß" weitere Lohnsenkungen und Sozialabbau. Der Faschismus an der Macht – das bedeutete für Decker im Innern das Ende der organisierten Arbeiterbewegung, das Ende aber auch aller politischen und persönlichen Freiheit, nach außen mit großer Wahrscheinlichkeit Krieg. Mit Nachdruck muß daher immer noch verbreiteten Vorurteilen entgegengetreten werden, denen zufolge die SPD sich Illusionen über den Charakter des Nationalsozialismus hingegeben habe. Das ist schlicht falsch. Decker war auch kein Einzelgänger. Wer sich einmal die Mühe macht, die vielen Beiträge in der „Gesellschaft", etwa die Schifrins, Mierendorffs u. a. zu lesen, der kann zu keinem anderen Ergebnis gelangen. Illusionen hatten gerade die Linken in der SPD und erst recht die Kommunisten, für die einschließlich Brüning ja alles – „Faschismus" war. Decker sprach klipp und klar aus, was manche Historiker heute noch nicht wahrhaben wollen: Die KPD war bis 1933 – und darüber hinaus – gar keine antifaschistische Kraft.

Eine bürgerliche Demokratie gab es – wie Decker 1930 ohne weiteres bekannte – nicht mehr; die Demokratie lebte nur noch davon, daß sich ihre Feinde nicht einig waren. Aufgabe der SPD war es folglich, dafür zu sorgen, daß dies so blieb. Deshalb hielt er die Tolerierungspolitik für richtig. Natürlich war diese politische Generallinie für die Sozialdemokratie überaus problematisch: Selbst wenn die Partei – worauf Decker bestand – auf Kritik nicht verzichtete und die Handlungen der Regierung sogar bekämpfte, mußte die Tolerierungspolitik „ständig inkonsequent und widerspruchsvoll" erscheinen.

Als „geradezu tragisch" erschien Decker ein zweiter Widerspruch: Da breite Schichten des deutschen Volkes die Demokratie nicht erkämpft hatten und in ihr nicht die Verwirklichung ihres politischen Freiheitsideals erkannten, mußte befürchtet werden, daß sie die Demokratie mit der miserablen Regierung Brüning identifizierten. Die Tolerierungspolitik war in der Gefahr, diese Auffassung zu bestärken – und das mußte dann natürlich als Politik zur Rettung der Demokratie versagen. Damit war die Grenze der Tolerierung – theoretisch zumindest – gezogen: denn „wenn diese zur Diskreditierung der Demokratie und zugleich der Sozialdemokratie führen würde, so würden sich auch die Chancen des Kampfes um die Demokratie ungünstiger gestalten". Die SPD brauchte also unbedingt Erfolge; die Regierung Brüning mußte kompromißbereit sein. Sie war es kaum – so wenig, daß Decker im Oktober 1931 zur Kündigung der Tolerierungspolitik bereit war. Die Bildung der Harzburger Front nötigte die SPD dann jedoch zur Fortsetzung der Tolerierungspolitik. Man durfte – wie Decker beschwörend formulierte – das Zentrum den Nazis nicht ohne Not in die Arme treiben. Das Problem der SPD wie jeder Politik des kleineren Übels lag freilich darin – und auch darüber gab sich Decker keinen Illusionen hin –, daß das verhinderte größere Übel nicht erlebt wurde und deshalb die Bedeutung des Erreichten unbekannt blieb. Decker war sich ganz sicher, daß eine Beteiligung der Nazis an der Reichsregierung das größte Übel überhaupt war – und darin ist ihm wohl im Wissen um das, was nach dem 30. 1. 33 geschah, zuzustimmen.

Sehenden Auges in den Untergang

Seit 1926 war Georg Decker auch wissenschaftlicher Mitarbeiter der auf Anregung Hilferdings gegründeten Reichsforschungsstelle für Wirtschaftspolitik in Berlin. Zu seinen Kollegen zählten Männer wie Fritz Naphtali, Alfred Braunthal, Jakob Marschak, Harry Bading, Hans Wilbrandt und Fritz Baade. Das war beinahe der gesamte nationalökonomische Sachverstand, den Partei, ADGB und Konsumgenossenschaften, die die Reichsforschungsstelle gemeinsam trugen, aufzubieten hatten. Decker war davon überzeugt, daß sich die Arbeiterbewegung über die ökonomische Gesamtsituation, über Ausmaß und Verlauf der großen Wirtschaftskrise unbedingt Klarheit verschaffen mußte, wenn sie die richtigen politischen Schlußfolgerungen ziehen wollte. Im Gegensatz zu vielen Linken sah er „keinerlei Beweise" dafür, daß die Krise „nicht im Rahmen des kapitalistischen Systems überwunden werden kann". Zwar war der Preismechanismus empfindlich gestört, ob er aber als regelnde Kraft des kapitalistischen Automatismus dauerhaft ausfallen würde und der Kapitalismus allein deshalb an sein Ende gekommen war, das war fraglich und konnte dahingestellt bleiben. Entscheidend war für Decker nämlich, daß die ökonomischen Faktoren „in ihrer Wirkung durch die soziale, politische, psychologische und moralische Krise des Kapitalismus so verallgemeinert und gesteigert werden, daß sich in dieser Krise das historische Versagen des Kapitalismus offenbart". Angesichts des durch die Krise erzwungenen Staatsinterventionismus stand die Gesellschaft Deckers klassisch marxistischer Ansicht nach am Scheideweg: „entweder ein Vegetieren mit den unsystematischen Eingriffen des Staates (...) und unter der ständigen Gefahr des tiefsten wirtschaftlichen und sozialen Verfalls oder aber ein zielbewußter Umbau der Wirtschaft in der Richtung der Ausschaltung des blinden Waltens der ‚automatischen' Kräfte und der Herstellung einer planmäßigen Lenkung des wirtschaftlichen Prozesses".

Im Jahre 1932 legte der AfA-Bund ein Wirtschaftsprogramm vor, das den Versuch enthielt, den Begriff der sozialistischen Planwirtschaft und die bis dahin unklaren Vorstellungen von den Wegen zu ihrer Verwirklichung zu konkretisieren. Decker hatte an dem Programm mitgearbeitet. Zwischen der Propagierung weitreichender Ziele und Forderungen und der Praxis der Tolerierungspolitik sah er – im Gegensatz zu damaligen und heutigen Kritikern – keinen Widerspruch. Wer so dachte, der würde „nie verstehen, daß der Verteidigungskampf um die Demokratie für uns zugleich der Kampf um den Sozialismus sein muß". So recht er damit hatte – größere Mobilisierungserfolge konnten mit dem sozialdemokratischen Wirtschaftsprogramm nicht mehr erzielt werden. Die Probe auf seine praktische Umsetzbarkeit brauchte es nicht zu fürchten.

Decker bedauerte zutiefst, daß die Arbeiterbewegung den Kampf um den demokratischen Sozialismus nicht geschlossen führte. Die politische Spaltung zwischen SPD und KPD mußte die Anziehungskraft der Bewegung gegenüber fernstehenden Arbeitern und Teilen der Mittelschichten wie auch ihre innere Entwicklung stark hemmen. Für ein „großes Unglück" hielt es Decker vor allem, daß der Arbeiterschaft damit ihre außerparlamentarischen Druckmittel weitgehend genommen waren. Dabei war gerade in einer Zeit, in der die parlamentarischen Waffen stumpf geworden waren, die „Möglichkeit der grandiosen Zusammenfassung der Massen, der lebendigen Verkörperung ihrer überpersönlichen Macht notwendiger als je geworden". Solange die KPD aber an ihrer antidemokratischen Haltung festhielt, war an ein Zusammengehen der beiden Arbeiterparteien nicht zu denken. Bis zuletzt hoffte Decker vergeblich, daß sich wenigstens ein Teil der kommunistischen Arbeiter besinnen würde.

Seit dem Herbst 1931 gab es indes nicht nur die zwei verfeindeten Brüder, sondern – abgesehen von diversen Kleingruppen – noch die SAPD, eine linke Absplitterung von der SPD. Die ehemaligen Wortführer der Opposition, Seydewitz und Rosenfeld, versuchten, den gesamten linken Flügel der SPD in die neue Partei hinüberzuziehen. Erfolge hatten sie dabei vor allem in der Sozialistischen Arbeiterjugend, wo sich in mehreren Bezirken ein – wie Decker beobachtete – „außerordentlich schmerzhafter" Trennungsprozeß vollzog. „Wer aus der Nähe gesehen hat", schrieb er damals in ungewohnter Schärfe, „wie die einzelnen Gruppen, die nicht nur Organisationszellen, sondern Lebensgemeinschaften waren, zerschlagen wurden, der wird Seydewitz, Rosenfeld und den anderen ihr Verbrechen an der Arbeiterbewegung nie verzeihen können". Das war der empörte Geist des marxistischen Zentrismus, dem die Einheit der Bewegung über alles ging und dem jeder Spaltungsversuch deshalb als ein „Verbrechen" an den Zielen des demokratischen Sozialismus erscheinen mußte.

Die SAP-Gründung bestätigte Deckers traditionelles Mißtrauen gegenüber der sozialdemokratischen Linksopposition – ein Mißtrauen freilich, das mit dem rigiden Einheits-Postulat der Parteirechten nicht verwechselt werden darf. Decker war vielmehr davon überzeugt, daß es die Opposition deshalb gab, „weil die Auffassungen über das Verhältnis zwischen den konkreten politischen Zielsetzungen und den großen Zielen der Bewegung, dem Endziel, auseinandergehen". Hier lag die prinzipielle Existenzberechtigung einer oppositionellen Strömung. Die Linke sollte der Partei den Weg weisen, sollte die Verbindung von Tagespolitik und Endziel in der sich ständig verändernden Wirklichkeit immer wieder neu herstellen. Sie sollte überkommene theoretische Vorstellungen, liebgewordene Traditionen und Gewohnheiten kritisch überprüfen und der Neigung der Partei zu einem gewissen politischen „Konservativismus" gegensteuern. Die vorhandene Opposition aber klebte – so Decker – an alten Formeln und versagte auf diesem Gebiet vollkommen. Was sie über die Allmacht der Finanzplutokratie sagte, hielt er schlicht für „primitiv". So stellte sich „der kleine Moritz die Allmacht des Kapitals vor". Das war zweifellos richtig: Ein Teil der Linken hatte die Sphäre der Politik tatsächlich noch nicht als relativ autonomen Gestaltungsbereich begriffen. Außerdem arbeitete die Opposition nicht im erforderlichen Maße an konkreten Lösungen auf den verschiedenen Politikfeldern; sie neigte vielmehr, wie Decker beklagte, zur Passivität, wo doch „höchste Aktivität das Gebot der Stunde" war. Verbale Kraftmeierei und die Beschwörung von Massenaktionen – mit Politik hatte das nach Deckers Überzeugung nicht viel zu tun.

Dem Sturz der von den Sozialdemokraten tolerierten Regierung

Brüning folgte das Kabinett der Barone um Papen, zu dem die SPD in scharfer Opposition stand; Papen folgte Schleicher, und am Ende kam der Nationalsozialismus doch zur Macht. Georg Decker hat diese Entwicklung, die ihr zugrundeliegenden Faktoren und die treibenden politischen Kräfte bis in das Jahr 1933 hinein – und darüber hinaus – sorgfältig und gewissenhaft analysiert und hat die Handlungs- bzw. Interventionsmöglichkeiten der SPD in diesem Prozeß erörtert. Wer das nachliest, wird feststellen, daß Decker durchweg überzeugende Ratschläge gegeben hat. Zwar hat die SPD nicht immer danach gehandelt – zum Beispiel hätte sie seines Erachtens auf den Preußenschlag anders und deutlicher reagieren sollen – und gewiß oft zu „realpolitisch" agiert. Im großen Ganzen konnte Decker mit der politischen Linienführung seiner Partei aber durchaus zufrieden sein. Wer Deckers politische Artikel heute nachliest, der wird folglich die ganze Tragik der marxistischen Sozialdemokratie noch einmal erleben: Man wußte, was drohte, hat versucht, die Entwicklung zu beeinflussen und war – spätestens seit 1930 – doch außerstande, das Unglück zu verhindern. Der eigene Handlungsspielraum wurde eng und enger, politisch-taktische Fehler immer weniger entscheidend. Der demokratische Sozialismus stand tatsächlich auf verlorenem Posten.

Antiideologischer Kampf im eigenen Lager

Decker hat vorausgesehen, daß die Entwicklung auf einen offenen Machtkampf hinauslief. Er betonte stets, daß es in diesem Kampf nicht nur um die politische Macht, sondern um „höchste Werte", um Recht und Freiheit ging. Allerdings ließ ihn die Sorge nicht los, daß das Freiheitsgefühl in Deutschland auch in der Arbeiterschaft unterentwickelt war und es deshalb womöglich gar nicht zum Kampf käme. Diese Sorge kam auch darin zum Ausdruck, daß er seinen Lesern immer wieder das berühmte Matteotti-Zitat vortrug: „Die Freiheit" – hatte der italienische Sozialist gesagt – „ist wie Luft und Sonne; man muß sie verloren haben, um zu verstehen, daß man ohne sie nicht leben kann." Decker selbst hatte lange genug in zaristischen und bolschewistischen Gefängnissen zugebracht, um den Wert der Freiheit nicht geringzuschätzen.

Immerhin hatte sich das Lager des demokratischen Sozialismus gegenüber den Wogen des politischen Irrationalismus als relativ widerstandsfähig erwiesen. Gleichwohl gab es Zeichen ideologischer Verwirrung auch in Randbereichen der SPD. Zu bedenklichen Zugeständnissen an ordoliberale oder gar faschistische Gedankengänge neigten gerade jene – und Decker hielt das für bezeichnend –, die dem Marxismus fernstanden, ihn für zu „eng" und „einseitig" hielten und nach neuen ethischen oder religiösen „Begründungen" Ausschau gehalten hatten. Angesichts des Siegeszugs der Nazis unter den Mittelschichten gab es Genossen, die der SPD die Umwerbung des Mittelstandes unter Anerkennung von dessen Selbständigkeit empfahlen und sogar – reichlich nebulös – von der „Bewegung des Mittelstandes", des Nationalsozialismus also, als einer „Bruderbewegung" (Eduard Heimann) der Arbeiterbewegung sprachen. Decker vertrat dagegen zu Recht die Ansicht, daß die Sozialdemokratie nicht nur Teile des verarmten Mittelstandes, sondern vor allem „einen sehr beträchtlichen Teil des Proletariats" zu gewinnen habe und daß „wir sicherlich noch viele im Proletariat verlieren können, wenn wir uns ein mittelständisches Programm aneignen". Ein widerspruchsloses Programm für die in ihrer Interessenlage ganz heterogenen Mittelschichten erschien ihm ganz undenkbar. Für ein Festhalten am *proletarischen* Sozialismus sprach aber – Decker zufolge – vor allem, daß der Sozialismus an Stoßkraft erheblich einbüßen mußte, wenn er von seinem materiellen Wurzelgrund, den Lebens- und Arbeitsverhältnissen des Proletariats gelöst würde. Schließlich beruhte diese Stoßkraft ganz wesentlich auf der „lebendigen Verbindung zwischen den unmittelbaren Reaktionen auf die materielle Lage und dem höchsten Idealismus". Zwar wurde Decker von der wirklichen Entwicklung schwer enttäuscht. Das änderte freilich nichts daran, daß es von völliger politischer Instinktlosigkeit zeugen mußte, eine Bewegung, die – wie Decker klar erkannt hatte – mindestens ebenso antimarxistisch und antiproletarisch wie antikapitalistisch war, als Bruderbewegung zu etikettieren, während es doch eher darum ging, an die klassenpsychologisch bedingte Ablehnung dieser feindlichen Bewegung durch das Proletariat zu appellieren, um ihren Einbruch in weitere Schichten der Arbeiterklasse zu verhindern. Es gehört nicht viel Phantasie dazu, sich vorzustellen, welche Schwierigkeiten die Partei gehabt hätte, ihre Mitgliedschaft zusammenzuhalten, wenn sie sich bereits vorher zu einer klassenunspezifischen Volkspartei gewandelt hätte, wie es ihr manche früheren und vor allem heutige Kritiker anempfehlen.

Mit Vehemenz wandte sich Georg Decker aber auch gegen jene Genossen, die geringschätzig von „bloß formaler" Demokratie sprachen und noch – oder wieder – mit Konzeptionen einer „Diktatur des Proletariats" liebäugelten. Natürlich war die formale Demokratie nicht das Ziel, ohne sie war aber – Deckers fester Überzeugung zufolge – die Erreichung des sozialistischen Endziels ausgeschlossen. Sozialismus ohne persönliche Freiheit, ohne Freiheit des Denkens, öffentliche Kontrolle aller gesellschaftlichen Funktionen, Selbstverwaltung und demokratische Führerauslese – das war für ihn ein Ding der Unmöglichkeit. Den Gedanken einer Diktatur des Proletariats verwarf Decker – in einer Replik auf die linkssozialistische Aufhäuser-Böchel-Plattform – auch nach 1933 mit aller Entschiedenheit: Sie erschien ihm als trennende Formel, während es doch eher darum ging, alle antifaschistischen Kräfte zusammenzuführen. Der Realität des „totalen Staates" setzte Decker einen „Staat der Freiheit" entgegen – mit starker Zentralgewalt über bestimmte festumrissene Gebiete, verbunden mit breitester Selbstverwaltung auf allen anderen". Das war natürlich „zugleich eine Konzeption der Demokratie" und dazu noch eine erstaunlich moderne.

Mißbrauch wurde in Randbereichen der SPD nicht zuletzt mit dem Begriff der Nation und dem Nationalen betrieben; von jenen „deutschen Sozialisten" nämlich, die die Faszinationskraft der gegnerischen Bewegung dadurch unterlaufen zu können hofften, daß sie sich deren Schlagworte zu eigen machte.

Anders Georg Decker: Der wandte sich mit scharfen Worten und völlig zu Recht gegen jede nationale Phraseologie innerhalb der Arbeiterbewegung. Er hoffte aber, den Begriff der Nation unter Verweis auf den ideellen Zusammenhang zwischen Nation und Demokratie in ihrem Ursprung für die SPD retten zu können. Das war zwar gut gemeint, ein ideologisches Bollwerk gegen den Nationalsozialismus war auf diese Weise jedoch nicht mehr aufzubauen.

Für die Freiheit um die Welt

Als sich seine dunklen Vorahnungen bestätigt hatten – der Kampf um Recht und Freiheit fand ja bekanntlich wirklich nicht statt –, nahm Decker das zum Anlaß einer gründlichen Selbstkritik. Man habe die Menschen „konstruiert", Typen gebildet – *die* Kleinbürger, *die* Arbeiter, abstrahiert und die Wirklichkeit dabei verfehlt. Revolutionäre Kampfbereitschaft ergebe sich eben nicht aus der objektiven Klassenlage und den Klasseninteressen. Was sich in solchen Formulierungen andeutete, setzte sich in den folgenden Jahren fort: Decker betonte nun die historisch-soziale Relativität des Klassenbegriffs. In Deutschland hatte man es nicht nur mit einer Zersplitterung und Umgestaltung des Klassenbewußtseins zu tun; die Klassenverhältnisse waren außerdem von politischen Beziehungen (Subjekt *oder* Objekt des Staates) durchkreuzt, und es gab seit kurzem eine neue Schicht mit den „Eigenschaften" einer herrschenden Klasse. Decker warnte nachdrücklich vor einer durch überkommene Denkgewohnheiten verzerrten Wahrnehmung der deutschen Wirklichkeit: „Wir müssen die Methoden der wirklichen Erkenntnis des uns fremd gewordenen Lebens lernen". In diesem Sinne fiel auch seine Kritik an der schon erwähnten Aufhäuser-Böchel-Plattform aus: Decker vermißte vor allem eine Untersuchung der vorhandenen und der neu entstehenden Kräfte – eine unerläßliche Aufgabe für jeden Marxisten. Es war Deckers inzwischen fester Überzeugung zufolge ganz falsch zu unterstellen, daß die Arbeiterklasse in ihrer alten Form noch existierte und daß alle Arbeiter den Nationalsozialismus – er sprach von der „national-sozialistischen Revolution" – auf die gleiche Weise erlebt hätten. Aussagen wie: „Die Arbeiterklasse will die ganze Macht", entlarvte Decker zu Recht als das, was sie waren: blanker Selbstbetrug. Sie konstruieren das Leben „nach ihrem Wunsch", hielt er den Autoren der Plattform vor. Man müsse die Stimmungen, Gefühle, Hoffnungen, Wünsche, m.a.W. die wirklichen Menschen erst einmal kennenlernen: sicher ein ebenso bemerkenswertes wie erschreckendes Eingeständnis auch eigener Versäumnisse. Decker war aber entschlossen, aus der kampflosen Kapitulation Lehren zu ziehen, umzudenken und auch den Marxismus kritisch zu überprüfen. Das Ergebnis war, daß es im Marxismus erkenntnistheoretische Lücken gab und daß Marx nicht alles erklärte. Die Menschen waren rätselhafter, als man lange geglaubt hatte.

Solche Betrachtungen – die übrigens denen Hilferdings ganz ähnlich waren – hinderten Decker freilich nicht daran, im politischen Leben aktiv zu bleiben und den Kampf gegen den Faschismus weiterzuführen. Dieser zwang ihn noch zu vielen Umzügen: Sein Weg verlief über das Saargebiet, durch Österreich, die ČSR, Frankreich,

Belgien bis in die USA. Keine Niederlage konnte ihn entmutigen. Nach einer kurzen Haft im Anschluß an die nationalsozialistische Machtübernahme engagierte sich Decker zunächst im „Saarkampf". Gemeinsam mit Max Braun und Emil Kirschmann war er an der Saarbrücker Volksstimme tätig. Gleichzeitig behielt er enge Fühlung mit dem Exil-Parteivorstand, war auch mit Hilferding weiter verbunden und schrieb am Prager Manifest (1934) mit. Während der Rückgliederung des Saarlandes übersiedelte er nach Paris. Hier arbeitete er 1936/7 an der von Georg Bernhard geleiteten „Pariser Tageszeitung – Journal Quotidien de Paris" und 1937/9 an der von Max Braun herausgegebenen Zeitung sozialdemokratischer Emigranten „Deutsche Freiheit – La Liberté Allemande". Im Dezember 1936 gehörte er zu den Unterzeichnern des „Aufrufs für die deutsche Volksfront. Für Frieden, Freiheit und Brot!" Nach dem deutschen Überfall auf Frankreich flüchtete Decker nach New York und ging zunächst an die von Emil Lederer gegründete Exiluniversität „Graduate Faculty of the School of Social Research".

Später untersuchte er im Auftrag des State Department die Methoden und Probleme des Guerillakrieges in der Sowjetunion und Jugoslawien, und Anfang der 50er Jahre machte er als einer der besten Kommentatoren bei Radio Free Europe und Radio Liberty erneut auf sich aufmerksam. In Amerika nahm Decker auch den Kontakt zu einigen seiner alten menschewistischen Freunde wieder auf. Er schloß sich der New Yorker Gruppe der Russischen Sozialdemokratischen Arbeiterpartei an, der damals letzten noch bestehenden Organisation der Partei, und war langjähriger Mitarbeiter, später auch Co-Redakteur des „Sozialistitscheskij Westnik", des Sozialistischen Boten. Im Jahr 1964 beschloß Decker – mittlerweile 77 Jahre alt –, nach fast einem Vierteljahrhundert zurückzugehen nach Frankreich, in sein geliebtes Paris. Trotz untrüglicher Zeichen einer lebensgefährlichen Herzschwäche war Decker bis zuletzt aktiv, lebenshungrig und neugierig. So ließ er sich nicht davon abbringen, eine 6000 km lange Autoreise quer durch Frankreich zu unternehmen. Am 29. 12. 1964 starb er in Brüssel während der Arbeit an einem Buch über die Lebensverhältnisse der Arbeiter in Frankreich und in Deutschland. Seine Memoiren hatte er auch noch schreiben wollen.

Was bleibt? Decker war ein Mann, der nie nach politischen Ämtern gestrebt hat, und doch war er eigentlich ein Vollblutpolitiker – allerdings nicht im Sinne eines bloßen politischen Machertums, eines blinden Praktizismus. Er gehörte immer zu denen, die nach dem historischen Zusammenhang zwischen der Alltagspraxis, den alltäglichen Problemen der Partei und den „großen Zielen unserer säkularen Bewegung" fragten. Innerhalb der Weimarer SPD vertrat Decker eine Position jenseits von maximalistischer Demonstrationspolitik einerseits und von possibilistischer „Realpolitik" andererseits. Beiden fehlte – wie Decker klar erkannte – das Verständnis für die Eigendynamik der Politik, insbesondere dafür, daß ein gegebenes Kräfteverhältnis nicht als gegeben hingenommen zu werden braucht, sondern durch die Taktik des Handelnden beeinflußt und verschoben werden kann. Auch wenn es seinerzeit nichts half: Ein solches Politikverhältnis ist immer aktuell.

Literatur

Wer Georg Deckers meisterhafte politische Analysen kennenlernen möchte, der sollte sich die Theoriezeitschrift der Weimarer SPD, Die Gesellschaft, ausleihen. Er wird dort beinahe in jedem Heft einen Artikel aus seiner Feder finden. Sekundärliteratur gibt es nicht. Die einzige Ausnahme ist die Jahresgabe 1980 für Freunde der Friedrich-Ebert-Stiftung: Georg Denicke/Georg Decker, Erinnerungen und Aufsätze eines Menschewiken und Sozialdemokraten, Bonn 1980, mit den darin enthaltenen Erinnerungen Fritz Heines, Kurt Lachmanns, Boris Nikolajewskis, Solomon Schwarz' und den autobiographischen Fragmenten Georg Deckers.

Arkadij Gurland (1904–1979)

„Praktisches Leitziel im Kampf um den Sozialismus:
die Liebe zur Partei"*

von
Dieter Emig und Rüdiger Zimmermann

Stationen bis 1933

Arkadij Gurland wurde am 1. September 1904 in Moskau geboren. Seine Eltern Debora und Isaak Gurland, beide aus Wilna, entstammten einer alten deutschen Familie, die in Polen und (Russisch-)Litauen lebte. Der Vater wurde 1938 von Berlin-Charlottenburg, wo er inzwischen als Grundstücks- und Hypothekenmakler arbeitete, nach Polen deportiert und 1941 im Ghetto von Wilna ermordet. Mutter und Schwester emigrierten nach England, wo die Mutter Mitte der 50er Jahre verstarb. Über die Kindheit des jungen Gurland wissen wir wenig. Er wuchs im großbürgerlich-liberalen Milieu auf. Der Vater war Diplom-Ingenieur, die Mutter „vornehme Dame"; ein Kindermädchen besorgte die Erziehung. Früh lernte der junge Gurland die deutsche Sprache kennen; die Familie verbrachte regelmäßig längere Kur- und Erholungsaufenthalte in Deutschland.
1920 verließ die Familie, die inzwischen nach Sebastopol verzogen war, die Sowjetunion für immer und siedelte nach Berlin über. Zwischen Gurland und seiner Familie bestanden zunehmend nur noch lose Kontakte. Für seinen persönlichen und politischen Werdegang spielte die Familie keine nennenswerte Rolle.
Als Schüler der Goetheschule, eines Reform-Realgymnasiums in Berlin-Wilmersdorf, gehörte er bereits sozialistischen Schüler- und Jugendgruppen an. Am 13. März 1922 legte Gurland sein Abitur in Wilmersdorf ab.
Im November 1922 immatrikulierte sich der junge Emigrant an der Philosophischen Fakultät der Berliner Friedrich-Wilhelms-Universität. In den ersten beiden Semestern belegte er u. a. bei Heinrich Cunow „Einführung in die Marxsche Gesellschafts- und Staatslehre", bei Gustav Mayer „Die Geschichte der proletarischen Parteien in

Deutschland", bei Arthur Rosenberg „Griechische Geistesgeschichte vom materialistischen Standpunkt" und bei Paul Lensch „Geschichte der politischen Ökonomie". Darüber hinaus beschäftigte er sich intensiv mit der Hegelschen Philosophie.
Parallel zu seiner Berliner Studienzeit machte Gurland 1922/23 im elterlichen Betrieb eine kaufmännische Ausbildung und avancierte zum Bilanzbuchhalter.
Gurland war „akademisch gefestigter" Marxist, als er im Sommersemester 1924 zur Leipziger Universität überwechselte. In Leipzig studierte er beim Soziologen Hans Freyer, den Gurland selbst einen „originellen Denker" nannte, dessen politische Theorien er indes radikal verwarf.[1] Sein Studium schloß Gurland 1929 mit einer Dissertation über „Produktionsweise – Staat – Klassendiktatur. Versuch einer immanenten Interpretation des Diktaturbegriffs der materialistischen Geschichtsauffassung", die gleichzeitig unter dem Titel „Marxismus und Diktatur" als Buch erschien, ab. Mitte März 1933 mußte Gurland – gerade noch rechtzeitig von Freunden gewarnt – emigrieren.

Politischer Werdegang und Wirken in der Weimarer Sozialdemokratie

Die ersten und vielleicht entscheidenden politischen Impulse erhielt Gurland als Dreizehnjähriger in der Russischen Revolution von 1917. Die sozialen Umwälzungen faszinierten den Moskauer Gymnasiasten; auf Massenveranstaltungen lernte er die wichtigsten revolutionären „Größen" aller Schattierungen kennen. Noch knapp sechzig Jahre später konnte er in seiner witzig-ironischen Art über Lenin und Trotzki berichten. Lenin beeindruckte ihn trotz seines „ledernen Stils" durch seine pädagogisch werbende Art, Trotzki konnte ihm nicht imponieren. Gurlands theoretisches Interesse für den revolutionären Sozialismus wurde so bereits in Rußland geweckt. Entscheidend für seine Entwicklung zum Marxisten war nach seinen eigenen Worten das Studium der Marxschen „Klassenkämpfe in Frankreich", das er als Fünfzehnjähriger begann. Später noch las er regelmäßig die „Klassenkämpfe" mit großem Gewinn, wie er oft betonte. Noch als Siebzehnjähriger – kurz vor Vereinigung der beiden sozialdemokratischen Parteien im September 1922 – trat Gurland dem Bezirksverband Berlin-Brandenburg

der USPD bei, mit ihr ging er zur SPD. Seine Gewerkschaftsmitgliedschaft datiert vom Mai 1923, als er der Ortsgruppe Groß-Berlin des Zentralverbandes der Angestellten beitrat.
Aus dieser Zeit datieren enge Kontakte zum linken revolutionären Menschewismus, die er nie abreißen ließ. Zwar war er nie Mitglied der menschewistischen oder sozialrevolutionären Exilpartei, er pflegte indes intensive persönliche und politische Kontakte zu der Gruppe um Martow, Dan und Abramowitsch. Gurland übersetzte zahllose Artikel der Menschewisten für die sozialdemokratische deutsche Parteipresse. A. Jugows ökonomische Arbeit „Die Volkswirtschaft der Sowjetunion und ihre Probleme" wäre ohne Gurlands Übersetzertalent ebensowenig erschienen wie die Arbeit von Jugows Lebensgefährtin Olga Domanaevskaja über „Agrarsozialismus in Rußland" oder Bogdanovs „Tektologie. Allgemeine Organisationslehre". Gurland teilte weitgehend die Meinung der linken Menschewisten. Seine scharfe Ablehnung des bolschewistischen Alltags in der Sowjetunion, seine Kritik an Theorie und Praxis des Leninismus entsprangen jedoch keinem unreflektierten, platten Antikommunismus. Gurland verfolgte alle Ereignisse in der Sowjetunion mit Hilfe sowjetischer Originalquellen (einschließlich Wirtschaftsstatistiken). Von entscheidender Bedeutung für Gurlands politische Positionen war seine Bekanntschaft mit Paul Levi, wobei wir nicht wissen, wann die erste Begegnung stattfand. Die prägende Kraft dieses undogmatischen scharfsinnigen Denkers auf Gurlands Persönlichkeit wird in dem Nachruf deutlich, den Gurland seinem großen Vorbild nach dessen Tod widmete.[2] Wichtige Sozialisationsimpulse in der Arbeiterbewegung empfing Gurland von sozialistischen Intellektuellen und Arbeitern, die die Arbeiterbewegung in ihrer Aufstiegsphase vor dem 1. Weltkrieg erlebt hatten und die sich auch durch schwere Verwerfungen im politischen Gefüge nach 1918 nicht irritieren ließen. Für diesen Kreis von Sozialisten stand auch in der Niedergangsperiode der Arbeiterbewegung fest, daß unter geänderten politischen Bedingungen ein organisatorischer und ideologischer Aufstieg der Arbeiterbewegung in kurzer Zeit möglich sei.
Seine ersten Sporen in der Arbeiterbewegung verdiente sich der junge Student von 1924 bis 1925 als Redaktionsvolontär (Außenpolitik), später Wirtschaftsredakteur an der „Leipziger Volkszeitung". Ein kurzes Gastspiel in der Freidenkerszene gab der Einundzwanzigjährige als Chefredakteur des „Atheist", wo er mit scharfen

Attacken auf die Vereinsmeierei der Freidenkerorganisation schnell den Zorn der Mitglieder auf sich zog. Nach dreimonatigem Wirken schied Gurland im Januar 1926 freiwillig aus der Gemeinschaft Proletarischer Freidenker aus. Von 1925 bis 1929 steuerte Gurland die „Außenpolitische Wochenschau" für die damals radikalste sozialdemokratische Tageszeitung, die „Volkszeitung für das Vogtland", bei. Sechs Jahre lang (von 1925 bis 1931) war der produktive Journalist neben anderen prominenten sozialdemokratischen Linken Deutschlandberichterstatter für die „Berner Tagwacht" und das „Volksrecht" (Zürich). In beiden Organen konnte die SPD-Linke in einer Offenheit sprechen, die ihr in Deutschland oft verwehrt war. Daneben schrieb Gurland hin und wieder Leitartikel für alle linken thüringischen und sächsischen SPD-Tageszeitungen. Daneben war er ständiger Mitarbeiter der „Bücherwarte", der „Gemeinwirtschaft", der „Betriebsrätezeitschrift des DMV", der „Sozialistischen Presse – Korrespondenz", des „Kulturwille", der „Jungsozialistischen Blätter", des österreichischen „Kampf" und der Schweizer „Roten Revue".

Als Publizist in der Levischen „Sozialistischen Politik und Wirtschaft" des „Klassenkampf" und als eigentlicher Chefredakteur des zentralen Linksorgans nach Abspaltung der SAPD, der „Marxistischen Tribüne für Politik und Wirtschaft", wurde Gurland bereits in den 70er Jahren von meist jüngeren Wissenschaftlern wiederentdeckt.

Nach Einstellung der „Marxistischen Tribüne" (1932) ging der Siebenundzwanzigjährige als stellvertretender Chefredakteur zur „Chemnitzer Volksstimme". Gurland publizierte oft anonym und benutzte viele Pseudonyme und Abkürzungen, die eine Gurland-Rezeption sehr schwer gemacht haben. Nach Recherchen, die von Gurland noch zu Lebzeiten bestätigt wurden, waren es Kürzel und Pseudonyme AG, g, G, Gnd, lgr, nd, RL, rl, Rudolph Lang, Lynx, und später kamen Vexator, W. Grundal, Felix Graham hinzu. Bereits Ende 1932 schied Gurland aus der Chemnitzer Redaktion aus. Verantwortlich dafür waren die immer heftiger werdenden Angriffe, die sich gegen ihn als Juden und Marxisten richteten. Die Ablehnung seines „Antrags auf Aufnahme in den preußischen Staatsverband" hatte ihn zudem als Staatenlosen bestätigt. Nach einem kurzen Zwischenspiel als Verwaltungsangestellter in der Berliner kommunalen Wohlfahrtspflege wollte er sich nur noch seiner freien schriftstellerischen Tätigkeit widmen. Umfangreiche Publikationspläne, die Anfang 1933 bereits gesichert schienen, wurden durch die erzwungene Flucht Makulatur.

Gurlands „Welt" war im wesentlichen die nichtkommunistische Leipziger und sächsische Arbeiterbewegung. Die Entwicklung der sächsischen Arbeiterbewegung im Prozeß der Industrialisierung vom „mittelalterlichen Verlag über die Manufaktur zum kleinen und mittleren fabrikmäßigen Betrieb" mit einer langen Tradition vieler Arbeitergenerationen und die „Verankerung der Arbeiterschaft in den sie umgebenden kleinbürgerlichen Schichten"[3] hat Gurland geradezu liebevoll beschrieben. Über den Traditionalismus der sächsischen Arbeiterschaft und ihren politischen Radikalismus, der in der antifeudalistischen Kampftradition der kleinbürgerlich-radikalen sächsischen Volkspartei stand, hat er später seinen akademischen Zuhörern oft genug berichtet.

Was zeichnet nun den Weimarer Sozialdemokraten Gurland aus? Welche Gründe gibt es, ihn vor dem Vergessen zu bewahren? Gurland war solider Empiriker. Das Bestreben und die Fähigkeit, die soziale Wirklichkeit mit statistischen und sozioökonomischen Hilfsmitteln zu erkennen und zu beschreiben, zeichneten den selbstbewußten Marxisten aus. Diesem Anspruch blieb er sein Leben lang treu. Knapp ein Drittel der Artikel in der sozialdemokratischen Tagespresse ließ die gewohnte polemische Schärfe vermissen, statt dessen wurde trocken kommentiertes Zahlenmaterial ausgebreitet. Die Wirtschaftsartikel der „Volksstimme" sind dennoch didaktisch-politische Glanzleistungen. Zu seinen theoretischen Leistungen zählt seine Faschismustheorie, die Formulierung eines marxistischen Diktaturbegriffs und die Erkenntnis der Bedeutung der Arbeiterbildung für die Revolutionierung des Arbeiteralltages. Gurland hatte in der SPD bis 1933 kein nennenswertes Wahlamt inne. Für den Leipziger Bezirk formulierte er allerdings die Kritik am Agrarprogramm der Partei.

Mit seinen originellen Ideen und theoretisch ausgefeilten Positionen blieb Gurland meist in der Minderheit. Zu stark eckte er mit seiner Kritik an der real existierenden Partei, aber auch mit seiner persönlichen Unnachgiebigkeit an. Zu schnell produzierte der belesene und sprachgewandte Theoretiker, der am Ende seines Lebens deutsch, englisch, französisch, italienisch, spanisch, russisch und jiddisch sprach, Thesen, deren theoretische Komplexität ebenso unbestritten wie ihre praktische Relevanz schwer erkennbar waren. Im folgenden sollen Momente seiner politischen Theorien und Positionen herausgearbeitet werden, die innerhalb der Weimarer Sozialdemokratie zentrale Streitpunkte waren. Angesichts dieser Fragestellung müssen Gurlands außenpolitische Berichterstattung ebenso wie seine Artikel zum Zustand der internationalen Arbeiterorganisationen, denen sich der dezidierte Internationalist widmete, unberücksichtigt bleiben.

SPD – Revolutionäre Kampfpartei

Gurland leitete die Funktion der proletarischen Partei von der Marxschen Definition über Aufgabe und Funktion der Partei der Arbeiterklasse ab. So sprach er von der „revolutionären Sozialdemokratie" oder der „sozialistischen Kampfpartei", was selbst für Weimarer Linkssozialisten ungewöhnlich war. Die Sozialdemokratie sollte Interessenvereinigung und Weltanschauungsgemeinschaft in einem sein. Gurlands Lieblingsdefinition war das Marxsche Wort von der Partei „im großen historischen Sinne", als „Inbegriff nämlich alles dessen, was die organisierende Funktion im Klassenkampf ausübt, als organisatorischer Ausdruck schlechthin der proletarischen Befreiungsbewegung".[4] Daß Gurland die empirisch gegebene Weimarer Sozialdemokratie nicht verherrlichte, kann deshalb nicht verwundern. Im Gegenteil: Der junge Leipziger gehörte zu den schärfsten Kritikern des Reformismus in Partei und Gewerkschaften. Nur: Abspaltungen kamen für ihn nicht in Frage. Der Reformismus in der deutschen Arbeiterbewegung – diese These wiederholte er stets – sei historisch bedingt. Gurland übernahm zur Erklärung starker reformistischer Strömungen in der deutschen Arbeiterbewegung die von Rosa Luxemburg und Fritz Sternberg beschriebene Schonzeit der imperialistischen Länder.[5] Mit der schweren Wirtschaftskrise werde der Arbeiterklasse allerdings demonstriert, daß friedliche Reformen im Kapitalismus nicht möglich seien. Gurland hat später tief bedauert, daß die faschistische Diktatur im März 1933 den im gleichen Jahr geplanten Marxgedenkparteitag unmöglich machte; er hätte – so Gurland – die Radikalisierung eines Großteils der deutschen Sozialdemokratie drastisch dokumentiert. Aufgabe einer marxistischen Opposition, der Gurland die Rolle der von Marx postulierten Vorhut beimaß, sei es, das zu tun, was sie für die Aufgabe der Gesamtpartei halte, um die noch reformistische Mehrheit zu überzeugen. Programmatisch schwebte Gurland das Aktionsprogramm der USPD von 1919 vor, das die Rolle des Monopolkapitals hinlänglich beschrieb. Crispiens programmatisches Werk empfahl er der Programmkommission der SPD nachdrücklich zur Lektüre.[6] Solange die SPD noch eine demokratische Partei sei, gehörten revolutionäre Marxisten in die SPD, selbst wenn diese mehrheitlich im reformistischen Fahrwasser schwimme. Nur der Sozialdemokratie liege der „marxistische Grundsatz des Selbstbestimmungsrechts der Arbeitermassen zugrunde", der die organisatorische Einheit des Proletariats ermöglichte.[7] Sein Modell einer demokratischen sozialistischen Partei war die französische SFIO. In der SFIO sah er die Vorstellungen Rosa Luxemburgs von der Freiheit des Geistes, Freiheit der Kritik und der Freiheit des Meinungskampfes am ehesten verwirklicht. Gurlands Bekenntnis zur Parteidemokratie hinderte ihn nicht, den innerparteilichen Kampf mit Schärfe und Sarkasmus zu führen. Neuen Strömungen in der SPD, die dem Marxismus fernstanden, erteilte er vernichtende Absagen. Ein Problem lag Gurland ganz besonders am Herzen: die sozioökonomische Kluft zwischen Funktionärskörper und der großen Masse des Fabrikproletariats. Aus seinen kritischen Worten[8] sprach die tiefe Angst, das Schisma von 1914 – ein Auseinanderfallen von Organisation und Bewegung – könne sich wiederholen. Dem Entfremdungsprozeß könne nur mit radikaler Bildungsarbeit begegnet werden. Von einer einheitlich ausgerichteten marxistischen Kampfpartei erhoffte er eine Signal- und Sogwirkung nicht nur auf die kommunistischen Arbeiter, sondern auch auf die, die noch im christlichen Lager standen. Ein Aktionsbündnis mit der KPD lehnte er ab. Über die „Illusionen der mit Blindheit geschlagenen Staatspolitiker in unseren eigenen Reihen" bemerkte er lapidar: „Ihnen das Irren, uns die Zukunft."[9] Fragt man, was heute noch an Gurlands Parteivorstellung wichtig ist, dann sicher seine puristische Auffassung vom Wert innerparteilicher Demokratie, die er sein Leben lang radikal verteidigte. Das Prinzip der Parteidemokratie und der Meinungsfreiheit ging ihm über alles. So holte er den ausgeschlossenen Vorsitzenden des SDS als Assistenten an seinen Lehrstuhl, versuchte, eine Berliner Rechtsfraktion vor dem Ausschluß zu schützen und verteidigte mit gleicher Selbstverständlichkeit noch Anfang der siebziger Jahre trotzkistisch inspirierte junge Darmstädter SPD-Mitglieder in einem Parteiordnungsverfahren. Gemeinsam war all seinen Stellungnahmen, daß nie *Meinungen* als parteischädigend verurteilt werden dürfen.

Marxismus – geistige Waffe des Proletariats

Als der Einundzwanzigjährige mit seinem Erstlingswerk „Der proletarische Klassenkampf in der Gegenwart. Zur taktischen Orientierung der Sozialdemokratie in der Nachkriegsphase des Kapitalismus" im traditionsreichen Verlag der Leipziger Buchdrucker 1925 debütierte, bemerkten wohlwollende Kritiker, Gurland beherrsche die marxistische Methode perfekt. Der junge Marxist hat hier im einleitenden Kapitel sein Marx- und Marxismusverständnis offengelegt. Der geistige Gehalt der Marxschen Lehre sei weder zeitbedingt[10] noch von der Geschichte überholt. Der „Marxismus als Methode des Denkens und Forschens" bleibe die „geistige Waffe" des Proletariats. Nicht einzelne Ergebnisse der ökonomischen und historischen Arbeiten von Marx oder seiner Anhänger, sondern seine Methode feiere immer noch Triumphe. Antimarxisten seien gezwungen, sich bei Marx zu bedienen, um ihn zu widerlegen. Mit Hilfe der Marxschen Methode analysierte Gurland Probleme kapitalistisch rückständiger Staaten und die politökonomische Entwicklung im jungen Sowjetstaat. Daran maß er die Aktivitäten der Sozialistischen Internationale und die Politik der SPD. Gurland ist in kein Schema zu pressen. Was seine marxistisch-ökonomischen Analysen angeht, hat er sich weitgehend von Rosa Luxemburg leiten lassen, deren Imperialismustheorie (ihre Fehler tat er als Doktorfragen ab) er für seine Analysen fruchtbar machte. In diesem Sinne blieb Gurland stets Marxist. Er beschäftigte sich mit „Marx und dem Marxismus" unter vielfältigen Aspekten; im Alter widmete er sich intensiv genealogischen Hobbystudien zur Familie Marx. In diesem Zusammenhang soll bewußt nicht auf Gurlands Dissertation „Marxismus und Diktatur" eingegangen werden, mit der er quer zu allen sozialdemokratischen Theoretikern von Karl Kautsky bis Otto Bauer lag. Eine Auseinandersetzung mit seinem soziologischen Diktaturbegriff würde den Rahmen einer Weimarer Biographie sprengen.
Am Beispiel seines intensiven Werbens um eine kritische Marx-Engels-Ausgabe soll vielmehr seine „philologische" Seite gewürdigt werden. Als 1924 der erste Band des Marx-Engels-Archivs im Staatsverlag Moskau erschien, sprach Gurland davon, daß sich die „Instanzen" – und damit meinte er den Parteivorstand der SPD – vor 1914 „auf diesem Gebiet ein Maximum an Nachlässigkeit" geleistet hätten.[11] Gurland begrüßte den Abdruck der „Deutschen Ideologie" emphatisch und zollte dem Herausgeber Rjasanoff ho-

hes Lob. Gurland pochte intensiv darauf, daß der gesamte Nachlaß herausgegeben werde.[12] Obgleich das SPD-Vorstandsmitglied Adolf Braun im gleichen Jahr diesem Ansinnen eine Abfuhr erteilt hatte, insistierte Gurland auf seinem Plan. Es komme darauf an, das Gedankengebäude von Marx und Engels „in seiner ganzen Größe von all den Schlacken und dem Schutt zu reinigen", der in Jahrzehnten aufgetürmt worden sei. Eine Gesamtausgabe werde das „gewaltige Ideengebäude des Marxismus in voller Reinheit" wiederaufrichten helfen.[13] Als Herausgeber für Deutschland schlug Gurland Gustav Mayer vor. Die Geschichte der Marx-Engels-Gesamtausgabe verlief bekanntlich anders, als Gurland vorgeschlagen hatte. Gleichwohl verfolgte er die Weiterentwicklung des Marx-Engels-Archivs in russischer und deutscher Sprache mit gespannter Aufmerksamkeit, wobei sich scharfe Kritik an den Editionsprinzipien mit hohem Lob für das Rjasanoffsche Institut verband.[14] In der Zwischenzeit war Rjasanoff auf den jungen Marx-Engels-Spezialisten aufmerksam geworden, der so unnachgiebig auf „Quellentreue" beharrte. Der Herausgeber bot ihm die Mitarbeit an der Marx-Engels-Gesamtausgabe an. Gurland akzeptierte sofort die Offerte, auf die er ungeheuer stolz war. Zu einer intensiven Mitarbeit ist es gleichwohl nicht mehr gekommen. Rjasanoffs Bemühungen, begabte menschewistische Spezialisten an sein Institut zu holen, brachen ihm bei den Stalinschen Säuberungen das Genick. Gurlands tiefe antistalinistische Ressentiments wurzelten u. a. auf diesem Erlebnis.

Bürgertum und Faschismus

Es gehörte zum ehernen theoretischen Bestand der Weimarer SPD-Linken, daß jede Koalition mit bürgerlichen Parteien abgelehnt wurde. Diese Prinzipien waren beste USPD-Tradition und wurden damit begründet, daß in einem Stadium fortgeschrittener Klassenkämpfe die Bourgeoisie eine reaktionäre Rolle einnehmen werde; eine vorübergehende Stärkung bürgerlicher Parteien durch Koalitionen komme daher für die Sozialdemokratie nicht in Frage. Der junge Gurland machte in dieser Frage keine Ausnahme.[15] Diese rigide Position wurde durch den Aufstieg des Nationalsozialismus in Deutschland modifiziert.
Früh galt der katholischen Arbeiterbewegung und ihren politischen

Vertretungen Zentrum und christliche Gewerkschaften Gurlands besonderes Interesse. Aus vielen Klagen der Zentrumsoberen über die zunehmende Linksentwicklung der katholischen Arbeiter folgerte Gurland, daß aus der katholischen Arbeiterschaft „Bewußtseinselemente erwachsen, die in der Richtung des proletarischen Klassenbewußtseins gelegen sind".[16] Zu Beginn der dreißiger Jahre vollzog Gurland eine Wendung, die nun eine antifaschistische Koalitionspolitik nicht ausschließen wollte – ein Versuch, ausgetretene Pfade zu verlassen, um die lähmende Defensivposition der Sozialdemokratie zu durchbrechen und angesichts tödlicher Gefahren für die organisierte Arbeiterbewegung wieder politischen Spielraum zu erlangen, wie er später als Politikprofessor betonte. Natürlich sei jede Regierung im bürgerlichen Staat, auch wenn an ihr eine sozialistische Partei beteiligt sei, Sachwalter kapitalistischer Interessen.[17] Diese für jeden Sozialisten selbstverständliche Frage könne nichts daran ändern, daß im Kampf um den Sturz kapitalistischer Herrschaft auch Bündnisse mit bürgerlichen Parteien notwendig seien. Gurland wollte das Zentrum in einer Koalition „in die Zange nehmen", um mit konkreten politischen Forderungen (Hebung der Massenkaufkraft etc.) dessen proletarische Anhänger in die Arme der Sozialdemokratie zu treiben. Gleichzeitig sollte mit konkreten Tagesforderungen dem Faschismus die Basis in der Arbeiterschaft entzogen werden.

Diese Politik, die nur ansatzweise von der linken Klassenkampfgruppe getragen wurde[18], verschärfte die Differenzen zu den Linken, die mit der Gründung einer eigenen Partei liebäugelten. Gurland warf den Seydewitzanhängern zu Recht vor, den Faschismus als unvermeidliches Erbe kapitalistischer Entwicklung zu sehen.[19] Wie schätzte Gurland den Faschismus ein? Welchen Weg empfahl er zu dessen Bekämpfung? 1931 entwickelte er in dem „sehr gedankenreichen, heute jedoch fast vergessenen Buch"[20] „Das Heute der proletarischen Aktion" nicht nur eine eigenständige Faschismustheorie, sondern machte auch konkrete Vorschläge für den antifaschistischen Tageskampf. Er kritisierte vor allem Versuche, alle gewalttätigen Unterdrückungsmaßnahmen zur Niederhaltung jedes möglichen Gegners als faschistisch zu bezeichnen. Für Gurland war der Faschismus ein Produkt wirtschaftlicher und sozialer Rückständigkeit. Das war seine zentrale These, die er am Beispiel Italien entwickelte.[21] Die entwurzelte und deklassierte Mittelschicht und die verarmten Bauern böten zwar allein keine hinreichende soziale Basis für eine faschistische Machtergreifung, aber wenn es zur Entindustrialisierung im großen Maßstab komme, ein Phänomen, das Gurland unter dem Begriff „Industrieversumpfung" ausführlich entwickelte, sei die Gefahr gegeben, daß die Arbeiterschaft, die „trotz aller Schläge der Krise in einem geradezu an soziales Wunder grenzendes Maß stabil bleibe", zu den Nationalsozialisten überliefe. Für den revolutionären Sozialisten waren Töne von der letzten großen Krise des Kapitalismus Phrasen; natürlich könne der Kapitalismus noch prosperieren. Der Kampf um die Errichtung des Sozialismus stehe 1931/32 nicht auf der Tagesordnung, alle anderen Parolen seien illusionär. Vielmehr gehe es darum, auf dem Boden des Kapitalismus den Faschismus abzuwehren.[22] Das waren freilich Zwischentöne, die auf die breite Masse enttäuschter und verelendeter Proletarier wenig revolutionär wirkten. Entsprechend fiel die Kritik ehemaliger Gesinnungsgenossen aus.[23] Unbeeindruckt stellte Gurland die These auf: Ein Angriff auf die Kartelle und sonstigen Industriemonopole sei wegen der Schwäche der Arbeiterbewegung zum Scheitern verurteilt, er treffe den Kapitalismus an der „bestgepanzerten Stelle".[24] Die Mauer der Agrarzölle sei hingegen der „schwächste Abschnitt an der Front der industriell-großagrarischen Reaktion". Die Senkung der Agrarzölle verspreche eine Verbilligung der Lebensmittel, eine Hebung der Massenkaufkraft und eine Verbilligung der industriellen Gestehungskosten. Die Verbilligung der Nahrungsmittel bringe nicht die Überwindung der Krise, sondern eine Verbesserung der Kampfbedingungen, helfe Verzweiflung und Niedergeschlagenheit zu überwinden und mobilisiere die Massen für den weiteren Kampf gegen das „Bollwerk der Monopole". Diesen „dialektischen Dreischritt" versuchte Gurland in der Schlußphase der Weimarer Republik unermüdlich zu propagieren.

Im Sommer 1932, als Chemnitzer Redakteur, fügte Gurland seinem Aktionsvorschlag ein qualitativ neues Moment hinzu. Er erkannte als einer der ersten Wirtschaftswissenschaftler, worauf er später noch stolz war, daß der Tiefpunkt industrieller Produktion im August 1932 überwunden war[25] und plädierte in Partei und Gewerkschaft vehement für eine Einleitung wirtschaftlicher Streikkämpfe, damit die Arbeiterklasse als erste die Konjunktur nutzen solle. Der Konjunkturaufschwung dürfe nicht den Apologeten des Kapitalismus dienen.

Was ist heute von der Faschismusanalyse Gurlands und seinen politischen Rezepten zu halten? Wippermann betont zu Recht, Gurland sei einer der wenigen marxistischen Autoren gewesen, die auf die Unterschiede zwischen dem italienischen Faschismus und dem deutschen Nationalsozialismus hingewiesen hätten, um gleichzeitig einen allgemeinen Faschismusbegriff zu entwickeln. Bei ihm finden sich „Ansätze einer vergleichenden Faschismusforschung auf bonapartistischer Grundlage, an die man gerade heute, wo die Legitimität und Anwendbarkeit eines generischen Faschismusbegriffs bestritten wird, anknüpfen sollte".[26] Über seine eigenen politischen Vorschläge für den Tageskampf hat Gurland sich selbst in einer Rundfunksendung 1952 höchst selbstkritisch geäußert: Man habe unglücklicherweise nicht auf die Karte Arbeitsbeschaffungsmaßnahmen gesetzt. Es war das Eingeständnis, das er in vielen Seminaren und Vorträgen wiederholte, daß man als orthodoxe Marxisten (unisono mit vielen Zentristen um Rudolf Hilferding) zu stark auf Marxens Worte über die Auswirkung inflationärer Prozesse auf die Arbeiterklasse gestarrt und die politischen Dimensionen staatlicher Arbeitsbeschaffungsprogramme unterschätzt habe. Der Nationalsozialismus habe sich dieser Rezepte selbst bemächtigt. Da der Tiefpunkt der Wirtschaftskrise im Sommer 1932 überwunden war, habe der siegreiche Faschismus nicht nur den konjunkturellen Aufschwung genutzt, sondern ihm neue Impulse verliehen, was zur Verfestigung seiner terroristischen Herrschaft entscheidend beigetragen habe.

Sozialisms als Kulturbewegung – Revolutionierung des Alltags

Gurland widmete sich intensiv Fragen der Arbeiterbildung und Arbeiterkultur. Huldigten viele Linke einer Luxemburgistischen Spontaneitätstheorie, wonach die Linksentwicklung der Arbeiterklasse im revolutionären Prozeß schon einsetzen werde, kritisierte Gurland in diesem Punkt seine ökonomische Lehrmeisterin milde, aber bestimmt.[27] In Fragen der Arbeiterbildung gab er Parolen aus, die eher an die der österreichischen Schwesterpartei erinnern: „Sozialismus als Kulturbewegung bedeutet zweierlei: Aufklärung, Erziehung, Schulung der proletarischen Massen, die inmitten des täglichen Kampfes stehen, durch Verbreitung marxistischer Erkenntnis, durch Vertiefung sozialistischer Gedankenwelt; Hand in Hand damit aber Schaffung einer neuen jungen Generation, der der Sozialismus von Kindheit an Herzenssache, Lebenselement ist. Politische Bildungsarbeit und sozialistische Erziehung im weitesten Sinne, Erziehung der Jugend, Schaffung neuer Menschen."[28] Gurland, der der sozialdemokratischen Arbeiterbewegung keinen leichten Weg anzubieten hatte, redete keiner öden „Kapitalschulung" das Wort. Arbeiterbildung und Arbeiterkultur sollten auch den Alltag revolutionieren. Welche neuen Wege propagierte er? Welche Ziele wies er? Gurland plädierte für eine umfassende Neuorientierung der Presse-, Radio- und Filmpolitik der SPD.[29] Der Kampf um die „Seele des Proletariats" werde auf absehbare Zeit verlorengehen, falls es nicht gelinge, die neuen Medien für die Partei zu nutzen. Seine Kritik an der offiziellen Filmpolitik war scharf. Er plädierte weiter für ein neues Verhältnis zur Jugend und eine radikale Erneuerung im politischen und sexuellen Bereich. Solche Worte, die den realen Alltag in sozialdemokratischen Familien beschrieben, die aussprachen, daß in vielen Familien Gewalt gegen Frauen und Kinder herrsche, waren rar in der Weimarer Sozialdemokratie und wurden nicht gerne gehört. Gurland selbst propagierte und lebte nicht den von den Jungsozialisten hochgelobten puristischen Lebensstil. Dazu war er zu stark großbürgerlich geprägt, ohne allerdings einen ähnlich aufwendigen Lebensstil wie sein Vorbild Paul Levi (schon aus finanziellen Gründen) zu pflegen.

Für einen Theoretiker, der der Arbeiterbildung einen so hohen Stellenwert beimaß, war es selbstverständlich, daß er sich intensiv in der politischen Bildungsarbeit engagierte. Von 1924 bis 1928 lehrte er am Arbeiterbildungsinstitut Leipzig, von 1928 bis 1933 an der Berliner Arbeiterbildungsschule. Als Kursusleiter beim Reichsausschuß für sozialistische Bildungsarbeit popularisierte er seine wissenschaftliche Arbeit (Themen 1930/31: „Die Marxsche Geschichts-, Gesellschafts- und Staatsauffassung", „Das Proletariat in der Krise", „Faschismus, Kapitalismus und Arbeiterklasse").[30] Wie wirkte der „revolutionäre Marxist" in der Bildungsarbeit? Gab es Schranken zwischen dem „Vollbluttheoretiker" und seinen Zuhörern? Spätere Eindrücke legen die Vermutung nahe, daß Gurland gewiß nicht die Faszination ausstrahlte, die seinem geschliffenen journalistischen Stil eigen war. Im Gegenteil: Seine Vorträge gerieten oft langatmig, das angestrebte Pensum konnte nur mit Mühe erreicht werden. Man mußte bei ihm intensiv und genau zuhören. Auf der anderen Seite verstand er eine Sprache zu sprechen, die für jeden verständlich war. Für Arbeiter unverständliche

Fremdworte lehnte er ab, gedrechselte Konstruktionen haßte er, modisches „Neudeutsch" war ihm ein Greuel. Diejenigen, die Motivation und Interesse mit Geduld verbanden, konnten seine Seminare und Vorträge allerdings mit großem Gewinn erleben. Für den, der „schnelle Lösungen" suchte, mußte der marxistische Empiriker, der zur Charakterisierung der Pariser Kommune ellenlange Berufslisten der Kommunarden präsentierte, todlangweilig wirken.

Emigration

Mitte März 1933 emigrierte Gurland. Gerade noch rechtzeitig, wie ein Anfang April gegen ihn ausgestellter Haftbefehl belegt. Nach kurzem Aufenthalt in Belgien konnte er im Spätsommer nach Frankreich einreisen, wo er in Paris bis 1940 mehr oder weniger legal Zuflucht fand. Seinen Lebensunterhalt bestritt er mit Übersetzungen ins Französische (z. B. Salomon Schwarz, Lénine et le Mouvement Syndicale) und mit der Hilfe von Freunden. Stetige Einkünfte verschaffte ihm schließlich die Mitarbeit an einer wöchentlich erscheinenden Wirtschafts- und Sozialstatistik (Documentation de Statistique Sociale et Economique, DOSSE), die ihm A. Jugow vermittelt hatte, und ab 1937 die laufende Berichterstattung über ökonomische Entwicklungen in Deutschland in der von Max Sievers (Freidenkerverband) herausgegebenen Exilzeitung „Freies Deutschland".
1940 konnte Gurland in die Vereinigten Staaten emigrieren, wo er im von Max Horkheimer geleiteten ehemaligen Frankfurter Institut für Sozialforschung seine Analysen der deutschen Wirtschaftsentwicklung fortsetzte. Publikationen, teilweise in Zusammenarbeit mit seinen Freunden Otto Kirchheimer und Franz L. Neumann, über das Kleingewerbe im Nazi-Deutschland, über die deutsche Kali-Industrie oder über den Zusammenhang von Ökonomie und technischem Fortschritt stehen ganz in der Tradition seiner Auffassung von der Anwendung der Marxschen Methode: mit wissenschaftlichem Instrumentarium die (ökonomische) Welt analysieren und daraus die Handlungsspielräume und Perspektiven für die politische Aktion der Arbeiterbewegung zu entwickeln. Abgesehen von ausgedehnten Diskussionen mit ehemaligen Mitstreitern und Genossen über Fragen des Marxismus und das Versagen der Arbeiterbewegung im – nicht stattgefundenen – Kampf gegen den Fa-

schismus hat Gurland in der Emigration keine organisatorischen Kontakte gesucht. Zu weit weg schien ihm die Emigration von dem, was im Reich passierte, und zu wichtig war ihm die Frage nach der Zukunft der Arbeiterbewegung, die ohne eine systematische Analyse des Faschismus nicht zu beantworten war.

Nachkriegszeit

Nachdem Gurland 1947 – inzwischen war er amerikanischer Staatsbürger geworden und hatte seinen Namen in Arcadius Rudolph Lang Gurland geändert – als Mitarbeiter von OMGUS „Bürokratisierungstendenzen im Nachkriegsdeutschland" beobachtet und analysiert hatte und seine ökonomischen Arbeiten (im Auftrage des amerikanischen Arbeitsministeriums) auf die Entwicklung der deutschen Gewerkschaften konzentriert hatte, verzögerte sich seine Rückkehr nach Deutschland bis in den Spätherbst 1950. Pläne, beim Wiederaufbau von SPD und Gewerkschaften in entscheidender Position mitzuarbeiten – entsprechende Gespräche mit Kurt Schumacher hatten stattgefunden – waren damit obsolet geworden: die Posten waren bereits verteilt.
In der Leitung des Instituts für politische Wissenschaft in Berlin und als Redakteur der Schriftenreihe des Instituts hatte Gurland schließlich einigen Anteil am Aufbau der Politikwissenschaft in der Bundesrepublik.[31] Seine heute noch höchst lesenswerte Abrechnung mit den politikwissenschaftlichen Bemühungen in Westdeutschland, die er im Auftrage der amerikanischen Kongreßbibliothek angefertigt hatte und die unter dem Titel „Political Science in Western Germany – Thoughts and Writings 1950–1952" erschien, trug ihm ob ihrer Schonungslosigkeit allerdings fast ausschließlich harsche Kritik ein. Immer noch konsequent in der Verfolgung seines unerschütterlichen Glaubens an die Kraft marxistischer Analyse und persönlich unnachgiebig geriet er aber bald in eine Minderheitenposition, die ihn schließlich bewog, erneut in die Vereinigten Staaten zurückzukehren. Mit seiner während der Berliner Zeit entstandenen Untersuchung über die CDU/CSU, die leider erst posthum veröffentlicht werden konnte, hat Gurland demonstriert, wie unter veränderten Bedingungen mit wissenschaftlicher Arbeit immer noch politische Arbeit verbunden werden konnte: den „christlichen" Arbeitern – ganz in seiner Weimarer Tradition – ein politi-

sches Angebot zu machen, das nur außerhalb der organisatorischen Grenzen von CDU/CSU einzulösen gewesen wäre. Daß dieser Versuch nie praktisch werden konnte, schuldete er seiner eigenen Arbeitsweise und dem ihm eigenen Temperament in Auseinandersetzungen.
Während seines erneuten Amerikaaufenthaltes entstand ein Manuskript über Personalverflechtungen zwischen Parteien und Interessengruppen in der Bundesrepublik, das ebenso unveröffentlicht geblieben ist wie viele Arbeiten aus der Emigrationszeit. Nach dem Scheitern verschiedener Projekte arbeitete Gurland wieder als Übersetzer und übernahm 1962 schließlich auf Drängen von Freunden den Lehrstuhl II für Wissenschaftliche Politik an der Technischen Hochschule Darmstadt, den er bis zu seiner Emeritierung 1972 innehatte. Der jüngeren Generation wurde er durch seinen Beitrag über „Wirtschaft und Gesellschaft im Übergang zum Zeitalter der Industrie" im VIII. Band der „Propyläen Weltgeschichte" und durch seinen Vortrag auf dem 16. Deutschen Soziologentag „Zur Theorie der sozialökonomischen Entwicklung der gegenwärtigen Gesellschaft" bekannt. Aus der Vielzahl seiner Übersetzungen, die sich meist zu regelrechten Neubearbeitungen auswuchsen, sind Otto Kirchheimers „Politische Justiz" und der „Bürgerkrieg in Spanien" von Broué und Temime sicher die bekanntesten.
Abgesehen von der engagierten Arbeit im Berliner Landesverband der SPD und bei den vorbereitenden Diskussionen um ein neues Programm der SPD hat sich Gurland im Rahmen der Organisation der SPD politisch nicht mehr zu Wort gemeldet. In Vorträgen und in seinen Arbeiten, die er nach dem Krieg noch durchgeführt hat oder die er – wenn es Arbeiten seiner Schüler (ein Wort, das er haßte) waren – unermüdlich betreute, blieb er seiner Auffassung treu: Anwendung der Marxschen Methode ohne marxistisches Vokabular, um mit wissenschaftlichem Werkzeug die Welt empirisch zu analysieren, auszusprechen, was ist. Allergische Reaktionen bei Ideologieverdacht und Bekämpfung aller undemokratischen Methoden, verbunden mit unnachgiebigem Kampf gegen jedweden Geruch von Stalinismus, verschafften ihm den Ruf eines streitbaren alten Mannes. Gewiß spielte da auch ein Stück Enttäuschung und Verbitterung mit: Die Zerstörung der sozialdemokratischen Medien und der weitgehend versäumte Wiederaufbau des Netzes sozialdemokratischer „Alltags-Organisationen" im Kultur-, Bildungs- und Freizeitbereich hatten dazu geführt, daß die Partei „im großen hi-

storischen Sinne" weiter entfernt denn je schien. Für ihren Aufbau zu arbeiten, fehlte ihm zunehmend die Kraft und die Motivation. Arcadius Rudolph Lang Gurland verstarb nach schwerer Krankheit am 27. März 1979 als amerikanischer Staatsbürger, nachdem er sich nach dem 2. Weltkrieg nicht mehr um die deutsche Staatsbürgerschaft bemüht hatte.

Anmerkungen

* Aus der Vorbemerkung zu Arkadij Gurland, Das Heute der proletarischen Aktion. Hemmnisse und Wandlungen im Klassenkampf, Berlin 1931.
1 Bücherwarte, 1930, S. 119.
2 Marxistische Tribüne für Politik und Wirtschaft, 1932, S. 101. Im folgenden zitiert: MT.
3 Arkadij Gurland, Das Heute der proletarischen Aktion. Hemmnisse und Wandlungen im Klassenkampf, Leipzig 1930, S. 133.
4 Leipziger Volkszeitung, 8. 9. 1924.
5 A. Gurland, Marxismus und Diktatur, Leipzig 1930, Nachdruck: Frankfurt/M. 1981, S. 64.
6 Leipziger Volkszeitung, 1. 9. 1925.
7 Marxistische Tribüne, 1931, S. 1.
8 Gurland (Anm. 3), S. 139.
9 Leipziger Volkszeitung, 19. 6. 1924.
10 A. Gurland, Der proletarische Klassenkampf in der Gegenwart. Zur taktischen Orientierung der Sozialdemokratie in der Nachkriegsphase des Kapitalismus, Leipzig 1925, S. 5ff.
11 Der Kampf, Bd. 18 (1925), S. 72.
12 Leipziger Volkszeitung, 9. 7. 1924.
13 Ebd. 9. 4. 1926.
14 Sozialistische Politik und Wirtschaft, 20. 5. 1926.
15 Leipziger Volkszeitung, 23. 9. 1926.
16 Ebd. 30. 9. 1926.
17 Gurland (Anm. 3), S. 125f.
18 Richard Kleineibst in: Klassenkampf, 1. 12. 1930.
19 A. Gurland/J.K. Laumann, Spaltung oder Aktivität?, Berlin 1931, S. 24.
20 Wolfgang Wippermann, Die Bonapartismustheorie von Marx und Engels, Stuttgart 1983, S. 204.
21 Gurland (Anm. 3), S. 112.
22 Ebd. S. 121.
23 Klassenkampf, 1931, S. 245f.
24 Gurland/Laumann (Anm. 19), S. 30.
25 Volksstimme, 20. 8. 1932.
26 Wippermann (Anm. 20), S. 205.
27 Klassenkampf, 1931, S. 536.
28 Gurland (Anm. 10), S. 43.

29 Gurland (Anm. 3), S. 146f.
30 Die Themen finden sich jeweils in den Bildungsankündigungen der Jungsozialistischen Blätter.
31 Hier dürfen mit Spannung die Ergebnisse eines inzwischen abgeschlossenen Berliner Forschungsprojektes erwartet werden.

Literatur

Alle persönlichen Daten stammen aus dem Nachlaß von A. R. L. Gurland und aus Hinweisen, die Gurland zu Lebzeiten den Verfassern gab.
Gurland, Arkadij: Das Heute der proletarischen Aktion. Hemmnisse und Wandlungen im Klassenkampf, Leipzig 1930.
– Marxismus und Diktatur, Leipzig 1930, Nachdruck: Frankfurt/M. 1981.
– Der proletarische Klassenkampf in der Gegenwart. Zur taktischen Orientierung der Sozialdemokratie in der Nachkriegsphase des Kapitalismus, Leipzig 1925.
Gurland, Arkadij/Laumann, J. Kurt: Spaltung oder Aktivität?, Berlin 1931.

Ernst Heilmann (1881–1940)

Parlamentarischer Führer und Reformsozialist

von
Peter Lösche

Wenn die zehn bedeutendsten und einflußreichsten Politiker der Weimarer Republik zu nennen wären, dann gehörte Ernst Heilmann zu ihnen. Doch ist sein Name fast in Vergessenheit geraten. Selbst enge Weggefährten wie Otto Braun, Carl Severing und Albert Grzesinski und politische Gegner wie Heinrich Brüning und Arnold Brecht erwähnen in ihren Memoiren Heilmann nur beiläufig und am Rande. Bis vor kurzem schwiegen auch die Geschichtsbücher: So fehlt in Karl Dietrich Brachers monumentalem Werk über die Auflösung der Weimarer Republik der Name Heilmann. Erst in jüngster Zeit haben Historiker, die bislang auf die Geschichte des Reiches fixiert waren, ihren Blick auf Preußen gerichtet und sich dabei Heilmanns erinnert. In einer wissenschaftlichen Biographie des preußischen Ministerpräsidenten Otto Braun sowie in einem Handbuch des Parlamentarismus in Preußen 1918 bis 1932 ist die große Bedeutung Heilmanns herausgearbeitet worden.

Wer von der Geschichte des Parlamentarismus in Deutschland handelt und nach demokratischen Traditionen in unserer Vergangenheit sucht, hat von Ernst Heilmann zu sprechen, dem Vorsitzenden der sozialdemokratischen Landtagsfraktion in Preußen von 1921 bis 1933. In ihren Erinnerungen schreibt Hedwig Wachenheim, Freundin und politische Gefährtin Heilmanns im preußischen Landtag und vor 1914 mit Ludwig Frank befreundet, dem charismatischen Reformisten aus Süddeutschland, Heilmann habe für die Weimarer Republik das Leitbild eines parlamentarischen Führers geschaffen. Und in der Tat: Heilmann widerlegt mit seiner Person und seinem Wirken (und dem seiner politischen Freunde) jene Legende, die sich bei manchen Historikern bis heute gehalten hat, die Sozialdemokratie habe immer und grundsätzlich ein ambivalentes, ja gebrochenes Verhältnis zur Macht gehabt. Es mag mehrere Chancen gegeben haben, die erste deutsche Republik gegen die braune Flut des Nationalsozialismus und gegen die schwarz-weiß-

rote Reaktion zu verteidigen: Eine der erfolgversprechendsten ging von der parlamentarischen Demokratie im Weimarer Preußen aus, in deren Zentrum der machtbewußte, „ungekrönte König von Preußen", der „rote" Heilmann, stand und die getragen wurde von der demokratischen Arbeiterbewegung, dem politischen Katholizismus und dem sozialliberalen Bürgertum.
Wer aber war nun eigentlich Ernst Heilmann? Wie ist sein Lebensweg verlaufen?

Lebensweg und Persönlichkeit

Ernst Heilmann wurde am 13. April 1881 in Berlin in ein kleinbürgerlich-jüdisches Milieu hineingeboren. Der Vater, Max Heilmann, besaß in der Jakobstraße ein Papiergeschäft. Der bestimmende Teil der Familie ist wohl die Mutter Flora gewesen. Sie stammte aus Oberschlesien und war von Hause aus eine Mühsam. Erich Mühsam (1878–1934), Anarchist, revolutionärer Lyriker, Dramatiker und Essayist, von den Nazis im KZ Oranienburg brutal ermordet, war ein Vetter Ernst Heilmanns. In der Familie lebte noch eine ältere Schwester Klara, später Lehrerin, die sich nach der Ermordung Heilmanns das Leben nahm.

1888 bis 1900 besuchte Ernst Heilmann das Cöllnische Gymnasium in Berlin. Einer seiner Klassenkameraden, Moritz Goldstein, nach 1918 berühmter Gerichtsreporter der „Vossischen Zeitung", erinnerte sich, daß Heilmann durch große politische Begabung bereits in der Schulzeit auffiel – und durch Leistung, er war der Primus der Klasse. Auch sein Schachtalent war bereits weit entwickelt, er spielte mehrere Partien gleichzeitig blind. Während andere im Unterricht unter dem Tisch schmökerten, löste Heilmann Schachaufgaben. Vor dem Ersten Weltkrieg wurde Heilmann Berliner Schachmeister, und Jahrzehnte später zwangen SS-Schergen ihn, im Konzentrationslager sonntagvormittags mit 12 Gegnern simultan Schach zu spielen. In der Abiturklasse saßen nur 7 Schüler, 6 davon Juden. Einer dieser Mitschüler war der spätere Schriftsteller Alfred Döblin. Eine religiöse jüdische Erziehung hat Ernst Heilmann wohl nicht erfahren. In der Familie wurde die religiöse Tradition jedenfalls nicht gepflegt. Und die jüdische Kultusgemeinde verließ Heilmann, als er der SPD beitrat. Gleichwohl dürfte das jüdische Milieu, der Wille, Hervorragendes zu leisten, um anerkannt zu werden, das weitere Leben Heilmanns entsprechend geprägt, es aber auch – Vorurteile anziehend – belastet haben. So Moritz Goldstein: „Ernst Heilmann hatte etwas an sich, das die üble Nachrede und vielleicht auch die Mißhandlung herausforderte: Mit seinen rostroten Haaren, seiner langen Gestalt und seiner Gewohnheit, die Hände waschend zu reiben, erinnerte er an Uriah Heep in Dickens unvergeßlichem Roman „David Copperfield". Nach meiner Kenntnis war er innerlich durchaus das Gegenteil dieses schleichenden Schurken..."[1]

Schon der 17jährige Gymnasiast schloß sich der SPD an. Über Gründe und Motive für diesen Schritt ist aus den Quellen nichts zu erfahren. Doch liegen Überlegungen nahe, der jüdische Jugendliche habe sich als gesellschaftlicher Außenseiter im Berlin kurz vor der Jahrhundertwende gefühlt und sich daher den anderen Ausgestoßenen der Gesellschaft, den Sozialdemokraten, angeschlossen. Auf jeden Fall wurde Heilmann sehr bald Leiter einer Gruppe sozialistischer Arbeiterjugendlicher. Von 1900 bis 1903 studierte Heilmann Rechts- und Staatswissenschaften an der Berliner Universität, doch wurde er nach dem 1. Staatsexamen wegen „sozialdemokratischer Gesinnung", wie er selbst in den Landtags- und Reichstagshandbüchern immer wieder angab, vom staatlichen Vorbereitungsdienst ausgeschlossen – ein durchaus typischer Fall von Berufsverbot im wilhelminischen Deutschland. Dennoch hat Heilmann dieses Erlebnis tief geprägt. Auf seinem späteren Lebensweg ist er immer wieder für seine politischen Gegner eingetreten, damit ihnen die verbrieften bürgerlichen Freiheitsrechte nicht beschnitten wurden, und in seiner eigenen Partei hat er sich aus eben diesen Gründen 1913 mit aller Vehemenz gegen den Ausschluß von Karl Radek gewandt, mit dem er politisch und programmatisch kaum etwas gemein hatte. Aus eigener Lebenserfahrung, so können wir vorwegnehmen, ergab sich Heilmanns späteres konsequentes und kompromißloses Eintreten für die Errungenschaften der liberalen parlamentarischen Demokratie.

Die berufliche und politische Karriere Heilmanns verlief dann innerhalb der sozialdemokratischen Solidargemeinschaft, zu der er sich als Jugendlicher bekannt hatte und die es ihm persönlich auch ermöglichte, die ihm versperrte glänzende Karriere im Staatsdienst oder als freipraktizierender Anwalt zu kompensieren. Seit 1903 arbeitete Heilmann als Parlamentsberichterstatter für sozialdemokratische Zeitungen, er trat 1907 in die Redaktion der „Chemnitzer

Volksstimme" ein und wurde 1909, mit 28 Jahren, ihr Chefredakteur. Zusammen mit dem „Hamburger Echo" galt diese Zeitung als Hauptorgan des rechten Parteiflügels. Hier traf er Gustav Noske, den Reichstagsabgeordneten und späteren Volksbeauftragten und Reichswehrminister, und er holte Erich Kuttner – in der Weimarer Republik Kollege und Freund im preußischen Landtag – in die Redaktion. In den Redaktionen der sozialdemokratischen Presse (wie in den Partei- und Arbeitersekretariaten) arbeiteten Akademiker wie Heilmann, die aus bürgerlichen (und jüdischen) Verhältnissen kamen, mit jenen zusammen, die wie Gustav Noske bereits als Lehrlinge zu den freien Gewerkschaften und der SPD gestoßen waren und dann als Facharbeiter Funktionen in den Organisationen der Arbeiterbewegung übernommen hatten und sich schließlich als Redakteure (oder auch als Partei- und Gewerkschaftssekretäre) voll in den Dienst der sozialdemokratischen Sache gestellt hatten. In den Redaktionsstuben und Arbeitersekretariaten, in sozialdemokratischen Wahlkreisvereinen und Ortsvereinen wurde in täglicher Zusammenarbeit und im Kampf gegen die bürgerliche und z. T. noch feudale Umwelt die Solidarität zwischen Facharbeitern und Intellektuellen wie in einem Schmelztiegel begründet.

Bei Kriegsausbruch im Sommer 1914 trommelte Ernst Heilmann in seinen Leitartikeln für die Bewilligung der Kriegskredite durch die Sozialdemokratie. Er zog als Freiwilliger in den Krieg. Als Kriegsinvalide, schwerverwundet, auf einem Auge blind, kehrte Heilmann 1916 von der Front zurück und ging nach Berlin. Ein Jahr später gründete er zusammen mit Erich Kuttner den „Reichsbund der Kriegsbeschädigten". 1918 übernahm Heilmann die redaktionelle Leitung eines Pressedienstes, nämlich der „Internationalen Korrespondenz", bald umgewandelt in die „Sozialistische Korrespondenz". In diesen Jahren der innerparteilichen Konflikte um die Bewilligung der Kriegskredite sowie um den Burgfrieden und der daraus folgenden Parteispaltung war Heilmann in seinen Beiträgen in der „Chemnitzer Volksstimme", in den „Sozialistischen Monatsheften" und in „Der Glocke" einer der lautstärksten Befürworter einer nationalistischen, ja sozialimperialistischen Politik. Ein Beitrag von ihm in der „Chemnitzer Volksstimme" vom 30. Juli 1915 markierte den Gipfel seines Chauvinismus: „Es gibt keine sozialistische Verständigung, die diesen furchtbaren Mordkrieg beilegen könnte. – Ihn endet nur der Sieg der stärksten Gewalt...! Die Internationale ist heute tot. Mars regiert die Stunde. Nicht Vernunft und Gerechtigkeit, sondern nur siegreiche Waffen und politische Klugheit werden uns den Frieden bringen und seinen Inhalt bestimmen. So zerschmetternd müssen die Feinde geschlagen werden, daß ihr Ring zerbricht, die Koalition birst... Dazu hilft uns gegen diese Feinde nur eins: Den Daumen aufs Auge und die Knie auf die Brust. Und greinen uns ein paar Heilige dazwischen, wie furchtbar das Schicksal der französischen Arbeiter sei, so erwidern wir ihnen: Die französischen Arbeiter bleiben Männer, auch wenn wir mit ihnen Kugeln wechseln, aber ihr seid alte Weiber. Mögen darunter die ewig schwankenden Gestalten plötzlich den Verrina der Internationale spielen wollen – ich gehe zum Hindenburg."[2]

In den „Sozialistischen Monatsheften" verstieg Heilmann sich zu der Behauptung, der Krieg selbst sei Klassenkampf in seiner reinsten Form, zwei verschieden gerichtete ökonomische Mächte – nämlich das kontinentale Deutschland und das atlantische England – würden aufeinander prallen.

Dieser uns heute fremd anmutende, ja peinlich berührende Chauvinismus lädt zu Spekulationen ein, ja zum Psychologisieren: Hat die Überidentifikation mit Deutschland etwas mit Heilmanns jüdischer Herkunft zu tun, mit seinem Ausschluß aus dem Staatsdienst und aus der bürgerlichen Gesellschaft? Wird hier – für was – kompensiert? Die Quellen fehlen, um die Fragen vernünftig zu bedenken und zu beantworten.

Nach dem Kriegsende folgte eine sozialdemokratische Parlamentarier-Karriere, die über folgende äußere Stationen verlief: 1919/20 Stadtverordneter in Charlottenburg; seit 1919 Mitglied der preußischen Landesversammlung bzw. des preußischen Landtages; im Frühjahr 1921 Wahl in den Fraktionsvorstand, im Herbst des gleichen Jahres Wahl zu einem der drei gleichberechtigten Fraktionsvorsitzenden; seit Oktober 1929 Redaktion des im Auftrage des Parteivorstandes herausgegebenen wöchentlich erscheinenden Diskussionsorgans „Das Freie Wort".

Die Persönlichkeit Heilmanns muß faszinierend gewesen sein, und sie steckte zugleich voller Widersprüche. Er war ein disziplinierter Arbeiter, voll geballter Konzentration. Seine Beiträge für das „Freie Wort" diktierte er ohne Notizen direkt in die Schreibmaschine. Er schrieb einen glänzenden, klaren und überzeugenden Stil. Reden formulierte er frei, auch offiziellen Fraktionserklärungen im Landtag lagen nur einige spärliche handschriftliche Notizen zugrunde. Der brillante Redner konnte, wie seine Fraktionskollegin Hildegard Wegscheider berichtet, „mit einer ungeheuren Wucht und dabei mit leuchtender Klarheit reden". Er schlug Volksversammlungen in seinen Bann – ein Kontrast zu dem zurückhaltenden, fast hölzern wirkenden preußischen Ministerpräsidenten Otto Braun. Ein junger Volontär beim Parteivorstand, der Heilmann aus nächster Nähe erlebt hat, berichtet: „Schnelle Entschlußkraft, schnelle Antwort, bissig mehr als witzig, energisch flott, durchaus ein Berliner, würde ich sagen. Nicht von diesem berlinischen, doch etwas behäbigen Humor, kühler und viel zu beschäftigt, viel zu belastet und überlastet, wenigstens anders habe ich ihn gar nicht kennengelernt. Tempo, Tempo, rasche Schritte, ungeduldig, kurz und treffend."[3]

Heilmann war hochintelligent, äußerst sensibel, hatte Gespür für neue technische Entwicklungen und aktuelle Tendenzen. So hat er als erster deutscher Politiker nicht nur die Bedeutung des Rundfunks für die politische Propaganda erkannt, sondern er wurde auch der erste Medienpolitiker überhaupt. 1923 gründete Heilmann die „Aktiengesellschaft für Buch- und Presseausführung", kurz darauf umgewandelt in „Drahtloser Dienst AG Dradag", die zentrale Nachrichtenredaktion für alle Sendegesellschaften des Rundfunks in der Weimarer Republik, die sich schließlich zu 51 Prozent im Besitz des Reichsinnenministeriums befand. Heilmann gehörte ihrem Aufsichtsrat bis 1931 an. Seinen medienpolitischen Einfluß auf den Rundfunk konnte er dann auch wirksam werden lassen als Mitglied des politischen Überwachungsausschusses bei der „Funkstunde AG", Berlin, bei der „Mitteldeutschen Rundfunk AG, Leipzig" und bei der „Westdeutschen Rundfunk AG", Köln.

Der Umgang mit den damals modernen Medien deutet einen anderen Zug in Heilmanns Persönlichkeit an. Heilmann war nämlich auch eine ausgesprochene Bohemenatur, der nach eigener Einschätzung als Bohemien leben und als Bohemien sterben wollte. Hedwig Wachenheim schrieb über ihn, er „war ein leidenschaftlicher Mensch, groß in der Liebe und groß im Haß, ganz diszipliniert, wenn er politische Ziele erreichen wollte, und häufig sehr undiszipliniert in seinem Privatleben."[4] Da gab es immer wieder Frauengeschichten und Gerüchte über Frauenbeziehungen. Er liebte anregende Unterhaltungen, paffte genußvoll Zigarren, saß mit Künstlern und Freunden in seiner Stammkneipe, dem Cafe Josti, er ging dem Spiel nach und war auf den Berliner Rennplätzen zu finden. Manchem seiner prüde-puritanischen Parteigenossen war Heilmann wegen dieses Lebenswandels suspekt. Erst recht verstanden viele seinen lockeren Umgang mit Geld nicht. Als Mitglied von Aufsichtsräten, als Schlichter und Vermittler (etwa bei Auseinandersetzungen um den Bau der Berliner U-Bahn), als Abgeordneter und Journalist verfügte er im Vergleich zum Facharbeiter oder typischen Parteisekretär über recht hohe Einkünfte. Und er pflegte Umgang mit Leuten, die in Finanzskandale verwickelt waren, so mit den Brüdern Barmat, in deren Skandal er fast mit hineingezogen worden wäre. Offen bekannte er im „Freien Wort": „Ich muß zu meiner Schande gestehen, daß ich kein Verständnis dafür habe, daß mitten im Kapitalismus Geldverdienen auf die anständigste Art und Weise, durch eigene Arbeit und eigene Leistung, ein Unrecht oder eine Ehrenminderung sein soll."[5]

Unter grundsoliden, geradlinigen Parteifunktionären mußte Heilmann wie ein schillernder Renaissancefürst wirken, erregte er Mißgunst und Verdächtigungen – und doch war ihm eigentlich nichts anzuhaben, denn kaum ein anderer sozialdemokratischer Führer war in der Verteidigung der Republik und sozialdemokratischer Prinzipien so standfest und zugleich erfolgreich wie er.

Parlamentarischer Führer in Preußen

Die historische Bedeutung Heilmanns besteht vor allem darin, als Vorsitzender der sozialdemokratischen Fraktion im preußischen Landtag die Voraussetzungen und Grundlagen für das funktionierende parlamentarische Regierungssystem in Preußen wesentlich mit geschaffen zu haben. Dabei kam Heilmann zugute, daß die Bedingungen für die parlamentarische Demokratie in Preußen günstiger als im Reiche waren. Analysiert man Funktionsweise und Stabilität des preußischen Parlamentarismus und die Rolle Heilmanns sowie der Sozialdemokratie darin, so kommt man dem Modell der Konkurrenzdemokratie, wie es etwa von Schumpeter formuliert worden ist, recht nahe:

1. Viele der großen politischen Konflikte der Weimarer Republik, die die Reichsebene direkt betrafen und die Kompromisse zwischen den Parteien fast unmöglich machten, berührten Preußen und seine Verfassungsorgane nur mittelbar – so die Erfüllung des Versailler Friedensvertrages, die Fragen der Außenpolitik allgemein und die Grundentscheidungen in der Sozialpolitik. Im Vergleich

zum Reich war Preußen also von vielen brisanten politischen Problemen entlastet.

2. Die sozialdemokratische Landtagsfraktion in Preußen war – im Unterschied zur Reichstagsfraktion – institutionell und politisch unabhängig von anderen Parteiinstanzen. Während die Reichstagsfraktion (u. a. aus historischen Gründen) im Parteitag ihr Kontrollorgan besaß und bei konfliktreichen Entscheidungen das Argument, die Einheit der Partei könne bedroht werden, stets schwer wog, blieb die preußische Landtagsfraktion ihr eigener Herr. Innerhalb der sozialdemokratischen Organisationsstruktur gab es keinen preußischen Landesverband mit einem Parteitag oder Parteivorstand, der gegenüber der preußischen Fraktion Kontrollaufgaben hätte ausüben können. Institutionalisierte Kontakte zwischen der preußischen Fraktion und den in den preußischen Bezirksverbänden tätigen Parteivorständen und Parteisekretären (etwa in Form regelmäßiger Konferenzen) wurden von Heilmann und seinen engeren politischen Freunden bewußt vermieden, um nicht in irgendwelche Abhängigkeiten zu geraten. Politisch entscheidend für das Land Preußen waren also die sozialdemokratische Landtagsfraktion, an der Spitze Heilmann, sowie die sozialdemokratischen Mitglieder des Staatsministeriums, geführt von Ministerpräsident Otto Braun. Die führenden Sozialdemokraten in der preußischen Politik waren also weder plebiszitär an die Parteibasis gebunden, noch wurden sie durch einen Parteitag oder Parteivorstand kontrolliert. Vielmehr waren anders als im Reich Machtkonzentration und Ämterkumulation bei wenigen parlamentarisch-demokratischen Führungspersönlichkeiten in Preußen möglich. Um weiter zu verdeutlichen, was gemeint ist: Otto Braun hat alle Diskussionen über preußische Politik im Parteivorstand, dem er angehörte, vermieden, um seinen und seiner preußischen Kollegen Entscheidungsspielraum nicht eingrenzen zu lassen.

3. Die Mitglieder der preußischen Landtagsfraktion der SPD waren in ihrer großen Mehrheit Pragmatiker, was nicht zuletzt mit ihrer politischen Sozialisation zusammenhing. In der Landtagsfraktion saß eine große Gruppe von Partei-, Gewerkschafts- und Arbeitersekretären sowie von Angestellten der verschiedenen Einrichtungen der sozialdemokratischen Arbeiterbewegung, nämlich 68 von 114 (1921). Sie alle waren im Geist der Disziplin und Solidarität in den Organisationen der Sozialdemokratie groß geworden, gewöhnt daran, als Funktionäre des zweiten und dritten Gliedes Entschei-

dungen zu treffen und in ihren Wahlkreisvereinen, Gewerkschaftskartellen und Ortsverbänden effizient zu führen – und sie waren bereit, sich politisch führen zu lassen. In der Reichstagsfraktion hingegen dominierten die Parteiintellektuellen, die Schriftsteller und Redakteure. Sie waren individualistischer, kritischer, weniger diszipliniert und weniger pragmatisch als die in den Organisationen der Arbeiterbewegung aufgestiegenen Facharbeiter. In der preußischen Landtagsfraktion verstärkte eine weitere Gruppe die pragmatische, realitätsbezogene und zu Kompromissen bereite Grundrichtung: Dies waren Angehörige des öffentlichen Dienstes, darunter Landräte, Stadträte und Beigeordnete, also Kommunalpolitiker, aber auch einige Ministerialbeamte. Einige von ihnen kamen ebenfalls ursprünglich aus Facharbeiterberufen, und sie waren zunächst innerhalb der Arbeiterbewegung aufgestiegen.

4. Die preußische SPD-Landtagsfraktion war zudem besser als die Reichstagsfraktion in der Lage, sich auf die neue Rolle der Parteien im parlamentarischen Regierungssystem einzustellen. In der 1920 gewählten Reichstagsfraktion hatten mehr als 40 Prozent ihrer Mitglieder schon vor dem Ersten Weltkrieg dem Reichstag angehört und die Ohnmacht der Parteien, Fraktionen und des Parlaments unter der Bismarckschen Verfassung und unter den Verhältnissen des noch halb feudalistischen wilhelminischen Obrigkeitsstaates erfahren. Sie waren daran gewöhnt, fundamental-oppositionell Regierung und Staatsapparat anzugreifen, und sie waren unerfahren darin, Verantwortung zu übernehmen und die Regierung aus dem Parlament heraus zu stützen. Ganz anders war die Situation in Preußen. Hier hatten nur vier (von 114; 1921) Abgeordnete die Frustrationen der konstitutionellen Monarchie im preußischen Abgeordnetenhaus erfahren und erlitten. Die psychologischen Vorbelastungen für das Funktionieren parlamentarischer Demokratie waren daher geringer – ein ironisches Ergebnis des ungleichen und indirekten preußischen Dreiklassenwahlrechts von vor 1914.

5. Ideologisch, programmatisch und theoretisch war die Übereinstimmung unter den preußischen Landtagsabgeordneten der SPD größer als bei ihren Reichstagskollegen, politischer Pragmatismus setzte sich im Konfliktfall in Preußen leichter durch als im Reich. Dies war natürlich auch Ausdruck der vergleichsweise großen sozialen Homogenität und ähnlicher politischer Sozialisation. Anders als im Reich gab es in der preußischen Fraktion keinen geschlossenen linken Flügel, nur linke Einzelgänger wie die Berliner Ärztin

Käthe Frankenthal oder der Frankfurter Parteiredakteur Hans Marckwald oder der junge sächsische Abgeordnete Alex Möller, der spätere „Genosse Generaldirektor" und Finanzminister der sozialliberalen Koalition unter Willy Brandt. In der preußischen Fraktion mangelte es an markanten Persönlichkeiten, um die sich – wie in der Reichstagsfraktion um Paul Levi und Max Seydewitz – eine linke innerfraktionelle Gruppierung hätte konstituieren können.

6. Für die Funktionsfähigkeit der parlamentarischen Demokratie in Preußen war schließlich das historische Bündnis von demokratischer Arbeiterbewegung und politischem Katholizismus entscheidend, nämlich einer Koalition der ehemaligen „Reichsfeinde", die von Bismarck und von Staats wegen in Sozialistengesetzen und Kulturkampf verfolgt worden waren. Der Zusammenarbeit innerhalb der Weimarer Koalition von SPD, Zentrum und DDP kam zugute, daß – wie Robert Kempner, ehemaliger Justitiar der Polizeiabteilung des preußischen Innenministeriums und Berater Heilmanns, später stellvertretender amerikanischer Hauptankläger bei den Nürnberger Prozessen, schrieb – zwei „machtvolle Persönlichkeiten", eben Heilmann und der Fraktionsführer des Zentrums, Joseph Hess (1878–1932), sich persönlich und politisch ausgezeichnet verstanden. Hess war schon 1908 für Köln in das preußische Abgeordnetenhaus gewählt worden. Noch vor dem Ersten Weltkrieg bekannte er sich öffentlich zur demokratischen Republik und trat für die Parlamentarisierung des Reiches ein. In der Weimarer Republik lag das politische Schwergewicht der preußischen Zentrumspartei bei der Fraktionsspitze, an der nominell bis 1930 der altverdiente und viel geehrte Felix Porsch (1853–1930), faktisch aber Hess stand, der gleichzeitig Führer des Zentrums in Preußen war. Ein Landtagsabgeordneter der DVP, August Pinkerneil, hat die Verbindung dieser beiden Männer von außen beobachtet und kommentiert: „...was hat beim Zentrum die Fraktion schon großes zu sagen. Die Linke sitzt im Kochel-Bräu und schwört Heinrich Hirtsiefer die Treue, und die Rechte leistet bei Kempinski den Eid, sich nicht unterbuttern zu lassen. Derweil geht Herr Hess mit Herrn Heilmann spazieren – und die Marschroute der Fraktion ist festgelegt."[6]

Auch Ernst Hamburger, Mitglied des Fraktionsvorstandes der SPD im preußischen Landtag und einer der engsten politischen Freunde Heilmanns, hat Historikern später immer wieder bestätigt, daß Heilmann und Hess häufig miteinander telefonierten, gemeinsam aßen oder zum Spaziergang gingen und daß dann die entscheidenden Weichen gestellt wurden. Der DDP-Landtagsabgeordnete Günter Grzimek meinte 1928 gar „auf der Zusammenarbeit Heilmann-Hess ruhe die preußische Koalition". Ein Beispiel mag illustrieren, wie die Zusammenarbeit zwischen Hess und Heilmann ablief: Der sozialdemokratische Fraktionsvorsitzende hatte das – innerparteilich heftig umstrittene – Preußenkonkordat in seiner Fraktion abgesichert und sich als Bedingung für die Zustimmung für das Vertragswerk offensichtlich von Hess zusichern lassen, daß der den Demokraten nahestehende Kultusminister Heinrich Becker gegen einen Sozialdemokraten ausgetauscht werde, um der Partei größeres Gewicht im Staatsministerium zu geben.

Es waren nicht persönliche oder zufällige Gründe, die das Zentrum in Preußen an die SPD banden, vielmehr ging es um machtpolitisch kalkulierte Interessen in der Kultur- und Schulpolitik. So fürchtete das rheinische Zentrum die ostelbischen Konservativen und das protestantische Großbürgertum, die im Bismarckschen Kulturkampf sich gegen den Katholizismus zusammengeschlossen hatten. Zu den Gemeinsamkeiten von Sozialdemokratie und Zentrum gehörte in Preußen daher eine gezielte Personalpolitik, in der sich auch beider Parteien Interesse an der Demokratisierung der Verwaltung ausdrückte.

Daß der Rolle der Persönlichkeit dennoch Bedeutung zukam, zeigte sich, als Hess 1930 zu einem Zeitpunkt schwer erkrankte, als ein allgemeiner Rechtsruck im Reich durchschlug und als auch der Totengräber der Weimarer Republik, Franz von Papen, wieder in der preußischen Zentrumsfraktion auftauchte. Hess war der einzige, der fähig gewesen wäre, diesen in die Schranken zu verweisen. Das verhinderten aber langes Siechtum und schließlich Tod durch Knochentuberkulose. Die preußische Zentrumsfraktion drohte nach dem Tod von Hess im Februar 1932 auf die schiefe Ebene des Papen-Kurses zu geraten. Die eigentliche Schwachstelle der Weimarer Koalition in Preußen aber war die DDP. Sie hatte keine Hess oder Heilmann vergleichbare kompetente und politisch versierte Persönlichkeit hervorgebracht. Und die Wähler der Partei, das liberale Bürgertum, waren anfällig für konservative Parteien, bald auch für die NSDAP.

7. Daß der preußische Parlamentarismus von der Achse Zentrum–SPD und der Verbindung Hess–Heilmann getragen wurde, zeigte sich nicht zuletzt darin, daß der interfraktionelle Ausschuß im

Landtag, im November 1921 auf Vorschlag der DDP-Fraktion eingerichtet und paritätisch mit je zwei Mitgliedern der Koalitionsparteien besetzt, vor sich hin kümmerte und letztlich ohne politisch größeren Einfluß blieb. Der Regierungschef, Otto Braun, hatte sich erfolgreich dagegen gewehrt, dem interfraktionellen Ausschuß irgendwelche formellen oder auch nur beratenden Kompetenzen zu geben. Und so fielen die parlamentarischen Vorentscheidungen im informellen Gespräch zwischen Heilmann und Hess.

*

Die hier skizzierte politische Praxis entsprach dem Parlamentarismusverständnis von Heilmann. Er sah in der Regierung einen Ausschuß der Parlamentsmehrheit. Heilmann räumte, so Hedwig Wachenheim, alle Schwierigkeiten in der Fraktion oder im Landtag selbst aus, die Otto Braun, dem Ministerpräsidenten, hätten entgegentreten können, so daß dieser auch nur selten in der Fraktion zu erscheinen brauchte. Er fühlte sich als „der parlamentarische Vertreter der Regierung, in der wir vertreten waren".

Zu Heilmanns Verständnis von Parlamentarismus gehörte auch, daß es starker politischer Führungspersönlichkeiten bedurfte. Im preußischen Ministerpräsidenten sah Heilmann die notwendigen Führungsqualitäten vorbildlich verkörpert. Aus Anlaß von dessen 60. Geburtstag schrieb er: „Otto Braun ist... ein wirklicher Führer. Mit eigenem Willen und mit eigener Entschlußkraft, der lieber selbst entscheidet, als lange fragt. Aber doch ist er nichts weniger als ein Diktator. Er braucht keine Diktaturgewalt, die sich mit der Brutalität der Kraft durchsetzt; er weiß zu überzeugen, und wenn einmal seine Gründe nicht durchschlagend sind, läßt er sich auch überzeugen. Er ist ein Beispiel dafür, wie gerade die Demokratie Führerpersönlichkeiten erzeugt..."[7] Und auch in Joseph Hess, in dem er immer einen politischen Gegner respektierte und von dem er betonte, daß er „alles andere eher als ein Sozialist gewesen ist", erblickte er einen „wirklichen Führer", dessen Wort man unbedingt vertrauen konnte: „Sein Wort galt und sein Wort stand – da gab es keinen Zweifel und keine Unsicherheit; da wurde nicht in der nächsten Woche umgeworfen, was in der Woche zuvor vereinbart war. Da konnte man mit festen Standpunkten rechnen und danach seine Gegenrechnung aufstellen."[8] In diesem Nachruf auf Joseph Hess und im Geburtstagsartikel auf den preußischen Ministerpräsidenten hatte Heilmann zugleich die Eigenschaften hervorgehoben, die ihn selbst als parlamentarischen Führer auszeichneten. Heilmann war ein äußerst geschickter Taktiker, der es liebte, im kleinen informellen Kreis Absprachen zu treffen, der dann aber in und mit den Institutionen arbeitete, organisatorische Phantasie entwickelte und dennoch nicht zum Bürokraten wurde, sondern langfristig angelegte Strategien verfolgte. Er war ein Mann, der hier und heute mit Vertretern des Zentrums und anderer bürgerlicher Parteien verhandeln und Kompromisse zu schließen vermochte, weil er als überzeugter Sozialdemokrat sich seiner gesellschaftspolitischen Prinzipien sicher war und wußte, wo er überhaupt hin wollte – und der deswegen auch „nein" sagen konnte, wenn eine bestimmte Grenze überschritten wurde. Der Biograph Otto Brauns, Hagen Schulze, hat Heilmann mit einigem Recht mit Herbert Wehner verglichen. Der Fraktionsvorsitzende verstand es, der Fraktion seine politischen Ziele zu vermitteln und so auf die Regierungspolitik Einfluß zu nehmen. Heilmann zog in der Fraktion alle wichtigen politischen Fragen an sich und behielt sich die Entscheidungen selbst vor. Bewußt hatte er offensichtlich zwei nur mittelmäßige Fraktionsgeschäftsführer an seiner Seite ausgewählt, nämlich Carl Müller (Hannover) und Jürgen Jürgensen, die qualitativ eindeutig gegen Paul Hertz, den Geschäftsführer der Reichstagsfraktion, abfielen. Ein kleiner Kreis von Vertrauten um Heilmann wurde zum Dreh- und Angelpunkt seiner Fraktionsarbeit: Zu ihm haben Paul Siering, Albert Grzesinski, Hedwig Wachenheim, Erich Kuttner, Ernst Hamburger, Toni Jensen und Hans Staudinger gehört. Kein Zweifel, Heilmann trat autoritär auf, in der Fraktion oder in der Partei, wenn er z. B. im „Freien Wort" jüngere innerparteiliche Kritiker regelrecht abkanzelte. Er blieb aber häufig im Hintergrund, sein politischer Ehrgeiz bestand darin, als Fraktionsvorsitzender Entscheidungen der preußischen Politik zu treffen oder sie doch mitzubestimmen. Als Minister wollte er nicht in das Staatsministerium eintreten – er machte lieber selber Minister.

Der Führungsstil Heilmanns läßt sich beispielhaft daran illustrieren, wie mehrfach das preußische Innenministerium umbesetzt wurde, ein Ressort, das wegen seiner Bedeutung für die Demokratisierung der Verwaltung und Polizei von Sozialdemokraten wahrgenommen wurde. Als Carl Severing im Juli 1926 als Minister zurücktrat, stimmte die Mehrheit der Fraktion für den freundlichen und verbindlichen, aber wenig kompetenten Robert Leinert, ehemaliger Land-

tagspräsident und Oberbürgermeister von Hannover, als dessen Nachfolger. Der Kandidat Heilmanns, Albert Grzesinski (seit einem Jahr Berliner Polizeipräsident) hatte nur zwei Fünftel der Stimmen erhalten. Aus Protest trat Heilmann daraufhin in der letzten Sitzung vor der Sommerpause des Landtags als Fraktionsvorsitzender zurück. Nach Wiederzusammentritt des Landtags wählte die Fraktion Heilmann wieder zu ihrem Vorsitzenden, kurz danach erklärte Otto Braun, sich auf sein verfassungsmäßiges Recht der Ministerernennung berufend, er habe Grzesinski zum Innenminister ernannt. Heilmann hatte sich durchgesetzt, ohne daß die Fraktion gegen ihn rebelliert hätte. Ähnliches läßt sich über den Wechsel im preußischen Innenministerium 1930 berichten, als nach dem Rücktritt Grzesinskis der ehemalige Oberpräsident in Magdeburg, Heinrich Waentig, für einige Monate das Amt vertrat, bis Severing nach dem Bruch der Koalition im Reich wieder frei wurde und in das bereits früher von ihm verwaltete Ministerium eingewiesen wurde. Auch in diesem Fall hatten Braun und Heilmann zusammengespielt. Die Fraktion war nicht beteiligt worden.
Heilmann war einer der besten Kenner der deutschen Parlamentspraxis. Es wurde schon erwähnt, daß er seit 1903 als Parlamentsberichterstatter für sozialdemokratische Zeitungen gearbeitet und dann auch die Weimarer Nationalversammlung als Journalist beobachtet hatte. Vorübergehende Kritik am parlamentarischen Regierungssystem war bei Heilmann während des Ersten Weltkrieges außenpolitisch begründet, richtete sich gegen England und war vom deutschen Siegwillen geleitet. Tatsächlich hatte er spätestens 1910 die Grundzüge des parlamentarischen Regierungssystems durchschaut und erkannt, daß z. B. das Haushaltsrecht der Legislative dessen Herzstück sei. Er polemisierte daher auf dem Magdeburger Parteitag 1910 gegen deutsche Prinzipienreiterei, nur Deutsche seien im Stande, die Budgetbewilligung zu einer Grundsatzfrage zu machen und tagelang darüber zu debattieren. Den Delegierten hielt er vor, Ferdinand Lassalle habe die Budgetverweigerung nicht für eine Demonstration gegen den Klassenstaat, sondern für einen Ausdruck liberaler Feigheit erklärt. Und ironisch fragte Heilmann seine Genossen, die auf prinzipieller Ablehnung des Haushalts beharrten: „Ja, wollen Sie denn das Budget ablehnen, in dem Augenblick, wo Sie die Mehrheit haben?"
Welch großes Gespür und Geschick Heilmann für parlamentarische Machtfragen schließlich entwickelt hatte, zeigte sich darin,

daß er im Frühjahr 1932 gemeinsam mit Ernst Hamburger (und gegen Widerstand oder doch gegen die zögernde Haltung Otto Brauns) das durchsetzte, was dem konstruktiven Mißtrauensvotum des Grundgesetzes nahekam. Die Geschäftsordnung des Landtags war nämlich so geändert worden, daß ein Ministerpräsident nur mit absoluter Mehrheit (und nicht wie bis dahin im zweiten Wahlgang schon mit relativer Mehrheit) gewählt werden konnte; und der amtierende Ministerpräsident sollte bis zu diesem Zeitpunkt über alle Kompetenzen voll verfügen. Damit wurde verhindert, daß nach den Landtagswahlen vom April 1932 NSDAP und KPD gemeinsam Otto Braun stürzten, ohne sich jedoch konstruktiv auf einen Nachfolger verständigen zu können.

Nicht umsonst erhielt der „rote" Heilmann von Zeitgenossen den Spitznamen „ungekrönter König von Preußen". Er strebte bewußt nach sozialdemokratischer Regierungsbeteiligung und hielt dann konsequent an der einmal erworbenen Macht fest. Bei ihm und in der preußischen Landtagsfraktion war dabei nichts von dem politischen Immobilismus zu spüren, der angeblich für die Weimarer Sozialdemokratie so kennzeichnend gewesen ist.

Demokratie und Sozialismus

Dabei strebte Heilmann nicht nach Macht um ihrer selbst willen, sondern ihm ging es um demokratische Inhalte und um die Durchsetzung sozialistischer Gesellschaftspolitik. Ihm und seinen politischen Freunden kam es darauf an, zunächst die bürgerliche Demokratie in Deutschland voll durchzusetzen. Die Arbeiterbewegung hatte seiner Meinung nach im rückständigen Preußen-Deutschland die historische Aufgabe des liberalen Bürgertums zu übernehmen. Dann galt es, die Republik zu stabilisieren und zu verteidigen. Und auf diesem Fundament sollte die sozialistische Gesellschaft entwickelt werden.

Es war ein taktischer Schritt in dieser Strategie, daß 1928 – historisch längst überfällig – die bis dahin in Preußen bestehenden 12000 Gutsbezirke aufgelöst wurden und ihre etwa 1,5 Millionen Einwohner das Recht erhielten, sich an der kommunalen Selbstverwaltung zu beteiligen – ein Relikt ostelbischer Feudalherrschaft wurde so überwunden. Die Demokratisierung der preußischen Verwaltung, Justiz und der Polizei war ein weiterer Schritt nach vorn –

und das hieß konkret Personalpolitik, nämlich Ersetzung konservativ-monarchistischer Oberpräsidenten, Regierungspräsidenten, Landräte und Richter durch Demokraten. Ausdrücklich waren die sozialdemokratischen Landtagsabgeordneten aufgefordert, kompetente Republikaner aus ihren Wahlkreisen dem jeweils zuständigen Minister zur Verwendung im Verwaltungsdienst vorzuschlagen. Die Erfolge dabei waren beachtlich, wenn auch – im Rückblick aus unserer Gegenwart – nicht ausreichend. Immerhin gelang es, die 81 000 Mann der preußischen Polizei zu einer Stütze der Republik zu machen. Und im „Jahrbuch der Deutschen Sozialdemokratie 1930" wurde stolz auf den wachsenden Einfluß der Sozialdemokratie in der preußischen Verwaltung hingewiesen. So gehörten von 12 Oberpräsidenten 4 zur SPD, von den 12 Vizepräsidenten 3, von 34 Regierungspräsidenten 8, von den 400 Landräten etwa 65. Immer wieder forderte Heilmann, nach Wegen zu suchen, um Söhnen und Töchtern von Arbeitern den Zugang zum juristischen Studium zu öffnen und auf diese Weise demokratischen Nachwuchs für die preußische Verwaltung zu gewinnen. Ja, er schlug vor, daß Arbeitersekretäre, die in den Gewerkschaften die Rechtsfragen behandelten, sich durch zusätzliche Examen für das Richteramt qualifizieren können sollten.

Heilmann sah in der politischen Demokratie und im „sozialen Volksstaat" (wir würden heute sagen: im Sozialstaat) bereits einen Wert an sich. Er bekämpfte daher nicht nur die Feinde der Republik auf der äußersten Rechten und Linken, sondern kritisierte auch jene unter seinen Parteigenossen, die mit der Parole, „Republik, das ist nicht viel – Sozialismus, das ist unser Ziel" in den Straßen demonstrierten und nicht begriffen hatten, welch ungeheuren Fortschritt in der deutschen Geschichte die Sicherung bürgerlicher Freiheitsrechte und die Verwirklichung der parlamentarischen Demokratie gerade für die sozialistische Arbeiterbewegung und die Durchsetzung ihrer Ziele bedeutete. So schrieb Heilmann im „Freien Wort":
„Der konstruktive Sozialismus kann sich in Deutschland nur entfalten auf der Basis eines geordneten freiheitlichen Staatslebens. Für kein Land der Welt ist so sicher wie für Deutschland wahr, daß es ohne feste unerschütterliche Demokratie überhaupt keinen Sozialismus geben kann... Wir können (am Sozialismus, P. L.) nur weiterbauen, wie wir bisher an ihm gebaut haben: in allmählicher Entwicklung der Eigenbetriebe der Arbeiterschaft, der Gemeinde-, Staats- und Reichsbetriebe, in planmäßiger Förderung aber vor al-

lem der Arbeiterkultur."[9] Heilmann weist sich hier wie in seinen anderen – wenn auch spärlichen – theoretischen Äußerungen, vor allem aber in seiner Praxis als reformistischer Sozialist aus. Für ihn war selbstverständlich, „daß der Umbau der kapitalistischen in die sozialistische Wirtschaft nicht ein einmaliger Akt, sondern ein langwieriger Prozeß ist, der sich über Jahrzehnte erstrecken wird. Vielmehr kam es darauf an, „in Deutschland einen wichtigen Sektor der Wirtschaft, der öffentliche Wirtschaft heißt" auf „Kosten des kapitalistischen Sektors so rasch wie möglich zu vergrößern".[10] Hinter diesen Überlegungen steht eine reformistische Sozialismusstrategie, wie sie von Rudolf Hilferding und Fritz Naphtali systematisch entwickelt worden ist: Ausdehnen gemeinwirtschaftlicher Formen und Demokratisierung der kapitalistischen Wirtschaft durch die Organisationen der Arbeiterbewegung in einem allmählichen Prozeß. Die Erringung der Wirtschaftsdemokratie ist danach u. a. zu begreifen als das Hineinwachsen der Organisationen der Arbeiterbewegung in die verschiedenen Bereiche der zunächst noch kapitalistisch bestimmten Wirtschaft und Gesellschaft und in den Staat.

Genau dies, Ausweitung des staatlichen, gemeinwirtschaftlichen und genossenschaftlichen gegenüber dem kapitalistischen Sektor der Wirtschaft, versuchten unter Heilmanns Führung die preußischen Sozialdemokraten in der Weimarer Republik zu verwirklichen. Die Reorganisation und Gründung staatlicher preußischer Unternehmen, der Preußischen Elektrizitäts AG, der Preußag, der Hibernia, der Vereinigten Elektrizitäts- und Bergwerk AG und die Förderung des landwirtschaftlich-genossenschaftlichen Siedlungswesens durch die Preußische Staatsbank, die Seehandlung, sowie die Betonung der Kommunalpolitik und Unterstützung kommunaler Unternehmen sind genau in diesem Zusammenhang zu sehen. Und auch der Ausbau des Sozialstaates, wie er von Heilmann, Otto Braun, Carl Severing, Albert Grzesinski und Adolf Grimme zielstrebig vorangetrieben wurde, hat in reformistischen Sozialismusstrategien seinen systematischen Ort: Dazu gehörten in Preußen die staatliche Förderung des Wohnungsbaus; Ausbau der Arbeiter- und Erwachsenenbildung; die Reform des allgemeinen Schulwesens (die auch die Einheitsschule ermöglichte, dem modernen Vorläufer der Gesamtschule) und der Hochschule; Einrichtung von Eheberatungsstellen; neue Wege in der Gefängnisarbeit, um Strafgefangene zu resozialisieren.

Auch in den Jahren, in denen Heilmann während des Weltkrieges durch seine chauvinistischen Äußerungen auffiel, war er diesem reformsozialistischen Ansatz treu geblieben: Für den Blutzoll, den die Arbeiterschaft zu entrichten hatte, und für den „Burgfrieden" nach innen verlangte er als Preis grundlegende innenpolitische Reformen, nämlich den Ausbau der Sozialpolitik, um Menschenleben und Menschenkraft zu schützen, die Öffnung des Bildungswesens für Arbeiterkinder, die Einführung von Wöchnerinnen- und Säuglingsschutz, die Entlastung kinderreicher Familien und Förderung des – so würden wir heute sagen – sozialen kommunalen Wohnungsbaus. 1916 schrieb Heilmann: „Die Sozialdemokratie gibt auch nicht ihren Kampf gegen den kapitalistischen Staat auf; d. h. gegen diejenigen Einrichtungen und Gesetze, die dem toten Kapital gerecht werden und dem lebenden Menschen unrecht tun; denn wir wollen nicht stillstehen, sondern ruhig und rüstig aufwärts steigen zu unserem Ziel."[11]

Heilmann war bereit, mit allen parlamentarischen, aber prinzipiell auch mit außerparlamentarischen Mitteln die Demokratie zu verteidigen, denn „wir schützen in Preußen Republik und werdenden Sozialismus".[12] In die Logik dieses Reformkonzepts gehörten dann 1928 Versuche, von Heilmann befördert und mit seinem Zentrumskollegen Joseph Hess abgestimmt (beide ließen sich jetzt aus diesem Grund in den Reichstag wählen), von Preußen aus die Weimarer Republik dadurch zu stabilisieren, daß das Amt des preußischen Ministerpräsidenten und das des Reichskanzlers in der Person Otto Brauns miteinander verbunden werden sollten. Dieser Plan scheiterte nicht zuletzt an der Furcht der sozialdemokratischen Reichstagsfraktion vor zu großer und unkontrollierter Machtanhäufung in einer Person.

Aufgrund seines Verständnisses von Sozialismus hatte für Heilmann die Verteidigung der Weimarer Republik gegen den Nationalsozialismus eine doppelte Begründung: Es ging um die Bewahrung demokratischer Errungenschaften *und* der Voraussetzungen dafür, die kapitalistische Gesellschaft in die sozialistische zu transformieren. Heilmanns Faschismusanalyse war erstaunlich realistisch und klarsichtig, wenn er auch das ganze Ausmaß des bevorstehenden Holocaust nicht voraussahen konnte. Zwar leitete er in seinen Beiträgen im „Freien Wort", in Landtags- und Versammlungsreden den Faschismus nicht systematisch aus den Widersprüchen der bürgerlichen Gesellschaft ab, doch dürfte der Zusammenhang zwischen Nationalsozialismus und Kapitalismus für jeden Sozialdemokraten im Ausgang der Weimarer Republik so offenkundig gewesen sein, daß er keiner besonderen Hervorhebung bedurfte. Realistisch erkannte Heilmann die Gefahren, die der Arbeiterbewegung durch den Nationalsozialismus drohten: „Faschismus ist die gewalttätige Auflösung aller Arbeiterorganisationen, die Vernichtung der Arbeiterparteien, der Gewerkschaften, der Konsumvereine, der Arbeiterpresse. Faschismus ist die blutige Verfolgung nicht etwa bloß gewalttätiger Umsturzversuche, sondern aller freiheitlichen Gedanken, Worte, Programme, Faschismus ist der Tod der Freiheit und die Ausschaltung der Arbeiterklasse als selbständigen Faktors aus Politik und Wirtschaft, Leben und Kultur."[13] Den Kommunisten warf Heilmann daher vor, daß sie mit einem unpräzisen Faschismusbegriff die faschistische Gefahr verharmlosten und alles mit dem Etikett „faschistisch" oder „sozialfaschistisch" belegten, ja sogar die Auffassung vertraten, Deutschland müsse durch den Faschismus hindurch, um zum Sozialismus zu gelangen. „Die Kommunisten werden das Wort Faschismus so lange totreiten, bis sie ihren Anhängern das Begreifen der wirklichen faschistischen Gefahr und die notwendige höchste Abwehrbereitschaft dagegen völlig ausgeredet haben."[14]

Allerdings unterschätzte Heilmann selbst – wie die meisten seiner Parteigenossen – letztlich die nationalsozialistische Gefahr. So meinte er, am Beispiel des faschistischen Ungarn und Italien ablesen zu können, wie die Nationalsozialisten regieren würden. Als 1932 trotz des Papen-Staatsstreichs und damit des Verlustes der eigenen Machtposition in Preußen die sozialdemokratischen Organisationen erhalten geblieben waren und als dann noch die NSDAP bei den Reichstagswahlen im November 1932 über zwei Millionen Stimmen und 35 Mandate verlor, glaubte Heilmann den Ansturm des Nationalsozialismus abgeschlagen. Um so schlimmer mußte ihn die Ernennung Hitlers zum Reichskanzler und die Bildung einer „feudalfaschistischen Reaktionsregierung" treffen, Republik und Arbeiterklasse waren jetzt in höchster Gefahr.

Doch blieb Heilmann auch jetzt wie die Mehrheit der Sozialdemokratie und getreu ihrer demokratischen Tradition auf den Ausbau ihrer Organisationen, auf freie Agitation und Aufklärung, auf das Werben von Mitgliedern und Wählern, auf den nächsten Wahlkampf und auf Parlamentsarbeit fixiert. Heilmann besann sich zwar auf die außerparlamentarischen Mittel der sozialdemokratischen Arbeiterschaft, und er erinnerte an die Eiserne Front, doch rief er dazu auf, als Antwort auf die Ernennung Hitlers zum Reichskanzler zunächst den „Wahltag siegreich zu bestehen", der am 5. März 1933 mit den Reichstagswahlen bevorstand. In Wirklichkeit waren das demokratische Preußen und die Weimarer Republik längst verloren.

Das Ende: Konzentrationslager und Ermordung

Heilmann mußte sich klar darüber sein, wie gefährdet er persönlich nach der Machtergreifung der Nationalsozialisten war, galt er doch als einer der von ihnen am meisten gehaßten politischen Feinde. Der Fraktionsführer der NSDAP im preußischen Landtag und spätere Gauleiter von Berlin-Brandenburg, Wilhelm Kube, hatte Heilmann während einer Parlamentsdebatte angeschrieen: „Wir wollen Preußen wieder – am liebsten über Ihre Leiche." Heilmann zeigte sich aber auch nach dem 30. Januar 1933 öffentlich, er besuchte regelmäßig sein Stammcafé und nahm noch an der Reichskonferenz der SPD am 19. Juni 1933 teil. Warum ist Heilmann nicht emigriert oder wenigstens in den Untergrund gegangen?
Eine Antwort auf diese Frage ist nicht einfach zu finden, sie gründet in Heilmanns Persönlichkeit und ist damit für spekulative Vermutungen offen. Als Hedwig Wachenheim sich von ihm verabschiedete und nochmals in ihn drang, doch wegzugehen, erwiderte er: „Das ist nichts für mich, im Ausland als Emigrant und Privatmensch zu leben."[15] Hier klang seine Vaterlandsliebe an, vielleicht auch – so eigenartig dies über einen typischen Sozialdemokraten klingen mag – die Berliner Verwurzelung seines Bohème-Naturells. Fritz Heine hat versucht, Heilmanns Persönlichkeit an dieser Stelle auf den Grund zu gehen: „... das kann man nur erklären – ich möchte nicht falsch formulieren oder falsch verstanden werden – aus einer gewissen jüdischen Überkompensation... Es kann natürlich sein, daß er so im Hinterkopf (hatte, P. L.): nun gut, ich bin Kriegsfreiwilliger gewesen, ich bin schwer kriegsbeschädigt worden, ich bin der Gründer des Reichsbundes der Kriegsbeschädigten; also habe ich meinen Teil zur Verteidigung des Vaterlandes nun weiß Gott geleistet; einem Mann wie mir können sie doch, den könnt ihr doch nicht so behandeln...! Aber er war viel zu rational und zu realistisch und zu klug, um nicht im Vordergrund zu sehen, was da um ihn herum vorging... Nein, ich glaube, daß es bei ihm doch so mehr eine Art war: nun, ich will es herausfordern, ich will mutig bleiben, ich will

nicht weglaufen, ich will das Schicksal herausfordern, ich will es durchstehen! Ich bin nicht einmal sicher, wenn er gewußt hätte, was ihm bevorstand, ob er dann gegangen wäre. Ich glaube nicht. Merkwürdig."[16] Nach außen hat Heilmann immer wieder erklärt (so auch gegenüber Viktor Schiff, langjähriger „Vorwärts"-Redakteur, als der ihm einen Diplomatenpaß anbot), er könne nicht einfach weglaufen. „Unsere Mitglieder, die Arbeiter können auch nicht davonlaufen."[17]

Ernst Heilmann ist am 26. Juni 1933 im Café Josti am Potsdamer Platz von der Gestapo verhaftet worden, er wurde in das Columbia-Haus verschleppt und einige Tage später in das Berliner Polizeipräsidium am Alexanderplatz überführt. Es begann ein Leidensweg durch die Gefängnisse und Konzentrationslager des Dritten Reichs, ein Weg voller Demütigungen, physischer und psychischer Qualen: Plötzensee – Papenburg/Börgermoor – Sachsenhausen – Dachau – Buchenwald. Schon in den ersten Tagen im Konzentrationslager war Heilmann bis zur Unkenntlichkeit zusammengeschlagen worden. In Börgermoor versuchte er den Qualen seiner Peiniger dadurch zu entgehen, daß er aus dem Lagertor schritt und die todbringenden Schüsse der Wachen herausforderte. Ihm wurde aber nur das rechte Bein zerschossen. Als Heilmanns Frau ihn daraufhin im Hospital besuchen durfte, entfuhren der Krankenschwester die mitleidigen Worte: „Ach, Sie arme Frau." In Buchenwald hetzten SS-Schergen zur Belustigung von Gästen dressierte Bluthunde auf Heilmann. „Der Fall untersteht der persönlichen Entscheidung des Reichsführers der SS": So lautete jeweils die ablehnende Antwort auf alle Bemühungen, sein Schicksal zu erleichtern. Nach Jahren furchtbarster Folterungen und Mißhandlungen, zu einem erbarmungswürdigen menschlichen Wrack gequält, wurde Ernst Heilmann am 3. April 1940 durch eine Injektion ermordet. Im ärztlichen SS-Protokoll, das der Witwe und der ältesten Tochter in Buchenwald verlesen wurde, hieß es höhnend, Heilmann sei an ausgesprochener Altersschwäche verstorben.

Anmerkungen

1 Zitiert nach Rainer Krawitz, Preußens ungekrönter König. Zum 100. Geburtstag des SPD-Politikers Ernst Heilmann. Sendung des Deutschlandfunks am 7. 4. 1981 (Manuskript) S. 7.

2 Zitiert bei Gustav Noske, Erlebtes aus Aufstieg und Niedergang einer Demokratie, Offenbach 1947, S. 46f.
3 Krawitz (Anm. 1), S. 12.
4 Hedwig Wachenheim, Vom Großbürgertum zur Sozialdemokratie. Berlin 1973, S. 111.
5 Das Freie Wort, 19. 4. 1931, S. 6.
6 Zitiert nach Hagen Schulze, Otto Braun oder Preußens demokratische Sendung. Eine Biographie. Frankfurt, Berlin und Wien 1977, S. 391.
7 Das Freie Wort, 31. 1. 1931, S. 3.
8 Das Freie Wort, 14. 2. 1932, S. 2f.
9 Das Freie Wort, 21. 6. 1931, S. 4.
10 Das Freie Wort, 14. 6. 1931, S. 4.
11 Zitiert nach Krawitz (Anm. 1), S. 11.
12 Das Freie Wort, 24. 4. 1932, S. 4.
13 Das Freie Wort, 1. 11. 1931, S. 2.
14 Das Freie Wort, 22. 3. 1931, S. 1.
15 Wachenheim (Anm. 4), S. 111.
16 Krawitz (Anm. 1), S. 29.
17 Aufzeichnungen Magdalena Heilmanns über die Verfolgung ihres Mannes im Dritten Reich (Manuskript).

Literatur

Ein Nachlaß Ernst Heilmanns existiert nicht. Ich habe mich stark an seine Beiträge in „Das Freie Wort. Sozialdemokratisches Dikussionsorgan", 1929–1933, gehalten. Mir lagen Aufzeichnungen der Witwe Heilmanns, Magdalena Heilmann, vom Mai 1978 über die Verfolgung ihres Mannes im Dritten Reich vor. Ferner habe ich mich auf zwei Interviews gestützt, die ich 1970 mit Ernst Hamburger in New York geführt hatte. Zwei kurze biographische Beiträge über Heilmann liegen vor: Horst Möller, Ernst Heilmann. Eine Sozialdemokratie in der Weimarer Republik, in: Jahrbuch des Instituts für Deutsche Geschichte, XI (1982) Universität Tel-Aviv, S. 261–294, und Peter Lösche, Ernst Heilmann – Sozialdemokratischer parlamentarischer Führer im Preußen der Weimarer Republik, in: Geschichte in Wissenschaft und Unterricht 1982, S. 420–432. Bei der Anfertigung des vorliegenden Beitrages lag mir vor: Rainer Krawitz, Preußens ungekrönter König. Zum 100. Geburtstag des SPD-Politikers Ernst Heilmann. Sendung des Deutschlandfunks am 7. 4. 1981 (Manuskript). Im übrigen sei auf zwei Werke hingewiesen, in denen das demokratische Preußen der Weimarer Republik im Mittelpunkt steht: Hagen Schulze, Otto Braun oder Preußens demokratische Sendung. Eine Biographie, Frankfurt, Berlin und Wien 1977, und Horst Möller, Parlamentarismus in Preußen 1919–1932 (= Handbuch der Geschichte des deutschen Parlamentarismus), Düsseldorf 1985.

Eduard Heimann (1889–1967)

Von Marx und seiner „überwältigend großartigen" Lehre
zum religiös-freiheitlichen Sozialismus

von
August Rathmann

Keinem anderen sozialistischen Wissenschaftler, der in seinem Fachgebiet vergleichbar Hervorragendes geleistet hat, ist es wie Heimann gelungen, über die Teilprobleme hinaus den übergreifenden Zusammenhang zu sehen und eine echte geistige Orientierung über die Voraussetzungen und vielfachen Gefährdungen unserer menschlichen Situation in dieser Zeit zu geben. Für ihn ist es der Beruf der verantwortlichen Erkenntnis, der Wirklichkeit in der Besinnung auf Wesen und Weg zu dienen und den Sinn im Wandel des Lebendigen und Geistigen zu deuten.

*

Eduard Heimann wurde am 11. 7. 1889 in Berlin geboren. Sein Vater, Hugo Heimann, stammte aus einer jüdischen Kaufmannsfamilie in Konitz/Westpreußen. Früh vaterlos, sorgte Levy Mortier für den Besuch des Gymnasiums in Berlin und die Ausbildung als Buchhändler in London. Er half ihm auch, den bedeutenden wissenschaftlichen Verlag J. Guttentag zu übernehmen, den Heimann sehr erfolgreich zu leiten verstand. Nach dessen Verkauf stiftete er, schon vorher als Förderer der Volksbildung bekannt, die erste öffentliche Bücherei und Lesehalle Berlins. Er war sozialdemokratischer Stadtverordneter, später Landtags- und Reichstagsabgeordneter und ununterbrochen bis 1933 Vorsitzender des wichtigen Reichshaushaltsausschusses. Daneben bemühte er sich, als Vorsitzender des zentralen Bildungsausschusses, die politische Bildungsarbeit in der Partei zu intensivieren. Wegen seiner Verdienste, auch als Vorkämpfer eines einheitlichen Groß-Berlins, wurde ihm 1926 die Ehrenbürgerschaft der Stadt verliehen. Von den Nazis aberkannt, wurde sie 1947, während er im Exil bei seinem Sohn in New York lebte, erneuert.

Es kann nicht verwundern, daß dieser ungewöhnlich gebildete und allseitig geachtete Vater dem Sohn Eduard wie seinen Geschwistern – die Schwester Johanna endete in einem Konzentrationslager – das ganze Leben hindurch ein verehrtes Vorbild war. Er war es auch in seiner politischen Haltung. Im wohlhabenden Elternhaus, in dem August Bebel, Karl Kautsky, Klara Zetkin und viele andere namhafte Sozialdemokraten regelmäßige Gäste waren, wurden Eduard Heimann schon früh die führenden Menschen und Probleme der sozialistischen Bewegung vertraut. Es ist für ihn selbstverständlich, daß er nach dem Besuch des Französischen Gymnasiums die Wirtschafts- und Sozialwissenschaften in Heidelberg, Wien und Berlin studiert, da diese ihm für den Dienst am Sozialismus am nützlichsten scheinen. In Heidelberg zieht die Jugendbewegung ihn in ihren Bann. Die „Akademische Freischar" bestärkt ihn in seiner ethischen, antibürgerlichen Grundhaltung und bekräftigt seine kritische Einstellung gegenüber dem in Rationalismus und Positivismus befangenen Geist der Zeit. Hier lernt er auch seine spätere, Medizin studierende Frau kennen. Alfred Weber und Franz Oppenheimer sind seine wichtigsten Lehrer. 1912 promoviert er in Heidelberg mit der Dissertation „Zur Kritik der Sozial-Methode".

In den folgenden Jahren ist Heimann, unterbrochen durch eine schwere Erkrankung, in der Wirtschaft tätig. 1919 wird er Generalsekretär der ersten, 1921 bis 1922 Sekretär der zweiten Sozialisierungskommission. Hier kommt er in engeren, auch menschlichen Kontakt zu Walther Rathenau, als dessen „bescheidenen Gefolgsmann" er sich in seiner Gedächtnisrede nach dessen Ermordung 1922 bezeichnet. Ein fruchtbares Ergebnis der planwirtschaftlichen Überlegungen dieser Jahre ist das Buch „Mehrwert und Gemeinwirtschaft" (1922). Heimann gibt hierin nicht nur als erster ein Modell der Wirtschaftsrechnung in einer sozialistischen Gesellschaft, er weist auch die Fragwürdigkeit einer theoretischen Begründung des Sozialismus nach und entdeckt die Sehnsucht nach einem Leben in Gemeinschaft als die eigentlich wirkende Kraft der Bewegung zum Sozialismus.

Nachdem Heimann sich Anfang 1922 in Köln habilitiert, läßt er sich noch im gleichen Jahr nach Freiburg i. Br. umhabilitieren, wo er einen Lehrauftrag für Finanzwissenschaft und Sozialpolitik erhält. Schon 1925 wird er als Ordinarius für Wirtschafts- und Sozialwissenschaften an die Universität Hamburg berufen.

Die Auflösung der Bindungen

Vorher, Ostern 1923, gibt er in seinem Referat „Staat und Wirtschaft" auf der Tagung der Jungsozialisten in Hofgeismar zu erkennen, daß er zum Berliner Kairos-Kreis der religiösen Sozialisten um Carl Mennicke und Paul Tillich gehört. Dieser, nach dem Ersten Weltkrieg entstandene Kreis, zu dem unter anderen auch Adolf Löwe, Alexander Rüstow, Hans Simons und Arnold Wolfers gehören, setzt sich in den von Mennicke herausgegebenen „Blättern für religiösen Sozialismus" grundsätzlich und intensiv mit den Themen der Zeit in kameradschaftlicher Verbundenheit auseinander. Am tiefsten beeinflussen sich hierbei gegenseitig Tillich und Heimann, wobei Tillich eindeutig der überlegene Teil ist. So bekennt Heimann in seinem Aufsatz „Religion und Sozialismus"[1], daß die „ganze Sehweise und vieles Einzelne" darin von Tillich stammen
In Hofgeismar führt Heimann aus, daß ursprünglich alle Lebensgebiete im Hinblick auf den in der Religion gelehrten Sinn des Lebens einheitlich geordnet waren. Der kritische Verstand, der im Widerstand gegen die erstarrte religiöse Überlieferung geweckt wurde, löste die alten geistigen und gesellschaftlichen Bindungen auf und verkündete das Alleinrecht des selbstverantwortlichen vernünftigen Individuums. Die Auflösung der Gemeinschaft führte zur Eigengesetzlichkeit der verschiedenen Lebensgebiete, die sich in ihren Ansprüchen widersprechen und bekämpfen. Am anspruchsvollsten und aggressivsten ist die Wirtschaft, die autonom nach den Gesetzen des Marktes unser ganzes Leben bestimmt. „Der geistige Wille unserer Zeit ist auf neue Bindung aus Freiwilligkeit gerichtet. Aber die Wirtschaft hat in ihrer rationalistisch-individualistischen Ausgestaltung Kräfte gezüchtet, welche sich jenem geistigen Streben übermächtig widersetzen." Wie die Wirtschaft ist der Staat aus dem Sinnzusammenhang des Lebens gelöst und selbständig geworden, grenzenlos und sinnloses Machtstreben ist sein Wesen. Er trifft sich dabei mit den großen Wirtschaftsträgern, die sich im allgemeinen Wettkampf durchgesetzt haben und nicht nur wirtschaftlichen Erwerb, sondern Macht in der Gesellschaft und im Staat wollen. Im Kampf um die Macht und um mehr Macht bedient sich die Wirtschaft des Staates und umgekehrt der Staat der Wirtschaft. Auch in einer demokratischen Verfassung herrscht die Plutokratie, weil der Mittelstand sich selbst der herrschenden Wirtschaftsmacht zugehörig fühlt – und in der marxistischen Zweiklas-

sentheorie so gesehen wird –, obwohl sein Einkommen ganz anderer Art ist als das der Kapitalisten, er diesen also, dem eigenen Interesse nach, nicht solidarisch sein kann.

Ethische Motive und materielles Interesse

Die in den „Schriften zur Zeit" veröffentlichte, eminent politische Arbeit „Die sittliche Idee des Klassenkampfes und der Klassenkampf von oben" (1926) – für die Heimann den entscheidenden Anstoß persönlich und sachlich von Rathenau empfangen hat – macht deutlich, daß die Ablehnung der Marxschen Mehrwertlehre im ersten Buch und die Betonung der ethischen Motive im Sozialismus Heimann nicht die geschichtliche Macht der materiellen Interessen übersehen läßt. Den proletarischen Klassenkampf erkennt er als die Antwort auf den Klassenkampf von oben, er ist ein notwendiger Bestandteil des kapitalistischen Systems. Aber durch Marx hat dieser Kampf der Arbeiterklasse um die Sicherung ihrer Existenz einen tiefen historischen Sinn bekommen. Das überwältigend Großartige an der Marxschen Lehre ist der Gedanke, daß die Arbeiter, wenn sie ihr Interesse nur richtig verstehen, den Sozialismus wollen und verwirklichen müssen. Marx hat hierdurch dem Arbeiter nicht nur sein Lebensgefühl und seine Würde zurückgegeben, er hat ihn durch diesen geschichtlichen Auftrag über die Kapitalisten erhöht, ihn zum Vollstrecker des Weltgerichts, zum Führer der Menschheit in eine neue sinnerfüllte Ordnung gemacht.
Aber kann das proletarische Klasseninteresse tatsächlich zum Sozialismus führen? Heimann verneint das. Die nach 1918 in den Gemeinwirtschaftskörpern mit dem unverhüllten Gruppeninteresse der Arbeiter gemachten Erfahrungen hatten ihn gelehrt, daß echter Sozialismus nur auf ursprüngliche Gemeinschaft, nicht auf materielles Interesse gegründet sein kann und das Übel des Kapitalismus durch den Wandel der Gesinnung überwunden werden muß. Die Klassensolidarität führt unmittelbar bis an den Sozialismus heran, bricht dann aber zusammen. Das Klasseninteresse wird zum Gruppeninteresse und sprengt mit dieser partikularen Solidarität den Sozialismus. Denn Sozialismus ist Einordnung und Selbstbescheidung, Interesse aber Grenzenlosigkeit und Selbststeigerung. Der Versuch, beides zu vereinigen, muß scheitern. Marx muß dies gewußt haben. Aber sein Vertrauen in die sittlichen und geistigen

Kräfte im Menschen war so groß – trotz des angeblichen Materialismus seiner Lehre –, daß er an ein Wunder glaubte, an das Umschlagen der den Gipfel ihrer Macht erreichenden Interessenkraft in ihr Gegenteil. Der entscheidende Fehler der Marxschen Lehre ist nach Heimann der, daß sie die reine Interessenwirtschaft, den übersteigerten Materialismus des Kapitalismus als normal ansieht, obwohl er nicht, wie seine Verteidiger behaupten, nüchtern freie Vernünftigkeit, sondern dämonische Zwangsgewalt und deshalb Krankheit ist.

Wie zu erwarten, wurde diese Auffassung der Differenz von Interesse und Sozialismus von den orthodoxen Marxisten heftig attackiert. Sie halten daran fest, daß der Klassenkampf, getragen vom elementaren Interesse des verelendeten Proletariats, unmittelbar zum Endziel der klassenlosen Zukunftsgesellschaft führen wird. Um die soziale Revolution zu erreichen, komme es deshalb nur darauf an, den Willen zum Klassenkampf mit allen Mitteln zu stärken. Der Versuch, Klassenkampf und Sozialismus ethisch oder gar religiös zu begründen, würde den proletarischen Kampfwillen nur verwirren und schwächen. Aber auch von Alexander Rüstow und Arnold Wolfers, den Freunden des Kairos-Kreises, erfährt Heimann Kritik, die im wesentlichen jedoch geistesgeschichtlicher und soziologischer Art ist.

Der Klassenkampf als sittliche Idee

Auf dem Evangelisch-Sozialen Kongreß 1927 in Hamburg besteht Heimann gegenüber Robert Wildbrandt, der auf die verschiedenen Sozialismen im Genossenschaftswesen usw. hingewiesen hatte, darauf, daß es nur *einen* Sozialismus gibt, „und wenn es einen religiösen Sozialismus in der sozialistischen Bewegung gibt, so gewiß nur *innerhalb* der sozialistischen Bewegung und nicht außerhalb, nicht mit dem Anspruch, die sozialistische Bewegung moralisierend zu verbessern, sondern das aufnehmend, was das Schicksal selber der sozialistischen Bewegung gegeben hat, es geistig verarbeitend und hoffentlich unter bestimmten Gesichtspunkten fördernd". Heimann bekennt: „Der Sozialismus ist die religiöse und sittliche Kraft unserer Zeit, der Kampf um die Lebenserneuerung, um die Wiederherstellung des Lebenssinns, um die Befreiung der großen Masse der Menschen aus der Erniedrigung·im Kapitalismus." Der Arbeiter ist in dieser Gesellschaftsordnung lediglich ein Mittel zu einem ihm selbst fremden Sachzweck der Güterherstellung, es ist ihm versagt, sich als Selbstzweck, als geborgen in der Gemeinschaft zu fühlen. Die Verteidiger des Kapitalismus behaupten, daß er die beste und endgültige Wirtschaftsform ist. Das ist schon ökonomisch falsch, wie zu beweisen ist. Darüber hinaus aber gibt es nur ein einziges Gesetz innerhalb allen Lebens, das Gesetz der Wandlung. Die Lutheraner neigen dazu, den Weg der Verinnerlichung zu gehen. Es kommt für unsere Entscheidung in dieser Krise unserer Gesellschaft aber nicht auf die individuelle, subjektive Sittlichkeit an, sondern auf die Sittlichkeit der Idee, die wir zu erkennen haben. Diese ist der Klassenkampf, in dem die Freiheit und der Sinn des Lebens wiederhergestellt werden sollen.

Die soziale Krise und die Kirchen

In den Freiburger Jahren hatte Heimann den Katholizismus aus unmittelbarer Nähe in seiner starren dogmatischen Enge kennengelernt. In dem ausführlichen Bericht „Die christlichen Kirchen und die soziale Krise"[2] stellt er das Dilemma dar, in das die katholische Moraltheologie durch den Kapitalismus und die von ihm ausgelöste Krise unserer Gesellschaft geraten ist. Seit dem päpstlichen Rundschreiben „Rerum novarum" von 1891, in dem sowohl der Sozialismus wie der Kapitalismus – ohne diesen ausdrücklich zu nennen – scharf kritisiert werden, tritt die katholische Kirche für die Sozialreform ein. In Deutschland war der Katholizismus durch den von Bismarck inszenierten Kulturkampf nach links gedrängt worden und war von daher stark sozial engagiert. Um die im Protestantismus und im österreichischen Katholizismus durch den offen ausgebrochenen Klassenkampf hervorgerufene Glaubensspaltung zu verhindern, mußte die katholische Kirche ihren proletarischen Gläubigen über die wohltätige Hilfe der Caritas hinaus Schutz gegen die ausbeuterische Praxis der kapitalistischen Wirtschaft zusichern. Die innere Verwandtschaft der beiden Herrschaftssysteme bedingte den autoritären Charakter dieser Sozialpolitik, die zusätzlich, ohne den Dissonanzen unserer Gegenwart auf den Grund zu gehen, durch eine konservativ-romantische Ideologie verklärt wird. Es gibt ein eindrucksvolles Aufgebot an Geist und Ethos in Zeitschriften und Gruppen, vor allem jungkatholischen Kreisen, die den Ka-

tholizismus in eine lebendige Berührung und Auseinandersetzung mit der Zeit bringen wollen. Aber die herrschende, in ihren Vorstellungen am ständischen Mittelalter gebundene kirchliche Hierarchie erweist sich immer wieder als stärker. „Die soziale Krise ist zugleich religiöse Krise."
Dem Protestantismus ist die soziale Krise unserer Zeit, wenn überhaupt, zu spät bewußt geworden. Das ist weitgehend in seinem Ursprung begründet. Denn die Reformation konnte sich gegen die weltliche Übermacht der alten Kirche nur durchsetzen, indem sie sich dem Schutz der Landesherren unterstellte. Sie wurde Landeskirche und damit unauflöslich abhängig von den herrschenden feudalen Schichten, denen sie die religiöse Weihe gab. Das Ergebnis der Reformation, die religiöse Autonomie, bedeutet Unabhängigkeit von der Kirche als vermittelnde Gnadenanstalt, da die Auseinandersetzung mit den überpersönlichen Gewalten von Sünde und Gnade jetzt ganz persönlich erfolgt. Wenn damit der kirchlichen Herrschaft und Führung der Boden entzogen wurde, dann hat der Protestantismus dafür durch seine soziologische Bindung an die Oberschicht eine schroff herrschaftliche Auffassung der sozialen Welt eingetauscht. Die evangelische Kirche konnte sehr wohl das konservativ gedeutete – und sich politisch willig einordnende – kapitalistische Bürgertum darin aufnehmen. Sie versagte aber völlig im Verständnis für die im Kapitalismus leidende proletarische Unterschicht und rechtfertigte darüber hinaus den Widerstand gegen deren existentielle Forderungen. Anders als im Katholizismus, in dem die „Welt" eine unmittelbar religiöse Kategorie ist, an die religiöse Ansprüche gestellt werden, hat das Luthertum die „Welt" verselbständigt, sie profanisiert und in ihrer auf Rationalismus gegründeten Eigengesetzlichkeit der religiösen Kritik entzogen.
Der Protest gegen diese verinnerlichte und damit unsoziale Glaubenshaltung wurde im Bauernkrieg und immer wieder in den verschiedenen Sekten laut. Die evangelische Kirche ließ sich davon nicht beeinflussen. Bis in die neueste Zeit hinein blieb sie dogmatisch und soziologisch den Herrschenden verbunden. Die mit dem Kapitalismus wachsende proletarische Not wurde übersehen. Das Glaubensbedürfnis der Arbeiter konnte in dieser Kirche keine Erfüllung finden. Es wandte sich ab, dem Klassenkampf und Sozialismus zu. Der Prozeß der Glaubensspaltung hatte unaufhaltsam begonnen.

Sollen und Sein als eine Wirklichkeit

Auf der Pfingsten 1928 in Heppenheim a. d. B. stattfindenden internationalen sozialistischen Tagung[3], auf der die Begründung des Sozialismus im Mittelpunkt steht, hält Heimann das Korreferat zu Hendrik de Man. Dieser in Deutschland lebende und lehrende belgische Sozialist hatte in dem Ende 1925 erschienenen Buch „Zur Psychologie des Sozialismus" seine Abkehr vom Marxismus verkündet, dessen doktrinärer Richtung er lange Jahre angehört hatte. Das deutsch geschriebene, in zwölf Sprachen übersetzte Werk sorgte viele Jahre für erregte Auseinandersetzungen weit über die deutsche Sozialdemokratie hinaus. In Heppenhein forderte de Man die Überwindung des zum Vulgärmarxismus entarteten Marxismus. Er verlangte statt dessen die Anerkennung der allgemein gültigen, übergeschichtlichen ethischen Normen. Diese müssen, auf die Gesellschaft angewandt, notwendig zum Sozialismus führen. Der entscheidende Fehler von Marx war, das Sollen aus dem Sein abzuleiten. Die Entscheidung für den Sozialismus ist jedoch immer eine individuelle Entscheidung des Gewissens. Dieser Gesinnungssozialismus muß den Vorrang vor allen Motiven haben, die aus irgendwelchen Interessen entstehen. Beide zusammen geben dem Klassenkampf erst seine eigentliche Tiefe.

Für Heimann gibt es dagegen nur eine Wirklichkeit. Die von de Man vorgetragene idealistische Welt absoluter Normen und ewiger Motive existiert nicht. Denn die Motive sind psychische Tatbestände und gehören dem Sein an. Und die Normen, die den Menschen leiten sollen, werden nicht von außen gesetzt, sie gelten weder absolut, noch sind sie zeitlos. Der Marxsche Realismus ist deshalb im Recht, wenn er den Sinn im Seienden sucht. Das Sollen hat seine Wurzeln immer in der wirklichen Welt. „Das Interesse, das den Arbeiter zum Sozialismus führt, ist keine materialistische Gesinnung, es ist die Kraft und der Wille zu einem sinnvoll erfüllten Leben, das ihm im Kapitalismus verwehrt wird. Es ist die weltbewegende Entdeckung von Marx, daß der Mensch der kapitalistischen Arbeitswelt nicht durch Theorie und Moral, sondern aus einer viel tieferen, wesenhaften Schicht Sozialist ist."

Der Weg, auf dem die sozialistische Idee der Arbeiterbewegung sich zu verwirklichen sucht, ist die Sozialpolitik, die in das System des Kapitalismus den ihm wesensfremden, ja wesensfeindlichen Grundsatz der Arbeitswürde einbaut. Die Sozialpolitik ist auf echt

dialektische Weise zugleich Bestandteil und Fremdkörper des kapitalistischen Systems. Der Kapitalismus hat seinen Widerstand gegen die von der wachsenden Kraft der Arbeiterbewegung forcierte Dynamik der Sozialpolitik Schritt für Schritt nachgeben müssen und sich damit zunehmend in Richtung auf die Sozialisierung verwandelt. (In seiner Hamburger Antrittsvorlesung 1925 „Sozialismus und Sozialpolitik"[4] hatte Heimann noch den inneren Widerspruch beider Ziele hervorgehoben. Sein Schlußsatz: „Die Sozialpolitik trägt unsere schwer bedrohte Welt und treibt sie über sich selbst hinaus; aber sie enthebt den Sozialisten nicht der Pflicht, den Sozialismus zu wollen und zu können.")
In der sehr lebhaften Diskussion kritisiert u. a. Martin Buber Heimann, weil dieser das Religiöse zu logisieren versuche, hält es aber auch für bedenklich, wie de Man eine sittliche Begründung des Sozialismus anzustreben. Alfred Meusel wendet sich gegen de Mans Versuch, den Sozialismus in eine absolute Kategorie zu verwandeln, obwohl seine einmalige Chance in der gegenwärtigen Sozialstruktur liegt. Paul Tillich vertieft Heimanns Position gegenüber de Man durch die Dialektik der werdenden Gestalt, die sich in der gegenwärtigen proletarischen Situation ankündigt. Carl Mennicke ist mit Bubers Auffassung vom Marxismus nicht einverstanden und betont den positiven Sinn der marxistischen Ideologie. Der Schweizer Leonhard Ragaz fühlt sich dagegen Buber besonders verbunden und stimmt de Mans, an Kant orientiertem Postulat des Sollens zu. Wie die Referenten stellt Adolf Löwe die Arbeitsnot des kapitalistischen Abendlandes in den Mittelpunkt. Vor dieser konkreten müssen die zeitlosen Aufgaben, die Buber nennt, zurückstehen, weil es um die physische Existenz unserer Gesellschaft geht. Der Sozialismus will die Antwort auf die proletarische Frage sein. Aber ist die Sozialpolitik, wie Heimann meint, verwirklichter Sozialismus? „Ich bezweifle das, stimme aber zu, daß sie eine der wichtigsten Antworten auf die proletarische Frage ist."

Sozialpolitik, der Weg zum Sozialismus

In dem grundlegenden – „Paul Tillich zum Dank und Zeugnis" gewidmeten – Werk „Soziale Theorie des Kapitalismus" (1929) gibt Heimann ein eindrucksvolles Wesensbild des ökonomisch-sozialen Liberalismus als dem geistigen Ursprung des Kapitalismus. Der

revolutionäre Charakter der liberalen Idee darf nicht verkannt werden. Das Freiheitspathos des Liberalismus ist zugleich Gemeinschaftspathos, sein Individualismus zugleich Universalismus. Aber die Grundthese des Liberalismus, daß das freie Zusammenwirken der vernunftbegabten Individuen die allgemeine Harmonie gewährleistet, hat sich im Kapitalismus als irreal erwiesen. Der Kapitalismus hat sich von seinem liberalen Ursprung zunehmend entfernt, er ist entartet, dämonisiert. Der Abstand zwischen dem liberalen Programm und der kapitalistischen Wirklichkeit war der Anlaß zur sozialen Dynamik im Kapitalismus, durch die dieser zunehmend verwandelt wird. Das Freiheitsideal wird in dem Maße seiner fortschreitenden Preisgabe durch den Liberalismus von der sozialen Bewegung aufgenommen und kollektiv umgeformt. Interesse und Idee der sozialen Bewegung sind dasselbe: der Lebens- und Freiheitsdrang der arbeitenden Menschen. Soziale Freiheit kann aber nur in dem Maße wirklich werden, in dem die Kraft zur Erfüllung der Freiheit, die Fähigkeit zur Leistung vorhanden ist. Die Sozialpolitik ist der Weg des aufsteigenden Lebens, der demokratische Weg in die soziale Freiheit, sie nimmt den einzelnen Arbeiter so weit wie irgendmöglich in die Freiheit und Verantwortung mit hinein. Sie ist Sozialisierung von unten her, aus der Sphäre des einzelnen Arbeiters aufsteigend und allmählich dann in das Herz der Eigentumsfrage vorstoßend. Die Sozialpolitik ist der institutionelle Niederschlag der sozialen Bewegung, Sozialismus ist ihr Ziel.
(Die „Soziale Theorie" findet bei namhaften Fachgelehrten weithin Anerkennung, wobei allerdings die ethisch-politische Grundentscheidung Heimanns durchweg nicht akzeptiert wird. So beginnt Goetz Briefs seine eingehende Kritik[5] mit dem Geständnis, daß das Buch „eine intellektuelle Leistung von hohem Rang ist. Klarheit und systematischer Aufriß, fast spielende Kraft der geistigen Durchdringung des Problems zeichnen es aus." Und Wilhelm Röpke[6] nennt das Buch das „vielleicht reifste und sympathischste Werk des deutschen Sozialismus der Gegenwart. Der Sozialismus Heimanns ist wissenschaftlich unangreifbar, er erwächst aus tiefster Einsicht in Sinn und Getriebe des Kapitalismus, wie sie für einen Sozialisten nur dann selbstverständlich ist, wenn er nicht nur ein guter Theoretiker, sondern zugleich ein seinem wissenschaftlichen Gewissen verpflichteter Politiker ist.")

*

In der bereits kritisch werdenden Lage der Weimarer Republik wird die Bedeutung der „sozialen Theorie" schon nicht mehr recht erfaßt. Tatsächlich ist sie die einzige, umfassend begründete, in sich schlüssige realistisch-programmatische Theorie der sozialistischen Bewegung, die nach dem völligen Versagen des orthodoxen Marxismus gegenüber der Wirklichkeit je geschrieben wurde. Die in dem Band „Kapitalismus und Sozialismus" (1931) zusammengefaßten Aufsätze und Vorträge sind der „sozialen Theorie" eng verwandt, gehen aber stofflich in allen Richtungen weit darüber hinaus. Die „sozialistische Wirtschafts- und Arbeitsordung" (1932) ist ein bedeutsamer Schritt in der zugleich wissenschaftlichen und politischen Aufgabe, die Vorstellungen einer funktionierenden sozialistischen Wirtschaft zu konkretisieren, in der auch die Arbeit wieder zu einem menschenwürdigen Lebensbereich wird. Es ist unmöglich, alle Veröffentlichungen und Vorträge Heimanns auch nur zu erwähnen, der nach der „Sozialen Theorie" eine seiner produktivsten Zeiten hat. Hingewiesen sei nur auf „Über die Grenze der Sozialpolitik"[7], worin er seine dynamische Auffassung gegen die ihm entgegengehaltene statische Betrachungsweise ausführlicher als im Buch begründet. Er wagt sich weit über seinen Fachbereich hinaus, als er 1931 über „Die soziale Frage" vor dem Leipziger Institut für Geschichte der Medizin als ein „Problem der Kultur und der ärztlichen Psychologie" spricht und dabei nachweist, daß Marx mit seiner Kritik der Ideologie Nietzsche und Freud in ihrer Auffassung vom Menschen zeitlich voraus gewesen ist. Er ist aber auch in seiner historisch-sozialen der naturalistischen Denkweise Freuds überlegen, so daß es vorteilhaft sein müßte, mit ihm die kulturellen Probleme zu erörtern. Heimann vergißt nicht, auch bei dieser Gelegenheit zu betonen, daß Tillichs Lehre von den Vitalkräften und überhaupt sein Gesamtwerk der Rahmen und das Prinzip seiner eigenen Arbeit sind.

Gegen den Totalitarismus

Eine der wichtigsten produktiven Leistungen Heimanns ist, daß er neben Tillich die seit langem vom Kairos-Kreis geplante Zeitschrift mitbegründen hilft. Anfang 1930 beginnen die „Neuen Blätter für den Sozialismus/Zeitschrift für geistige und politische Gestaltung" zu erscheinen. Mit dem einen naturalistischen Humanismus vertretenden Erwachsenenbildner Fritz Klatt und dem die Redaktion übernehmenden Arbeiterstudenten August Rathmann, der aus dem jungsozialistischen Hofgeismarkreis kommt, geben Tillich und Heimann der Zeitschrift eine breite geistige Basis, auf der sich bald die nach Erneuerung und Aktivierung des Sozialismus strebenden Kräfte zusammenfinden. Aber dieser letzte große, von Beginn an durch die Wirtschaftskrise stark gehemmte Versuch, in der Besinnung auf den tiefsten Grund der sozialistischen Bewegung und durch die Konkretisierung der in dieser gegebenen Situation gestellten geistigen und politischen Aufgaben das Schicksal zu wenden, kam bereits zu spät.

Die geistige Anstrengung, die vor allem auch von Heimann in den „Neuen Blättern" geleistet wurde, um das drohende Verhängnis zu verhindern, darf dennoch nicht vergessen werden. Heimanns grundsätzliche Besinnung etwa um den Begriff der Sozialisierung als Name für die Befreiung der Arbeit aus ihrer Erniedrigung im System des Kapitalismus durch die kollektive Wiedervereinigung von Arbeit und Eigentum, läßt diese nicht nur als ein ökonomisches, sondern ein soziologisch-politisch-moralisches Problem erkennen. In allen Arbeiten Heimanns geht es um den lebendigen Geist des Sozialismus, um den bewußten Willen zur Formung und Gestaltung des Lebens und seiner Institutionen. Er ist deshalb gegen jedes starre Rezept, das verhindert, in einem neuen Stadium der Geschichte zu neuen Formulierungen und Forderungen zu kommen. So schlägt er den Gewerkschaften vor, zusätzliche Lohnerhöhungen zur Bildung von Gegen-Kapital zu verlangen. Von besonderer Bedeutung ist für ihn der Mittelstand. Er hält es für einen Grundfehler der sozialistischen Theorie und Politik, die Zukunft allein vom Interesse der Arbeiter her gestalten zu wollen, die Vielfalt der sozialen Struktur zu übersehen, das Lebensrecht und die existenzielle Not der Bauern und des gewerblichen Mittelstandes zu mißachten, diese sich dadurch zu entfremden und feindlichen Ideologien auszuliefern. Heimann schreibt über „Ethische Konflikte in der sozialistischen Bewegung", seine meisten großen Artikel aber behandeln Themen der politischen Soziologie. So, wenn er über „Deutschen und russischen Sozialismus", über „Sozialismus, Kommunismus und Demokratie" und über die vitale und zugleich rationale Opposition der SPD gegen den Kapitalismus schreibt und die Notwendigkeit betont, lebensphilosophische Elemente in die Dialektik einzubeziehen. In einer soziologischen Analyse des Nationalsozialismus weist er dessen geistige Dürftigkeit und reaktionären Charakter nach.

Drei Jahrzehnte im Exil

Bevor jedoch die „Neuen Blätter" sich auch politisch genügend auswirken können, setzt sich der Nazismus durch. Im Juni 1933 wird die Zeitschrift nach mehreren Beschlagnahmungen endgültig verboten. Heimann verliert seinen Lehrstuhl an der Hamburger Universität, findet aber noch im selben Jahr eine neue Wirkungsstätte an der New School for Social Research in New York und lehrt hier bis zur Emeritierung 1959 Nationalökonomie und Soziologie. Daneben studiert er evangelische Theologie und ist ab 1950 Dozent für Sozialethik im Union Theological Seminary in New York. Seit 1948 besucht Heimann fast jedes Jahr für mehrere Monate Deutschland und hält an mehreren Universitäten, darunter in den evangelisch-theologischen Fakultäten in Hamburg und Bonn, Vorlesungen und Vorträge. 1963 kehrt er mit der Familie endgültig nach Deutschland zurück.

Die zahlreichen Arbeiten, die Heimann während seines dreißigjährigen Aufenthalts in den USA und den Vortragsreisen in den wichtigsten Ländern der westlichen Welt veröffentlichte, sind durchweg in mehreren Sprachen, jedoch nur zum Teil in deutscher Sprache erschienen. Ihr wesentlicher Gehalt ist aber in die späteren Bücher eingegangen. Der 1933 eingetretene Bruch, die Erlebnisse der Nazizeit und des Zweiten Weltkrieges sowie die in den anderen Ländern gewonnenen Erfahrungen haben Heimann zu vertieften Einsichten und bedeutungsvollen Erkenntnissen verholfen, aber die Kontinuität in der Grundlinie und im Stil des Denkens bleibt gewahrt.

*

Das zeigt sich in der fachlich hervorragenden „Geschichte der volkswirtschaftlichen Lehrmeinungen" (1945, deutsch 1949), mehr aber noch in dem durch die Weite der Horizonte und die Abgewogenheit der Urteile faszinierenden Buch „Freiheit und Ordnung" (1947, deutsch 1950). Heimann nimmt eine tiefgründige Abrechnung mit der liberalen Demokratie vor, die – nicht nur in Deutschland – in einer schweren wirtschaftlichen und sozialen Krise versagte und damit der faschistischen Tyrannis zur Herrschaft verhalf, die dann notwendig zum Kriege führte. Heimann geht es aber naturgemäß weniger um eine Situations- als um eine Strukturanalyse, deren zentrales Problem die Spannung zwischen Freiheit und Ordnung ist. Die verhängnisvolle konstitutionelle Schwäche im besonderen der deutschen Demokratie war ihr Mangel an Gleichgewicht von Freiheit und Ordnung. Die Freiheit ohne Ordnung vor allem in der Wirtschaft mußte mit einer gewissen Zwangsläufigkeit in die Krise und zur Ordnung ohne Freiheit in Bolschewismus oder Faschismus führen. Im Bolschewismus wird allerdings für die Zukunft Freiheit durch Ordnung versprochen, während der beim Versagen der Demokratie immer wieder und überall drohende Faschismus die vollendete Perversion einer Ordnung ohne jede Hoffnung auf Freiheit ist.

Den geistesgeschichtlichen Grund für die in Deutschland so offensichtlich fehlende Harmonie zwischen Freiheit und Ordnung findet Heimann letzten Endes in Luthers unpolitischer christlicher Freiheit, der die unchristliche Ordnung des politischen Lebens entspricht. Keine andere christliche Lehre entzieht den Staat so völlig dem sittlichen Urteil und verherrlicht ihn zugleich als die von Gott gesetzte Macht. Die von dieser autoritären Staatsauffassung vier Jahrhunderte hindurch bestimmte Erziehung und politische Tradition verhinderte das Aufkommen eines politischen Liberalismus und bereitete den Boden für den faschistischen Absolutismus. Parallel mit der Entwertung der Sozialsphäre durch die Konzentration auf die persönliche Religion im Luthertum werden die menschlichen Beziehungen und wird das Gefüge der Gesellschaft selbst in den westlichen Ländern durch die Entartung der liberalen Freiheit im Kapitalismus zerstört. Der Glaube, daß die aus den mittelalterlichen Bindungen gelöste individuelle Vernunft mit der Weltvernunft übereinstimmt, der Mensch in unbeschränkter Handlungsfreiheit deshalb das tun wird, was zugleich der Gemeinschaft dient und somit durch Freiheit ohne weiteres auch Ordnung entsteht – dieser Glaube hat zu den erstaunlichen wirtschaftlichen und technischen Leistungen der industriellen Gesellschaft, zu der starken Bevölkerungszunahme und steigenden Lebenserwartung geführt, zugleich aber mit dämonischer Gewalt zum inneren Verfall dieser Gesellschaft durch ungezügelte Selbstsucht, Profit- und Machtgier der Stärkeren, Ausbeutung, Entwürdigung und Verelendung der in Abhängigkeit geratenen Schwächeren. Die Ohnmacht des einzelnen Proletariers wurde zwar durch die Solidarität der Arbeiterbewegung überwunden, und in der Sozialreform zeigten sich bereits die bescheidenen Ansätze einer gesundenden Struktur. Aber das alles war gegen den Widerstand der herrschenden Mächte von der sozialistischen Gegenbewegung erzwungen worden, und in den Erschütterungen der Krise, die in Anarchie und Chaos zu treiben drohte, mußte die noch immer ungeordnete, ungleiche Freiheit der liberalen Demokratie auch den letzten Rest des Vertrauens auf die in ihr – nach der liberalen Theorie – waltende Vernunft verlieren. Die vom Nazismus versprochene Ordnung wurde für allzu viele zur Hoffnung – auch ohne Freiheit und Gerechtigkeit.

Freiheit nur in gerechter Ordnung

Das entscheidende Kriterium einer lebensfähigen Demokratie ist für Heimann, daß die Freiheit in Gerechtigkeit geordnet ist. Denn Freiheit und Ordnung können nicht, wie der Rationalismus angenommen hat, von selbst auf der Ebene der Vernunft in das rechte Verhältnis zueinander kommen. Beide sind für den Bestand und die Entfaltung der Gesellschaft notwendig und ergänzen sich, aber beide stehen auch immer wieder im Gegensatz zueinander, und beide sind ethisch neutral, sie können sowohl dem Guten wie dem Bösen dienen. Sie müssen deshalb einem höheren, überrationalen Prinzip unterworfen werden, das ihnen Richtung gibt, sie miteinander versöhnt und stets von neuem wieder ins Gleichgewicht bringt. Dieses Prinzip aber kann nur die Gerechtigkeit sein, die schon von Plato als die allgemeine Tugend den anderen Tugenden übergeordnet und als das Ideal des für alle gleichen Rechts die Grundlage der politischen Gemeinschaft ist. Wenn die Gerechtigkeit für die Griechen ein Teil der Weisheit ist, dann für den Christen ein Element des obersten Prinzips der Liebe und damit nach Heimann auch der politische Gehalt des freien christlichen Gewissens. Im Humanismus hat sich die Gerechtigkeitsforderung als christliches Erbe in ethischer Begründung erhalten. Aber ob Gerechtigkeit als religiöses oder geistiges Prinzip verstanden wird, es ist weder aus der Erfahrung abzuleiten noch mit wissenschaftlichen Mitteln zu beweisen, es ist in der begrifflichen Form religiöser und ethischer Wahrheiten mit absolutem Anspruch als Dogma in unser Bewußtsein gegeben.

Gerechtigkeit ist nur eine der objektiven Normen, die unserem Denken und Handeln die Richtung geben und in der christlichen Überlieferung stehen. Der Mißbrauch der Religion im Mittelalter führte mit Recht zur Erhebung der Vernunft gegen die Unvernunft der Kirche. Aber die hieraus entstandenen geistigen Bewegungen haben das in ihnen fortlebende christliche Erbe wohl umdeuten und verleugnen, nicht aber verwerfen können. Das gilt für Humanismus und Liberalismus und selbst auch für den Kommunismus, der eine christliche Ketzerei, nicht jedoch wie der Nazismus ein Abfall vom Christentum ist. Auf Religion als eine Deutung des Menschen im Weltall und eine Lehre über den Sinn und Zweck des Lebens kann vom Menschen nicht einfach verzichtet werden. Er verfällt dann einer Scheinreligion, die ihm ein falsches Weltbild gibt und ihn dadurch gefährdet.

*

Heimann bekennt sich mit Entschiedenheit zur christlichen Tradition. Auch als Fachgelehrter, denn in „Wirtschaftssysteme und Gesellschaftssysteme" (1954) erklärt er ausdrücklich: „Das geistige Prinzip des Buches ist die christliche Religion". Und in „Vernunftglaube und Religion in der modernen Gesellschaft" (1955) begründet er die Absicht, die Religion zum methodischen Ausgangspunkt des Buches zu nehmen, mit dem Argument, daß auch die vermeintlich voraussetzungslose Wissenschaft auf dogmatischen, d. h. unbeweisbaren Grundlagen beruht, denn auch die Wahrheit ist ein Dogma. Die Entscheidung zwischen der christlichen Lehre als Hypothese des wissenschaftlichen Denkens und der üblichen kann nur in der Leistung beider an den Sachproblemen liegen. Die akademische Sozialwissenschaft, behauptet Heimann, muß schon wegen ihrer methodischen Enge die entscheidenden Ereignisse und Probleme der Gegenwart ignorieren. Sie kennt deshalb auch keine Theorie der Freiheit, die in diesen Beiträgen Heimanns zu einer „Theologie der Gesellschaft" zentrale Bedeutung hat.
Die in der christlichen Tradition stehende Sozialwissenschaft kann sich nicht mit den Methoden und Ergebnissen der positivistischen Wissenschaft begnügen, weil diese ohne echte geistige Orientierung sich auf Teilgebieten, in technischen und funktionellen Problemen verliert, nicht nach dem übergreifenden Zusammenhang fragt und nicht den ganzen Menschen und die ganze Gesellschaft sieht.

Der Sozialwissenschaftler kann sich aber noch weniger als jeder andere Mensch der Verantwortung für die Gestaltung von Wirtschaft und Gesellschaft entziehen. Er darf nicht wahllos soziale Techniken und Manipulierungsinstrumente erarbeiten, ohne ihre Zweckmäßigkeit für die menschliche Lebensordnung zu prüfen und ihrer Verwendung Ziele zu geben, wenn er nicht selber zum Spezialisten herabsinken und dem Mißbrauch seiner Werkzeuge verantwortungslos zusehen will.

Mit der christlichen Tradition ist eine kritische Perspektive gegeben, sind Maßstäbe gesetzt, die beurteilen lassen, was für den Lebensprozeß der Gesellschaft wertvoll und sinnvoll ist, was ihn fördert oder gefährdet. Denn die Erbschaft des Christentums ist ursprünglicher und grundlegender gesellschaftlicher Zusammenhalt, worin die Idee der Gemeinschaft ebenso stark ist wie die Idee der Person. Die Gesellschaft wird durch moralische Überzeugungen und entsprechendes Verhalten ihrer Glieder konstituiert und zusammengehalten. Das geistige und moralische Leben der Menschen aber, und was letztlich die Gesellschaft ausmacht und ihr die Kraft des Zusammenhalts gibt, ist Religion. Die Krise der Gesellschaft entsteht, wenn diese Kraft erlahmt und die partikularen Interessen, die separatistischen Tendenzen des Staates und der Wirtschaft sich mehr und mehr durchsetzen und schließlich das Übergewicht bekommen.

(Diese Auffassung von der entscheidenden Bedeutung der Religion und im besondern des Christentums für Demokratie und Sozialismus wird von Siegfried Marck, Chicago (vor 1933 in Breslau), nicht geteilt.[8] Er hält Heimanns Werk für einen der „wichtigsten Beiträge zur Sozialphilosophie des zwanzigsten Jahrhunderts", das vielleicht auch „das wichtigste sozialwissenschaftliche Buch seit den berühmten Schriften Max Webers" ist. Für Marck ist jedoch der Begriff „Vernunftglaube" irreführend, da das, was hier als Vernunft bezeichnet wird, nach der klassischen Unterscheidung von Kant Verstand genannt werden muß. Dem unbedingten Glauben an den wissenschaftlichen Verstand, den Heimann meint, stellt Kant die Vernunft als den Bereich der Ideen gegenüber. Diese sich offenhaltende Vernunft steht für Marck zwischen Verstand und Religion und ist das Reich der kritischen Säkularisten. Heimann überschätzt nach Marck die linken christlichen Strömungen, die doch in der Praxis weithin Formen des Klerikalismus, keine „echte Religion" sind. Freiheitliche Sozialisten müssen demgegenüber mit säkularistischem Öl gesalbt, der autonomen Vernunft und dem wissenschaftlichen Verstand stärker verbunden, sie müssen skeptisch sein. Dennoch kann nach Marck „die Leistung Heimanns für eine vertiefte Ideologie des freiheitlichen Sozialismus nicht hoch genug veranschlagt werden").

Kontrolle der ökonomischen Dynamik

Der Prozeß, in dem die ökonomischen Mächte und Zwecke sich der Führung durch die Gesellschaft entziehen, sich in einem autonomen System verselbständigen und jetzt ihrerseits die Gesellschaft beherrschen, ist in seinen Ursachen, Formen und Folgen das Hauptthema des Buches „Soziale Theorie der Wirtschaftssysteme" (1963). Dieses Werk liefert in seiner strengen Sachlichkeit und fachlichen Beschränkung – ohne Verengung des geistigen Horizonts – den Beweis, daß die von Heimann bekannte dogmatische Bindung nicht zu einer minderen Leistung führen muß. Die Gründe für die Unfähigkeit der gegenwärtigen Sozialwissenschaft, perspektivisch nicht nur rückwärts, sondern auch nach vorn zu denken, sind nach Heimann im Rationalismus und Positivismus zu finden. Es würde der Sozialwissenschaft sicher von Vorteil sein, wenn sie nach dem von Heimann gegebenen Beispiel und unter Berücksichtigung seiner Kritik die Voraussetzungen und Methoden ihrer Arbeit neu überprüfen würde. Noch wichtiger aber wäre, daß die sozialen und politischen Konsequenzen aus den von Heimann gewonnenen Einsichten gezogen werden.

Denn es ist durchaus nicht gewiß, daß die Chance, die Heimann der Demokratie gibt, aus eigenem Entschluß von dem autonomen Wirtschaftssystem zu einer neuen, in der Verantwortung und unter der Führung der Gesellschaft stehenden kulturellen Wirtschaft zu kommen, auf weite Sicht erhalten bleibt. Der Mechanismus der expansiven Wirtschaft mit seinem wachsenden Überfluß verführt zunächst wohl die Konsumenten mit Hilfe einer maß- und bedenkenlosen Reklame zu einem geist- und kulturfeindlichen Konformismus, kann aber auf die Dauer keine progressive Absatzsteigerung erreichen und droht, in einer gefährlichen Krise zu enden. Da die enorme Steigerung der Produktivkraft die Beseitigung von Hunger, Krankheit und Not – die, historisch gesehen, eigentliche Aufgabe und vollbrachte Leistung des Systems – jedenfalls möglich macht und die Überschüsse nicht mehr, wie bisher, fast ausschließlich ökonomisch verwendet werden müssen, ist es für die demokratische Gesellschaft ein Gebot der Selbsterhaltung, diese sich übersteigende, blind ins Grenzenlose expandierende Dynamik unter ihre Kontrolle zu nehmen und die Überschüsse sinnvoll für soziale und kulturelle Zwecke zu verwenden.

Nur eine sich für ihre Wirtschaft verantwortlich wissende Demokratie kann auf die Dauer in der Konkurrenz mit dem kommunistischen Wirtschaftssystem bestehen, das den Vorteil hat, auf den Erfahrungen und Enttäuschungen des westlichen Systems aufzubauen. Schon jetzt könnte der Westen vom Osten lernen, die Erziehung als überaus wichtigsten Produktionsfaktor zu erkennen und vorrangig zu fördern sowie die Mitverantwortung der Arbeiter im Betrieb mit erprobtem Methoden zu verstärken. Die Sozialreform als die Frucht der sozialistischen Protestbewegung gegen den liberalen Kapitalismus hat diesen bereits weitgehend verwandelt. Aber Freiheit und Ordnung sind noch keineswegs im Gleichgewicht, und dem Prinzip der Gerechtigkeit, im Christentum wie im Sozialismus Gesetz des Handelns, ist noch weithin Geltung zu verschaffen.

Von der Revolution zur Reform

Im mehrfach gehaltenen Referat „Der entfremdete Sozialismus und die Konsumgesellschaft"[9] resümiert Heimann den Gang des eigenen Denkens, das stets die Probleme der sozialistischen Bewegung zum zentralen Inhalt hatte. Die „Neuen Blätter" waren in ihrer Absicht, „den ursprünglichen Geist der Bewegung zu erfassen und nach Möglichkeit zu beleben", nach seiner Meinung „allzu erfolgreich". Er sieht die heutige Aufgabe darin, die ursprüngliche Intention Marxens wiederherzustellen, die in schädliche Vorstellungen abgeglitten ist und zu dem doppelten Fehlschlag des Sozialismus geführt hat. Das ist einerseits die sowjetische Verfehlung der Demokratie und andererseits die Aufhebung der ursprünglichen proletarischen Existenz im bürgerlichen Materialismus. Der unvergleichliche Dienst, den Marx nicht nur der sozialistischen Bewegung, sondern der Menschheitsgeschichte überhaupt erwiesen hat, ist, daß er den Weg der Erlösung von den anonymen irrationalen Mächten der bürgerlich-kapitalistischen Gesellschaft gezeigt hat, wodurch die Entdinglichung des Menschen, die Vermenschlichung des Daseins im Arbeitsleben als die Bedingung der universalen Befreiung möglich werden sollte. Das rationale Programm, das Marx der sozialistischen Bewegung gab, rettete die kapitalistische Gesellschaft vorläufig vor der emotionalen Wut ihrer Opfer (Maschinenstürmer). Dafür bedrohte die organisierte Solidarität der Arbeitenden den Bestand dieser Gesellschaft selbst. Nicht in Rechnung gestellt hatte Marx, daß die Gesellschaft, weil sie sich unter der bitteren Anklage der Unordnung und Ungerechtigkeit dem Untergang geweiht sah, sich zu reformieren begann. Sie konnte dies entgegen geschichtlicher Erfahrung nur, meint Heimann, weil sie christliche Wurzeln hat.

Diese hundertjährige, nicht programmatische, sondern unter dem Druck der Arbeiterbewegung Schritt für Schritt pragmatische Reform hat tatsächlich dazu geführt, daß diese Gesellschaft anders geworden ist. In einem echten dialektischen Prozeß werden in den kapitalistischen Individualismus Elemente des marxistischen Kollektivismus und Zentralismus eingebaut, wodurch die Freiheit der allzu wenigen Starken eingeschränkt und die Freiheit der Vielen um der Gerechtigkeit willen erweitert und verallgemeinert wird. Die Bedrückten kommen zeitlich und wirtschaftlich auf eine höhere Stufe – eine soziale Reform, die Marx für unmöglich gehalten hatte. Zugleich wandelt sich die Arbeiterbewegung und wird der Staat demokratisiert. Aus der revolutionären wird die reformistische Arbeiterbewegung, aus der Alternative zum Kapitalismus das große Korrektiv im Kapitalismus. Wenn diese Entwicklung in den westlichen Ländern dennoch dem philosophisch-humanitären Ansatz von Marx entspricht, so ist die vom orthodoxen Marxismus geschaffene bolschewistische Ordnung das gerade Gegenteil der ursprünglichen Marxschen Prophezeiung. Die Tragik des Sozialismus im Bolschewismus liegt nicht nur darin, daß er der Marxschen deterministischen Analyse der ökonomischen Verwirklichung völlig widerspricht, sondern vor allem in seinem von Marx schärfstens verurteilten „vulgären Kommunismus", der die Persönlichkeit leugnet und dem Arbeiter eine ihm fremde Lebensform von oben aufzwingt, die Selbstverwirklichung, Vermenschlichung und Verpersönlichung des Arbeiterlebens geradezu verhindert.

Entfremdung im Konsum

Die Hauptthese Marxens, die Entfremdung des Menschen in der Arbeit, ist aber weder im Osten noch im Westen aufgehoben. Denn ihre letzte Ursache ist nicht, wie Marx annahm, das Privateigentum an den Produktionsmitteln, sondern die wissenschaftliche Technik, auf die auch der Bolschewismus und keine andere sozialistische Ordnung je verzichten können. Das Ziel der sozialistischen Bewegung ist aber zunächst im Westen noch aus einem anderen Grunde ernsthaft in Frage gestellt. Denn wenn nach der alten sozialistischen Theorie der Mensch als eine Einheit von Arbeitskraft fremdbestimmt war, so ist er jetzt als eine Einheit von Kaufkraft, als Konsument, nicht weniger unfrei und fremdbestimmt. In ihm werden durch eine aggressiv-suggestive Werbung stetig neue, keineswegs notwendige Bedürfnisse wachgerufen, weil die Industrie eine immer schneller wachsende Güterfülle erzeugt und absetzen muß, um nicht zusammenzubrechen. Die Produktion dient nicht dem Konsum, sondern der Konsum der Produktion. Die Souveränität des Verbrauchers ist dem Konformismus des Konsums gewichen. Eine sich verantwortlich wissende Demokratie könnte diese anonymen Mächte bändigen, den Konsum durch eine ethische und ästhetische Erziehung lenken, die Produktion auf geistige und kulturelle Güter, auf Gemeinschaftsaufgaben umstellen. Vor allem ist die sozialistische Bewegung von ihrem Ursprung her berufen, den „bürgerlichen Konformismus und Materialismus, die Fremdbestimmung in einem immer üppigeren und immer unpersönlicheren Konsum, die Macht der anonymen Dämonien über die Gestaltung unseres Lebens zu brechen und den Menschen in seine Souveränität einzusetzen". Dazu ist die Organisation wirtschaftlicher Voraussicht das angestammte politische Programm des Sozialismus.

Christliches Erbe im Marxismus

Sein letztes Werk, die „Theologie der Geschichte" (1966) nennt Heimann selbst einen Versuch, dessen Grundlage Tillichs Idee des Kairos ist. Christliches und sozialistisches Denken stimmen darin überein, daß es in der Erwartung des Kommenden steht, daß alles Geschehene und Geschehende auf die Zukunft bezogen und qualitativ bewertet wird. Die christliche Vision vom Reich Gottes wurde im Sozialismus säkularisiert, die von den Christen verratene Gerechtigkeit ging zu den Ketzern, die großen Erneuerungen, in denen die Ewigkeit in die Zeitlichkeit einzubrechen schien, wurden gegen den Willen der Kirchen zu Revolutionen oder Reformen – dennoch ist es die christliche Geschichtsauffassung, die dieser historischen Dynamik den Anstoß gab. Die von Marx organisierte proletarische Revolution war ausdrücklich antikirchlich, weil „die kirchliche Verkündigung die Leiden der Ausgebeuteten als gottgesandt erklärte und den millionenfachen Schrei nach Gerechtigkeit als heillosen Materialismus verdammte". Sie war dennoch nicht antichristlich, „wenn doch verantwortliche Gestaltung der Sinn christlicher Ethik in dieser Menschenwelt ist". So gehört die Arbeiterbewegung „selbstverständlich zur christlichen Geschichte, auch wo sie selbst es nicht wahrhaben wollte, weil die offiziellen Christen ihrer Zeit es nicht wahrhaben wollten".

Als Heimann 1965 zusammen mit dem ihm geistig eng verwandten katholischen Sozialkritiker Paul Jostock den Kulturpreis des Deutschen Gewerkschaftsbundes erhält, lautet die Laudatio: „Eduard Heimann hat durch die gesellschaftspolitische Wirkung seiner wissenschaftlichen Arbeit kritisch und schöpferisch das Selbstverständnis der Arbeiterbewegung gefördert und in Wort und Schrift ihre Vorstellungen über eine sinnvolle Reform unserer Industriegesellschaft beeinflußt. Er wirkte im Sinne eines religiösen Sozialismus aus der Überzeugung, daß letztlich nur der Geist der Brüderlichkeit die Herausforderung zu beantworten vermöge, welche die Anonymität der gesellschaftlichen Apparaturen und die unvermeidlichen Zwänge wirtschaftlicher Prozesse heute für den Menschen darstellen. Sein Appell richtet sich an die christliche und außerchristliche Welt, nicht zu vergessen, was der Auftrag des Christentums ebenso wie der aller anderen humanitären Bewegungen nach ihrem Ursprung und Kern bedeutet."

Im selben Jahr würdigt Hans Ritschl das gegen 200 Veröffentlichungen umfassende Gesamtwerk Heimanns: „Wenn Marx sich rühmte, er habe Hegel auf den Kopf gestellt, so können wir Heimann nachrühmen, daß er Marx auf den Kopf gestellt hat – womit denn vieles wieder richtiggestellt ist! Bedeutsam ist hier vor allem die Absage an einen unbedingten Determinismus. ‚Die deterministische Wirtschaftslehre', so schreibt Heimann, ‚und die marxistischen Theorien sind ontologisch falsch, weil sie die Freiheit des Menschen leugnen, aber – sie werden sich als richtig erweisen,

wenn der Mensch von seiner Freiheit keinen Gebrauch macht.'"[10]
Die Nachricht vom Tode Paul Tillichs im Oktober 1965 erschütterte Heimann tief. Die Krankheit, die ihn danach befiel, endete tödlich. Er starb am 31. 5. 1967 in Hamburg. Adolph Lowe – alias Adolf Löwe – schrieb dazu: „Sein Tod hat eine über die akademischen und persönlichen Bereiche hinausgehende Bedeutung. Mit Heimann hat eine einzigartige Tradition der Sozialwissenschaften, die im 19. Jahrhundert in Deutschland entstand und die in den Werken der beiden Weber, in dem von Franz Oppenheimer und später in dem von Joseph Schumpeter gipfelten, einen ihrer letzten Vertreter verloren: einen Fachgelehrten, der zu einer wissenschaftlichen Gesamtschau, und der – wie im Falle Heimanns – sogar zu einer Theologie der Kultur vordrang."[11]

Anmerkungen

1 Eduard Heimann, Religion und Sozialismus, in: Die Tat 4, 1927.
2 Eduard Heimann, Die christlichen Kirchen und die soziale Krise, in: Kölner sozialpolitische Vierteljahresschrift VII 2/3.
3 Wiedergegeben in: Sozialismus aus dem Glauben, 1929.
4 Eduard Heimann, Sozialismus und Sozialpolitik, in: Kairos I, 1926.
5 In: Soziale Praxis, Oktober 1929.
6 In: Frankfurter Zeitung, 10. 4. 1932.
7 Eduard Heimann, Über die Grenze der Sozialpolitik, in: Jahrbuch der Sozialpolitik II.
8 Siegfried Marck, Eduard Heimanns religiös-freiheitlicher Sozialismus, in: Geist und Tat 12, 1957.
9 Eduard Heimann, Der entfremdete Sozialismus und die Konsumgesellschaft, in: Hamburger Jahrbuch für Wirtschafts- und Gesellschaftspolitik, 1964.
10 Hans Ritschl, Bemerkungen zu einer sozialen Theorie des Kapitalismus, in: Kyklos, vol. 18, 1965.
11 Adolph Lowe, In memoriam Eduard Heimann, in: Social Research, Februar 1968.

Literatur (ohne die im obigen Text genannte)

Heyder, Ulrich: Reformtheorie und Gesellschaftswandel im Werk Eduard Heimanns, in: Horst Heimann/Thomas Mayer (Hrsg.), Reformsozialismus und Sozialdemokratie, 1982.
Gollnick, Heinz/Ortlieb, Heinz-Dietrich: In memoriam Eduard Heimann – Sozialökonom, Sozialist und Christ, 1968.

Kodalle, Klaus M.: Politische Solidarität und ökonomisches Interesse. Der Begriff des Sozialismus nach Eduard Heimann, in: Aus Politik und Zeitgeschichte, Beilage 26, 1975.

Schack, Herbert. Eduard Heimann – Soziale Theorie der Wirtschaftssysteme, in: Schmollers Jahrbuch, Bd. 83, 1963.

Weippert, Georg: Neue Schriften zum Problem der Wirtschaftsordnung, in: Jahrbücher für Nationalökonomie und Statistik, Bd. 168, 1956.

Zur Ordnung von Wirtschaft und Gesellschaft. Festgabe für Eduard Heimann zum 70. Geburtstag, in: Hamburger Jahrbuch für Wirtschafts- und Gesellschaftspolitik, 1959.

Paul Hertz (1888–1961)

Realpolitiker im Dienste der sozialdemokratischen Utopie

von
Ursula Langkau-Alex

Handbücher der Weimarer Zeit führen seinen Namen unter den „führenden Persönlichkeiten", sogar unter den internationalen „Politiker(n) der Gegenwart" an. Im „Lexikon des Sozialismus", erschienen im Frühjahr 1986, sucht man ihn, dem am 28. Oktober 1961 der damals Regierende Bürgermeister von Berlin, Willy Brandt, die Trauerrede hielt, vergeblich.[1] Wen gilt es hier vor dem Vergessen zu bewahren?

Lehr- und Wanderjahre

Paul Hertz wurde am 23. Juni 1888 in Worms als 5. Kind der Eheleute Carl Hertz und Hermine geb. Strauß geboren. Ihm folgten noch ein Bruder Friedrich, der jedoch noch im Kindesalter starb und – in Hamburg bzw. Stettin – zwei weitere Schwestern, Anna und Emmy, die 1938 in die USA emigrierten.
Die Vorfahren und Verwandten waren alle „israelischer Religion", wie es standesamtlich hieß, und sie lebten seit Jahrhunderten im Raum zwischen Niederrhein, bis hin in die Niederlande, und Oberrhein. Großvater Emanuel Hertz produzierte in Rheinberg den Magenbitter „Boonekamp", 1847 heiratete er Philippina Spier aus Rees. Vater Carl, 1851 in Crefeld geboren, erlernte ebenfalls den Kaufmannsberuf, 1880 ehelichte er in Worms Hermine Strauß, die nach dem Tod ihrer Eltern – des in Grünstadt verstorbenen Schullehrers Jacob und seiner später in Worms wohnhaften Frau Helene geb. Walter – im (Eltern)Hause des Kleiderfabrikanten Jacob Bamberger aufgewachsen war. Von 1885 bis 1891 war Carl Hertz Mitinhaber des Unternehmens seines Trauzeugen Jacob Bamberger, dann trat er, der lieber auf Kundenreisen ging, als im Kontor stillzusitzen, aus der Firma aus, die jedoch weiterhin den Namen Bam-

berger & Hertz führte und ihren Sitz später nach Frankfurt am Main verlegte.

Carl Hertz zog mit der Familie nach Hamburg. Dort besuchte Paul Hertz von 1894 bis Ostern 1897 die „Stiftungsschule von 1815". Am 1. Mai 1897 trat er in die VII. Klasse der Barnim-Schule in Stettin, dem neuen Wohnsitz der Eltern, ein. Aus finanziellen Gründen verließ er diese neunstufige Mittelschule für Knaben nach der II. Klasse, am 31. März 1903, mit einem Zeugnis, das nur in Zeichnen – Note „i[m] g[anzen] gut" – eine auffälligere Begabung oder aber, da Hertz nach allen Zeugenberichten nie zeichnete und auch kein besonderes Kunstinteresse zeigte, Akkuratesse verrät. Alle anderen Fächer waren als „genügend" oder weniger, Turnen als „ziemlich genügend" bewertet worden.

Einem ca. 1918 verfaßten Lebenslauf zufolge begann Paul Hertz am 1. April 1903, nach Arbeitgeberzeugnis vom 28. März 1906 erst am 1. November 1903 als kaufmännischer Lehrling in der Stettiner Firma Proskauer & Tannenwald, einer Engros-Export Herren- und Knaben-Confection, in der die Eltern – folgt man dem von ihnen verwendeten Firmenpapier auch für private Zwecke – spätestens seit 1906/07 die Geschäfte mit bestimmten. Mangelnde Auto- oder Zeugenberichte lassen nur vermuten, daß Firmenverhältnisse und/ oder Kollegen den Beitritt zum „Zentralverband der Handlungsgehülfen und Gehülfinnen Deutschlands" im August 1904, die Mitgliedschaft in der SPD ab 1905 gefördert haben; andererseits kamen die sozialen Bestrebungen der Arbeiterbewegung Hertz' ausgeprägtem Gefühl für Recht und Gerechtigkeit sicherlich entgegen.

Noch vor Ende der Lehrzeit sah Hertz sich nach einem anderen Wirkungskreis um. Die Gesellschafter von Verlag und Expedition des Stettiner „Volksboten" reagierten auf seine Bewerbung vom 22. Februar 1906 um eine Volontärstelle zu spät. Bereits Ende des Monats nahm er ein Angebot der Hauptgeschäftsstelle des Zentralverbands der Handlungsgehilfen in Hamburg, die offensichtlich von einem Gewerkschaftskollegen auf ihn aufmerksam gemacht worden war, an. Ab 1. April des Jahres erlernte Hertz im Hauptbüro praktische Verbandsarbeit, erwarb er in einem vierwöchigen Kursus bei der „Generalkommission der Gewerkschaften Deutschlands" in Berlin theoretische Kenntnisse. Noch während der dreimonatigen Probezeit erhielt er ein Gehalt von 100 Mark pro Monat – während die Zeitung ihm in den ersten 3 Monaten gar nichts, danach eventuell eine Entschädigung gewähren wollte. Nach der Grundausbildung wurde Hertz – zum Verdruß von Jacob Bamberger, einem Onkel Philipp in New York und seiner Eltern, die ihn alle ‚im Geschäft' und nicht „mit den *Genossen* [...] heulen" sehen wollten[2] – vom Dezember 1906 bis zum offiziellen Ausscheiden am 30. September 1910 als „Beamter" oder „Leiter" dieser Privatangestellten-Gewerkschaft in den „Gauen" Schlesien (zuständig für ganz Ostdeutschland und organisatorisch völlig unterentwickelt), mit Breslau als Mittelpunkt (für Tante Betty „Rußland", wie die Mutter amüsiert schrieb), Rheinland (Köln), Westfalen und Mittel- bzw. Süddeutschland (Stuttgart, Frankfurt und Straßburg) zu „vorwiegend sozialen Angelegenheiten" eingesetzt. Im Zeugnis heißt es, seine Tätigkeit habe „neben der Beschäftigung mit propagandistischen und verwaltungstechnischen Fragen auch die schriftstellerische Behandlung beruflicher und sozialer Probleme erfordert, [...] von ihm Kenntnisse auf allen Gebieten öffentlicher Betätigung verlangt".[3] Zwischendurch kehrte er öfters in die Hamburger Zentrale zurück. Wie eifrig und zur allgemeinen Zufriedenheit Hertz seine gewerkschaftliche Lehrzeit nutzte und die Erfahrungen in den verschiedenen Gauen verarbeitete, zeigt sich z. B. darin, daß er, noch nicht zwanzigjährig, zu den 45 Delegierten gehörte, die zu Pfingsten 1908 in München die Generalversammlung des Zentralverbands der Handlungsgehilfen und Gehilfinnen abhielten. Zwei Jahre später, auf der Generalversammlung in Hamburg, hielt er das Referat über „Kaufmännische Stellenvermittlung". Anfang 1909 engagierte er sich im Wahlkampf für die Handelsgerichte, jener Sondergerichte, die außerhalb der gewöhnlichen staatlichen Gerichte über Handelssachen entschieden. Jacob Bamberger war höchst stolz auf den „*Genossen* Paul Hertz", den er am 11. Februar in einem Frankfurter Lokal als „temperamentvolle[n], schlagfertige[n] u[nd] sachliche[n] Redner" eineinviertel Stunden lang erlebte, gleichzeitig bedauerte er um so mehr, daß sein „Neffe" „keiner besseren Sache dient. Aus dem Jungen hätte man viel machen können" – so gegenüber Pauls Eltern. Diese schlossen sich, ihrem Kaufmannsblut entsprechend, dem Urteil an, wie der Kolportage des Briefs an den Sohn zu entnehmen ist.[4]

Hertz' Agitationsrede in Frankfurt und der Eindruck, den sie auf Bamberger hinterlassen hatte, zeitigten jedoch überraschende Folgen. Ein Gespräch zwischen den beiden ließ in Hertz, der sich bisher neben der praktischen Arbeit durch Kurse und Selbststudium

weitergebildet hatte, den Wunsch nach einem Universitätsstudium in Nationalökonomie und Geschichte reifen – um auf diese Weise später „der Arbeiterbewegung bessere Dienste leisten zu können", wie er in seinem Kündigungsbrief vom 16. Juli 1910 an den Zentralverband der Handlungsgehilfen schrieb. Der Vater knüpfte – seine Tochter Emmy vermutet, auf Drängen der Mutter – zwei Bedingungen an die Finanzierung des Studiums: Paul sollte versprechen, daß er erstens niemals den „Glauben wechseln", zweitens „niemals eine Christin resp. Andersgläubige als Frau nehmen" werde. Doch er zahlte auch, als der Sohn beides zurückwies. Die Antwort des knapp Zweiundzwanzigjährigen an den Vater zeugt von Charaktereigenschaften, die mit zunehmenden Alter immer deutlicher hervortreten sollten: Ehrlichkeit, Festigkeit in einmal als richtig erkannten Dingen und Entscheidungen, Treue zu seinen Überzeugungen. Der Brief an den Vater vom 10. Juli 1910 fixiert einen doppelten Bruch mit der Familientradition – was jedoch nie zu persönlichen Entzweiungen geschweige denn zu Illoyalität oder gar Militanz gegenüber dem hergebrachten Milieu und dem (deutschen) Judentum im allgemeinen führte – und die Hinwendung zu Werten, die er in der Sozialdemokratie kennengelernt und sich gleich anderen jungen Juden zu eigen gemacht hatte: Wissenschaftlichkeit statt Glauben und Religion sowie die Betonung von geistiger Übereinstimmung und Kameradschaft anstelle von materiellen Erwägungen bei intimen persönlichen Beziehungen. Paul Hertz erklärte dem Vater, er werde nie zur evangelischen oder katholischen Religionsgemeinschaft übertreten, sei aber bereits aus der jüdischen ausgetreten (so geschehen am 25. September 1908 vor dem Amtsgericht in Köln; er hat diesen Schritt im Gegensatz zu anderen Genossen, etwa Erich Kuttner, nie revidiert). Zum zweiten Punkt gab er unmißverständlich zu verstehen, er werde nur eine Frau heiraten, die tapfer sei und ihm „auch in schwierigen Lebenslagen als treuer Freund und Berater zur Seite" stehe, ganz gleich, ob das nun eine Jüdin oder eine Nichtjüdin sei. Er deutete an, daß er die geforderten Eigenschaften bisher nur bei einer Frau, die allerdings Jüdin sei, habe entdecken können. Zweifellos bezog er sich auf Johanna (Hanna) Loeb-Gernsheimer, die er 1909 in Frankfurt kennengelernt hatte. Diese am 19. Dezember 1886 in Pfungstadt geborene, recht emanzipierte, intellektuell begabte junge Frau, die u. a. mit Rosa Luxemburg bekannt war, heiratete er am 14. April 1914 in Leipzig.[5]
Bei der Suche nach Universitäten und Wegen, um auch ohne Abitur

studieren und promovieren zu können, war Max Josephsohn vom Zentralverband der Handlungsgehilfen in Hamburg Ratgeber und Vermittler. Hertz begann mit dem Wintersemester 1910/11 an der Ludwig-Maximilians-Universität in München ein dreisemestriges Studium bei hervorragenden sozialpolitisch bis sozialistisch eingestellten Hochschullehrern, die aber (noch) außerhalb der Sozialdemokratie standen: Hugo Sinzheimer, Arbeitsrechtler und Experte der Geschichte der industriellen Entwicklung; Lujo Brentano, Nationalökonom, Hauptvertreter des Kathedersozialismus; Walter Lotz, Finanz- und Handelswissenschaftler; Theodor Vogelstein, Sachkenner kapitalistischer Organisationsformen in der modernen Großindustrie der alten und der neuen Welt; Franz Walter, dessen Untersuchung „Kapitalismus, Sozialismus, Christentum" 1906 erschienen war; Theodor Bitterauf, bei dem Hertz über „Das Zeitalter der französischen Revolution" hörte. Wie geplant, wechselte er zum Sommersemester 1912 an die Universität Tübingen. An deren staatswissenschaftlicher Fakultät belegte er Vorlesungen und Seminare in Nationalökonomie, Völker-, Staats-, Reichs- und Landesrecht sowie Kommunalpolitik u. a. bei Rudolf Smend, August Freiherr Sartorius von Waltershausen, Karl Johannes Fuchs. Sein vornehmlicher Lehrer und Mentor aber war Robert Wilbrandt, der sich vor allem mit sozialpolitischen, genossenschaftlichen und Untersuchungen über Frauenarbeit als „Problem des Kapitalismus" einen Namen gemacht hatte. Bei ihm promovierte Paul Hertz am 19. Februar 1914, als einer der ersten und gleichzeitig als einer der letzten nach der Begabten-Förderungsbestimmung, mit einer „Geschichte der sozialistischen Gewerkschaftspresse in Deutschland". Es war eine eher historisch als wirtschaftspolitisch angelegte Arbeit, gedacht als erster Teil einer umfassenderen Untersuchung über die sozial-kulturelle Bedeutung der Gewerkschaften. In den beiden letzten Kapiteln wurden „Die Leser und das Lesen der Gewerkschaftspresse" und „Die Presse als demokratisches Element in der Organisation" behandelt.[6] Hertz ließ beide aus der Anfang 1918 fertiggestellten Druckfassung heraus, da er in einer geplanten Überarbeitung die Funktion der Gewerkschaftspresse als Organ der Erziehung zu dem, was heute demokratischer Sozialismus genannt wird, stärker betonen wollte. Diese Intention lag durchaus im Rahmen der traditionellen Konzeption in der (marxistischen) Arbeiterbewegung. „Erziehungsdiktatur" war der – auch bei Sozial-Liberalen und Radikal-Demokraten – gängige Terminus; die Arbeiterbewegung

koppelte ihn an die „Diktatur des Proletariats" bzw. an den „(demokratischen) Volksstaat". (Letzteres findet sich u. a. bei Hertz noch in der Emigrationszeit nach 1933; erst im amerikanischen Exil sollte er, unter dem Einfluß der dortigen Arbeiterbewegung und angesichts der Erfahrungen sowohl mit der nationalsozialistischen als auch mit der sowjetischen Diktatur, den Begriff ablehnen.)
Weder die Überarbeitung der beiden letzten Kapitel noch die Fortführung der Geschichte der sozialistischen Gewerkschaftspresse hat Hertz je abschließen können. Eugen Prager, der spätere Chronist der Unabhängigen Sozialistischen Partei Deutschlands (USPD), holte ihm zum 1. April 1914 in die Redaktion der „Leipziger Volkszeitung". Adolf Braun, Gewerkschaftsspezialist, aus Preußen ausgewiesener austromarxistischer Redakteur des Berliner „Vorwärts", damals Chefredakteur der „Fränkischen Tagespost" in Nürnberg, hatte den um 26 Jahre Jüngeren dorthin vermittelt. Im August 1914 meldete sich der Enkel des königlich-preußischen „Landwehrreiters" Carl Hertz gleich vielen anderen Genossen freiwillig zum Kriegsdienst. 1910 hatte er sich vom Militärdienst offenbar um des Studiums willen suspendieren lassen.
Seine frühen und langjährigen praktischen Erfahrungen in und seine theoretische Beschäftigung mit der Gewerkschafts- und der Genossenschaftsbewegung wirkten jedoch in den späteren politischen Tätigkeiten weiter. Den nationalen Gesichtskreis hatte Hertz noch während des Universitätsstudiums praktisch erweitern können: Von Ende Juli bis Mitte September 1911 hatte er, mit Unterstützung der Generalkommission der Gewerkschaften in Berlin, eine Studienreise nach England unternommen. Sie führte ihn mitten in einen großen Streik der Transportarbeiter aller Verkehrsmittel einschließlich der Hafenarbeiter und in eine Protestdemonstration der Gaststättenangestellten. In den Jahren 1912/13 fungierte er mit Ernst Reuter zeitweilig als Wanderredner des Bildungsausschusses der SPD, 1913/14 begleitete er die von Hanna vorgenommene deutsche Übersetzung eines Buchs von Emile Vandervelde über unterschiedlich konzipierte Genossenschaftsbewegungen.[7] Nach Kriegsende wurde Hertz im „AfA-Bund" (Allgemeiner freier Angestelltenbund) aktiv, der 1919 als Nachfolger der „Arbeitsgemeinschaft freier Angestelltenverbände", wozu auch der Handlungsgehilfen-Verband gehört hatte, gegründet wurde. Als Stadtverordneter von Charlottenburg war er u. a. am Ausbau des Genossenschaftswesens interessiert; im amerikanischen Exil sollte er öffent-

lich darauf hinweisen, daß die Anfänge der Kredit-Genossenschaften in den USA auf den Besuch des Bostoner Ökonomen Edward A. Filene zu Beginn der zwanziger Jahre in Deutschland und namentlich in Berlin, wo Hertz ihn rundführte und informierte, zurückgingen. Vor allem aber baten Gewerkschafter und Genossenschafter ihn nach seiner Wahl in den Reichstag, 1920, ihr Sprecher in allen ihre Bewegung betreffenden Fragen zu sein – so jedenfalls Hertz selbst in einer Rede auf dem Meeting der „Credit Union" am 18. April 1941 in Long Beach.

Den formalen Abschluß der „Lehr- und Wanderjahre" bildet die Verleihung des begehrten Titels Dr. rer. pol. Ende 1919 oder Anfang 1920, nachdem der Druck der Dissertation zunächst wegen des Kriegsausbruchs verschoben worden war, dann unter das Verbot der Veröffentlichung von Arbeiten wirtschaftlichen Inhalts fiel und 1919 wegen Papiermangels mit ministerieller Verfügung offiziell gänzlich unterblieb.

Gesellenjahre

Praktisch waren die „Lehr- und Wanderjahre" von Paul Hertz mit der Entlassung aus dem Kriegsdienst am 4. Oktober 1917 vorbei. Seine Frau Hanna, die ihm 1915 den Sohn Wilfried geboren hatte, hatte dafür gesorgt, daß der abgemagerte Gefreite von der Reichsstelle für Gemüse als wissenschaftlicher Hilfsarbeiter angefordert wurde. Dort arbeitete er bis einschließlich 8. November 1918, am 9. November half er mit langem Gewehr, das Reichstelegraphenamt zu „erobern". Karl Kautsky vermittelte den jungen Parteigenossen – Hertz war noch im Oktober 1917 der USPD beigetreten, wie übrigens alle Kollegen der „Leipziger Volkszeitung" vor ihm – ins Reichsernährungsamt, der nach eigener Einschätzung damals wichtigsten Regierungsstelle, da die Versorgung der Bevölkerung nahezu zusammengebrochen war. Hertz wurde persönlicher Referent des neuen Leiters, Emanuel Wurm, und beide blieben auf dringenden Wunsch der provisorischen Regierung noch weitere zwei Monate im Amt, nachdem die USPD-Vertreter Ende 1918 aus dem „Rat der Volksbeauftragten" ausgetreten waren. Von Wurm, dem Ökonomen, Experten in Sachen Genossenschafts- und Konsumvereine, Berliner Kommunalpolitiker und MdR, Redakteur von Kautskys „Die Neue Zeit" von 1902 bis 1917, hat Hertz während der dreimonatigen Zusammenarbeit in praktischer Politik, sowohl auf nationaler als auch auf internationaler Ebene, noch viel gelernt. Der größte Erfolg der gemeinsamen Amtszeit war, daß es Wurm mit Hilfe einer von einer wissenschaftlichen Kommission ausgearbeiteten Denkschrift gelang, die Ententemächte zu Verhandlungen über Lebensmittellieferungen nach Deutschland zu bewegen.

Nach Beendigung seiner Tätigkeit im Reichsernährungsamt arbeitete Hertz bis zum Sommer 1920 fast ausschließlich schriftstellerisch, journalistisch, danach fungierte diese Arbeit als publizistische oder wissenschaftliche Begleitung oder als Entwurf seiner praktischen politischen Aktivitäten; „Schriftsteller" war und blieb seine Berufsbezeichnung in den Hand- und Informationsbüchern der Weimarer Zeit. Sein Themenkreis als Wirtschaftsredakteur des Berliner Organs der USPD „(Die) Freiheit" z. B. reicht von der Demobilisierung der Armee bis zu Vorschlägen für den Wiederaufbau der Wirtschaft trotz aller Reparationslasten. Er publizierte ebenfalls u. a. in der von Rudolf Breitscheid bis 1922 herausgegebenen Wochenschrift „Der Sozialist": über Fragen der Finanz- und Steuerpolitik der Reichsregierung, über Berliner kommunalpolitische Konflikte, über Krisen in seiner Partei; ferner im „Vorwärts", in der „Neuen Gesellschaft" und in anderen Organen. Symptomatisch, auch für seine späteren Stellungnahmen in – engeren – Parteifragen und unter der weiteren Perspektive der Arbeiterbewegung allgemein, erscheinen mir zwei Publikationen aus dieser Frühzeit. In „Lehren des Parteitags" von Ende 1919 analysiert Hertz das Unbehagen, letztlich das Motiv der kritischen Stellungnahmen in der Parteipresse zum Leipziger Parteitag der USPD. Er kristallisiert heraus, daß die Kritiken sich vor allem an der Art und Weise entzündeten, wie das Problem der internationalen Organisierung behandelt worden war. Die Alternative: Entweder sofortiger bedingungsloser Anschluß an die Moskauer Internationale oder zunächst Einigung der sozialrevolutionären Parteien des Westens, bevor mit jener verhandelt würde, habe nicht diskutiert werden können, da die Delegierten mit gebundenen Mandaten erschienen seien und sich gegenseitig ihren Standpunkt aufzuzwingen trachteten. Den Verärgerten ob der Kritik in der Parteipresse hält er entgegen, daß diese konstruktiv gemeint und daher positiv zu bewerten sei. Ihr liege die Erkenntnis zugrunde, „daß nur in fortwährendem Ringen mit den Problemen der kürzeste Weg für das Vorwärtstreiben der Revolution gefunden werden kann". Die USPD müsse die traditionelle

„Stärke der Arbeiterbewegung" beherzigen, d. h. „innerhalb der Partei die verschiedenen Meinungen im geistigen Ringen miteinander wetteifern zu lassen".[8]
In der ebenfalls gegen Ende des Jahres 1919, allerdings anonym, veröffentlichten Schrift: „Die Münchener Tragödie. Entstehung, Verlauf und Zusammenbruch der Räte-Republik", beklagt Hertz einerseits sarkastisch, daß die „revolutionären Errungenschaften" des November 1918 und der Folgezeit von den „Idealen einer nur formalen Mehrheits-Demokratie" beseitigt würden; ausgerechnet die SPD habe dieser Entwicklung den vorläufigen Höhepunkt gesetzt, indem sie das ohne Waffengewalt begonnene Regierungsexperiment in München – dem Hertz selbst nicht ohne Zweifel gegenübergestanden hatte – blutig-terroristisch niedergeschlagen und mittels bürgerlicher Klassenjustiz endgültig besiegelt habe. Andererseits sieht er „für das Schicksal der Revolution" verhängnisvolle Fehler, falsche und illusionäre Einschätzungen auf seiten der Räte-Republikaner: sie hätten „die Form der Umwälzungen über den Inhalt" gestellt „und sich *Täuschungen* hin[ge]geben über die Reife der revolutionären Kräfte und die ökonomischen Grundlagen der Umwälzung selbst". Der Schluß- und Kernsatz der Abhandlung lautet: „Wenn das deutsche Proletariat die Revolution retten will, so muß es lernen, *einheitlich und geschlossen* zu handeln und das große Ziel der Bewegung als *ganzes* betrachtet über Teilerfolge und vorübergehende Moraleroberungen zu setzen."[9] Hier redet ein Politiker, kein (blind) vorwärtsstürmender Revolutionär. Seine parlamentarische Laufbahn und seine politischen Entscheidungen während dieser und der späteren Zeit sind ein einziges Zeugnis für diese Grundhaltung.
Die Wahlkämpfe von 1920 wurden von der gesamten Rechten mit persönlich bezogener antisemitischer Propaganda gegen die sozialistische Linke geführt. Hertz figurierte als Karikatur im später so berüchtigten „Stürmer"-Stil des Julius Streicher auf Flugblättern, die gegen den „Juden Paul Hertz" in Hamburg und Berlin Stimmung zu machen und Stimmen zu gewinnen suchten – in diesem Falle vergebens. In Groß-Berlin wurde Hertz nach den erfolgreichen Kommunalwahlen vom 20. Juni 1920 Stadtverordneter für Ernährung, Finanzen und Steuerwesen für den Stadtteil Charlottenburg; er wohnte damals in der Neuen Kantstraße Nr. 3. Dieses Amt hatte er bis Oktober 1925 inne, zunächst für die USPD, ab Oktober 1922 für die durch deren „rechten" Flügel verstärkte SPD. Diese

kommunalpolitische Karriere sei hier ausgespart, denn: 1) verdankt Hertz Ruf und Ruhm in der Weimarer Zeit vorwiegend seinen Aktivitäten auf Reichsebene; 2) würde die Skizzierung der Stadtverordnetenzeit dem hier zu erstellenden Porträt kaum etwas hinzufügen, da der Aufgabenbereich sich mit dem im Reichstag nahezu deckt – damit sollen freilich nicht die Unterschiede auf beiden Ebenen geleugnet werden; 3) erscheint es sinnvoll, die spezifische Problematik der kommunalen Politik, namentlich in Berlin, einleitend zu der von der Verfasserin dieses Artikels demnächst in Angriff zu nehmenden Untersuchung über Hertz' Berliner Nachkriegsjahre (1949–1961) herauszuarbeiten (s. unten).

Aufgrund des Wahlausgangs vom 6. Juni 1920 zum ersten Reichstag nach Kriegsende zog Hertz über die „Reichswahlliste" ins Parlament ein; erst von der vierten Reichstagswahl an (20. Mai 1928) vertrat er als Spitzenkandidat der SPD den Wahlkreis 11: Merseburg bei Halle. In seiner ersten großen Interpellation im Reichstag, am 5. Juli 1920, zieht Hertz bereits alle faktischen und rhetorischen Register – bei letzterem kam ihm seine wohllautende, ruhige und doch nuancenreiche Stimme zu Hilfe –, die ihn als Parlamentarier und, ersetzt man rhetorisch durch stilistisch, als Publizisten berühmt machen sollten. Nicht nur weist er dem ehemaligen Reichsernährungs- und damaligen Finanzminister Dr. Andreas Hermes vom Zentrum nach, daß er Preispolitik im Interesse der spekulierenden (Groß)Agrarier betreibe, sondern es gelingt ihm auch, ein ‚Gesamtgemälde' entstehen zu lassen, Ursache und Folgen von (Fehl)-Entwicklungen und Krisen in ein direktes Verhältnis zueinander zu setzen, aufgrund der Analyse des Gegenwärtigen – in die er später oft internationale Vergleiche einbeziehen sollte – zukünftige Entwicklungen mindestens hypothetisch in die politische Strategie und die augenblickliche Taktik einzubeziehen. Sein Denken richtete sich sowohl auf die Tages- als auch auf die Politik über den nächsten Tag hinaus. In der ersten Legislaturperiode, bis März 1924, bemühte sich Hertz in Zusammenarbeit mit seinen Genossen, die Spirale: Preissteigerungen – Schädigung der deutschen Wirtschaft – Geldmangel zu brechen. Die Preissteigerungen sah er direkt durch die Warenproduzenten, indirekt durch Steuern bewirkt. Da Löhne und Gehälter weit hinter den Preissteigerungen für erste Lebensnotwendigkeiten zurückblieben, könne die Masse der Werktätigen sich nicht ausreichend ernähren, es herrsche folglich Mangel an der Ware „Arbeitskraft", wodurch nicht genügend produziert und im

In- und Ausland verkauft werden könne. Das dadurch fehlende, zur Bezahlung der Reparationslasten aber dringend benötigte Geld werde durch Anleihen und Drucken von Geld aufzutreiben versucht, was zur Inflation führe (bzw. geführt habe), den Geldmangel aber letztlich nicht habe beheben können. Die Folge seien: Interventionen des Auslands (Ruhrbesetzung), im Inland verschärfte Hungersnot, weiterer Produktivkraftverlust, Massenunruhen und revolutionäre Aufstände. Solange der Großgrundbesitz nicht sozialisiert sei, (ländliche) Produktions- und (städtische) Konsumgenossenschaften nicht ineinandergreifend Angebot und Nachfrage regelten, erschienen Hertz – neben bzw. Hand-in-Hand mit wirksamen Maßnahmen zur Stabilisierung der Mark – Zwangswirtschaft und Zwangslieferungen als notwendige Hilfsmittel, um die Mißstände zu beheben. Seine diesbezüglichen Analysen wurden auch in der Schweiz und Frankreich veröffentlicht.[10] Schwerpunkte seiner Reden – und Publikationen – in diesen ersten 4 Jahren, in denen er sich nicht weniger als 335 Mal mit längeren oder kürzeren Reden zu Wort meldete, waren die Lebensmittelversorgung, mit allen ihren Facetten – landwirtschaftliche Betriebe, Art und Umfang von Ackerbau und Viehzucht, Lieferungen, Steuern, Zölle, Preise; Mietprobleme, während der Ruhrkrise kamen Flüchtlings- und Wohnungsprobleme hinzu. Die Hauptredeschlachten lieferte Hertz dem sich asozial gebärdenden besitzenden (Groß)Bürgertum, vertreten vornehmlich durch die Deutsche Volkspartei (DVP) und die Deutschnationale Volkspartei (DNVP). In den letzten Legislaturperioden traten die Probleme der Arbeitslosigkeit und der sozialen Versicherungen sowie der Schutz der Republik gegen den Nationalsozialismus in den Vordergrund, während Hertz sich in der Mittelphase der Republik, von 1924 bis 1928/29, vornehmlich mit Fragen der Finanz- und Steuerbeherrschung bzw. Steuerreformen beschäftigte.[11] Die Bandbreite seiner Tätigkeiten spiegelt sich auch in den Reichstagsausschüssen, denen Hertz zeitweilig oder ständig angehörte; hier seien nur genannt: Volkswirtschaftlicher Ausschuß; Ausschuß zur Überwachung des Geschäftsgebarens der Kriegsgesellschaften (anläßlich des Antrags auf Installierung dieses Ausschusses hielt Hertz übrigens seine Jungfernrede im Reichstag; er stellte klar, daß die Beteiligung der USPD nicht Unterstützung der von den anderen Parteien betriebenen Agitation für den freien Handel, vielmehr Kontrolle desselben beinhalte); Ausschuß zur Prüfung der gegen Reichsminister Dr. Hermes erhobenen Vorwürfe; Unter-

suchungsausschuß zur Prüfung der Wirkung der Maßnahmen zur Stützung der Mark; Haushaltsausschuß; Ausschüsse für Finanz-, Steuer-, Wirtschaftspolitik; Überwachungsausschuß zur Wahrung der Rechte des Reichstags gegenüber der Regierung in Nichtsitzungsperioden.
Hertz' Arbeit veranschaulicht über sein allseits anerkanntes Fachkönnen hinaus einen Mangel an qualifizierten Kräften in der Weimarer SPD. Zu seiner eigenen Entlastung, zur Unterstützung auch der Abgeordneten-Kollegen wie allgemein zur Heranbildung von Nachwuchs in der Partei zog Hertz schon früh junge Kräfte heran, so zur Agitation Carlo Mierendorff, so den Volkswirtschaftler Erich Rinner für Finanz- und Steuerfragen. Die Wirtschaftswissenschaftliche Forschungsstelle, die ADGB, SPD und Genossenschaften in Berlin einrichteten, ging mit auf seine Anregungen zurück. Andererseits scheute er sich nie, bei älteren und in bestimmten Sachfragen erfahreneren Genossen immer wieder Rat zu holen, zum Beispiel bei Wilhelm Keil. Mit ihm besprach er, der infolge des plötzlichen Tods von Emanuel Wurm eher gezwungenermaßen zum Steuerexperten der USPD-, dann der SPD-Reichstagsfraktion avancierte, dabei zunächst „von der Steuerpolitik ganz und gar nichts verstand...", seine Ideen, Gesetzes-, Interpellations- u. a. Entwürfe und die zu führende Taktik.[12] Beide waren im Prinzip Gegner der beliebten Methode, zum Ausgleich des Budgets Verbrauchssteuern zu erheben; diese würden hauptsächlich die Armen belasten. Dagegen befürworteten sie die Besitzsteuer und andere soziale Umverteilungsmaßnahmen. Namentlich Hertz fühlte sich, entsprechend seiner Herkunft, seiner (Aus)Bildung und seiner Vorstellung von der Verwirklichung des Sozialismus mittels demokratisch-sozialstaatlicher Maßnahmen, als Sprecher nicht nur des Industrieproletariats und der Landarbeiter, sondern auch jener kleinbürgerlichen Schichten, die ebenfalls in jeder ökonomischen Krise zuerst und am schwersten getroffen wurden: der Angestellten, der (kleinen) Beamten, der Handwerker. Die politischen Konstellationen im Parlament und die relative Schwäche der SPD namentlich nach den Reichstagswahlen von 1924 bedingten allerdings, daß seine Vorschläge, Gesetzesinitiativen usw. meistens aus der Defensive heraus formuliert, wenn auch angriffslustig vorgetragen wurden; für Hertz waren Finanz- und Steuerfragen nicht nur macht- und staatspolitische Entscheidungen, sondern auch – und in erster Linie – soziale Fragen, die es so gut wie möglich zu lösen galt.

Macht und Ohnmacht

Hertz' Verhältnis zur Macht läßt sich am besten an einigen Beispielen demonstrieren. Im Februar 1922 stellte er das Interesse an einer stabilen, handlungsfähigen Regierung über Parteidisziplin und Fraktionszwang, als er gemeinsam mit 12 weiteren Fraktionsmitgliedern der USPD, die damals über 61 Reichstagsabgeordnete verfügte, bei der Entscheidung über das Vertrauensvotum, welches das Kabinett des Zentrumspolitikers Joseph Wirth mit der Zustimmung zu seiner Erklärung über die Maßregelungen und Ausnahmeverordnungen gegen den Eisenbahnerstreik verband, den Sitzungssaal verließ. Hertz und seine Geistesverwandten wollten die erneuerte „Weimarer" Koalition vor der bevorstehenden Weltwirtschaftskonferenz in Genua, auf der die internationalen Wirtschafts- und Reparationsprobleme geregelt werden sollten, nicht zu Fall bringen. Außerdem befürchteten sie wohl nicht zu Unrecht, daß der Sturz des Kabinetts Wirth zu diesem Zeitpunkt eine reine Rechtsregierung, die noch schärfer gegen das Proletariat vorgehen werde, zur Folge haben würde und daß eine eventuelle Auflösung des Reichstags und ein neuer Wahlkampf die Spaltung der Arbeiterbewegung nur weiter vertiefen müsse. Direkte Folge dieses ‚Ungehorsams' war, daß, bis auf einen Mann, die gesamte Redaktion der „Freiheit" sich vom Parteirat praktisch gezwungen sah, die Zeitung zu verlassen.

Wurde die Krise innerhalb der USPD durch diese Vorgänge verschärft, so erscheinen sie doch nicht als Faktor, der die Wiedervereinigung des sogenannten rechten Flügels der USPD mit der Mehrheitssozialdemokratie im September 1922 auslöste. Bei Hertz und seinen engeren politischen Freunden – voran Karl Kautsky, Rudolf Breitscheid, Rudolf Hilferding – war die Einsicht gewachsen, daß die USPD, die in sich zwischen proletarischem Revolutionsmythos auf der einen und Realpolitik in den gegebenen Grenzen des bürgerlichen Klassenstaats zugunsten der Werktätigen auf der anderen Seite zerrissen war und zudem machtpolitisch zwischen KPD und SPD stand, auf Dauer zur Einflußlosigkeit verurteilt sein würde. Nicht zuletzt die Arbeit im Reichstag hatte Hertz zu der Überzeugung gebracht, daß der aggressiven Politik von (Groß)Kapital und (Groß)Grundbesitz zur Wahrung ihrer Besitz- und Profitinteressen, die die arbeitende und arbeitslose Bevölkerung immer tiefer ins Elend trieb, nur durch die Stärkung des linken Flügels der SPD Einhalt geboten werden könne. Nicht von ungefähr kamen sich der rechte USPD-Flügel und die SPD auf sozialpolitischem Gebiet näher, als Hertz im Sommer 1922 die Verhandlungen mit letzterer über die zu folgenden Richtlinien und Taktiken beim Getreideumlagegesetz, mit dem der Brotpreis stabil gehalten werden sollte, führte.

Alsbald nach der Wiedervereinigung wurde Hertz, der Sekretär der Reichstagsfraktion der USPD gewesen war, diese Funktion auch in der SPD übertragen. Er erfüllte sie bis zur Emigration 1933 als Koordinator, als Vermittler, als Schlichter bei politischen und persönlichen Kontroversen, jedoch auch als Mobilisator und Organisator von innerparteilicher bzw. intrafraktioneller Opposition gegen seiner Meinung nach bevorstehende falsche Entscheidungen von Parteiausschuß, Fraktionskollegen, eigenen Ministern in partei- und landespolitischen Fragen. So bat er z. B. vor der angesetzten Reichstagsabstimmung über den Bau des Panzerkreuzers A, den das Große-Koalitions-Kabinett unter dem Sozialdemokraten Hermann Müller ungeachtet der Tatsache, daß dessen zweite Baurate den kommenden Haushalt belasten mußte, beschlossen hatte, den seit 1924 in Wien lebenden Freund Karl Kautsky „dringend", ihn gegen den anderen Freund, Finanzminister Hilferding, zu unterstützen. Kautsky solle für das Dezemberheft (1928) des theoretischen Parteiorgans „Die Gesellschaft", dessen Schriftleiter nota bene Hilferding war, einen Artikel schreiben, worin er „den größten Nachdruck darauf [legt], daß solange Deutschl[ands] Not so groß als gegenwärtig, Panzerkreuzer wertlos und überflüssig sind und daß es unverantwortlich ist die Mittel dafür durch *Verbrauchs*steuern aufzubringen".[13] Breitscheid gewann er ebenfalls für seinen Standpunkt, wie dessen Antrag und Begründung der Einstellung des Panzerkreuzerbaus im Reichstag zeigen. Der Antrag wurde jedoch, bei 8 Enthaltungen, mit 205 gegen 202 Stimmen – von KPD und SPD, deren Minister schließlich gegen ihren eigenen Beschluß votierten – abgelehnt. Anläßlich der auch außerparlamentarisch geführten Auseinandersetzung um den Bau des Panzerkreuzers A wurde Hertz übrigens auf den Studenten Robert Jablonski aufmerksam; er holte diesen jungen SPD-Oppositionellen, der sich zu einem der Vordenker und Mitorganisator der „Gruppe Leninistische Organisation", später „Miles-Gruppe" bzw. im Exil Gruppe „Neu Beginnen" entwickeln sollte, in sein Fraktionsbüro. Der, wenn auch unter Wahrung diplomatischen Takts, Offenlegung der Arbeit der

Reichstagsfraktion dienten ab 1924 die zunächst von Hertz selbst, ab Ende 1926 von Eugen Prager, schließlich von Carlo Mierendorff bis zur Einstellung 1928 herausgegebenen „Parlamentarischen Blätter", eine Beilage des „Mitteilungsblatts der Sozialdemokratischen Partei Deutschlands".

Ein weiteres Beispiel für Hertz' machtpolitisches Bewußtsein ist seine Aufforderung, Anfang 1932, an Karl und Benedikt Kautsky sowie an Otto Bauer, den führenden Theoretiker der SDAP in Österreich, gegen den Arbeitsbeschaffungsplan, den Wladimir Woytinski, Fritz Tarnow und Fritz Baade für den ADGB ausgearbeitet hatten, Stellung zu nehmen. Hertz lehnte den Plan, diesmal mit Hilferding an seiner Seite, „wegen seiner inflationistischen Gefahren strikte" ab.[14]

Sturz oder Halten einer Regierung, Regierungsverantwortung, Fragen einer Koalition oder einer Reichstagsauflösung waren für Hertz, abgesehen von der Berücksichtigung des Zustands der Partei und der Stimmung der (Anhänger)Massen, stets Fragen des ‚Cui bono'? Wie stehen die Chancen bei der nächsten Wahl, in der nächsten Legislaturperiode? In der innerparteilichen Debatte um den Locarno-Pakt 1925 etwa plädierte er mit Breitscheid – vergeblich – gegen den Parteivorsitzenden Otto Wels und die politisch mit ihm Übereinstimmenden für ein taktisches Nein zu dem Vertrag, um den Reichstag auflösen und nach gewiß zu gewinnenden Neuwahlen durch eine Regierungsbeteiligung – seit 1924 war die SPD infolge schwerer Wahlniederlage in der Opposition – die von der DNVP durchgedrückten Zölle auf dem Industrie- und Agrar-Sektor im Interesse der Masse der Verbraucher zurückschrauben zu können. Die über das ‚Wem nützt es'? hinausgehende Frage: ‚Wie weit kann man gehen, bis wohin ist Übernahme einer Verantwortung, eines Amtes möglich und vertretbar?', beantwortete Hertz negativ, nachdem Hilferding im Dezember 1929 aus Protest gegen die Einflußnahme auf das Ministerium und die Anleihepolitik von Reichsbankpräsident Hjalmar Schacht als Finanzminister zurücktrat. Er lehnte die Nachfolge, die ihm angetragen wurde, ab; übrigens hätte Heinrich Brüning von Anfang des Kabinetts Hermann Müller an lieber Hertz – oder Keil – als Finanzminister gesehen.[15] In einer Rundfunkansprache begründete Hertz, nach ausführlicher Darlegung der Finanzlage des Reichs, der Verpflichtungen infolge des Krieges und des außenpolitischen Drucks, seine Entscheidung damit, daß er stets Zweifel an den getroffenen Maßnahmen zur Sanierung des

Haushalts und der Möglichkeit einer umfassenden Finanzreform gehabt habe, seit zwischen 1924 und 1928 die jeweiligen Finanzminister den bis zur zweiten Legislaturperiode erwirtschafteten Überschuß systematisch in ein Defizit verwandelt hätten. Jetzt sollten die Schuldigen auch die Verantwortung übernehmen, er selbst werde keine Politik betreiben, die falsch sei und seinen Überzeugungen widerspreche. Einige Monate vorher hatte er bereits Hilferdings Finanzpolitik im Reichstag kritisiert, die Kürzung der Militärausgaben zugunsten sozialpolitischer Maßnahmen schließlich durchgesetzt.

Während Brünings Kanzlerschaft war Hertz wegen dessen vitiöser Zirkelpolitik von Notverordnungen und Deflation manches Mal geneigt, die Tolerierung seitens der SPD aufzukündigen. Der große Wahlerfolg der NSDAP am 14. September 1930 veränderte jedoch für ihn die politische Landschaft, engte den Handlungsspielraum auf ein Minimum ein, da alle bürgerlichen Parteien und das Zentrum, mit Brüning voran, zur Verteidigung ihres politischen Territoriums gegenüber der NSDAP nun einen noch härteren Kurs gegen soziale Sicherungen, gegen die Masse der Verbraucher steuerten. Nur vorübergehend hegten Hertz und Breitscheid – gegen u. a. Hilferding – die Hoffnung, durch Einberufung des Reichstags dem Spuk ein Ende machen, die Stimme der SPD wieder zur Geltung bringen zu können. Diese Illusion beendeten Brüning und die Zentrumspartei Mitte Juli 1931. In den direkten Verhandlungen, also unter Umgehung der Ausschüsse, zwischen der Regierung mit dem ADGB und der SPD, für die vor allem Hertz zwischen den verschiedenen Partei- und Regierungsinstanzen einschließlich denen Preußens als Berichterstatter, Nachrichten- und Notenüberbringer und als Vermittler hin und her pendelte, legten sie, bildlich gesprochen, das Messer auf den Tisch: Einberufung des Reichstags werde das Zurückziehen des Zentrums aus der „Weimarer" Koalition in Preußen unter dem Sozialdemokraten Otto Braun zur Folge haben. Die Preisgabe der Regierungsverantwortung in Preußen aber wäre für die SPD gleichbedeutend gewesen mit dem Verzicht auf das einzig ihrer Meinung nach übriggebliebene demokratisch-parlamentarische Bollwerk gegen Kommunismus und Nationalsozialismus. Der „faschistische[n] Gefahr" war sich Hertz, in Übereinstimmung mit Georg Decker (d. i. Georg Jury Denicke), im Jahre 1931 vollkommen bewußt. Er trat der „Eisernen Front" bei; er spielte auf die patriotische Gesinnung rundum an, als er seinen

Fraktionskollegen empfahl, in ihre biographischen Angaben ihren Militärdienst bzw. ihren Fronteinsatz aufzunehmen. In der Folgezeit führte er unermüdlich Wahlkämpfe, doch er glaubte nicht, daß eine „offene Nazi-Herrschaft" je verwirklicht werden würde. Er irrte sich noch 1933, als er zwar Kautsky dazu zu bewegen suchte, statt einer Geldspende für die SPD lieber am 5. März seine Stimme bei der Reichstagswahl abzugeben, doch gleichzeitig betonte, daß er nicht der Meinung sei, „daß Nazis und Deutschnationale zusammen die Mehrheit erreichen werden".[16]

Ende März, einen Monat nach dem Reichstagsbrand und der noch in derselben Nacht einsetzenden Hatz auf und Verhaftung von Kommunisten und Sozialdemokraten, wenige Tage nach dem Ermächtigungsgesetz, dem Wels im Namen der SPD und ihrer demokratischen Tradition die Zustimmung verweigerte, begaben sich Hertz und andere prominente Parteigenossen, nach einer Unterredung mit Hermann Göring, mit speziell von dem diesem unterstellten preußischen Innenministerium ausgefertigten Ausweisen auf Auslandsreise, um Meldungen in der Presse der Schwesterparteien über Terror und Verfolgungen seitens der neuen Machthaber in Deutschland zu dementieren bzw. auf Mäßigung in der Berichterstattung zu drängen. Ob Hertz sich der Schizophrenie seiner Aufgabe bewußt gewesen ist, kann aufgrund der spärlichen Quellen weder positiv noch negativ beantwortet werden. Seiner realpolitischen Einstellung, seinem Zweckoptimismus und seiner eigenen politisch-moralischen Integrität entsprach es jedenfalls, dem Versprechen, die seit dem Reichstagsbrand verbotene sozialdemokratische Presse wieder zuzulassen, Glauben zu schenken, ferner die Hoffnung zu hegen, daß die SPD und ihre Organisationen ungleich der KPD von einem Verbot verschont bleiben würden, und die polizeiliche Durchsuchung seiner Privatwohnung – Kurländerallee 32 in Berlin-Charlottenburg – am 7. März lediglich der später auch amtlich attestierten Denunziation eines Nachbarn zuzuschreiben. Andererseits ließ Hertz in seinem Interview mit der dänischen Zeitung „Socialdemokraten" unmißverständlich durchblicken, daß der politische Kampf der SPD gegen die NSDAP weitergehen werde. In Schweden machte er diplomatisch einen Unterschied zwischen der Berichterstattung des dortigen „Socialdemokraten" vom Standpunkt der Schwesterpartei aus gesehen und derjenigen auf der Ebene der Außenpolitik bzw. der Einmischung in die inneren Angelegenheiten eines anderes Staates.[17]

Mit Ausnahme dieser letzten politischen Mission am Ausgang der Weimarer Republik, deren Schicksal praktisch mit dem Ermächtigungsgesetz besiegelt war, läßt sich Paul Hertz' Wirken in den Jahren zwischen 1920 und 1933 als das eines theoretisch und praktisch, in der Tradition marxistisch-analytischer Methoden stehenden, nationalökonomisch geschulten Politikers festmachen, dessen linkssozialdemokratische Tendenz freilich zu einem großen Teil seiner Ethik entspringt. Was er 1920 über Emanuel Wurm schrieb, charakterisiert ihn selbst am besten: „Seine Taktik war vielmehr die einer wahrhaften Realpolitik, einer Politik, die sich nicht nach Versprechungen, Phrasen und Illusionen orientiert, sondern die die ökonomischen Grundlagen der Politik untersucht, die die Parteien nach den Klasseninteressen beurteilt, die sie zu vertreten haben, und nicht nach ihren ideologischen Schlagworten, eine Politik, die erforscht, nicht was die Parteiführer *wollen*, sondern was sie vermöge der von ihnen vertretenen Interessen *müssen*."[18]

In diesem Zusammenhang sei die Einschätzung von Hertz durch Hans Staudinger in dessen bis 1934 reichenden Memoiren zitiert und ihr gleichzeitig widersprochen. Staudinger, ein innerparteilicher Gegner von Hertz, beschreibt diesen als zwar „gescheit und gewandt", aber „zum Parteibeamten geradezu geschaffen, denn er gefiel sich in der Rolle des anhänglichen ‚Fridolins', zuerst bei Wurm, später bei Hilferding, Breitscheid und auch bei Wels".[19] Hier werden Respekt und – bis in den Tod hinein aufrechterhaltene – Freundschaften gleichgesetzt mit Gefolgschaft, werden andererseits nachweisliche, mag sein damals nicht immer nach außen getragene unterschiedliche politische Konzeptionen, die Hertz aufgrund seiner Funktion als Fraktionssekretär durch Kompromißlösungen, manchmal wohl auch durch Schweigen in Übereinstimmung bringen mußte, negiert. Hertz' Verhältnis zu Wels z. B. war nie frei von Spannungen, im Exil wurde es auf die Zerreißprobe gestellt – und es zerriß. Über Hilferding war er schon Mitte der 20er Jahre wegen dessen Hang zu einer großen, eventuell auch größten Koalition, der der Doktrin des organisierten Kapitalismus entsprang, 1928/29 wegen dessen Finanz- und Haushaltspolitik und all die Jahre hindurch wegen dessen Immobilität, der depressiv-defaitistischen, in jedem Falle deterministischen Haltung mehr als unzufrieden – was sich nach 1933, bei aller persönlichen Freundschaft – fortsetzte und steigerte. Gerade im Falle Hilferding lief die *sozialpolitische* Beeinflussung von Hertz zu Hilferding – umgekehrt hat eine solche höchstens auf dem Gebiet der Finanz*theorie* stattgefunden –, bis letzterer sich ab Mitte der zwanziger Jahre der „größeren Kenntnis der Psyche der Arbeiter und der inneren Lage der Partei" auf seiten des Jüngeren verschloß.[20]

Exiljahre

Die Wahl des neuen Parteivorstandes auf der Reichskonferenz am 26. April 1933 befriedigte am allerwenigsten Hertz, obgleich er selbst als einer der jüngeren, links von der Mitte stehenden Kräfte gewählt wurde. Er bezeichnete sie als „Verlegenheitslösung".[21] In der Tat war Mut zur Erneuerung der Partei nicht zu verspüren, denn den neben Hertz als Vertreter des ausgesprochen linken Flügels gewählten Georg Dietrich, Siegfried Aufhäuser und Karl Böchel wurden gleichsam zur Kompensation 5 Vertreter von Mitte-Rechts bis Rechts zur Seite gestellt. Hertz glaubte noch illegale Arbeit leisten zu können, nachdem die Freien Gewerkschaften am 1. Mai kapituliert, tags darauf gleichgeschaltet und nachdem die Räume der Reichstagsfraktion der SPD besetzt worden waren. Noch vor Mitte Mai aber beugte er sich der Anordnung der Vorstandskollegen, die bereits am 4. Mai nach Saarbrücken ausgewichen waren, um dort eine Auslandsorganisation der SPD aufzubauen, seiner Verhaftung zuvorzukommen. Mit Sohn Wilfried, unterstützt von Freunden in Berlin und aus seinem Merseburger Wahlkreis, die Autos mehrfach wechselnd, folgte er den emigrierten Vorstandsmitgliedern und der bereits am 7. oder 8. Mai abgereisten Frau Hanna und Tochter Hilde, geboren 1919, nach Saarbrücken.[22] Anfang Juni zog der Rumpfparteivorstand nach Prag um, der erzwungene „Anschluß" Österreichs als „Ostmark" an das Reich im März 1938 und die Bedrohung der Tschechoslowakei durch NS-Deutschland bedingten die Weiterwanderung nach Paris.
Erst im Exil fand der rastlose Politiker – neben seiner Tätigkeit in Emigrantenhilfsorganisationen – Zeit, über die Krise der SPD und der internationalen Sozialdemokratie nachzudenken, was für ihn nicht gleichbedeutend war mit Krise des „Sozialismus", Versagen der „sozialistischen Ideen"; daran zweifelte er nie. Auch hier dominiert wieder der praktische Zugriff, obgleich Hertz ab Ende 1935 stets enger mit der sehr wohl Theorie betreibenden Gruppe „Neu Beginnen" zusammenarbeitete. Hertz' empirisch gewonnene Ana-

lyse läßt sich folgendermaßen zusammenfassen: 1) Mangel an Selbstbewußtsein und machtpolitischem Willen der alten und neuen Führung der SPD und der Sozialistischen Arbeiter-Internationale und 2) die hierarchisch-autoritäre Struktur der SPD, die sich im Exil-Parteivorstand verhärtete, sowie die Verwurzelung in traditionellen Denkschemata, die ein Erkennen der neuen Situationen und Aufgaben verhinderte, führten 3) zu Abspaltungen von der Partei, zu Gruppenbildungen auch und gerade im Exil, die die Gesamtpartei schwächten und sie nicht zum Motor einer aktiven nationalen und internationalen antifaschistischen Bewegung werden ließen.

Dem in der Weimarer Zeit abgenutzten Koalieren mit bürgerlichen Parteien einschließlich des Zentrums, dem Wels und Anhänger noch immer huldigten, stellte Hertz die, unter den Bedingungen des Kampfes gegen den Nationalsozialismus der Arbeiterbewegung gemäßere, Konzeption eines analogen „Zweckbündnisses" mit der KPD entgegen; Voraussetzung sei allerdings eine geeinte, an der Führung erneuerte und selbstbewußte Sozialdemokratie.

Dazu entwarf er schon im Frühjahr 1936 den Plan einer „Sozialistischen Konzentration", den er in der Folgezeit mehr und mehr in Zusammenarbeit mit „Neu Beginnen" durchdachte und entwickelte. Um- und Vorwärtsdenken, neue Wege gehen, den Kontakt zu allen Gruppen im Exil wie zu Genossen in der Illegalität und in Danzig zu halten, Vertrauens- statt Autoritätsperson zu sein – das entsprach Hertz' Verständnis von Treuhänderschaft. Das brachte ihn auch in zunehmendem Maße in Gegensatz zu den übrigen SOPADE-Mitgliedern und führte im Sommer 1938 zu seinem, freilich von ihm selbst mit provozierten, Ausschluß aus dem Büro.

Der Anschluß an die von dem inzwischen aus der KPD ausgetretenen Willi Münzenberg mit Persönlichkeiten des Exils und der französischen linken bis liberalen Öffentlichkeit gegründete „Union Franco-Allemande", die als Start eines breiten internationalen Bündnisses gegen NS-Deutschland gedacht war, und der Versuch, im Alleingang die SOPADE-oppositionellen Parteimitglieder wenigstens in Paris zu einen, zeugen von ungebrochenem Kampfeswillen.

Im US-amerikanischen Exil, ab Ende 1939, in dem er sich, wie er gern erzählte, in der Nachfolge von Vorfahren befand, die dort in den Jahren der schwärzesten Reaktion in Deutschland nach 1848 und nach 1878 Zuflucht gefunden hätten, setzte er sowohl seine Opposition gegen die festgefahrenen Strukturen und gegen die

Weimar immer noch verhafteten Spitzenpolitiker der SPD als auch seine Suche nach neuen Konzeptionen für die Partei und für eine sozio-ökonomisch gesicherte demokratische Entwicklung im Deutschland nach Hitler fort. Hatten sich die ‚Traditionalisten' in der „German Labor Delegation" zusammengeschlossen und der „American Federation of Labor" konformiert, so schloß Hertz sich den wenige Monate vor seiner Ankunft als Zweigstelle der „Arbeitsgemeinschaft für sozialistische Inlandsarbeit" – einer Teilverwirklichung der ‚Sozialistischen Konzentration' – gegründeten „American Friends of German Freedom" an, deren Vorsitz der amerikanische Religionsphilosoph Reinhold Niebuhr übernommen hatte und deren Motor der „Neu Beginnen"-Freund Karl Frank war. Mit dieser Organisation, die sich im Sommer 1944, entsprechend dem Verlauf und dem von den USA propagierten Ziel des Krieges gegen NS-Deutschland, den Namen „American Association for a Democratic Germany" gab, beteiligte sich Hertz an dem „Council for a Democratic Germany". Dieses unter dem der SPD angehörenden religiösen Sozialisten Paul Tillich sozial-liberal-demokratisch geprägte Gremium, das die Linke der deutschen Sozialdemokratie im amerikanischen Exil, Sozialisten, katholische und protestantische Christen, linksbürgerliche Demokraten und Kommunisten vereinigte, trat offiziell im Mai 1944 an die Öffentlichkeit. Mit einem umfassenden Plan, der Wirtschafts-, Rechts-, Sozial-, Erziehungs-, Kultur-, Medien- usw. Politik zu einem Ganzen integrierte, sollten die durchaus nicht einheitlichen militärischen und zivil-administrativen Vorstellungen für Nachkriegsdeutschland beeinflußt und, wenn möglich, das deutsche Volk zum Sturz des NS-Regimes aus eigener Kraft, vor Kriegsende, bewogen werden. Mehr jedoch als die Arbeit im Council, dessen – durchweg negative – Rezeption in den USA und, im Spätsommer 1945, der Bruch mit den Kommunisten, die sich nunmehr voll auf die Seite der Stalinschen Deutschlandpolitik stellten, wurde Hertz' politisches und organisatorisches Denken und Handeln in den Nachkriegsjahren mit geprägt durch die Zusammenarbeit der „American Friends of German Freedom" bzw. der „American Association for a Democratic Germany" mit dem „Congress for Industrial Organization" (CIO), durch die persönlich-politischen Beziehungen zu den Brüdern Reuther, die mit ihrer Automobil-Gewerkschaft die CIO beherrschten, darüber hinaus sicherlich auch durch seine Tätigkeit als freier Wirtschaftsprüfer, die ihm die Probleme des gewerblichen Mittelstandes näher brachte.

Der Pragmatiker öffnete sich, mehr vielleicht als jeder andere Sozialdemokrat, der in eine verantwortliche Position aus dem Exil nach Deutschland zurückgerufen wurde, amerikanisch-„sozialistischen" Denk- und Handelsweisen, die, abgesehen von der anderen Entwicklung sozialistischer Ideen in den Staaten, vom New Deal beeinflußt waren. Zunächst sah es jedoch nicht so aus, als habe Hertz eine neue Chance in Deutschland.

Nach Kriegsende verweigerten die Militärbehörden dem inzwischen zum amerikanischen Staatsbürger gewordenen deutschen Sozialdemokraten, sein Heimatland auch nur zu besuchen, um sich über die Lage zu informieren. Das Büro Kurt Schumacher in Hannover, in dem der aus dem englischen Exil zurückgekehrte Erich Ollenhauer Sekretär wurde, zeigte keinerlei Interesse, den Unabhängigen, den unbequemen Opponenten, der es abgelehnt hatte, den 1933 gewählten Parteivorstand zu rekonstruieren, um der Partei in Deutschland das nach dem Selbstverständnis der SOPADE erhaltene Mandat der Treuhänderschaft für die Zeit des Exils zurückzugeben, zum Aufbau neuen politisch-demokratischen Lebens heranzuziehen. Es war der alte Weggefährte Ernst Reuter, seit Januar 1949 Oberbürgermeister von Groß-Berlin (West), der, angespornt von Hertz' Berliner Freund aus den zwanziger Jahren, Gustav Klingelhöfer, während einer USA-Reise mit Hilfe von Elena Roosevelt, und Walter Reuther im Hintergrund, erfolgreich in Washington intervenierte, damit der Finanz- und Steuerexperte nach Berlin zurückkehren und seine Fähigkeiten für den wirtschaftlichen Wiederaufbau der Stadt einsetzen konnte.

Meisterjahre

Ende 1949 kam er in Berlin an, Anfang 1950 begann die dritte Karriere von Paul Hertz, die, wie er später sagte, „glücklichste Zeit" seines Lebens. Als Reuters Finanzberater, als leitender Direktor des Magistrats, wurde Hertz Vorsitzender des „European Recovery Program Advisory Committee" in Berlin, eines aus Vertretern des Magistrats, der Industrie, der Banken, der Gewerkschaften und eines Bevollmächtigten der Bundesrepublik Deutschland zusammengesetzten Gremiums, dem es oblag, die Marshallplan-Hilfe, die ab Februar 1950 auf die Westsektoren der ehemaligen Reichshauptstadt ausgedehnt werden durfte, zu verteilen und anzuwenden.

Ebenfalls noch im Jahre 1950 übernahm er die Leitung des Hauptamtes Banken und Versicherungen. Als Senator für Marschallplan und Kreditwesen 1951–1953, als Bevollmächtiger für Kreditwesen und verantwortlich für das Berliner Notstandsprogramm 1953–1955, ab 1955 als Senator für Wirtschaft und Finanzen (im Hintergrund, bis zu dessen Tod, beraten von seinem Vorgänger Klingelhöfer) steuerte Hertz den Wiederaufbau der Industrie, den Abbau der Arbeitslosigkeit, den Bau vor allem von Sozialwohnungen – nach seinem Tode wurde eine Siedlung nach ihm benannt – und anderen sozialen Einrichtungen wie Schulen, Krankenhäuser; doch auch ein Hilton konnte ein Großhotel bauen, um den mit dem Wiederausbau der Stadt als Kulturzentrum zu erwartenden Strom bemittelterer Touristen, vor allem aus dem Ausland, ‚standesgemäß' aufzufangen.

Der im amerikanischen Exil aufgenommene Stil, einen Mittelweg zwischen kapitalistischen und sozialistischen Methoden zu finden, „efficiency" zu erreichen, zeigt sich z. B. darin, daß Hertz die kleinen Baufirmen fusionieren ließ, um in größerem Umfang schneller und billiger sein Programm verwirklichen zu können, oder darin, daß er die getrennten Bereiche Wirtschaft und Kredit auch administrativ, mit Entlassungen von überzähligem (bürokratischem) Personal, zu einem Amt zusammenfügte. Andererseits entsprach seine sprichwörtlich gewordene Sparsamkeit in Angelegenheiten des öffentlichen Haushalts – bei aller Herzlichkeit, Gemütlichkeit und Generosität von „Papa" und „Mammi" Hertz zu Hause gegenüber Freunden – seinem Naturell. Der „jüdische Kaufmann" gewann das Vertrauen der Amerikaner; auf die Reuther-Brüder konnte er in Fragen der finanziellen und moralischen Hilfe für Berlin immer rechnen, er spannte sie auch in der Frage der Ausdehnung der zunächst beschnittenen Rechte der Gewerkschaften und der Mitbestimmung ein.

Schwer zuckerkrank, seit Monaten gegen den Tod und den Rücktritt ankämpfend, starb Paul Hertz am 23. Oktober 1961 in Berlin.

Anmerkungen

1 Politischer Almanach 1925, Jahrbuch des öffentlichen Lebens, der Wirtschaft und der Organisation, hrsg. v. Maximilian Müller-Jabusch, Berlin u. Leipzig 1925. – Handbuch des öffentlichen Lebens, 5. u. 6. Ausgabe des Po-

litischen Almanachs, hrsg. v. Maximilian Müller-Jabusch, Leipzig 1929 u. 1931. – Das Deutsche Reich von 1918 bis heute, hrsg. v. Cuno Horkenbach, Berlin 1930. – Lexikon des Sozialismus, hrsg. v. Thomas Meyer, Karlheinz Klär, Susanne Miller, Klaus Novy, Heinz Timmermann, Köln 1986.

2 Carl Hertz an Paul, [Anfang Januar 1907], IISG, Amsterdam, Nachlaß Paul Hertz (im folgenden abgekürzt NPH), S. 19, IX.

3 IISG, NPH, S. 19, IX: Zeugnis vom 18. 4. 1912, ergänzt am 2. 5. 1912.

4 IISG, NPH, S. 19, IX: Abschrift des Briefchens von Jacob Bamberger, datiert Frankfurt a. M., 12. 2. 1909; Fotokopie des Orginal-Briefs, erhalten von Hilda Golden, im Besitz von ULA.

5 Zitate aus: IISG, NPH, S. 19, IX: Brief Carl Hertz an Paul, 8. 7. 1910; Paul Hertz an den Vater, 10. 7. 1910.

6 IISG, NPH, S. 20, XXV: Die sozialistische Gewerkschaftspresse in Deutschland, Inaugural-Dissertation der Staatswissenschaftlichen Fakultät der Eberhard Karls-Universität zu Tübingen von Paul Hertz – handschriftlich korrigierte Kopie eines Schreibmaschinen-Exemplars.

7 Emile Vandervelde, Neutrale und sozialistische Genossenschaftsbewegung, übersetzt von Hanna Gernsheimer-Hertz, Stuttgart (Verlag J. W. H. Dietz Nachf.) 1914; die Orginalausgabe war 1913 in Paris erschienen.

8 Der Sozialist, Jg. 5, Nr. 51, 20. 12. 1919, S. 815–818, Zitate S. 818.

9 Die Münchener Tragödie. Entstehung, Verlauf und Zusammenbruch der Räte-Republik München, Berlin: Verlagsgenossenschaft „Freiheit", [Ende 1919], Zitate S. 7 und S. 62, Hervorhebungen dort.

10 Nur drei Beispiele: Achtstundentag und Reparationen, in: Rote Revue, Sozialistische Monatsschrift, Zürich, Jg. 2, H. 8, April 1923; L'Agonie du Mark, und: La Situation Alimentaire, in: L'Allemagne et la France, Leur Vie Economique et Politique en 1923–24 (Conciliation Internationale), La Flèche 1924.

11 Einige deutschsprachige Publikationen von Hertz während seiner Reichstagsabgeordnetenzeit: Paul Hertz (zus. mit Kurt Boenheim), Der Mieterschutz, Berlin 1920; dies., Das Reichsmietengesetz, Berlin 1922; (zus. mit Richard Seidel), Arbeitszeit, Arbeitslohn und Arbeitsleistung, Berlin 1923; Probleme der Finanz- und Steuerpolitik, in: Zweiter Gewerkschaftskursus des Reichsverbandes Deutscher Post- und Telegraphenbeamten – Informationsdienst Nr. 8, Januar 1930; Reich und Reichsbetriebe unter dem Einfluß der Kreditverteuerung, Sonderdruck Jena 1932; siehe im übrigen die – auch keineswegs vollständige – Bibliographie bei Rosemarie Leuschen-Seppel, Zwischen Staatsverantwortung und Klasseninteresse. Die Wirtschafts- und Finanzpolitik der SPD zur Zeit der Weimarer Republik unter besonderer Berücksichtigung der Mittelphase 1924–1928/29, Bonn 1981.

12 Wilhelm Keil, Erlebnisse eines Sozialdemokraten, Bd. 2, Stuttgart 1948, S. 271, Hertz zitierend.

13 IISG, Nachlaß Karl Kautsky, D. XII, 411: Hertz an Kautsky, undatiert.

14 IISG, Nachlaß Karl Kautsky, D. XII, 435 und 436: Hertz an Luise Kautsky, 28. 1. 1932, und an Karl Kautsky, 8. 2. 1932.

15 Heinrich Brüning, Memoiren 1918–1934, Stuttgart 1970, S. 133.

16 Paul Hertz, Umstellung des Faschismus, und: Faschistische Gefahr und Sozialdemokratie, in: Die Gesellschaft, 1931, S. 385 ff. und S. 481 ff.; IISG, Nachlaß Karl Kautsky, D. XII, 453: Paul Hertz an Luise Kautsky, 22. 2. 1933.

17 Socialdemokraten, Kopenhagen, 27. 3. 1933; Auswärtiges Amt, Presse-Abt. der Reichs-Reg., Bl. E 075974–075980: Bericht und Aufzeichnung der Deutschen Gesandtschaft in Stockholm, beide „vertraulich", über Unterredungen mit Hertz (in Fotokopie erhalten aus dem Institut für Zeitgeschichte, München).
18 Paul Hertz, Emanuel Wurm, in: Der Sozialist, Sozialdemokratische Wochenzeitschrift, Berlin, Jg. 6, Nr. 19 vom 8. 5. 1920, S. 321–324, Zitat S. 323.
19 Hans Staudinger, Wirtschaftspolitik im Weimarer Staat. Lebenserinnerungen eines politischen Beamten im Reich und in Preußen 1889 bis 1934, hrsg. u. eingeleitet von Hagen Schulze (Archiv für Sozialgeschichte, Beiheft 10), Bonn 1982, S. 19.
20 IISG, Nachlaß Karl Kautsky, D. XII, 416: Paul Hertz an Luise Kautsky, 5. 6. 1926.
21 IISG, Nachlaß Karl Kautsky, D. XII, 455: Paul Hertz an Karl und Luise Kautsky, 30. 4. 1933.
22 IISG, Nachlaß Karl Kautsky, D XII, 456: Paul Hertz an Luise Kautsky, Berlin, 7. 5. 1933; NPH, S. 17, Korr. Ba-Bu: Hanna Hertz an Gertrud und Hans Block, Prag, 30. 8. 1933; Berichte von Hilda Golden und besonders Fred W. Berg an ULA.

Literatur

In Studien über USPD, SPD und Wirtschaftsfragen in der Weimarer Republik ist Paul Hertz nur in der Arbeit von Rosemarie Leuschen-Seppel (s. Anm. 11) ausführlicher berücksichtigt. Die Memoiren-Literatur behandelt ihn auch durchweg marginal, mit Ausnahme von Wilhelm Keil (s. Anm. 12), Heinrich Brüning (s. Anm. 15) und Hans Staudinger (s. Anm. 19).
Für die Emigrationszeit ist der Informationsstand etwas besser, s. „Paul Hertz" in: Biographisches Handbuch der deutschsprachigen Emigration nach 1933, Leitung und Bearbeitung Werner Röder und Herbert A. Strauss, Bd. I, München usw. 1980, S. 287f.
In Arbeit: Ursula Langkau-Alex, Widerstand, Exil und Deutschland nach Hitler. Paul Hertz und die deutsche Sozialdemokratie 1933–1949.
In Vorbereitung von derselben Verfasserin: Paul Hertz und der wirtschaftliche Wiederaufbau West-Berlins, 1949–1961.

Rudolf Hilferding (1877–1941)

Kühne Dialektik und verzweifeltes Zaudern

von

Walter Euchner

Herkunft

Rudolf Hilferding, am 10. August 1877 in Wien geboren, war der geistreichste Kopf der deutschen Sozialdemokratie in der Zwischenkriegszeit. Sein Intellekt formierte sich im austromarxistischen Ambiente. Schon als Gymnasiast stieß er zum „Sozialistischen Studentenbund". Zu seinen Jugendfreunden zählten Karl Renner, Otto Bauer, Max Adler, Gustav Eckstein und Wilhelm Ellenbogen – alles junge Männer, die nicht nur Genie, sondern auch das Zeug zum praktischen Politiker besaßen. Fast überflüssig zu erwähnen, daß Hilferdings Familie jüdisch war. Sein Vater gehörte zu den leitenden Angestellten der Versicherungsgesellschaft „Allianz".
Victor Adler, der große Einiger der österreichischen Sozialdemokratie, hatte als Arzt auf die elenden Lebensumstände großer Teile des österreichischen Proletariats aufmerksam gemacht. Vielleicht hat Hilferding diesem Vorbild in seiner Entscheidung für ein Medizinstudium nachgeeifert. Seine erste Publikation, 1899 in einer französischen sozialistischen Zeitschrift erschienen, befaßte sich mit der Arbeitsinspektion in Österreich. Ein nicht zu unterschätzendes Motiv, das geistreiche Kinder gutbürgerlicher Häuser wie Hilferding, Bauer und Max Adler ins sozialistische Lager trieb, dürfte das intellektuelle Vergnügen gewesen sein, einer wirkungsmächtigen, in ihren geistigen Voraussetzungen noch ungeklärten Gesellschaftstheorie wie dem Marxismus auf den Grund zu kommen. Hilferding betrieb neben seinem Medizinstudium und auch als promovierter praktischer Arzt Nationalökonomie und begegnete dabei so bedeutenden Ökonomen wie Böhm-Bawerk, Schumpeter und Lederer.

Erste theoretische und praktische Sprünge

Der deutsche Parteivorstand bot Hilferding die ersehnte Gelegenheit, seine wenig geliebte Tätigkeit als praktischer Arzt an den Nagel zu hängen und Gesellschaftstheorie als Profession zu betreiben. Er berief ihn im Jahre 1906 als Lehrer an die Berliner Parteischule. Hilferding kam zu dieser Ehre als Schützling Karl Kautskys, dem väterlichen Mentor vieler junger Talente, z. B. auch von Hilferdings Freunden Otto Bauer und Max Adler. Dieser ließ sie in der von ihm redigierten wissenschaftlichen Zeitschrift der Partei „Die Neue Zeit" ihre ersten Sporen verdienen. August Bebel scheint von dem Wiener Junggenie große Stücke gehalten zu haben. Hilferding hat Kautsky die Förderung nie vergessen. Er nahm dessen Ansichten zur aktuellen Politik ernst, als viele Sozialdemokraten in dem Alten nur noch ein Parteimonument sahen.[1]

Der junge Hilferding verfolgte das ehrgeizige Ziel, nicht nur die verwickelten Marxsche Kapitalanalyse systematisch nachzuvollziehen, sondern mit Hilfe ihrer Methode den gegenwärtigen Stand der kapitalistischen Entwicklung zu erforschen. In dieser Absicht gelangte er weiter als alle anderen Marxisten seiner Generation. Mit seinen Ergebnissen und schulebildenden Begriffsbildungen mußte sich künftig jeder marxistisch inspirierte Gesellschaftstheoretiker auseinandersetzen. Im Grunde ist es bis heute so geblieben. Weil Hilferding ein besonderes Gespür für die Grundgedanken der Marxschen Kritik der politischen Ökonomie besaß, gelang es ihm auch, das erfolgreichste Abwehrgefecht gegen die mit dem Marxismus konkurrierende subjektive Wertlehre der „Grenznutzenschule" zu führen. Sein Aufsatz „Böhm-Bawerks Marx-Kritik", 1904 in den von ihm selbst und Max Adler herausgegebenen „Marx-Studien" erschienen, gilt bis in unsere Gegenwart als beste Darstellung der Prinzipien des Marxschen ökonomischen Denkens. Erst die Studien zur Logik des Kapitals von H.-G. Backhaus und H. Reichelt sind wesentlich darüber hinausgelangt. Im Jahre 1910 legte Hilferding sein umfangreiches Werk „Das Finanzkapital. Eine Studie über die jüngste Entwicklung des Kapitalismus" vor, mit der er zum führenden marxistischen Nationalökonomen der internationalen Sozialdemokratie aufrückte. Kautsky feierte es in der „Neuen Zeit" als bemerkenswerteste Schöpfung der neueren marxistischen Literatur, die man „in gewissem Sinne eine Fortsetzung des Marxschen ‚Kapital' nennen" könne![2]

Hilferding spielte in der sozialdemokratischen Publizistik der Vorkriegszeit eine prominente Rolle. Als ausländischer Lehrer an der Parteischule von Ausweisung bedroht, wechselte er zum „Vorwärts" über. Als Auslandsredakteur wurde er zur prägenden Kraft des sozialdemokratischen Zentralorgans. Kautsky vertraute ihm die Parteitagsanalysen in der „Neuen Zeit" an. Im „Kampf", der 1908 gegründeten theoretischen Zeitschrift der österreichischen Sozialdemokratie, berichtete er gelegentlich über die deutsche Partei und ihre Kämpfe. Zunehmend beschäftigten ihn die Zuspitzungen der internationalen Politik. Da er eine deutliche Sprache führte, schien es ihm als Ausländer geraten zu sein, gelegentlich unter Pseudonym (Karl Ludwig) zu schreiben. Seine Analysen zeigen mustergültig, wie die marxistische Methode zur systematischen Entschlüsselung der Verschränkung von Wirtschaft, Innenpolitik und internationalen Beziehungen angewandt werden kann.

Hilferding hatte im „Finanzkapital" dargelegt, daß das in Kartellen und Trusts konzentrierte Kapital imperialistisch geworden sei. Zur Zeit des Konkurrenzkapitalismus freihändlerisch gesonnen, fordere es nunmehr selbst Schutzzölle, um im eigenen Land Extraprofite realisieren zu können, die den Export mit Dumpingmethoden zu forcieren ermöglichten. Diese Tendenz beschleunige das Bestreben der nationalen Kapitale, sich in der Form von Kolonien abhängige Profitquellen zu schaffen. In dieser Konkurrenz der Imperialismen riefen die nationalen Kapitale nach Unterstützung ihrer Expansionspolitik durch die Staatsmacht. Bereits im Jahre 1903 schrieb Hilferding für die „Neue Zeit": „Verstärkung der Rüstungen, Vermehrung der Kriegsflotte, Reaktion im Innern, Gewalttätigkeit und Bedrohung des Friedens nach außen, das sind die notwendigen Konsequenzen der neuesten Phase kapitalistischer Handelspolitik."[3]

In der Ära des Imperialismus sei das Bürgertum zunehmend bereit, seine althergebrachte liberale Staatsauffassung durch eine imperialistische und chauvinistische Ideologie zu ersetzen. Diese Tendenz liege der Blockpolitik von Bülows zugrunde. Ihr sei nicht nur der politische Liberalismus unterlegen, sondern würden alsbald auch die mittelständischen Strömungen im Zentrum zum Opfer fallen. Antimilitarismus und Demokratie seien in Deutschland „identisch mit Sozialdemokratie".[4] Da die bürgerlichen Parteien immer stärker einen sozialdemokratischen Wahlsieg befürchteten, schlösse sich die antisozialdemokratische Front. Die Arbeiterklasse, insbesondere die Gewerkschaften, würden als Hauptgegner ausgemacht. Hilferdings gesellschaftstheoretischer Zugriff war immer dadurch ausgezeichnet, daß er die Analyse der ökonomischen Macht in die jeweiligen politischen Herrschaftsstrukturen einbettete. Der Kapitalist könne nicht selbst herrschen wie ehemals der Feudalherr. Das Herrschaftsmittel der bürgerlichen Klasse sei das Parlament. Bereits 1904 benützte Hilferding das von ihm favorisierte Strukturmodell des politischen Kräfteparallelogramms. Im Parlament träfen die unterschiedlichen Interessen des Bürgertums aufeinander und bildeten eine „Resultierende im Kräfteparallelogramm". Erst dadurch werde die bürgerliche Macht „kommensurabel". Das allgemeine Wahlrecht habe freilich die Arbeiterklasse zu einer gewichtigen Komponente im Parallelogramm der politischen Kräfte gemacht. Aus bürgerlichem Blickwinkel bestehe die Gefahr, daß die Arbeiterklasse ihre parlamentarische Position dazu nützen könnte, die bürgerliche Herrschaft zu beseitigen, und umgekehrt sei es eine realistische proletarische Perspektive, den Parlamentarismus in ein „Instrument der Diktatur des Proletariats" umzufunktionieren. Nichts sei daher natürlicher, als daß die bürgerlichen Kräfte alle Anstrengungen unternähmen, nicht nur die parlamentarische Kraft der Arbeiterklasse, sondern den Parlamentarismus überhaupt zu schwächen, und dies insbesondere in Deutschland mit seinem verkümmerten Parlamentarismus. Bürgerlichen Bestrebungen, den parlamentarischen Einfluß des Proletariats durch Beseitigung des allgemeinen Wahlrechts zu brechen, müsse dieses „den Willen zum Generalstreik" entgegenstellen.[5]

Diese Argumentation bildete die Grundlage von Hilferdings Revisionismuskritik. Er begriff diese von Eduard Bernstein begründete sozialdemokratische Strömung als Resultat der Prosperitätsphase, die um die Jahrhundertwende eingesetzt habe. Sie habe den Weg zum sozialen Frieden durch Kooperation mit der herrschenden Klasse im Rahmen eines „sozialen Kaisertums" für kurze Zeit als plausibel erscheinen lassen. In der Krise habe sie sich als Illusion enthüllt. Doch der parlamentarische Kampf um Reformen sei eine unverzichtbare Form des Klassenkampfes. In ihm lerne das Proletariat seine Gegner kennen und seine Organisation aufbauen. Hilferding hielt zwar den von Otto Bauer vorgeschlagenen Begriff eines „marxistischen Zentrums" für unglücklich. Doch die hier referierte Position weist ihn als „Zentrist" aus.

Unter den Imperialismen der europäischen Staatenwelt fürchtete

Hilferding den deutschen am stärksten, da er ihn als Ausdruck des Expansionsdranges des „jungen deutschen Kapitalismus" begriff, der sein Zurückbleiben überwinden wollte und der es verstanden habe, die bürgerlichen Kräfte im Namen einer imperialistischen und zugleich antisozialdemokratischen Ideologie zu einen. In seinen antiimperialistischen Artikeln diagnostizierte er die gefährlichen Entwicklungen. Der Bau der Bagdadbahn durch Deutsche müsse von England als Bedrohung aufgefaßt werden. Die Erneuerung des Dreibundes zwischen Deutschland, Österreich und Italien im Dezember 1912 sei gegen Rußland gerichtet und müsse die Aufrüstung anheizen. Der „Balkanbrand" drohe sich zu einem Weltkrieg auszuweiten. „Längst hat dieses Wettrüsten jeden Sinn verloren. Das Mittel ist Selbstzweck geworden, jeder Menschenzuwachs, jeder Fortschritt der Mordtechnik, jede Reichtumsvermehrung wird restlos in den Dienst dieses fürchterlichen Organismus gestellt. Gegen seine Machtansprüche erweist sich die bürgerliche Gesellschaft wehrlos." Diese Welt könne ihre Konflikte nicht mehr beherrschen. Prophetische Worte. Zu Recht konnte Hilferding 1916 konstatieren: „Wir Marxisten haben den Krieg vorausgesehen."[6]

Angesichts dieser Einstellung nimmt es nicht wunder, daß Hilferding zur überwiegenden Mehrheit der Vorwärtsredakteure gehörte, die beim Parteivorstand gegen die Bewilligung der Kriegskredite durch die Reichstagsfraktion protestierte. Den „Vorwärts-Raub", d. h. das Oktroy des vorstandstreuen Friedrich Stampfer als Chefredakteur, erlebte er nicht mehr in Berlin. Im April 1915 kehrte Hilferding nach Wien zurück; ab 1916 leistete er Kriegsdienst in einem Seuchenlazarett an der italienischen Front. Die Zeit, die ihm zum Publizieren blieb, nutzte er zur Auseinandersetzung mit den deutschen Anhängern der Burgfriedenspolitik. Die Arbeiterklasse dürfe sich nicht in eine „imperialistische Phantastik" hineinreißen lassen. Die Vorstellung einer „Klassenharmonie" werde sich als Illusion herausstellen. Hilferdings Kritik galt ferner seinem alten Freund Karl Renner. Gegen dessen „Kriegsmarxismus", dargelegt in dem brillanten und heute noch lesenswerten Buch „Marxismus, Krieg und Internationale" schickte er Karl Kautsky ins Gefecht.[7] Hilferding selbst zog gegen Renners sozialdemokratische Adaption der „Mitteleuropa-Idee" Friedrich Naumanns ins Feld. Diese bedeute nichts anderes als eine Transformierung der „Schützengrabengemeinschaft" von Deutschland und Österreich in eine „Schutzzollgemeinschaft", gegen die sich ausgeschlossene Staaten wie England, Frankreich, Rußland und Italien zur Wehr setzen würden. Resultat wäre „nur die Fortsetzung des Kriegs mit anderen Mitteln".[8] Hilferding setzte der „Mitteleuropa-Idee" die Forderung eines europäischen Freihandels entgegen.

Der USPD-Politiker

Im November 1918 kehrte Hilferding nach Berlin zurück, gerufen vom Parteivorstand der USPD, der ihm die Chefredaktion des Zentralorgans der Partei „Die Freiheit" antrug. Hilferding schlug zunächst einen gemäßigten Kurs ein. Es war ihm klar, daß der Sozialismus nur Chancen hatte, wenn die verfeindeten Sozialdemokratien zusammenarbeiteten. Hilferding und Kautsky warnten vor sofortiger konfiskatorischer Sozialisierung und dem „reinen Rätesystem" als Form der „Diktatur des Proletariats". Diktatur bedeute Bürgerkrieg; Bürgerkrieg lasse den Aufbau des Sozialismus nicht zu. Das deutsche Proletariat habe gelernt, daß allein der demokratische Weg gangbar sei. Eine Zeitlang befürwortete er eine Kombination von Rätesystem und Parlamentarismus. Prinzipiell blieb er bei seiner alten Überzeugung, daß das Parlament als Mittel der Diktatur des Proletariats, diese also verstanden als demokratisch legitimierte Hegemonie der Arbeiterklasse, dienen könne. Seit den blutigen Unruhen im Dezember und Januar, als die Mehrheitssozialdemokraten Militär und Freikorps gegen linksorientierte meuternde Truppenteile und demonstrierende Arbeiter einsetzten, radikalisierte sich der Kurs der „Freiheit". Das Blut Rosa Luxemburgs und Karl Liebknechts komme über Ebert, Scheidemann und Noske und ihre Helfershelfer. Es gab Sozialdemokraten wie Ebert, Noske und Otto Braun, die Hilferding die damals angeschlagene Tonart niemals vergessen konnten, auch dann nicht, als er sich zum vorsichtigen, auf Ausgleich in der Partei und mit bürgerlichen Kreisen bedachten bedeutenden ministeriablen Politiker der wiedervereinigten Partei gewandelt hatte.

Hilferdings nach außen hin entschlossen wirkender Kampf als Chefredakteur der „Freiheit" und bald auch Mitglied des Parteivorstandes war von des Gedankens Blässe angekränkelt. Im Grunde könne er wie Kautsky sich mit keiner Fraktion der Unabhängigen identifizieren, schrieb er im September an diesen, dem bekanntlich nichts lieber gewesen wäre als eine alsbaldige Wiedervereinigung der beiden sozialdemokratischen Parteien.[9] Nachdem Haase, der besonnene Führer der USPD, am 6. November 1919 an den Folgen eines Attentates gestorben war, befand sich Hilferding, darin Kautsky, aber auch dessen Freund und Widersacher Eduard Bernstein vergleichbar, in der Position eines Parteiintellektuellen ohne Hausmacht. Auf den Parteitagen der Unabhängigen sah er sich bald den Angriffen der Linken ausgesetzt, die auf Anschluß der Partei an die kommunistische „Dritte Internationale" drängten. Diese Auseinandersetzung fand ihren Höhepunkt in der Redeschlacht zwischen Hilferding und dem Vertreter der Kommunistischen Internationale, Sinowjew, auf dem außerordentlichen Parteitag in Halle, im Oktober 1920. Die Anhänger einer Wende zum Kommunismus hielten den Versammlungssaal unter Kontrolle und hatten ihn mit kommunistischen Emblemen und Parolen ausstaffiert. Es war eine Mutprobe, als Hilferding, der nach den Vorstellungen der Komintern ebenso wie Kautsky aus der USPD ausgeschlossen werden sollte, in einer mehrstündigen, von Proteststürmen auf der Linken mehrfach unterbrochenen Rede ausführte, daß das deutsche Proletariat seine Probleme selbst lösen müsse und keiner politischen Oktroys von außen bedürfe. Wichtig sei vor allem seine Aktionseinheit. Die Revolutionierung der Massen könne nur vorangetrieben werden durch eine Politik, die nicht spalte, sondern sich konkrete Aufgaben wie z. B. die Sozialisierung stelle. Hilferdings Äußerungen zur Diktatur des Proletariats in Halle können als Befürwortung einer gewaltsamen Minoritätenherrschaft und Konzession an die Parteilinke gedeutet werden. Doch damit war die Spaltung nicht mehr aufzuhalten. Fast zwei Drittel der Delegierten sprachen sich für einen Anschluß an die Komintern und damit an die kommunistische Partei aus. Die USPD war leichtgewichtig geworden. Angesichts der Angriffe von rechts auf die Republik schien Hilferding linke Fundamentalopposition nicht länger angezeigt. Seine Rechtswendung kostete ihn 1922 die Redaktion der „Freiheit". Schließlich setzte sich innerhalb der USPD die Ansicht durch, daß die Schwäche der sozialdemokratischen Bewegung eine Wiedervereinigung der verfeindeten Parteien verlangte.

Hilferdings Radikalismus wurde auch durch sein realpolitisches Engagement in offiziellen Funktionen zunehmend korrigiert. Als Mitglied der Sozialisierungskommission initiierte er zusammen mit Kautsky eine Empfehlung an den Rat der Volksbeauftragten, die mineralischen Bodenschätze des Reiches zum Staatseigentum zu erklären. Noch vor der Ausarbeitung komplizierter Detailregelungen sollte damit ein Datum gesetzt werden. Dieser, inzwischen rein mehrheitssozialdemokratisch geworden, zeigte jedoch die kalte Schulter. Er ließ dem künftigen Reichswirtschaftsminister Wissell freie Hand, seine Politik einer geplanten Gemeinwirtschaft mit Hilfe eines komplizierten Systems paritätisch zusammengesetzter Räte zu verfolgen. Hilferding kämpfte in seiner Rede vor dem Betriebsrätekongreß im Oktober 1920 dagegen an. Wissells Gemeinwirtschaftskonzeption werde einen ungeheuren bürokratischen Apparat zur Folge haben. Die Sozialisierungskommission setzte ihr die Zusammenfassung der Kohle- und Kalibranche zu „Sozialtrusts" entgegen, die von einem Reichskohlen- und Reichskalirat kontrolliert werden sollten. Dabei sollten den sozialisierten Unternehmen durchaus Konkurrenzspielräume für qualifizierte Direktoren erhalten bleiben. Der Weltmarkt werde für Rationalisierungsdruck sorgen. Neben Lederer und Kuczynski war Hilferding in der Sozialisierungskommission das treibende Element. Es gelang ihnen, hochkarätigen Kapitalisten wie Rathenau und von Siemsen Paroli zu bieten. Hilferding versuchte, ihnen durch freihändlerische Argumente Wind aus den Segeln zu nehmen. Zunächst war jedoch Wissell schneller. Seine Kohlen- und Kaliwirtschaftsgesetze vom April 1919 trugen gemeinwirtschaftliches Gepräge.

Der Elan der Sozialisierungskommission wurde nicht nur vom Machtverlust der Sozialdemokratie, sondern noch entscheidender vom Verfall der Währung gebrochen. Er beeinträchtigte die Pläne der Kommission, überzeugende Lösungen für die Kommunalisierung von Unternehmen und ein gemeinwirtschaftliches Wohnungswesen zu finden. So wurde in den Beratungen der Kommission, die immer stärker den Charakter einer Enquêtekommission annahm, schließlich vorrangig das Problem behandelt, wie die Währung saniert und zugleich die Reparationslasten aufgebracht werden könnten. Hilferding entwickelte dabei seine Lieblingsidee, daß hierfür Teile des Goldschatzes der Reichsbank eingesetzt werden sollten. Auch als Mitglied des „Vorläufigen Reichswirtschaftsrates" war Hilferding mit diesen Fragen befaßt. Seine Tätigkeit als Experte für die wirtschaftliche Entwicklung setzte er als einer der Vorsitzenden des 1926 vom Reichstag eingesetzten „Ausschusses zur Untersuchung der Erzeugungs- und Absatzbedingungen der deutschen Wirtschaft (Enquêteausschuß)" fort. Die Resultate dieser Untersuchungen bilden eine wichtige wirtschaftsgeschichtliche Quelle.

Hilferding war davon überzeugt, daß die Reparationslasten zu einem erheblichen Teil für die Krise und damit für die Schwächung der deutschen Arbeiterbewegung verantwortlich waren. Überhaupt befinde sich die internationale Arbeiterbewegung in einer schlechten Verfassung. Sie könne nur gesunden, so argumentierte er auf den Kongressen der „Internationalen Arbeiter-Internationale" (I. A. I.) von Wien (1921), Hamburg (1923) und Marseille (1925), wenn die Verelendung des deutschen Proletariats aufgehalten werde. Die sozialistischen Parteien der Siegermächte müßten auf Mäßigung der Reparationsforderungen ihrer Regierungen hinwirken. Hilferding war davon überzeugt, daß die Arbeiterbewegung nirgends die Kraft besitze, in absehbarer Zeit revolutionäre Gesellschaftsveränderungen durchzusetzen. Für das deutsche Proletariat bedeute dies, daß es sich mit der demokratischen Republik versöhnen müsse. Die Voraussetzungen hierfür lagen für ihn in einer moderaten Reparationspolitik, in der internationalen Verständigung durch Beitritt des Deutschen Reiches zum Völkerbund und in der Abrüstung.[10] Während der kurzen Konsolidierungsphase der Republik schien es Hilferding, daß eine derartige Politik auch im Interesse der kapitalistischen Führungsmächte USA und England liege, denen es gelingen könnte, auch Frankreich in eine Politik des „realistischen Pazifismus" einzubeziehen.

Im inneren Zirkel sozialdemokratischer Ministeriabler

Hilferdings unbestreitbare Kompetenz als Währungs-, Finanz- und Wirtschaftsexperte sowie seine Ämter und Funktionen als Mitglied des Parteivorstandes der wiedervereinten Partei, als Mitglied des Reichstages seit 1924 und als Dozent an der Hochschule für Politik mußten ihn bald in den engeren Zirkel der ministeriablen sozialdemokratischen Politiker führen. Sein politisches Gewicht veranlaßte den Reichskanzler Wirth bereits im April 1922, ihn in die Sachverständigendelegation zu berufen, die ihn zusammen mit dem Außenminister Rathenau zu der Konferenz von Genua begleiten sollte, auf der es um die Einbeziehung der Sowjetunion in die Weltwirtschaft ging. Deutschland und Rußland benützten diese Gelegenheit, den Sondervertrag von Rapallo zu schließen, auf dem sie gegenseitigen Verzicht auf Reparationen und die Meistbegünstigungsklausel vereinbarten. Der sozialistische Freihändler Hilferding spielte dabei, über den Schatten seines eingefleischten Antibolschewismus springend, die vielbeachtete Rolle eines Mittelsmannes. Nach der Wiedervereinigung der sozialdemokratischen Parteien im September 1922 erhielt er Gelegenheit, seine währungspolitischen Einsichten in die Tat umzusetzen. Stresemann berief ihn im August 1923 in sein Kabinett als Finanzminister. Indem er dem Kabinett eine Sicherung der neuzuschaffenden Papierwährung durch die Goldbestände der Reichsbank und eine Belastung der Vermögenswerte der Wirtschaft vorschlug, knüpfte er an seine Vorstellungen aus den Tagen der Sozialisierungskommission an. In die Quere kam ihm dabei freilich die Intervention der Reichsbank, die Elemente des Sanierungsplanes des alten Deutschnationalen Helfferich bevorzugte. Hinzu kam, daß Hilferding den Erfolg einer Währungsreform vor Aufhebung des passiven Widerstandes an der Ruhr wegen der erforderlichen staatlichen Unterstützungsgelder als von vornherein bedroht ansah und deshalb die Vorlage seiner Pläne hinauszögerte. Dies verschaffte ihm den Ruf eines habituellen Zauderers und bewirkte, daß er bei einer Neuauflage des Kabinetts Stresemann nicht mehr berücksichtigt wurde. Trotz Hilferdings wesentlicher Vorarbeiten fiel der Ruhm einer definitiven Überwindung der Inflationsära durch Schaffung der Rentenmark seinem parteilosen Nachfolger Dr. Luther zu.

Neue theoretische Versuche: „Organisierter Kapitalismus" und „Funktionslehre des demokratischen Staates"

Hilferding nutzte die Zeit geringerer Beanspruchung während der Phase der Opposition gegen die bürgerlichen Kabinette, die theoretische Fundierung seiner Realpolitik zu überdenken. Als Plattform dienten ihm die von ihm seit dem Jahr 1924 herausgegebene theoretische Zeitschrift seiner Partei „Die Gesellschaft. Internationale Revue für Sozialismus und Politik" sowie die Parteitage. Auf den Parteitagen von Berlin (1924), Heidelberg (1925) und Kiel (1927) hielt er programmatische Reden; zu Recht berühmt wurde seine Kieler Rede über die „Aufgaben der Sozialdemokratie in der Republik". Das „Heidelberger Programm" von 1925 ist von Hilferdings Denken geprägt.

Kern der theoretischen Position Hilferdings ist die inzwischen vielfach kommentierte Konzeption des „organisierten Kapitalismus".

Es handelt sich dabei um ein einfaches Strukturmodell der Beziehungen zwischen Wirtschaft und Politik, das Gemeinsamkeiten mit den Vorstellungen von der „Durchstaatlichung der Wirtschaft" Karl Renners, aber auch mit der Monopolkapitalismustheorie Lenins hat. Die Hilferdingsche Modellvariante geht davon aus, das unter Führung des Finanzkapitals in Kartellen und Trusts organisierte Kapital sei so mächtig geworden, daß es die Staatsmacht in den Dienst ihrer an Monopolinteressen orientierten Innen- und imperialistischen Außenpolitik zu stellen vermöge. Hilferding modifiziert dieses Modell durch zwei Entwicklungsvarianten. Die erste Variante unterstellt, daß es dem Finanzkapital gelingt, die Arbeiterbewegung zu unterdrücken. In diesem Falle werde die Ära eines „organisierten, hierarchisch gegliederten Staatskapitalismus mit einem in seiner Macht ungeheuer erhöhten Herrschaftsstaate" entstehen; dabei könne es der Organisationsmacht des Finanzkapitals freilich gelingen, die „Anarchie" der kapitalistischen Produktion zu überwinden, die krisenhaften Konjunkturschwankungen abzumildern und die „unmittelbaren Bedürfnisse der Massen" besser zu befriedigen.[11] Die Arbeiterklasse werde dabei allerdings der herrschaftlichen Gliederung der Produktion unterworfen. Die zweite Entwicklungsvariante des Modells rechnet mit einem Aufschwung der Arbeiterklasse. In seinem „Editorial" zur „Gesellschaft" aus dem Jahre 1924 glaubte Hilferding, nachdem er den Pessimismus der vorausgegangenen Jahre überwunden hatte, auf diese Variante setzen zu können. Trotz der Krise und Schwäche des organisierten Proletariats während des Weltkrieges und der darauffolgenden Jahre sei es diesem gelungen, in Konkurrenz mit dem organisierten Unternehmertum auf Wirtschaft und Staat Einfluß zu nehmen. So sei aus der „Staatsferne" der Arbeiterschaft „Staatsnähe" geworden. Nicht in direktem revolutionären Angriff, sondern durch Einwirken auf die staatlichen und wirtschaftlichen Organisationsformen wolle es seine Ziele verfolgen. Dadurch sei „das starre politische System von ehedem (...) plastisch geworden".[12]

Hilferdings wissenschaftliches Interesse galt einer politischen Funktionslehre des neuen demokratischen Staates. Dabei abstrahierte er an entscheidenden Stellen seiner Konzeptionsbildung vom Eigengewicht der bürokratischen Interessen des Staatsapparates – obwohl ihm durchaus bekannt war, daß der „Machtorganisation" des Staates der eigengesetzliche „Drang nach Behauptung und Mehrung (sc. der) Macht" innewohne – und unterstellte den demokratischen Staat als reine Form, als einen hochreagiblen Strukturmechanismus, in welchem sofort je nach den sozialen Kräfteverhältnissen der Staatswille als Resultante herausgebildet wird. „Demokratie bedeutet eine andere, entweder schon vollzogene oder der Möglichkeit nach andere Machtverteilung."[13] In diesem Modell finden die Parteien und Verbände ein eigenes systematisches Gewicht. Sie bilden die Komponenten des Kräfteparallelogramms und sind so gesehen Bestandteil des Staates, den Hilferding in diesem Zusammenhang als „government" bezeichnet, mit einem Begriff des angelsächsischen politischen Denkens also, der den systemischen Charakter des staatlichen Funktionszusammenhangs adäquat benennt. Begreife man aber, so führt Hilferding seine Argumentation weiter, den Parteienkampf als Klassenkampf und das Proletariat als eine im Fortschreiten begriffene Klasse, so sei die „formale Demokratie" die einzige Regierungsform, in der es seine Interessen seinem Gewicht entsprechend unbehindert durchsetzen könne. Blicke man nach Italien, so erkenne man, welches Gut politische Freiheit und Demokratie für die Arbeiterklasse seien.

Diese Funktionslehre des demokratischen Staates erhebt sich, marxistisch gesprochen, als Überbau über die ökonomische Basis, die durch die Fortschritte von Technik und synthetischer Chemie umgewälzt werde und sich dabei weiterhin zunehmend in Kartellen und Trusts im internationalen Maßstab organisiere. Der Privatbesitz habe aufgehört, Privatsache des einzelnen Unternehmers zu sein; der Kapitalismus selbst beginne, die freie Konkurrenz des privaten Eigennutzes durch wissenschaftliche planmäßige Methoden zu ersetzen und bringe so das Prinzip der sozialistischen Wirtschaftsführung hervor. Für die Sozialdemokratie komme es deshalb darauf an, die Staatsmacht zu erringen, sie zu vermehren und über das Gebiet der Sozialpolitik hinaus auf das Gebiet der Wirtschaftspolitik und Wirtschaftsführung Einfluß zu nehmen. „Immer mehr unterliegt die kapitalistische Gesellschaft dem zunehmenden Einfluß der Arbeiterklasse, immer mehr siegt das politische Prinzip der Arbeiterklasse, den Staat zu benutzen als Mittel zur Leitung und Beherrschung der Wirtschaft im allgemeinen Interesse."[14]

Wirtschaftsdemokratie

Hilferding verband diese Analyse mit einem Konzept der Erziehung der Arbeiterschaft. Das Ziel sozialdemokratischer Bildungspolitik sei Chancengleichheit. Jeder müsse zu den Funktionen gelangen können, zu deren Ausübung ihn seine Begabung befähige. In den Einrichtungen der „Wirtschaftsdemokratie" müßten sich die Arbeiter auf wirtschaftlichem Gebiet schulen, um in der sozialistischen Gesellschaft in der Lage zu sein, die Betriebe selbst zu leiten oder an der Betriebsführung mitzuwirken. Die Bildung, das Wissen und die Kultur müßten durch die Massen erobert werden.

Fritz Naphtali, der 1928 im Auftrag des Allgemeinen Deutschen Gewerkschaftsbundes (ADGB) die programmatische Schrift „Wirtschaftsdemokratie" herausgab, orientierte sich an den skizzierten Auffassungen Hilferdings. Mit Hilfe von wirtschaftlichen Selbstverwaltungskörpern mit paritätischer Arbeiterbeteiligung, des Betriebsrats-, Arbeitsrechts-, Tarifvertrags- und Schlichtungswesen, der Kommunalbetriebe, der gewerkschaftlichen Eigenbetriebe und Konsumgenossenschaften sollte der Kapitalismus „gebogen" werden, bevor er endgültig „gebrochen" werden kann.

Für die orthodoxen Marxisten innerhalb der SPD bedeutete die Staatsauffassung Hilferdings eine schlimme Marx-Revision, die die Arbeiterklasse dazu verleite, ihren politischen Aktionsradius im bürgerlichen Staat zu überschätzen, und sie daran hindere, revolutionären Kampfeswillen zu entwickeln. Derart argumentierte insbesondere Hilferdings alter Jugendfreund Max Adler in der Zeitschrift „Der Klassenkampf", die das Sprachrohr der linken Parteiopposition bildete. Hilferdings marxistische Opponenten hatten nicht unrecht: Seine Funktionslehre des demokratischen Staates setzte sich über die Grundidee der marxistischen Staatsauffassung hinweg, wonach der bürgerliche Staat vom Proletariat zwar revolutionär oder durch parlamentarische Methoden erobert und in Form der demokratischen Republik als Kampfboden benutzt werden kann, aber als komplementäre Überbaustruktur der bürgerlichen Gesellschaft schließlich überwunden werden muß. Orthodox marxistisch war Hilferdings positiver demokratischer Republikanismus nicht zu begründen. Doch Hilferding hat auch keine marxistische Staatstheorie, sondern eine Theorie des pluralistischen Staates entworfen, gewissermaßen vorzeitig, denn sie war den rigiden Klassenstrukturen und harten Klassenauseinandersetzungen der Weimarer Republik nicht angemessen. Sie nahm wesentliche Elemente der modernen politikwissenschaftlichen Pluralismustheorie vorweg.

Finanzminister im Kabinett Müller

Die Quintessenz dieser Gedankengänge konnte nur prinzipielle Regierungsbeteiligung der Sozialdemokratie lauten. Hilferdings linke Gegner warfen ihm nicht zu Unrecht „Koalitionssehnsucht" (O. Jenssen) vor.[15] Ein Hinderungsgrund für eine sozialdemokratische Regierungsbeteiligung bildete die republik- und sozialdemokratiefeindliche Haltung der deutschen Großindustrie und der von ihr beeinflußten Parteien wie die Deutschnationalen (DNVP) und die Deutsche Volkspartei (DVP). Nach dem Beitritt Deutschlands zum Völkerbund und dem Zustandekommen des Dawes-Planes, der die Reparationsbestimmungen günstig modifiziert hatte, akzeptierte auch der Reichsverband der deutschen Industrie die Republik und die Völkerbundspolitik, schrieb Hilferding in einem 1926 in der „Gesellschaft" erschienenen Artikel. Zweck dieser Botschaft war, die Berührungsängste gegenüber der DVP zu beseitigen. Die Probe aufs Exempel kam mit dem Wahlsieg der SPD in den Reichstagswahlen des Jahres 1928. Hilferding wurde im Kabinett Hermann Müller, das bald um die DVP erweitert wurde, Finanzminister. Die DVP war die Partei Stresemanns, eines zwar bürgerlich-großindustriell orientierten, aber doch glaubwürdig republik- und völkerbundstreuen Politikers. Damit war der politische Erfolg des Kabinetts Müller freilich nicht verbürgt.

Das Kabinett Müller hatte einen schlechten Start. Die sozialdemokratisch geführte Regierung war gezwungen, gegen den Protest der sozialdemokratischen Reichstagsfraktion und großer Teile der Mitgliedschaft einen Panzerkreuzer zu bauen, den sie im Wahlkampf angeprangert hatte. Hilferding selbst konnte das Ringen um eine klare haushaltspolitische Linie nicht durchstehen und kam zu Fall. Er trat an mit dem Vorhaben, mit einem ausgeglichenen Budget zu arbeiten, ein Vorhaben, das durch die Haushaltsführung seiner Vorgänger „hart am Rande des Defizits" erschwert war. Es zeigte sich, daß die von ihm ursprünglich geplanten Steuererhöhungen mit der DVP nicht durchzusetzen waren. Diese bestand auf Ausgabensenkungen. Hilferdings Mischpläne – Senkung der Einkommens- und Vermögenssteuer, Erhöhung der Bier- und Tabaksteuer – wurden von der Bayrischen Volkspartei zerzaust, für die die Biersteuer sakrosankt war. Aber auch die SPD-Fraktion begann zu murren: Die von Hilferding betriebenen Steuersenkungen und Auflage einer steuersparenden Staatsanleihe konnten doch unmöglich sozialdemokratische Finanzpolitik sein! In der Tat operierte Hilferding plötzlich mit den Argumenten der klassischen bürgerlichen Nationalökonomie, wonach Steuersenkungen die Kapitalbildung fördern und so die Wirtschaft ankurbeln sollten. Bisher hatte er die traditionelle sozialdemokratische Auffassung vertreten, daß das Steueraufkommen zur Bildung von Ressourcen der staatlichen Wirtschaftspolitik herangezogen werden müsse. Hermann Müller schob in einer Kontroverse mit dem rechtssozialdemokratischen Parteijournalisten Friedrich Stampfer das Argument nach, mit der Steuersenkung solle auch der Tendenz zur Kapitalflucht Einhalt geboten werden.[16] Auch auf dem Gebiet der Agrarzölle änderte Hilferding seine Haltung. Der alte Freihändler und Kritiker der Schutzzollpolitik hatte plötzlich gegen eine Erhöhung des Kaffee- und Teezolls nichts einzuwenden. Es ist schwer zu entscheiden, ob Hilferding gezwungen oder freiwillig durchs kaudinische Joch gegangen ist. Der Hauptgrund seines Verhaltens war vermutlich, jede Gefährdung der Koalition zu vermeiden. Er war sich darüber im klaren, daß der Bruch der Großen Koalition die Demokratie in eine existenzgefährdende Krise stürzen würde. Die permanente Verschlechterung der Kassenlage, nicht zuletzt hervorgerufen durch die steigende Arbeitslosigkeit, zwang Hilferding zu gewagten Finanzmanipulationen, u. a. zur Aufnahme einer Anleihe bei dem New Yorker Bankhaus Dillon, Read & Co. Der Reichsbankpräsident Schacht machte einen Strich durch diese Rechnung und zwang Hilferding und seinen Staatssekretär Johannes Popitz am 20. Dezember 1929 zum Rücktritt. Dabei hatte dieser von bürgerlicher Seite vielfach Lob dafür geerntet, daß seine Finanzpolitik den Interessen der Wirtschaft durchaus entgegengekommen sei.[17] Das Kabinett Müller, die letzte Koalition republiktreuer Parteien mit parlamentarischer Mehrheit, stürzte schließlich über das Problem der Finanzierung der Arbeitslosenversicherung.

An vorderster Front der „Tolerierungspolitik"

Es folgte die Zeit der Präsidialkabinette, deren Existenz von der Duldung des Reichspräsidenten von Hindenburg abhing. Hilferding war der eifrigste Befürworter einer Tolerierung des Kabinetts Brüning. Die Tolerierungspolitik lähmte die Kampfkraft der sozialdemokratischen Arbeiterbewegung. Als Hitlers Machtergreifung unmittelbar vor der Tür stand, spiegelte Hilferding sich in seiner Verzweiflung vor, Hitler werde sich in der Machtausübung verschleißen, weil ihn der parlamentarische Mechanismus auf das Normalmaß eines Führers einer parlamentarischen Partei herabbringen würde. Inzwischen hatte Hilferding unter dem grassierenden Antisemitismus zunehmend zu leiden. Er mußte aus Opportunitätsgründen darauf verzichten, im Reichstag das Wort zu ergreifen. In das Stammcafé seiner Mitarbeiter bei der „Gesellschaft" konnte er sich nicht wagen, weil er befürchten mußte, in der Öffentlichkeit angepöbelt zu werden.

Hilferdings passive Haltung jener Jahre kam auch in seinen Auffassungen zur Lösung der Weltwirtschaftskrise zum Ausdruck. Sie knüpften an seine alte Vorstellung an, daß die Banken die Pflicht hätten, ihre Goldbestände zur Behebung der Krise einzusetzen. Im konkreten Fall betreffe dies vor allem die Notenbanken der Vereinigten Staaten und Frankreichs. Diese müßten ihr Gold zur Mobilisierung notleidender Kredite einsetzen, um so das Vertrauen in die Wirtschaft wiederherzustellen. Wenn schon keine sozialistische Wirtschaftspolitik möglich sei, so müßten wenigstens richtige kapitalistische Methoden angewandt werden, und dies bedeute eine richtige internationale Bankpolitik. Hilferding brachte auch den Gedanken einer staatlichen Bankenkontrolle ins Spiel. Das in dem gewerkschaftlichen WTB-Plan enthaltene Arbeitsbeschaffungsprogramm lehnte er ab, weil er es wie auch sein Schüler Naphtali für inflationsfördernd hielt. Inflation aber sei „die härteste und abscheulichste indirekte Steuer und die perfideste Methode der Lohnsenkung".[18] Von der zukunftsweisenden Lehre Keynes', die auch die sozialistische Wirtschaftstheorie bald beeinflussen sollte, hielt er wenig. Er kannte sie freilich nur in Ansätzen, weil er aus Zeitnot nicht dazu gekommen war, sie gründlich zu studieren. Hilferding war sich darüber im klaren, daß die Weltwirtschaftskrise zugleich die Krise der sozialistischen Wirtschaftstheorie bloßlegte. „Eine sozialistische Lösung ist nicht da, und das macht eigentlich die Situa-

tion unerhört schwierig und läßt die Kommunisten und Nationalsozialisten immer mehr heranwachsen", schrieb er am 2. Oktober 1931 seinem Freunde Kautsky.[19]
Auf dem Leipziger Parteitag des Jahres 1931 mußte Hilferding schließlich seine Rolle als nationalökonomischer Cheftheoretiker seiner Partei dem Gewerkschafter Fritz Tarnow, einem der Mitverfasser des WTB-Planes, überlassen. Angesichts der Krise verlor die Konzeption des „organisierten Kapitalismus" nicht nur in der Linksopposition ihre Glaubwürdigkeit.

Selbstzweifel im Exil

Dänemark, die Schweiz, die Tschechoslowakei, wieder die Schweiz, schließlich Frankreich, waren die Stationen des Emigranten Hilferding. Der Exil-Vorstand der SPD übertrug Hilferding die Redaktion der neu gegründeten „Zeitschrift für Sozialismus".[20] Es stand ihm ein international renommierter Mitarbeiterstab zur Verfügung. Zu vielen alten Autoren der „Gesellschaft" kamen Konrad Heiden, Emile Vandervelde und Hugh Dalton. Hilferdings Editorial bewies wieder seine Fähigkeit, marxistische Klischees zu hinterfragen. Auch in der sozialdemokratischen Faschismusdiskussion herrschte die Erklärungsvariante der Komintern vor, die den Faschismus als Ausdruck der Herrschaft des Monopolkapitals interpretierte. Hilferding wies dem gegenüber auf die „antikapitalistische Rebellion" der Mittelschichten und Bauern hin. Sie zeige sich überall in der westlichen Welt, sei aber in Deutschland, das keine tragenden demokratischen Traditionen besitze, besonders virulent geworden. So habe es zu der seltsamen Bettgenossenschaft der deklassierten Milieus, wozu auch Intellektuelle gehörten, mit Großagrariern und großkapitalistischen Schichten in der „reaktionären Massenpartei der Nationalsozialisten" kommen können. Der „totale Staat", die Form der Diktatur von Faschismus und Nationalsozialismus, sei „charakterisiert durch die Absolutierung und zugleich ungeheuerliche Ausdehnung der Staatsmacht. Vernichtet sind nicht nur wie in früheren absolutistischen Systemen alle *politischen* Institutionen und Organisationen; jetzt sind auch alle wirtschaftlichen Verbände der verschiedenen Schichten der kapitalistischen Gesellschaft, alle kulturellen und sportlichen Vereine der Arbeiterschaft und des Bürgertums unter die Diktatur gestellt und werden

als Zwangsorganisation unmittelbare Bestandteile der Staatsmacht".[21] Das Volk aber werde entpolitisiert.
Das „Prager Manifest" des Exil-Vorstandes der SPD vom 28. Juni 1934, an dessen Formulierung Hilferding maßgeblich mitgearbeitet hatte, propagierte die Überwindung des Reformismus durch einen „revolutionären Sozialismus". Liest man Hilferdings Kommentar in der „Zeitschrift für Sozialismus" genau, so wird deutlich, daß jedenfalls er damit keine radikale Kritik an der bisherigen reformistischen Politik der Sozialdemokratie verband. Der Sozialismus müsse revolutionär sein, weil für Reformismus, der zum mindesten legale Betätigungsmöglichkeiten voraussetze, im Faschismus „einfach kein Raum mehr" sei. Der Kampf der Arbeiterbewegung um Demokratie könne unter diesen Umständen nur völlige Niederringung der nationalsozialistischen Herrschaft und Eroberung der Staatsmacht bedeuten. Sei dieses Ziel erreicht, so sei undenkbar, daß die Arbeiterschaft den Fehler von 1918 wiederholen werde, den alten Staatsapparat mitsamt der reaktionären Bürokratie einfach zu übernehmen. Hilferding warnte vor einer erneuten Propagierung der „Diktatur des Proletariats". Denn wer könne garantieren, daß die Diktatur „nicht umschlägt in eine Diktatur gegen die Arbeiterklasse"?[22] Diese Bekenntnisse zu den traditionellen Formen der demokratischen Republik und seine Auffassung vom Wesen des Faschismus trennten ihn von radikaleren sozialdemokratischen Gruppen wie „Neu-Beginnen", zu dem der brillante junge theoretische Kopf Richard Löwenthal gehörte und auch sein langjähriger Freund Paul Hertz immer stärker neigte, und von den „Revolutionären Sozialisten" um den ehemaligen Führer der Angestelltengewerkschaft Siegfried Aufhäuser, den sächsischen Parteijournalisten Karl Böchel und den alten Linksoppositionellen Max Seydewitz.
Hilferding erkannte frühzeitig, daß die Hoffnung auf einen Sturz Hitlers durch eine sozialistische Opposition im Innern Deutschlands oder durch rivalisierende Gruppen wie die Reichswehr – was Stampfer eine Zeitlang geglaubt hatte – illusorisch sei. Der Nationalsozialismus besitze eine „Massenbasis" aufgrund seiner Ideologie, die die Widersprüche der sozialen Interessen seiner Anhängerschaft überdecke. Wiederum im Unterschied zu der traditionellen Haltung der S. A. I. propagierte Hilferding ab 1935 die Aufrüstung der westlichen Demokratien, damit sie der wachsenden Militärmacht Hitlerdeutschlands entgegentreten könnten. „Hitlers Herz ist sicherlich eine Mördergrube, aber er trägt sein Herz auf den Lippen.

Jedoch die englische Regierung und die Labour Party wollten nicht hören." Dies gelte auch für die französischen Sozialisten. „Die Wahl steht zwischen Abwehr und Kapitulation. Und da die Kapitulation vor der größten und gefährlichsten Macht des Faschismus doch nicht Inhalt sozialistischer Politik sein kann, so bleibt nur die Abwehr möglich, die Abwehr in der einzig noch möglichen Form, der der militärischen Überlegenheit."[23]

Obwohl Hilferding die Gefahr eines von den Faschisten ausgelösten Weltkrieges klarer als die meisten der führenden Sozialisten der S. A. I. erkannte, stellte er sich den Bestrebungen, zur Abwehr des Faschismus mit den Kommunisten eine „Einheitsfront" zu bilden, entgegen. Prominente Sozialdemokraten wie Aufhäuser, Breitscheid und Hertz, nicht zu vergessen Hilferdings Freund aus den Wiener Tagen, Otto Bauer, waren hierzu bereit. Es nützte nichts, daß Hertz ihn darauf aufmerksam machte, daß der Einheits- und Volksfrontgedanke „die einzigen lebendigen Strömungen" seien, „die es in der deutschen Arbeiterklasse gibt". Vollends nach den Moskauer Schauprozessen war für Hilferding ein Zusammengehen mit den Kommunisten indiskutabel geworden. „Der Stalin-Faschismus ist für die Freiheit die Todesgefahr", schrieb er an Hertz. Kautsky habe das frühzeitig „prophetisch" erkannt.[24]

Mitte der dreißiger Jahre geriet Hilferding in eine geistige Krise, die ihn von seinen alten Kampfgefährten zu isolieren drohte. Er befinde sich in einem „heftigen inneren Gärungsprozeß", schrieb er im März 1936 an Hertz. Es befielen ihn Zweifel an der emanzipatorischen Mission der Arbeiterbewegung, an die er so lange geglaubt hatte. Ihm wurde klar, daß das ihn leitende Ideal die *Freiheit* war, nicht die kollektive Sicherung der Lebenslage der Arbeiterschaft, die sich auch in einem diktatorischen Staatswesen schaffen läßt. „Die Freiheit der Wissenschaft, die Entfaltung der Individualität, die Selbstbestimmung der Persönlichkeit, kurz alles, was mich zum Sozialismus geführt hat, weil ich meinte, daß die Sicherung des Materiellen durch die gesellschaftliche Beherrschung der Wirtschaft die Vollendung der Freiheit bedeute, das ist für die heutige Arbeiterbewegung kaum mehr ein wirklich lebendiger, sie unter allen Umständen bestimmender Faktor."[25]

Das theoretische Vermächtnis

Es ist Hilferding, bevor ihn die faschistischen Schergen in ihre Gewalt brachten, noch gelungen, seinen theoretischen Standort zu überdenken und neu zu ordnen. Seine Überlegungen liefen auf eine Teilrevision der Kernvorstellung des Marxismus hinaus, nämlich der prinzipiellen Priorität der Ökonomie vor der Politik. Ausgelöst wurden sie vom Phänomen der totalitären Herrschaft. Zu ihren Resultaten gehörte eine der ersten Fassungen der „identifizierenden Totalitarismustheorie", d. h. einer politikwissenschaftlichen Lehrmeinung, daß dem faschistischen und bolschewistischen Herrschaftssystem wesentliche Strukturmerkmale gemeinsam seien. Lenin und Trotzki, so Hilferdings Gedankengang, hätten einen Staat geschaffen, der mit der Wirtschaft auch die Gesellschaft den staatlichen Zielen unterworfen habe. Auf diese Weise sei sozusagen Engels parodiert worden: Die „Verwaltung der Dinge" habe sich in eine unbegrenzte „Herrschaft über Menschen" verwandelt. Die marxistische Analyse müsse deshalb ihre allzu vereinfachten Vorstellungen von der Wechselbeziehung zwischen Wirtschaft, Staat und Politik aufgrund der sich annähernden „totalitären Staatswirtschaft" in der Sowjetunion, Deutschland und Italien revidieren. Hilferding spitzte diese Gedanken in seiner letzten theoretischen Äußerung „Das historische Problem" zu. In ihr verkehrt er die traditionelle marxistische Sichtweise des Verhältnisses von Ökonomie und Gewalt. Nicht die Ökonomie bestimme Inhalt, Ziel und Ergebnis der Gewalt, sondern die Gewaltentscheidung die Ökonomie. Dies lehre die europäische Geschichte. Ferner lasse sich eine ständige Zunahme der Staatsmacht feststellen. Diese Entwicklung kulminiere nunmehr im „totalitären Staat", der sich die Wirtschaft unterwerfe. „Indem der Staat die Autonomie der wirtschaftlichen Gesellschaftssphäre aufhebt, hebt er zugleich die persönlichen Rechte auf." Was aber bestimme den Inhalt der Staatspolitik, d. h. den subjektiven Willen ihrer Träger? Offenbar nicht mehr bloß das Klasseninteresse. Es sei bereits problematisch gewesen, wirtschaftliche Interessen einseitig als Motiv der Politik bürgerlicher Staaten anzusehen. Mehr denn je müsse man mit irrationalen Motiven und partikularem Interessenbewußtsein rechnen.[26]

Hilferding hat sein theoretisches Vermächtnis im Hôtel du Forum in Arles geschrieben, das ihm und Breitscheid von der Vichy-Regierung als Zwangsaufenthalt zugewiesen worden ist. Rose Hilferding, die befürchten mußte, die geplante Ausreise in die Vereinigten Staaten werde doch noch verhindert, setzte alle Hebel in Bewegung, um ihren Mann zu retten. Sie flehte alte Bekannte aus seiner Ministertätigkeit wie den Grafen Schwerin von Krosigk (von Hilferding zum Etatdirektor gemacht, nunmehr Hitlers Finanzminister), Popitz, Schacht, Sauerbruch, um Hilfe an. Keiner reagierte.[27] Einzig Brüning startete eine Rettungsaktion. Hilferding wurde zusammen mit Breitscheid nach Paris in das Gestapo-Gefängnis La Santé *(sic!)* verschleppt. Dort kam er am 12. Februar 1941 unter ungeklärten Umständen zu Tode. Breitscheid landete im KZ. Er wurde am 24. August 1944 das Opfer eines Luftangriffs auf Buchenwald. Rose, die nach Hilferdings Deportation in Arles eintraf, konnte Hilferdings Manuskript retten. Benedikt Kautsky hat es 1954 in der „Zeitschrift für Politik" veröffentlicht.

Zu Hilferdings Lieblingsvokabeln gehörte das Wort „plastisch". Es charakterisiert ihn und sein Denken selber. Hilferding besaß die Plastizität und Beweglichkeit des Geistes, die es genialen Denkern ermöglichen, eingeschliffene Denkmuster zu verlassen und neue gedankliche Kombinationen zu entwickeln. Seine Depressionen und Arbeitsstörungen – vielleicht auch sein von den Freunden viel beklagter Hedonismus, mit dem er sich gelegentlich Tageszwänge vom Leibe hielt – passen zu diesem Charakterbild. Hilferding gehörte nicht zu jenen, die sich stets ihrer Sache sicher sind. Die Wahrheit, der er sich, unbekümmert um Freund und Feind, in langen, schmerzlichen, durchaus auch in die Irre führenden Denkprozessen zu nähern bemühte, ging ihm in letzter Instanz über politische Opportunität. Mit Stolz zählt die Bewegung des demokratischen Sozialismus Hilferding zu den Ihren.

Anmerkungen

1 Im „Vorwärts" v. 16.10.1924 sowie in der „Zeitschrift für Sozialismus", Jg. 1, 1934, S. 369–375, hat Hilferding Kautsky zum 70. und 80. Geburtstag schöne Gedenkblätter gewidmet.
2 K. Kautsky, Finanzkapital und Krisen, in: Die Neue Zeit (NZ), 29. Jg., 2. Bd. (1911), S. 247–772, hier S. 764.
3 Rudolf Hilferding, Der Funktionswechsel des Schutzzolls, in: NZ, 21. Jg., 2. Bd. (1903), S. 274–283, hier S. 278.

4 K. Emil, Der deutsche Imperialismus und die innere Politik, in: NZ, 26. Jg., 1. Bd. (1908), S. 148–163, hier S. 163.
5 R. Hilferding, Zur Frage des Generalstreiks, in: NZ, 22. Jg., 1. Bd. (1904), S. 134–142, hier S. 141; ders., in: NZ, 23. Jg., 2. Bad. (1905), S. 804–816. – Diese Aufsätze nahmen die berühmte „Generalstreiksdebatte" in der Sozialdemokratie vorweg.
6 R. Hilferding, Totentanz, in: NZ, 31. Jg., 1. Bd. (1913), S. 745–749; ders., Taumel, in: ebd., S. 849–854, hier S. 853; ders., Um die Zukunft der deutschen Arbeiterbewegung, in: NZ, 33. Jg., 2. Bd. (1915), S. 167–175.
7 K. Kautsky, Kriegsmarxismus. Eine theoretische Grundlegung der Politik des 4. August, in: Marx-Studien, hrsg. von Dr. Max Adler und Dr. Rudolf Hilferding, 4. Bd., 1. Halbbd., Wien 1918, S. 123–206.
8 R. Hilferding, Europäer, nicht Mitteleuropäer, in: Der Kampf. 8. Jg. (1915), S. 357–363.
9 Archiv des International Instituut vor Sociale Geschiedenis (IISG), Nachlaß Kautsky, Brief v. 3. 12. 1917, D XII, 631.
10 Hilferding befürwortete ursprünglich im Sinne der sozialdemokratischen Tradition das Milizsystem. In der Zwischenkriegszeit wandte er sich von dieser Vorstellung ab, weil sie ihm die Militarisierung der Bevölkerung zu befördern schien. Vgl. R. Hilferding, Krieg, Abrüstung und Milizsystem, in: Die Gesellschaft, 3. Jg., 1. Bd. (1926), abgedr. in: C. Stephan (Hrsg.), Zwischen den Stühlen oder über die Unvereinbarkeit von Theorie und Praxis. Schriften Rudolf Hilferdings 1904 bis 1940, Berlin–Bonn 1982, S. 199–211.
11 R. Hilferding, Arbeitsgemeinschaft der Klassen?, in: Der Kampf, 8. Jg. (1915), abgedr. in: Stephan (Anm. 10), S. 63–76, hier S. 66.
12 R. Hilferding, Probleme der Zeit, in: Die Gesellschaft, 1. Jg., 1. Bd. (1924), abgedr. in: Stephan (Anm. 10), S. 166–181, hier S. 177.
13 R. Hilferding, Die Aufgaben der Sozialdemokratie in der Politik. Referat, gehalten auf dem Kieler Parteitag 1927. Abgedr. in: Stephan (Anm. 10), S. 212–236, hier S. 223.
14 Ebd., S. 221.
15 IISG, Nachlaß Kautsky, D XII, 413, 421.
16 Archiv der Sozialen Demokratie, Bonn, Nachlaß Hermann Müller, Kassette II, Dok. 179.
17 Vgl. Politik und Wirtschaft in der Krise 1930–1932. Quellen zur Ära Brüning. Eingel. v. Gerhard Schulz (...), Düsseldorf 1980, S. 353, 364.
18 R. Hilferding, Gesellschaftsmacht oder Privatmacht über die Wirtschaft. Referat, gehalten auf dem Afa-Kongreß 1931. Abgedr. in: Stephan (Anm. 10), S. 237–267, hier S. 262; ders., Ein Irrweg. Die Inflation – das Interesse der Sozialreaktion, in: Vorwärts v. 4. 10. 1931. – Zum W.[oytinsky] T.[arnow] B.[aade]-Plan vgl. M. Schneider, Das Arbeitsbeschaffungsprogramm des ADGB. Zur gewerkschaftlichen Politik in der Endphase der Weimarer Republik, Bonn–Bad Godesberg 1975.
19 IISG, Nachlaß Kautsky, D XII, 653.
20 Die erste Nummer trug den Titel „Sozialistische Revolution!" Er wurde aufgrund einer Intervention der tschechoslowakischen Regierung geändert.
21 R. Hilferding, Die Zeit und die Aufgabe, in: Sozialistische Revolution, 1. Jg. (1933), S. 1–11, hier S. 5.

22 Richard Kern (d. i. Rudolf Hilferding), Revolutionärer Sozialismus, in: Zeitschrift für Sozialismus, 1. Jg. (1933/34), S. 145–152, hier S. 148; wiederabgedr. in: Stephan (Anm. 10), S. 277–287.
23 R. Kern, Macht ohne Diplomatie – Diplomatie ohne Macht, in: Zeitschrift für Sozialismus, 2. Jg. (1935), S. 593–604, hier S. 598, 604.
24 IISG, Nachlaß Paul Hertz, Mappe Hilferding, Briefe v. 10. 9. 1936 und 2. 4. 1937.
25 Ebd., Brief v. 5. 3. 1936.
26 R. Hilferding, Staatskapitalismus oder totalitäre Staatswirtschaft? Ursprünglich in russischer Übersetzung in dem menschewistischen „Sozialistischen Anzeiger" vom April 1940; ders., Das historische Problem (erst posthum veröffentlicht). Beide Arbeiten abgedr. in: Stephan (Anm. 10), S. 288–328, hier S. 295, 301.
27 Popitz konnte nicht helfen, da er selbst in Aktivitäten des deutschen Widerstandes verwickelt war.

Literatur

Gottschalch, Wilfried: Strukturveränderungen der Gesellschaft und politisches Handeln in der Lehre von Rudolf Hilferding, Berlin 1962.

Kurata, Minoru: Rudolf Hilferding. Bibliographie seiner Schriften, Artikel und Briefe, in: IWK. Internationale Wissenschaftliche Korrespondenz zur Geschichte der deutschen Arbeiterbewegung, 10. Jg. (1974), S. 327–346.

Stein, Alexander: Rudolf Hilferding und die deutsche Arbeiterbewegung. Gedenkblätter, Hannover 1946.

Stephan, Cora (Hrsg.): Zwischen den Stühlen oder über die Unvereinbarkeit von Theorie und Praxis. Schriften Rudolf Hilferdings 1904 bis 1940, Berlin–Bonn 1982.

Ich danke Herrn Jürgen Fenske dafür, daß er mir seine Examensarbeit „Rudolf Hilferding und die Sozialdemokratische Partei Deutschlands. Untersuchungen zum Verhältnis der SPD zur politischen und wirtschaftlichen Verfassung der Weimarer Republik" (1981) überlassen hat.

Hermann Liebmann (1882–1935)

Vom Architekten der „proletarischen Mehrheit" in Sachsen zum „Tolerierungs"-Politiker der Ära Brüning

von
Dietmar Klenke

Die Jugendzeit –
Ein beschwerlicher Aufstieg von ganz unten

Als Hermann Liebmann 1882 in einem Leipziger Vorort als ältestes Kind einer Gutstagelöhnerfamilie das Licht der bereits damals stark industriell geprägten sächsischen Welt erblickte[1], war sein Leben alles andere als in der Richtung vorgezeichnet, die ihn zeitweilig als Sozialdemokrat in eine Spitzenstellung des sächsischen Staates brachte. Der frühe Tod des Vaters, die dadurch verursachte Notlage der Familie, Verantwortung für die jüngeren Geschwister, Zerkleinern von Brennholz, mit dem die Mutter hausieren ging, um die Familie über die Runden zu bringen, Aushilfe im mütterlichen Laden neben Schule und Arbeit, zerschlissene Schulkleider, kurzum harter und zeitraubender Lebenskampf von Kindesbeinen an, das war ständiger Begleiter des Heranwachsenden in einer Zeit, die ein nur sehr unzureichendes soziales Netz kannte. Die Kulturgüter der gehobenen bürgerlichen Schichten kannte er nur aus der Ferne, die Volksschule machte ihn ja nur mit dem Elementaren vertraut. Doch die Gunst der Umstände wollte, daß ihn ein Untermieter im Haus mit ansonsten unerschwinglicher ‚Schundliteratur' versorgte, und das war nach Liebmanns rückblickendem Urteil immerhin mehr als nichts. Weniger war es wohl die Qualität des Lesestoffs als vielmehr die unterhaltsamen und spannenden Seiten des Mediums, die seinen Appetit auf die Prestigegüter Bildung und Wissen steigerten. Lesen wurde zur Lieblingsbeschäftigung in seiner arg knappen Freizeit. In der Schule kam ihm das zugute. Zensuren und ein stark entwickelter Ehrgeiz bestärkten ihn in seinem Bildungshunger, der sich bis zur nächtefressenden Lesewut steigern konnte.

Sein Ehrgeiz, im Leben zu etwas zu kommen, ließ ihn nach Beendigung der Schulzeit gegen den ausdrücklichen Wunsch der Mutter eine Lehrstelle als Former in einem metallverarbeitenden Betrieb annehmen. Trotz 10stündiger Arbeit und familiärer Beanspruchung im Laden der Mutter nutzte er, wo er nur konnte, die Freizeit zum Lesen. Zum geselligen Leben mit Gleichaltrigen entwickelte er früh ein zwiespältiges Verhältnis, raubten ihm seine Kontaktbedürfnisse doch ständig kostbare Zeit zur persönlichen Fortbildung. Das Gefühl, daß es ihm an ‚gediegener Bildung' mangle, er die Nachteile seiner Herkunft ausbügeln müsse, ließ ihn als Pubertierenden nicht mehr los. In Sachen Bildung und Wissen verschrieb er sich mehr und mehr einem fast überfordernden Leistungs- und Arbeitsethos, das Hand in Hand ging mit einer gewissen Verachtung für seine Kumpane, die mehr als er ihrer Spielleidenschaft, dem Alkohol und anderen Lustbarkeiten nachgingen. In dieser Zeit entwickelte Liebmann eine tiefe Sympathie für die Arbeiterabstinenzlerbewegung, die Drogenkonsum als Hindernis für Persönlichkeitsentwicklung und Klassenkampf begriff. Auf diese Weise konnte er sich mit der in Sachsen bereits tief verwurzelten sozialistischen Gedankenwelt ein wenig vertraut machen. Gerade sie konnte sein Gefühl der Unterlegenheit aufgreifen und lindern, wenn sie die bürgerlichen Bildungsprivilegien als Ausdruck von Klassenherrschaft bekämpfte.

In intensiveren Kontakt mit der sozialdemokratischen Partei kam er auf recht verschlungenen Wegen: zum einen über einen bürgerlichen ‚Patriotischen Turnverein', in dem es eine heimliche rote Opposition gab, die für Streiks sammelte und der er sich verbunden fühlte, zum anderen über die Metallarbeitergewerkschaft, der er mit 18 Jahren beitrat, und schließlich über die in Leipzig vergleichsweise reichen Bildungsangebote der Arbeiterbewegung, für die er sich als 19jähriger immer mehr aus dem geselligen Leben zurückzog. Seinen Bildungsehrgeiz zu befriedigen, hatte jedoch noch Vorrang vor der weltanschaulichen Einfärbung, an der ihn nach persönlichem Eingeständnis mehr die ‚verbotenen Früchte' als innere Verbundenheit reizten. Anderes war eigentlich nicht zu erwarten aus der Perspektive des Jugendlichen im damaligen Obrigkeitsstaat, der die Sozialdemokratie in eine radikale Abseitsstellung drängte. Die knapp einjährige Wanderschaft nach der Lehre brachte Liebmann dem Sozialismus ein weiteres Stück näher. Bebels damals viel gelesenes Buch ‚Die Frau und der Sozialismus', einer Gewerkschaftsbibliothek entliehen, hinterließ einen nachhaltigen Eindruck. Die einsamen Abendstunden fern der Heimat mögen zur Wirkung beigetragen haben.

Die Weichen seines Lebens in Richtung aktiver Mitarbeit in der Arbeiterbewegung gestellt zu haben, dieses Verdienst kam ironischerweise der zweijährigen Militärzeit (1903–05) zu, mit der er stark prägende Schlüsselerlebnisse verband. Der günstige Umstand, den Militärdienst in seiner Heimatstadt Leipzig ableisten zu können, verschaffte ihm als eher ehrgeizigem, dickköpfigem und kämpferischem Charakter den Rückhalt, den er gegen den ‚demoralisierenden Druck' schikanöser Vorgesetzter und die ‚verblödenden' Tendenzen des militärüblichen Alkoholismus brauchte. Von Disziplinarstrafen gepeinigt, klammerte er sich um so mehr an Wissen und Bildung als Gegengewicht gegen ‚militaristische Verrohung'. Daß seinem Bemühen, sich Moral und Rückgrat durch kasernenhofmäßigen Umgangsstil nicht verbiegen zu lassen, gerade das sozialdemokratische Bildungsangebot seiner Heimatstadt entgegenkam, liegt auf der Hand, bekämpfte doch keine andere Partei der Wilhelminischen Zeit das Militärsystem so energisch wie die SPD, die das Militär als Instrument der herrschenden Klassen betrachtete und ihm damit die Aura des Vaterländischen und Heldenhaften nahm.

Nach seiner Entlassung aus dem Militärdienst wurde Liebmann umgehend Vertrauensmann der Gewerkschaft in seinem Betrieb, trat der SPD bei und stürzte sich um so fanatischer auf das Bildungsangebot von Partei und Gewerkschaften. Bald spürte er, daß er sich verzettelte und Lesen und Veranstaltungsbesuch ohne eingehende Unterweisung unsystematisches Stückwerk blieben. Wie sehr Bildung zum Schlüssel seines Aufstiegsehrgeizes geworden war, unterstreicht sein Aufnahmegesuch bei der Parteischule in Berlin 1907. Dort stellte er Bildung als solch bedeutsamen Selbstzweck heraus, daß er sogar vorschlug, seinen Unterhalt während des angestrebten einjährigen Aufenthalts von hart Erspartem bestreiten zu wollen, wenn man ihm nur die Chance zur Fortbildung böte.[2] Seine Bewerbung blieb allerdings erfolglos, da er in der Partei noch zu wenig aktiv war und die Parteischule ausschließlich der Funktionärsausbildung diente.[3] Bei den damals bescheidenen Ausbildungskapazitäten wollte man sich den Luxus von Schülern nicht leisten, die Fortbildung zu sehr aus Selbstzweck- und Prestigegründen betrieben. Nach der Absage verlegte sich Liebmann neben der Arbeit auf jahrelanges Selbststudium, arbeitete das theoretische Organ der Partei durch und brachte sogar Ehrgeiz und Durchhaltevermögen auf, sich durch das Marxsche „Kapital" hindurchzufräsen.[4] Vor allem seinem hartnäckigen Bildungsehrgeiz hatte er zu danken, daß er 1913 den Sprung vom Metallarbeiter zum Lokalredakteur der Leipziger Parteizeitung schaffte. Die Sozialdemokratie prägte Liebmanns Leben auf zweierlei Weise: zum einen war sie identitäts- und sinnstiftendes Sozialmilieu, zum anderen Vehikel seines sozialen und beruflichen Aufstiegs. In seiner Biographie spielte vielerlei zusammen: der in familiären und schulischen Umständen wurzelnde Ehrgeiz, die bedrückende materielle Notlage in seiner Jugendzeit, die Gärung im sächsischen Arbeitermilieu, die das aufgriff und bereits in den 90er Jahren die systemoppositionelle Sozialdemokratie zur fast konkurrenzlosen Interessenvertretung der Arbeiterschaft im hochindustrialisierten Sachsen werden ließ, der weitgehende Ausschluß dieser Partei von den politischen Institutionen, der ihren moralischen Kredit bei denen stärken mußte, die das ungleiche Wahlrecht benachteiligte, weil sie zu den ärmeren Schichten gehörten, schließlich die Bildungsarbeit der Arbeiterbewegung und das Negativ-Vorbild des Militärdienstes in der Heimatstadt. Daß die sozialistische Gedankenwelt gerade auch auf Liebmann so außerordentlich anziehend wirkte, entsprang nicht zuletzt seinem Bedürfnis, dem Gefühl sozialer Minderwertigkeit wie auch seinem Ehrgeiz eine aufwertende und anspornende Deutung zu geben.

Die Anfänge der politischen Laufbahn in SPD und USPD

Im I. Weltkrieg mußte Liebmann sein beruflich ziviles Leben gegen den Kriegsdienst eintauschen.[5] Ihn als bereits über Dreißigjährigen, der mit gefestigter politischer Grundhaltung dem einschneidenden Fronterlebnis begegnen konnte, bestärkten die Kriegsereignisse nur in seiner radikalen Abneigung gegenüber militaristischer und nationalistischer Denkweise, einer Denkweise, die ja eine ganze Generation junger Kriegsteilnehmer in ihren Bann zog. Die internationalistische Einfärbung des Leipziger Parteimilieus, in der antipreußische Akzente unterschwellig fortlebten, wird zu Liebmanns Haltung beigetragen haben. 1916 kehrte er verwundet von der Westfront zurück und betrieb in der schlimmsten Kriegsnot den Aufbau von Arbeiterräten gegen die Auswirkungen des Krieges. Katastrophale Ernährungslage und Russische Revolution waren dann schließlich der Treibsatz, der ihn und einen Großteil der Leipziger

Partei im Frühjahr 1917 bewegte, zur kriegsablehnenden USPD überzutreten. Wegen maßgeblicher Beteiligung am Leipziger Arbeiterrat und dessen Streikaktivitäten in Haft genommen, radikalisierte er sich 1918 weiter. In der Novemberrevolution stieg er dann zu einer der führenden Persönlichkeiten im Leipziger Arbeiter- und Soldatenrat auf, ohne allerdings der Versuchung zu erliegen, sein politisches Schicksal von der Rätefrage abhängig zu machen. Zu sehr war mittlerweile die Partei zu seiner zweiten Heimat geworden. Seine Kritik an der ‚Burgfriedenspolitik' von SPD und Gewerkschaften ließ sich im übrigen problemlos bei den Leipziger Unabhängigen unterbringen. Das traf ebenso zu auf seine Ablehnung des Paktes, den die SPD in der Revolution mit der bürgerlichen Mitte schloß, wie auch auf seine positive Haltung gegenüber dem Rätesystem. Darüber existierten jedoch bei ihm wie bei fast allen Räten nur verschwommene Vorstellungen. Unstrittig war bei den Leipziger Unabhängigen lediglich, daß die politische Demokratie nur dann einen Sinn habe, wenn ihr die Schaffung eines tragfähigen wirtschaftlichen, sprich sozialistischen Unterbaus vorausgehe, was auf die Entmachtung des Unternehmertums hinauslaufen sollte. Bei allem sozialistischen Umgestaltungswillen hielt Liebmann jedoch im Gegensatz zu anderen das Rätesystem in seiner frisch revolutionären Gestalt für keine echte Alternative zur Einberufung eines allgemeinen Parlaments.[6] Er glaubte, jenes sei den ihm zugedachten Aufgaben des gesellschaftlichen Umbaus nicht gewachsen. Sein Bekenntnis zum langfristigen Aufbau eines funktionsfähigen Rätesystems blieb Lippenbekenntnis. Denn für die sog. „Zwischenzeit" richteten sich er und die Leipziger Parteimehrheit häuslich in der Parteiendemokratie ein.

Die III. Internationale, der sich nur eine kleine Minderheit der Leipziger Parteifreunde zuwandte, reizte ihn wenig, kamen ihm doch als bodenständigem Leipziger Parteifunktionär in einer Partei mit solch großem Traditionsgewicht ihre Verheißungen recht aufgepfropft vor. In merkwürdigem Kontrast dazu stehen seine ersten Reden in der Sächsischen Volkskammer, in denen er flammend revolutionäre Worte für die Räte, ja sogar die Diktatur des Proletariats fand und den Parlamentarismus als Form bürgerlicher Herrschaft abkanzelte.[7] Sie wirkten jedoch ein wenig wie ein formelhaft erstarrtes Credo und gaben, wenn sich pathetische Beiklänge untermischten, im Plenum zu Gelächter Anlaß. Vielleicht war sein anfänglich kompromißlos hartes Auftreten Ausdruck einer gewissen Schutzhaltung, hinter der er die Unsicherheit über seinen politischen Weg in der ungewohnten Rolle des Parlamentsneulings versteckte. Für diese Deutung spricht, daß sich seine Haltung im innerparteilichen Diskussionsrahmen deutlich davon abhob.[8] Kam die Rede auf die USP-Linken, sprach er abschätzig von „revolutionärer Rhetorik", die auf Kosten „gründlich-sachlicher" Arbeit gehe. Er warf ihnen vor, keine praktikable Alternative zur parlamentarischen Mitarbeit und zum auf mittlere Sicht handlungsunfähigen Rätesystem liefern zu können. Hier schält sich bereits 1919 der linke Sozialdemokrat heraus: nach rechts hin in der Abgrenzung zum reformerisch kurzatmigen Nur-Parlamentarismus der Mehrheitssozialdemokraten, deren Kompromißpolitik mit dem Bürgertum aus seiner Sicht der Selbstaufgabe gleichkam; nach links hin in der Kritik an denen, die sich parlamentarischer Mitwirkung und den aus ihr erwachsenden Chancen grundsätzlich verschlossen. Sogar eine Koalition mit der Mehrheits-SPD wollte er im Sommer 1919 nicht mehr ausschließen. Bereits um diese Zeit läßt sich bei Liebmann ein deutlicher Einstellungswandel dem Parlamentarismus gegenüber feststellen, ein Wandel vom taktischen Verhältnis hin zur prinzipiellen Befürwortung. Gewiß trug der Alltagsbetrieb des Parteilebens dazu bei: sein parlamentarischer Wirkungskreis, die Tätigkeit im Beschwerde- und Petitionsausschuß, die Beschwerden über behördliche Übergriffe gegen Arbeiterorganisationen, deren Anwalt er in den unruhigen Monaten des Jahres gegenüber Militär und SPD-Landesregierung wurde, all dies mag ihn in seiner Überzeugung vom Nutzen parlamentarischer Arbeit bestärkt haben.[9] Nicht wenig dazu wird auch die sächsische Besonderheit beigetragen haben, daß SPD und USPD im Gegensatz zum Reich und zu Preußen zusammen mehrheitsfähig waren und bereits im Sommer 1919 wichtige gesetzgeberische Marksteine (Schulpolitik) gegen den Willen des links-liberalen Bündnispartners der SPD setzten.[10]

In der Volkskammer noch Hinterbänkler, rückte Liebmann nach den Landtagswahlen von 1920 in den Haushaltsausschuß A auf, in dessen Zuständigkeit die wichtigen landespolitischen Bereiche Polizei, Justiz und Schule fielen. Darüber hinaus nahm er auf der Linken der USP-Landtagsfraktion die unverzichtbare Aufgabe des Brückenschlags zur KPD wahr. Dieser wurde deshalb wichtig, weil nunmehr SPD und USP die Regierungsverantwortung übernahmen und dabei zur Mehrheitsbildung auf die Tolerierung der KPD angewiesen waren. Hier zeichnete sich bereits der vom Parteikurs

im Reich abweichende landespolitische Weg der sächsischen Sozialdemokratie ab, der dort in seiner Linksorientierung zunehmend als exportfähiges Erfolgsmodell empfunden wurde, wobei man sich jedoch häufig, Liebmann eingeschlossen, zu wenig bewußtmachte, daß das eine Folge andersgearteter Voraussetzungen, an erster Stelle der besonderen Mehrheitsverhältnisse im Landesparlament war.
Nicht zufällig wurde ja auch das landespolitisch eingespielte Zusammenwirken zum Antriebsmotor der Wiedervereinigung der beiden sozialdemokratischen Schwestern.
Liebmann selbst entwickelte sich ab 1920 zum Experten für Polizei- und Kommunalangelegenheiten. In den Mittelpunkt seiner Abgeordnetentätigkeit stellte er das Ziel, dem sächsischen Staatsapparat einen republikanischen und sozialdemokratischen Stempel aufzuprägen.[11] Die Macht im Staate machte er nicht an ministeriellen Spitzenpositionen fest, sondern an der personellen Verwurzelung im gesamten Verwaltungsapparat. Daran orientiert, konnte sich der nüchtern machtpolitisch denkende marxistische Praktiker und Verwaltungsspezialist entwickeln, der sehr schnell verstand, daß sich der überkommene Beamtenapparat eher den Interessen der alten bürgerlichen Herrschaftsschichten verbunden fühlte als der Arbeiterschaft, deren Vertreter in Regierungsverantwortung standen und ohne tatkräftige Mithilfe der Verwaltung gleichsam in der Luft hingen.[12] Daraus ergab sich zwingend, personalpolitischen Nachholbedarf anzumelden, den er nicht zu Unrecht argumentativ mit dem Hinweis auf die ‚bürgerliche Privilegienwirtschaft‘ vor der Revolution untermauerte. Damals war das Verwaltungspersonal unter fast totaler Ausgrenzung der Sozialdemokratie rekrutiert worden. Daß das machtpolitische Kalkül Liebmann eher auf dem linken Flügel der SPD seine politische Heimat finden ließ, ist angesichts der tiefen politischen Spaltung der Weimarer Republik nicht sonderlich verwunderlich.

Der Innenminister der sächsischen Linksregierung 1923

Die Landtagswahl 1922 bestätigte die Mehrheitsverhältnisse; das weiteramtierende SPD-Minderheitskabinett stützte sich auch weiterhin auf die KPD als Mehrheitsbeschaffer.[13] Die Basis für gemeinsame Politik verengte sich jedoch um so mehr, je stärker sich nach der französischen Ruhrbesetzung die politische und wirtschaftliche Krise des Inflationsjahres zuspitzte. Zunächst jedoch schlug Liebmanns große Stunde, als die Radikalisierung der KPD im April 1923 eine Kabinettsumbildung erzwang und er in seiner Mittlerstellung zwischen den Arbeiterparteien zum Innenminister und stellvertretenden Ministerpräsidenten aufrücken konnte. Als Schlüsselfigur des Kabinetts der distanziert wohlwollenden Tolerierung der KPD gewiß, war es ihm vergönnt, bis Herbst 1923 den Fortbestand reformerischer Landespolitik zu sichern. Unter seiner Federführung passierten die Reform der Gemeindeordnung und ein Beamtenpflichtgesetz den Landtag. Beim ersteren ging es um mehr Demokratie in den Gemeinden zugunsten der gewählten Vertretungen, beim zweiten darum, die Landesbeamten für den republikanischen Staat stärker in die Pflicht zu nehmen. War die gesetzliche Ausweitung des Kreises der politischen Beamten erforderlich, um in den Spitzenpositionen der überkommenen Verwaltung nationalistisch und reaktionär gesinnte Beamte schneller gegen Republikaner und Sozialdemokraten austauschen zu können, so schoß Liebmann jedoch mit der Bestimmung, die den Beamten herabsetzende öffentliche Äußerungen gegen die Regierung untersagte, über das Ziel des Republikschutzes hinaus. Nicht zu Unrecht trug ihm das bürgerlicherseits den Vorwurf ein, er schaffe für die Beamten die Meinungsfreiheit ab.[14] All das machte ihn der KPD sympathischer ebenso wie sein energisches polizeiliches Vorgehen gegen die aufblühende faschistisch-völkische Bewegung. Ähnlich verhielt es sich mit seinem besonnenen und zurückhaltenden Einsatz gegen die im Lande ausbrechenden inflationsbedingten Hungerrevolten, gegen die er nach bürgerlichem Geschmack nicht hart genug durchgriff.[15] Zu seiner Rechtfertigung verwies er auf die Politik der bürgerlichen Reichsregierung, die er für die Inflation und deren Folgen verantwortlich machte, womit er jedoch die bürgerlichen Oppositionsparteien im Landtag nicht zufriedenstellen konnte, die ihm vorwarfen, er werde seiner Aufgabe als Polizeichef nicht gerecht. Den Zwiespalt, den ihm sein Amt aufnötigte, erkannte Liebmann durchaus: einerseits als Innenminister für die öffentliche Sicherheit geradestehen zu müssen, andererseits aber für die Träger der Hungerrevolten Verständnis aufbringen zu können, ohne im Rahmen der begrenzten Zuständigkeiten einer Landesregierung die wirtschaftlichen Ursachen abstellen zu können, die für ihn im Klasseninteresse des Bürgertums wurzelten. Er war davon überzeugt, daß das Bürgertum mit der Inflation das Ziel verfolgte, die Kriegsfolgelasten auf die unteren Schichten abzuwälzen, und auf dem Wege des Ruhrkampfs dem ‚Erbfeind' die Währungskatastrophe anzulasten versuchte.[16]

Klangen solche Worte in den Ohren der Kommunisten noch gut, so mußte seine zwiespältige Rolle als Polizeichef fast zwangsläufig das Verhältnis zu ihnen trüben. Da halfen keine Beteuerungen, daß er nicht daran denke, als Polizeichef zum Handlanger bürgerlich-kapitalistischer Interessen zu werden. Wurde in diesem Punkt das Verhältnis schon problematisch, so war es aber doch etwas gänzlich anderes, was das Bündnis zerbrechlich machte. Mit ihrer taktisch gemeinten Tolerierung verfolgte die KPD das Ziel, die Gunst der Stunde im, wie sie meinte, revolutionsreifen, krisengeschüttelten Deutschland zu nutzen und dabei die Hebel für ihre Umsturzpläne dort anzusetzen, wo die Mehrheitsverhältnisse wie in Sachsen lockten, für diese Pläne umgemünzt zu werden. Vorrang genoß für sie daher der Aufbau paramilitärischer „proletarischer Hundertschaften" auf Betriebsbasis, wofür sie die SPD zu gewinnen suchte. Überlegungen in dieser Richtung gab es auch auf dem linken Flügel der sächsischen SPD, der ja mit Liebmanns Schlüsselstellung die Oberhand gewonnen hatte. Liebmann ging es jedoch ausschließlich um die Abwehr reaktionärer und faschistischer Umsturzversuche. Ließ sich mit der KPD ganz allgemein noch Übereinkunft über den gemeinsamen Aufbau einer Abwehrorganisation erzielen, so schieden sich die Geister an den Aufgaben, die man der Truppe zuzuweisen gedachte. Dachte die SPD an den Schutz der Weimarer Verfassungsordnung, ging es der KPD um ihre Revolutionspläne. Weder Liebmann noch andere Parteilinke verschlossen davor die Augen. Trennend wirkten innerparteilich die Schlußfolgerungen, die man aus der Einschätzung der verdeckten Absichten der KPD zog.[17] Liebmann schreckten die Umsturzpläne noch am wenigsten, weil er als Polizeiminister einen intimen Einblick in die Verhältnisse nehmen konnte und im übrigen die Stärkeverhältnisse der beiden Parteien gegen eine beherrschende Rolle der KPD sprachen; indes malte ein nicht geringer Teil seiner Parteifreunde die Gefahr einer diktatorischen Sowjetrepublik an die Wand. Gegen ihren ehrlich gemeinten Widerwillen, sich von der KPD beim Aufbau einer gemeinsamen Abwehrtruppe mißbrauchen zu lassen, wurde Liebmann zum ehrgeizigen und hartnäckigen Vorreiter der „proletarischen Mehrheit" im Lande. Seinen Kritikern machte er die Rechnung auf, daß das mit der Linksmehrheit Durchsetzbare schwerer ins Gewicht falle als das Risiko, daß die Gewaltpläne der KPD jemals praktische Gestalt annähmen. Innerparteilich durchsetzen konnte sich die eigens für die Verhandlungen mit der KPD gebildete 7er-Kommission nur auf der Ebene der Landesinstanzen. Vor Ort dagegen kam der Aufbau schleppender als geplant voran. Zum einen hintertrieben einige Parteibezirke die auf Landesebene gefaßten Beschlüsse, zum anderen rissen zu Liebmanns Leidwesen die Spannungen und Meinungsverschiedenheiten mit der KPD über Art und Grundsätze des Aufbaus nicht ab. Etwas anderes war eigentlich auch nicht zu erwarten gewesen; Liebmann hing jedoch sehr lange der trügerischen Hoffnung nach, die Pläne der KPD nicht allzu ernst nehmen zu brauchen, war er doch seit Jahren daran gewöhnt, daß die KPD radikaler auftrat, als sie handelte.

Liebmanns energisches, wenn auch letztlich erfolgloses Vorgehen in dieser Sache konnte den bürgerlichen Parteien kaum verborgen bleiben.[18] Mit sichtlichem Argwohn verfolgten sie seine Gratwanderung zwischen Legalität und kommunistischer Gunst in der Frage der Abwehrtruppe. Sie unterstellten ihm, uneingestanden die Rollen des Parteiführers und Polizeichefs in verfassungswidriger Weise zu verweben. Teilweise, insbesondere auf der Rechten, ging es ihnen aber um mehr: die unablässige Warnung vor dem Sicherheitsrisiko Sachsen sollte Reichswehr und Reichsregierung hellhörig machen und für ein Einschreiten gegen die sächsische Regierung einnehmen. Öffentliche Bekundungen Liebmanns, daß er sich für die Unantastbarkeit des Gewalt- und Ordnungsmonopols der staatlichen Polizei verbürge und der proletarischen Abwehr nur die Aufgabe des Versammlungsschutzes zufalle, wirkten wenig glaubhaft. Denn andererseits hielt er nicht mit dem Bekenntnis hinter dem Berg, daß die Gefahr eines reaktionären Umsturzes eine schlagkräftige Abwehrtruppe notwendig mache, die der Republik hilfreich zur Seite zu springen habe, falls die staatliche Polizei beim reaktionären Ansturm versage.[19] Außer Liebmann waren viele seiner sächsischen Parteifreunde vor allem mit Blick auf Bayern von der Ernsthaftigkeit der Gefahr von rechts überzeugt.

Das widersprüchliche Bild, das Liebmann bot, erklärt sich leicht.[20] Das offene Eingeständnis, die proletarische Abwehr als waffenfähiges Instrument des Republikschutzes ausbauen zu wollen, hätte sehr schnell die Reichsgewalt auf den Plan gerufen. Seine Bemühungen um Waffenbeschaffung liefen deshalb unter strengster Ge-

heimhaltung, sogar unter Umgehung seiner Kabinettskollegen. Die Kontakte, die er in dieser Sache mit dem parteigenössischen Thüringer Regierungschef und dortigen Waffenfabrikanten aufnahm, blieben jedoch erfolglos, da ein zunächst lieferungswilliger Fabrikant aus Angst, sich des Hochverrats schuldig zu machen, abwinkte.
Als schließlich im Sommer der Aufbau der Abwehr immer noch nicht so recht vorankam, verlangte die KPD den Eintritt in die Regierung, weil sie sich davon eine Beschleunigung in ihrem Sinne versprach. Bekanntlich rief dann ja ihr Eintritt ins Kabinett die bürgerliche Opposition und die Reichsregierung auf den Plan. Im Rahmen des allgemeinen Ausnahmezustandes, den die Reichsregierung schon zuvor über das Reich verhängt hatte, wurde schließlich Ende Okt. 23 die sächsische Regierung ihres Amtes enthoben und die Landespolizeiverwaltung dem zuständigen Militärbefehlshaber unterstellt. Im Unterschied zum Regierungschef Zeigner fiel Liebmann der Reichsexekution eigenartigerweise nicht zum Opfer; dem nur Tage später neugebildeten SPD-Minderheitskabinett konnte er vermutlich deshalb erneut angehören, weil er sich mit öffentlichen Verlautbarungen über die rechtsextreme Unterwanderung der Reichswehr stärker als Zeigner zurückgehalten und als Fachminister klugerweise mehr im stillen operiert hatte. Auf diese Weise zog er sich nicht den Unwillen des Reichspräsidenten Ebert zu, der das Ansinnen der Reichswehrführung ablehnte, Liebmann als die eigentlich treibende Kraft des sächsischen Linkskurses der SPD noch nachträglich abzusetzen.[21]
In den letzten Monaten seiner Amtszeit bemühte sich Liebmann, bei der Umsetzung der Personalabbauvorschriften des Reichs den sozialdemokratischen Bestand zu schonen und vor allem eine radikale personelle Umgestaltung der sächsischen Polizei durch den Militärbefehlshaber zu verhindern.[22] Mit letzterem scheiterte er jedoch an den rechtlichen und politischen Bedingungen des im Reich herrschenden Ausnahmezustandes. Von der Oppositionsbank aus rechnete er später wiederholt mit Reichswehr und Reichsregierung ab, denen er den massiven Eingriff der Militärs in das sächsische Polizeiwesen als dreiste Kompetenzanmaßung, Verfassungsbruch und Militärdiktatur vorwarf. Und dazu hatte er allen Anlaß. Die Reichswehr verstand es nämlich, in der verfassungsrechtlichen Grauzone des Ausnahmezustandes in ihrem Sinne ganze Arbeit zu leisten. Sie machte unter an sich rechtswidriger Umgehung des Innenministers weitgehend die personalpolitischen Ergebnisse der

sozialdemokratischen Ära rückgängig und öffnete nicht ohne Absicht rechtsextremen Kreisen den Zugang zum sächsischen Polizeiapparat.

Um die Jahreswende 1923/24 waren Liebmanns Tage auf dem Ministersessel gezählt. Denn ein weiteres Mal war mit der parlamentarischen Unterstützung durch die KPD nicht zu rechnen. Die SPD mußte also nach einer neuen Mehrheit Ausschau halten, wollte sie der Landtagsauflösung durch eine kommunistisch-bürgerliche Mehrheit und der zu erwartenden Wahlniederlage zuvorkommen. Liebmann machte sich jedoch für die Fortführung der Minderheitsregierung stark. Neben anderen Beweggründen mag mitgespielt haben, daß er keinesfalls in einer Großen Koalition mit den Rechtsliberalen (DVP) seine Stellung hätte halten können. In dieser Situation verließ ihn das Gespür für die politischen Realitäten. Mit einigen anderen Parteilinken verdrängte er die grundlegende Tatsache, daß es mit der unzweifelhaft auf ultralinken Kurs abgedrifteten KPD keine tragfähige Geschäftsgrundlage mehr geben konnte. Zu schmerzlich war für ihn, der Tatsache ins Auge zu sehen, daß vermutlich über Jahre hin die sächsische Besonderheit der sog. ‚proletarischen Mehrheit' koalitionspolitisch nicht mehr ummünzbar war und als Alternative zu Neuwahlen allein die Zusammenarbeit mit den verhaßten Rechtsliberalen in Frage kommen konnte. Wie sollte man diesen Leuten aber vergessen können, daß sie es an erster Stelle waren, die die Reichswehr zur Durchsetzung ihrer Interessen ins Land geholt, alle Amtsanmaßungen der Militärs unter dem Vorwand der Aufrechterhaltung der öffentlichen Sicherheit begrüßt, die Absetzung der Landesregierung beklatscht und die blutigen Übergriffe der mit Freikorpsleuten aufgefrischten Reichswehr gegen die sächsische Bevölkerung gedeckt hatten. Kaum verwundern kann in diesem Zusammenhang seine harte, auch gegen den Reichspräsidenten gerichtete Kritik am Ausnahmezustand, den er als ein einseitig gegen links gewendetes diktatorisches Instrument des Großkapitals charakterisierte.[23] Um so verständlicher wird die Verbitterung, mit der Liebmann und die linke Mehrheit der sächsischen Partei reagierten, als sich der rechte Flügel der SPD-Landtagsfraktion, der den Linkskurs nur halbherzig mitgetragen hatte, unter Umgehung eines nur zwei Tage später zusammentretenden Landesparteitages auf die große Koalition mit der DVP einließ. Der auf diese Weise hinterrücks abgesetzte Innenminister scheute denn auch keine Mühen, die Fraktionsrechten im Verein mit der Parteibasis auch gegen den Widerstand des Berliner Parteivorstandes aus der Partei hinauszudrängen. Ebensowenig konnte Liebmann der KPD ihre Abkehr von der Sozialdemokratie verzeihen, hatte sie doch maßgeblich zur mißlichen Lage der SPD beigetragen. Vor allen anderen war Liebmann unter den Linken derjenige, der die größten Hoffnungen in die Zusammenarbeit gesetzt und seinem Naturell gemäß ehrgeizig, hartnäckig, ja fast starrsinnig dafür gekämpft hatte, sich davon jedoch zum Ende hin den Blick für die Realitäten trüben ließ.

Der Parteivorsitzende
der sozialdemokratischen Kulturhochburg Leipzig

Wie kaum ein anderer großstädtischer Parteiverein stand Leipzig für den sozialdemokratischen Kulturanspruch.[24] Die Leipziger Partei und mit ihr alle sächsischen und thüringischen Bezirke wollten mehr sein als ein parlamentarisch verkümmerter Wahlverein, dessen Anspruch sich darin erschöpft hätte, qualifiziertes Personal fürs politische Geschäft in staatlichen Organen zu stellen. Im industriell verdichteten und vom tradierten Konfessionsgegensatz unbelasteten sächsischen Raum hatte der Kulturanspruch ein vergleichsweise leichtes Spiel, sich durchzusetzen, da kirchliche Ausstrahlungskraft schon sehr lange nachgelassen hatte und die evangelische Landeskirche als Staatskirche immer mehr zu einer Kirche der herrschenden Ordnung geworden war. Die Sozialdemokratie und die ihr nahestehenden Freidenkerverbände konnten nach der Novemberrevolution bei breiten Arbeiterschichten gewissermaßen in ein Vakuum vorstoßen, das die Kirche hinterlassen hatte und das dem Anspruch der Partei, freidenkende Gegenkirche zu sein, erst zu seinem durchschlagenden Erfolg verhalf. Der Sozialdemokrat wurde nicht mehr allein als staatspolitischer Mensch angesprochen, sondern man wollte ihn als ganzen Menschen erfassen. Klassenkampf war nach diesem Verständnis nicht mehr nur auf wirtschaftliche und politische, sondern auch auf geistige Befreiung hin ausgelegt. Schule, Freizeit, Familie, ja sogar das Liebesleben, kurzum die gesamte Privatsphäre wollte man dem Einfluß des bürgerlichen Klassengegners und seiner geistig-ideologischen Agenturen, hier vor allem der Kirche, entreißen. Angesagt war der selbständige und autoritätslose Mensch, ein Anspruch, von dem das

reale Parteileben jedoch meilenweit entfernt war. Im Kulturanspruch lag ein gutes Stück sächsisches Sonderbewußtsein begründet, das andernorts entweder als anmaßendes Sendungsbewußtsein mißverstanden wurde oder aber in seinen freidenkerisch-atheistischen Grundzügen nur Unverständnis und Befremden auslöste.
Unter Liebmanns Vorsitz erlebte dieses kulturelle Selbstverständnis eine bis dahin ungekannte Blüte. Vor allem der Leipziger Volksschullehrer, vor der Revolution traditionell linksliberal eingestellt, wurde, soweit er den Schritt zur Sozialdemokratie machte, zum herausragenden Kulturträger. Er betrieb intensive Bildungsarbeit und umrahmte die Parteifeste künstlerisch. Die proletarische Jugendweihe entwickelte er in Konkurrenz zur kirchlichen Konfirmation zum beliebtesten Parteifest, das in seinen besten Zeiten über ein Drittel aller Schulabgänger in seinen Bann zog. Selbstverständlich schickte auch Liebmann seine Tochter zur Jugendweihe.[25] Nicht ohne Stolz auf das Erreichte verteidigte er 1929 die kirchlichen Formen entlehnte Gestaltung der Jugendweihe gegen Experimente mit weniger „rührenden" Formen. Diese ließen ihn befürchten, das Fest, das eine so eindrucksvolle Bresche in den christlichen Kulturbetrieb geschlagen hatte, könne bei den Arbeitern und deren Bedürfnis, sich zu erbauen, Ausstrahlungskraft einbüßen.
Auf christliche Gefühle brauchte man beim Wähler nur wenig Rücksicht zu nehmen, hielt doch Leipzig bei Kirchenaustritten unter den deutschen Großstädten die Spitzenposition. Die alljährlichen Erfolgsmeldungen bei den Austritten wurden zugleich auch als Maßstab für den Erfolg der Partei gewertet. Die Abwesenheit von zählebigem Katholizismus und Zentrumspartei, die vorsichtigeres Vorgehen in religiösen Fragen hätten angeraten sein lassen, erleichterte auf diesem Gebiet manches. So standen sich hier in Leipzig protestantisch und national denkendes Bürgertum und freidenkerisch-sozialistische Arbeiterschaft schroffer als anderswo gegenüber. Freidenkertum war auch aus Liebmanns politischer Tätigkeit ebensowenig wegzudenken wie etwa sozialpolitische Programmgrundsätze. Daß ihm solche Wertigkeiten von Jugend an vertraut waren, zeigt sein Bewerbungsschreiben an die Parteischule, wo er bereits 1907 den Zeitpunkt seines Kirchenaustritts vermerkte.[26]
Für die Partei bedeutete kultureller Anspruch zweierlei: zum einen wollte sie die Parteikultur zu einer geistigen und moralischen Insel in einer vom Klassengegner beherrschten Gesellschaft ausbauen, zum anderen sollte der christliche Einfluß in öffentlichen Institutio-

nen zurückgedrängt werden. Da gab es die schulpolitische Frontstellung christlich – weltlich, Elternratswahlen mit weltlichen und christlichen Listen, dann den Kampf um Schulgebet und Religionsunterricht oder etwa die Haushaltsdebatte im Landtag, in der sich Liebmann über das Geld mokierte, das „der Kirche in den Hals geworfen" werde.[27] Sein Vorschlag, an der Leipziger Universität einen Lehrstuhl für Theologie zugunsten eines solchen für Sozialpädagogik zu streichen, sollte die Kirche ebenfalls im Mark treffen.[28] Freidenkertum war für die sächsische SPD in solchem Maße identitätsstiftend, daß Liebmann die Partei hinter sich wissen konnte, als er 1924 bei der Bildung der großen Koalition die Preisgabe des Kultusministeriums an die DVP für untragbar erklärte.[29] Gerade in der Schulpolitik hatte die Partei in den ersten Jahren der Republik ein Profil gewinnen können, von dem andernorts Landespolitiker der Partei nur träumen durften: Beseitigung der Konfessionsschulen, atheistische Lebenskunde, kollegiale Schulleitung und umsetzungsreife Vorbereitung der Einheitsschulreform, Maßnahmen, die allerdings an die Linksmehrheit gekoppelt waren.

Der Parteilinke und sächsische Landesparlamentarier nach 1923

Während der sozialdemokratischen Oppositionszeit in Sachsen von 1924 bis zum Ende der Republik gehörte Liebmann der landespolitischen Führungsriege an, isolierte sich jedoch zeitweilig gegen Ende der 20er Jahre, wobei die Ursache vornehmlich in seiner unglücklichen, manchmal wenig umgänglichen Art begründet lag, unterschwellige Animositäten innerhalb der Landtagsfraktion hochzuspielen und kleine Unstimmigkeiten an die große Glocke zu hängen. Dazu jedoch später.
Als Parteilinker betätigte sich Liebmann nach seiner Ministerzeit vor Ort in Leipzig und im Landtag.[30] An der Leipziger Parteibasis bekämpfte er hartnäckig die Befürworter der Koalitionspolitik mit bürgerlichen Parteien. Auch außerhalb Leipzigs wurde kritische bis ablehnende Haltung gegenüber Koalitionspolitik nach rechts zum Markenzeichen des linken Parteiflügels; die Chancen, sich durchzusetzen, waren jedoch äußerst bescheiden. In Leipzig ging Liebmann aus den Flügelkämpfen erfolgreich hervor, als es darum ging, die Anhänger der großen Koalition im Landtag zu isolieren und aus der Partei zu drängen. Die bemerkenswert geschlossene Front

hatte man allerdings der besonderen Vorgeschichte zu verdanken, der militärischen Besetzung Sachsens und der Überrumpelungstaktik der Koalitionspolitiker gegenüber der Landespartei. Ein weniger einheitliches Bild bot die Leipziger Partei, als es um die Koalitionspolitik im Reich ging. Liebmann bemühte sich zwar, den Vorsitzenden des Bezirks Leipzig, Richard Lipinski, einen Gratwanderer zwischen den Flügeln, abwählen zu lassen, dieser hielt jedoch erstaunlicherweise der Herausforderung stand, obwohl das Herz der Parteibasis eher auf der linken Seite schlug. Worum ging es in den Auseinandersetzungen? Für außerordentlich große Erregung hatte Ende 1923 die Zustimmung der Reichstagsfraktion zu einem Ermächtigungsgesetz gesorgt. Daß man damit einer rein bürgerlichen Reichsregierung eine wirtschafts- und finanzpolitische Blankovollmacht zur Bereinigung der Inflationskrise ausstellte, ohne nach Rückzug der eigenen Minister die Entscheidungen noch im eigenen Sinne beeinflussen zu können, empörte die Parteibasis reichsweit. Verständlicherweise fürchteten Liebmann und die Linken um die Glaubwürdigkeit der Partei als Interessenvertretung der breiten Arbeitnehmerschichten. Lipinski, der in die parteioffizielle Rechtfertigungsformel von der Staatsverantwortung eingestimmt hatte, hatte deshalb an der Parteibasis einen schweren Stand. Daß ihn das nicht den Posten kostete, lag in zweierlei begründet: zum einen nahm die von 1924 bis 1928 andauernde Oppositionsstellung der SPD im Reich den Auseinandersetzungen den Zündstoff, zumal sich Lipinski landespolitisch mit den Linken einig wußte; zum anderen war er ein hochangesehener, altgedienter Parteigenosse mit Gefängniserfahrung, und – kaum überschätzbar – ein ausgleichender Charakter mit Führungseigenschaften, etwas, was man an der Basis hochschätzte, aber dem eher starrköpfigen und verletzenden Liebmann sowie auch anderen Leipziger Parteiführern einfach nicht zutraute.[31]

Charakteristisch für Liebmanns Haltung in reichspolitischen Fragen wurde eine stark an Parteigrundsätzen ausgerichtete Sicht der Koalitions- und Kompromißlinie der Parteiführung. Er glaubte, daß diese Politik der Glaubwürdigkeit der Partei – worin ihn die Wahlniederlagen nach Koalitionsphasen bestärkten – mehr schade als sie für die Arbeiterschaft Nutzen bringen könne.[32] Die Durchsetzungschancen der SPD waren ja vor allem deshalb gemindert, weil die in Frage kommenden bürgerlichen Koalitionspartner zur Mehrheitsbildung nicht unbedingt auf die SPD angewiesen waren und für die sozialdemokratische Klientel angesichts enger Verteilungsspielräume nicht durchschlagend viel zu erreichen war. Als sich die Partei schließlich 1928 nach gewonnener Wahl erneut auf eine Große Koalition einließ, stand die gesamte Leipziger Partei in einer geschlossenen Ablehnungsfront gegen die wenig werbewirksamen Ergebnisse dieser bereits von der Wirtschaftskrise gezeichneten Regierung. Das sächsische Selbstbewußtsein, im eigenen Lande ein stärkerer Faktor zu sein als die Partei andernorts, färbte gewiß auf die Sicht der profillos wirkenden Reichspolitik ab.

Auf Landesebene blieb Liebmann Experte für Polizeiangelegenheiten. Seine Hauptsorge galt der Personalpolitik; dort hatte er, seit die SPD in Opposition gegangen war, eine stark einseitige Bevorzugung von Polizeibeamten mit nationalistischer, republikfeindlicher und in Einzelfällen sogar faschistischer Gesinnung feststellen müssen.[33] Ebenso schroff, wie die SPD die Personalpolitik bis 1924 mit ihrem Vorzeichen versehen hatte, fiel die Kehrtwende nach 1924 und noch schroffer nach der Wahl von 1926 aus, als die bürgerliche Mitte die Deutschnationalen zur Mehrheitsbildung benötigte. Arbeiterparteien und Bürgerblock standen sich seit dieser Zeit als nach Klassen definierte Großblöcke in klarer, fast feindseliger Frontstellung gegenüber, die durch den Gegensatz christlich-weltlich noch zusätzlich an Schärfe gewann. Daß die absichtlich abseits stehende KPD da nicht so recht mitspielte, wollte man auf SPD-Seite nicht wahrhaben. Beim geringsten Anlaß hoffte man auf „reuige" Umkehr bei der KPD, bzw. als sich ab 1929 der Ultralinks-Kurs verfestigte, auf die Abspaltung der Rechtskommunisten, die nicht zufällig in Sachsen ihre Hochburg hatten. Die Polarisierung der Parteienlandschaft hatte viel mit dem Nicht-Vorhandensein des Zentrums zu tun, das in der Mitte als ausgleichender Puffer fehlte. Diese sächsischen Eigentümlichkeiten und die vergleichsweise starke Position der SPD veranlaßten Liebmann und die Landespartei, ihre Taktik an der parlamentarischen Schlüsselstellung auszurichten, die die SPD bis 1924 der Stellung des Zentrums im Reich vergleichbar innegehabt hatte. Sie versuchte man nach der Abspaltung der Fraktionsrechten nach 1924 zurückzugewinnen, verfehlte sie jedoch bei allen folgenden Wahlen mehr oder weniger knapp. Daß Liebmann unter diesen Voraussetzungen weitergehende Bedingungen für Koalitionspolitik formulierte, als man es andernorts tat, war zu erwarten. Der tiefe Graben zwischen den Blöcken blieb auf diese Weise jedoch unüberbrückbar. Deutlichen Ausdruck verlieh

Liebmann der typisch sächsischen Denkweise, als er anläßlich der 1929er Landtagswahl das sächsische Bürgertum als eine „reaktionäre Masse" charakterisierte, der man nur die „proletarische Mehrheit" oder andernfalls nur strikte Opposition entgegensetzen könne.[34] Das Unterfangen, der Partei auch andernorts das sächsische Konfrontationsmodell schmackhaft zu machen, mußte bereits an den Voraussetzungen scheitern.[35] Da konnte keine im Detail auch noch so berechtigte Kritik an der Preußenkoalition etwas ausrichten. Durch Liebmanns sächsische Brille gesehen verwechselte man dort die Besetzung von Spitzenpositionen in der Landesverwaltung mit tatsächlichem Einfluß. Verraten konnte allerdings auch er nicht, wie eine Transplantation der Sachsenpartei in den preußischen Staatskörper hätte vonstatten gehen sollen.

Außerhalb Sachsens reagierte man auf die sächsische Arroganz gereizt, rührte sie doch in offenen Wunden.[36] Überhaupt waren die radikalen Sachsen auf Tagungen außerhalb der Landesgrenzen nicht sonderlich wohlgelitten. Liebmann trug nun seinerseits auf dem Kieler Parteitag von 1927 aufs trefflichste dazu bei, das Klischee vom selbstgerechten, schulmeisterlichen, starrsinnigen und grobklötzigen Sachsen zu bestätigen. Hatte man seitens der sächsischen Linken schon alle Hände voll zu tun, bei den Parteifreunden im Reich um Verständnis für die andersgearteten Verhältnisse in Sachsen zu werben, war man auf dem Parteitag unter den Sachsen-Delegierten um so mehr erzürnt, als Liebmann dort seiner Animosität gegen Lipinski in geschmacklos verletzender Form freien Lauf ließ.[37] Hier wie auch in anderen Fällen zeigte sich das nicht geringe Eigengewicht von persönlichem Auftreten und Umgangsstil, etwas, was denjenigen, die mit Liebmann umzugehen hatten, losgelöst von Sachkontroversen und Flügelkämpfen zum Problem wurde.[38] In der Landtagsfraktion wurde er nach verbreitetem Urteil sächsischer Parteifreunde zeitweilig trotz oder vielleicht auch gerade wegen ungeheurer Tatkraft und verbissen ehrgeizigem Fleiß zu einer schweren klimatischen Belastung, weil hier verkrampfter Führungsstil, Verletzlichkeit gepaart mit verletzender Offenheit, bittere Ernsthaftigkeit, Schulmeisterlichkeit, teils kriminalistisch anmutende Pedanterie in Formfragen und eiserne Disziplin in einer Person zusammentrafen. In der von persönlicher Gehässigkeit, kriminalistischer Selbstherrlichkeit und Moralbesessenheit sowie kleinlichen wie auch ehrabschneiderischen Vorwürfen nur so strotzenden Auseinandersetzung zwischen ihm und zwei Dresdner

Fraktionskollegen holte ihn in seiner Angriffssucht spätestens 1928 die Biographie des extremen Aufsteigers auf böse Weise wieder ein. Bei der Durchsicht der persönlichen Briefe und Aufzeichnungen schimmert durchweg ein Mensch durch, dem nichts geschenkt worden war, der im Gegenteil äußerst hart hatte an sich arbeiten müssen, um in solch herausgehobene Stellung zu gelangen, und der diese Art der Lebensführung zwanghaft zum argwöhnisch verdichteten Maßstab in der Beurteilung anderer Menschen machte, denen er sehr schnell nach strengen Leistungs- und Disziplinmaßstäben Versagen oder unberechtigte Posteninhaberschaft nachsagte. Und da reichten nichtige Anlässe. Vielleicht ist der Schlüssel für das Verständnis des Konflikts zwischen ihm auf der einen und Edel und Arzt auf der anderen Seite in der unterschiedlichen Biographie der Kontrahenten zu suchen. Denn seine beiden Kontrahenten, an denen er sich mit erschütternder Verbissenheit rieb, ohne daß auch nur ein Anflug von Sachkontroversen auch nach Liebmanns Eingeständnis mit im Spiel gewesen wäre, waren ihrer Herkunft nach Bürgerliche und Intellektuelle, der eine Bezirksschulrat, der andere Journalist; beiden machte Liebmann ihren legeren und großzügigen Lebensstil zum Vorwurf, und sei es die auf Kosten harter Arbeit gehende Freude am Skat- oder Schachspiel in Dresdner Caféhäusern oder gar eine gewisse Schwäche für frivole Witze. All das paßte nicht in das Liebmannsche Bild vom eisernen, disziplinierten und stets abrufbereiten Klassenkämpfer.

Eine Schlichtungskommission wies Liebmann, wie ich meine, zu Recht in seine Schranken.[39] Seine Vorwürfe stellten sich als durchweg übertrieben, nichtig, unbeweisbar oder infolge von Mißverständnissen als schlichtweg falsch heraus. Bemerkenswert ist, daß ihn die Affäre lediglich seine einflußreiche Stellung in der Fraktionsführung kostete, und das auch nur vorübergehend. Daß ihn die Partei nicht fallenließ, hatte zumindest zwei Gründe: zum einen war da sein allgemein anerkanntes tatkräftiges Engagement für die Partei, das man ihm nach wie vor dankte, zum anderen die Abwesenheit jeglichen sachpolitischen Streitpunkts, der die Affäre hätte verkomplizieren und in Flügelkämpfe hineinziehen können. In diesem Falle ging man lieber über den lästigen Konflikt zur Tagesordnung über.

Der innerparteiliche Richtungswechsel nach der Reichstagswahl 1930

Die Reichstagswahl von 1930, ein knappes Jahr nach Ausbruch der Weltwirtschaftskrise, brachte den Nationalsozialisten überraschend hohen Zuwachs, der SPD jedoch eine schwere Niederlage. Für die SPD markierte die Wahl einen tiefen Einschnitt im Verhältnis der Parteiflügel zueinander, da die Parteiführung nach der Wahl zur Tolerierung des Präsidialkabinetts Brüning überging, das sie zuvor noch scharf bekämpft hatte, inzwischen aber aus Angst vor einer von den Nationalsozialisten geführten Rechtskoalition für das kleinere Übel hielt.[40] Trug das bei einem Teil der Linken zur Vertiefung der Kluft bei, so erweckten andere, unter ihnen Liebmann, den Eindruck, als schiebe sich in der politischen Großwetterlage eine neue Front in den Vordergrund: republikanischer Rechtsstaat gegen faschistischen Gewaltstaat. Daß sich gerade Liebmann, der Linksaußen der frühen 20er Jahre, die neue Sicht zu eigen machte, daß die politische Entwicklung die im Wirtschaftlichen wurzelnden Frontstellungen zwischen Kapital und Arbeit zurückstufe und deshalb die alten Flügelprofile nach und nach abschleife, mag zwar verwundern, hatte aber Gründe. Direkt nach der Wahl teilte Liebmann noch die Meinung seiner Leipziger Parteifreunde, das Kabinett Brüning dürfe wegen der arbeitnehmerfeindlichen Verteilung der Krisenlasten keine parlamentarische Unterstützung durch die SPD erhalten, wolle man nicht noch weiteren Vertrauenskredit beim Wähler verspielen.[41] Kurze Zeit später jedoch warnte er vor den negativen Folgen, die man sich einhandele, entzöge man Brüning das Vertrauen. Die Alternative zur Tolerierung Brünings könne auf Grund der neuen Mehrheitsverhältnisse nur heißen: Regierungsbildung unter Einschluß der äußersten Rechten.[42] Vor den dann vermutlich ins Haus stehenden nationalsozialistischen Innen- und Justizministern konnte er nur eindringlich warnen. Zerstörung des freiheitlichen Rechtsstaats hätte bei ihnen auf der Tagesordnung obenan gestanden. Im Vergleich damit betrachtete nun auch Liebmann Brüning als das „kleinere Übel", wie es die Parteiführung ja auch tat. An der Parteibasis handelte sich Liebmann damit den Vorwurf ein zu dramatisieren. Sein plötzlicher Richtungswechsel hatte zwei Wurzeln. Da er die Wirtschaftskrise, nicht die zurückliegende Koalitionspolitik zur Hauptursache der Wahlniederlage erklärte und nach seinen Erfahrungen mit vergangenen Krisen die

Talsohle des wirtschaftlichen Abschwungs bald erreicht sein würde, lag es für ihn nahe, zunächst einmal abzuwarten. In dieser Situation durch hartes Auftreten Brüning mutwillig in die Arme des rechten Lagers zu treiben oder gar seinen Sturz mit ungewissem Ausgang herbeizuführen, erschien ihm auf Basis seiner Annahmen als unvertretbar hohes Risiko, zu dem der popularitätssteigernde Nutzen eines Konfrontationskurses in keinem Verhältnis stehen konnte. Daß Liebmanns Kosten-Nutzen-Kalkül so und nicht anders ausfiel, hatte vermutlich folgenden Grund. Wie kein anderer war Liebmann intimer Kenner von Politik und Verwaltungspraxis bei der sächsischen Landespolizei. Daß die Beherrschung des Polizeiapparates zur Schicksalsfrage für den freiheitlichen Rechtsstaat im Reichsmaßstab werden könne, legte ihm das sächsische Anschauungsbeispiel nahe. Seinem langjährig geschärften Blick für die rechtslastige Personalpolitik in Sachsen hatte nicht entgehen können, welch ernst zu nehmende Gefahr sie für Arbeiterbewegung und Rechtsstaat heraufbeschwor.[43] Die rechtskonservative bürgerliche Landesregierung setzte der schleichenden nationalsozialistischen Unterwanderung keinen energischen Widerstand entgegen, und das wurde bereits Ende 1930 für die Arbeiterbewegung zu einem ernst zu nehmenden Sicherheitsrisiko, als sich erstmals ganze Nazi-Bereitschaften bei der Polizei bemerkbar machten. Dieses Thema schob sich in den Vordergrund der Landtagsreden Liebmanns. Dem Innenminister warf er schwerste Versäumnisse vor und wies auf Preußen hin, wo ein SPD-Innenminister die Polizei von den Nazis freizuhalten suchte. Daß die Erhaltung der rechtsstaatlich-freiheitlichen Ordnung zur übergeordneten Orientierungsgröße der Parteitaktik werden müsse, dafür begann er an der Leipziger Parteibasis zu werben, hatte damit bei der Mehrheit jedoch nur zeitweilig Erfolg. Bestärkt fühlte er sich in seiner Haltung, als sich nationalsozialistische Morddrohungen und Gewalttaten häuften und in Leipzig Gerüchte über schwarze Listen der Nazis umgingen, auf denen die Namen führender Leipziger Sozialdemokraten vermerkt sein sollten.[44] Als er zu seinem Entsetzen dann auch noch Einschüsse in den Wänden seiner Wohnung feststellen mußte, nahm er das zum Anlaß schärfster Angriffe und eindringlicher Appelle an das rechtsstaatliche Gewissen der Landesregierung, der Nazi-Flut endlich Einhalt zu gebieten.[45] Auf kurze Sicht blieb ihm nichts anderes übrig, als in Eigenregie Abhilfe zu schaffen. Die Installierung von Stahlplatten an den Fenstern der Leipziger Wohnung konnte zwar einen gewissen Schutz vor Heckenschützen bieten[46], doch das war ebenso wie der von Liebmann im Herbst 1930 in die Wege geleitete Aufbau von Kampfstaffeln eine Maßnahme, in der sich vieles mischte: kämpferischer Überlebenswille, Verachtung für physische Gewalt, verzweifelter Selbstschutz, Ohnmachtsgefühle und ein gewisses Unverständnis dafür, wie es nur so weit hatte kommen können. In diesem Zusammenhang hatte es wohl auch etwas mit Selbstbeschwichtigung zu tun, wenn er die Hoffnung äußerte, die SPD könne trotz ihres belastenden Tolerierungskurses im Reich darin erfolgreich sein, die Nazis vor den breiten Volksmassen als Agenten der Kapitalistenklasse zu entlarven.[47] Hinter solchen Bemerkungen, mit denen er die auch unabhängig von großindustrieller Finanzierung ins Gewicht fallende Anziehungskraft der Nazis vor sich selbst und seinen Anhängern herunterzuspielen suchte, verbarg sich nicht wenig Hilflosigkeit und Unverständnis gegenüber den massenpsychologischen und ideologischen Wurzeln der nationalsozialistischen Bewegung.

In der Auseinandersetzung mit den Linken ließ Liebmann nach Beginn der Tolerierungspolitik ein gewisses Gespür dafür vermissen, daß sich die Partei in eine Sackgasse hineinmanövriert hatte. Seine innerparteilichen Gegner befürchteten, daß die Partei in eine Tolerierungsfalle geraten sei. Denn wenn sie sich ohne Bedingungen und Garantien auf die Tolerierung von Regierungsvorlagen einließ und sich von Mal zu Mal Informationen darüber vorenthalten ließ, was jeweils die mit großer Sicherheit zu erwartende nächste Notverordnung an weiteren Zumutungen bringen würde, dann mußte das zu schleichendem, ja letztlich lähmendem Verschleiß von Glaubwürdigkeit und Kraft führen, weil ja mit der allgemein gehaltenen Rechtfertigungsformel vom „kleineren Übel Brüning" nur sehr schwer die Zumutbarkeitsgrenze auszumachen war, an der man Mut und Kraft hätte aufbringen müssen, die Tolerierung trotz aller Gefahren aufzukündigen. Hinzu kam, daß man dabei auch noch untätig dem weiteren Anwachsen des Nationalsozialismus in seiner bequemen, popularitätsförderlichen Oppositionsstellung zusehen mußte. Bis 1932 hielt Liebmann an der Position fest, daß der Tolerierungskurs den Vertrauenskredit an der Basis nur unwesentlich untergrabe und man im übrigen die Tolerierung an anderen Maßstäben zu messen habe als die Koalitionspolitik bis 1930.[48] Zeitweilig, als die innerparteilichen Auseinandersetzungen um die Tolerierung in Leipzig extrem hohe Wellen schlugen, stritt er sogar ab, daß die Koalitionspolitik, die auch er bis 1930 scharf bekämpft hatte, ein Fehler gewesen sei.[49] Offenbar fühlte er sich wohl so sehr in die Ecke gedrängt, daß er sogar seine politische Vergangenheit zu verdrängen begann. Mit seiner Sicht der Dinge wurde Liebmann der verzwickten Problemlage seiner Partei zu wenig gerecht. Andere sächsische Parteiführer hielten sich im Gegensatz zu ihm durchaus den Blick frei für den Zielkonflikt, der die Partei nach der Reichstagswahl gefangennahm. Sie sahen, daß die Partei nur die Wahl habe, entweder den Vertrauenskredit durch parlamentarische Opposition zu schonen, dabei aber als unliebsame Folge das Risiko einer Rechtskoalition in Kauf nehmen zu müssen, oder aber Brünings Notverordnungszumutungen zu schlucken, dabei aber die Glaubwürdigkeit der Partei aufs Spiel setzen zu müssen und NSDAP plus KPD auf fatale Weise Agitationsstoff gegen die Systemparteien inklusive SPD zu liefern. Daß die Tolerierung der SPD zunehmend moralische Kraft und Handlungsfähigkeit raubte, ohne letztlich die faschistische Gefahr zu mindern, das war eine bittere Erkenntnis, auf die sich Liebmann erst im Herbst 1932 vorsichtig einließ, als sich die Welle des Nationalsozialismus nun wirklich nicht mehr als vorübergehende Erscheinung beschönigen ließ.[50] Seine Angst vor nationalsozialistischen Polizeiministern war gewiß begründet, jedoch hatte sie ihre Schattenseite darin, daß sie ihn hinderte, sich eine gewisse parteilinke Skepsis gegenüber der Berliner Parteiführung zu bewahren. Vor allem aber veranlaßte sie ihn, die Handlungsspielräume gegenüber Brüning und Reichspräsident Hindenburg für enger zu halten, als manch anderer Parteilinker es tat und als sie vielleicht tatsächlich waren. Zugute zu halten ist ihm, daß er ebensowenig wie andere hinter die Kulissen der Machtkämpfe und Intrigenspiele in der Umgebung des greisen Reichspräsidenten schauen konnte. Allein das war schon geeignet, angesichts der deutschnationalen Gesinnung des Präsidenten wie seiner engsten Berater Angst einzuflößen und dazu zu verleiten, sich an dem vermeintlich rettenden Strohhalm Brüning festzuklammern, um den Präsidenten nicht herauszufordern, Hitler ans Ruder zu lassen. Andere Parteilinke begegneten dieser Gefahr gelassener, indem sie bis zum Sturz Brünings im Sommer 1932 gewisse außen- und reparationspolitische Abhängigkeiten ins Feld führten, die einer Berufung Hitlers im Wege stünden. Damit hatten sie nicht ganz unrecht. Solche Gelassenheit hätte Liebmann jedoch überfordern müssen, legten ihm doch sein spezielles landespolitisches Aufgabenfeld ebenso wie seine im Krisenjahr 1923 gewachsene Sensibilität für Wert und Bedeutung von Rechtsstaatlichkeit nahe, in die parteioffizielle Formel vom kleineren Übel einzustimmen und die Gefahren herunterzuspielen, die von der Glaubwürdigkeitsseite her drohten. Er war halt ein gebranntes Kind, was die Exzesse der Reichswehr und ihrer völkischen Hilfstruppen betraf, Exzesse, die an erster Stelle auf seinem Minister- bzw. Abgeordnetenschreibtisch landeten, weil er der Spezialist der Partei für solche Fragen war.

Die Gefahren, die der moralischen Kraft der Partei drohten, traten um so weniger ins Bewußtsein der verantwortlichen SPD-Politiker, je geringer die Kluft zwischen Tolerierung und eigenen wirtschaftspolitischen Parteigrundsätzen war. Hier war wider allen Anschein die Kluft in der Tat gering, trafen sich doch Brüning und SPD gerade in der Überzeugung, daß an einem ausgeglichenen Staatshaushalt nicht gerüttelt werden dürfe und deshalb an der Sparpolitik kein Weg vorbeigehe. Bis an die Schmerzgrenze wurde der sozialpolitische Nerv der SPD eigentlich nur dann strapaziert, wenn es darum ging, wer die Folgen und Lasten der Sparpolitik zu tragen habe. Da die SPD bis 1932 über kein klares wirtschaftspolitisches Programm verfügte, gab es auch da nicht viel zuzugestehen. Liebmann und auch die Parteilinken machten da keine Ausnahme. Indes hielt man an der marxistischen Theorie fest, die jedoch ein wenig steril anmutete, weil sie in ihrer abstrakten Radikalität unvermittelt und kaum umsetzbar neben dem politischen Alltagsbetrieb stand. Daß der Marxismus, in die Sphäre der Parteikultur ausgelagert, fortlebte und dort den politischen Geschäftsgang wenig störte, erleichterte das Tolerieren ungemein. In der Außenbelastungen abfedernden Parteikultur konnte er als sinnstiftendes Programmritual kultische Aufgaben übernehmen, und das in Leipzig um so mehr, als sich dort, eingeigelt neben den Zwängen des Alltags, eine Parteikultur etabliert hatte, die sehr reich an bewegenden Ritualen und freidenkerischen Feierformen war. Auf diese Weise ließ sich so manche Zumutung der Außenwelt besser ertragen.

Im sächsischen Landtag fand die Tolerierungspolitik ihr Gegenstück in der landesweit kaum umstrittenen Bereitschaft, die zwar gestürzte, aber geschäftsführend weiteramtierende Regierung von Fall zu Fall zu unterstützen. Liebmann, der 1931 zum Vorsitzenden des wichtigen Haushaltsausschusses A aufrückte, glaubte, in dieser Schlüsselrolle einiges bewegen zu können, zumal die Regierung nicht wie im Reich auf ein Notverordnungsrecht ausweichen

konnte. Die versteckte Tolerierung auf Landesebene betrachtete er daher als unproblematisch. Wenn sich die Regierung in den Haushaltsberatungen sozialpolitische Zugeständnisse abtrotzen lasse, dürfe sich die SPD der Verantwortung nicht entziehen, ließ er vor allem mit Blick auf die KPD verlauten. Daß kompromißlose Opposition im Alltag alles andere als arbeiterfreundlich sei, war die Standardformel, mit der er die Partei vor der Konkurrenz von links schützen wollte. Damit schnitt er aber das grundlegend Trennende zwischen den verfeindeten Schwesterparteien an, das für ihn und die sächsische SPD ein ungelöstes Problem ersten Ranges blieb. Es ging immer wieder darum, wie die SPD zu alter Durchsetzungskraft zurückfinden solle, wenn die KPD unverrückbar auf ihrer Verweigerungstaktik beharre. Zum Nachteil der SPD konnte sich die KPD durchaus gegenüber dem harten Kern ihrer Anhänger erlauben, die kleinen Chancen des parlamentarischen Betriebs ungenutzt zu lassen, bei denen für die Klientel etwas Handgreifliches herausgesprungen wäre. Sie wollte ihrem Selbstverständnis nach schließlich aufs Ganze gehen und das bedeutete Revolution, in Liebmanns Augen nichts als „Katastrophenpolitik".[51] In der Krise kam diese Taktik beim Wähler gut an. Für den parlamentarischen Erfolg der SPD hatte das böse Folgen, weil der Ausfall des kommunistischen Stimmgewichts ihre Stellung im Landtag untergrub. Liebmann, der bis zuletzt seiner Hoffnung Ausdruck verlieh, SPD und KPD möchten doch wieder ins Geschäft kommen[52], versuchte, die KPD mit sozialpolitischen Vorlagen zu zwingen, auch im Alltagsgeschäft Farbe zu bekennen. Diese Taktik scheiterte jedoch, da die KPD ohne Mühe weitergehende Anträge ohne Rücksicht auf ihre praktische Umsetzbarkeit formulieren konnte, ohne daß die Anhängerschaft das durchschaute.
Die Hoffnung auf Wiederannäherung war jedoch nicht die vorherrschende Gefühlsregung bei Liebmann. Wesentlich tiefer ging seit 1929 die ohnmächtige Wut darüber, für die reformerische Kleinarbeit von der KPD als „Sozialfaschist" beschimpft zu werden und mit der Doppelzüngigkeit der „Einheitsfront"-Angebote umgehen zu müssen, die von der KPD zwar ständig im Munde geführt wurden, aber unter Verdrehung des Wortsinns die „Einheitsfront von unten", also die gegen die Führer der SPD gerichtete, meinten.[53] Da nun Liebmann alles andere als ein Freund seichter Worte war, steigerte er seine Angriffe je nach Feindseligkeit des Wechselspiels zwischen den Parteien. War es teils der Vorwurf der „Parolenpoli-

tik" oder der „blödsinnigen Taktik"[54], so mischten sich bisweilen härtere Töne in seine Polemiken, wenn er auf das Hierarchische und Autoritäre in der KPD anspielte. Von „lakaienhafter Unterordnung" unter die „Moskauer Päpste", und vom „heiligen Kreml" war dann die Rede, oder in der Großen Krise von den kleinen „Parteiunteroffizieren" bei den Kommunisten, denen er gewisse gemeinsame Wesenszüge mit den Nazis attestierte.[55] Gemeint waren damit die militaristischen Verformungen des Organisationslebens. Um die Jahreswende 1932/33 keimten ein letztes Mal die Hoffnungen auf eine Wiederannäherung auf.[56] Um so deutlicher zeigten sich aber die belastenden Folgewirkungen einer jahrelang aufgeschaukelten Konfrontation. Den ersten Schritt tat Liebmann, als er kurz vor Hitlers Ernennung zum Reichskanzler die KPD zu einer Großkundgebung einlud und einem kommunistischen Redner längere Redezeit einräumte. Die offene Aussprache sollte als vertrauensbildende Geste den Auftakt bilden für ein gemeinsames Vorgehen gegen die bereits erwartete Hitler-Regierung. Die KPD ließ sich darauf ein, aber es sollte bei diesem einen Experiment auch bleiben. Direkt nach der Veranstaltung lief das alte Spiel wechselseitiger Verdächtigungen, Verleumdungen und Schuldzuweisungen wie eh und je weiter.[57] Das Leipziger Parteiorgan erklärte, die Politik der KPD sei nichts anderes als ein „Dolchstoß in den Rücken der Arbeiterschaft". Zu sehr hatten Mißtrauen und Abneigung über Jahre hin das Bild vom jeweils anderen bestimmt, als daß sich von heute auf morgen die gewachsenen Gefühle und Zuschreibungen hätten beiseite schaffen lassen. Ein schwieriges Unterfangen wäre allein schon gewesen, die tatsächlich bestehenden Unterschiede um der Einheitsfront willen zurückzustellen. Die fundamental unterschiedliche Haltung gegenüber der pluralistischen Parteiendemokratie gab letztlich den Ausschlag dafür, daß sich die sogenannten „proletarischen Gemeinsamkeiten" weder parlamentarisch noch im Kampf gegen Hitler ummünzen ließen. Das kam unmißverständlich zum Ausdruck, als Liebmann in einer Grundsatzrede sein Bekenntnis zur westlichen Demokratie als scharf trennende Barriere zwischen SPD und KPD herausstellte.[58] Nach Hitlers Machtantritt schrieb Liebmann die KPD als kommunistische „Lügenhetzer" ab und konzentrierte sich, wie das so viele andere Sozialdemokraten im Reich auch taten, nach Vogel-Strauß-Art auf die Vorbereitung des nächsten Reichsparteitages, der allerdings nicht mehr stattfand. Wenige Tage nach dem Reichstagsbrand kam das böse Erwachen.

Anfang März nahm man der Leipziger Partei ihr Tagesorgan, trieb sie im April in die Illegalität und nahm Liebmann Ende April in Schutzhaft, nachdem man eine geheime Funktionärssitzung aufgelöst hatte.[59] Nachdem er mehrere Gefängnisstationen durchlaufen hatte, wurde er 1934 in das Konzentrationslager Hohenstein eingeliefert, wo die SS ihm so übel mitspielte, daß er im September 1935, einige Monate nach seiner Entlassung als todkranker Mann, an den Folgen der Haftbedingungen und Folterungen im Israelischen Krankenhaus in Leipzig starb. Sehr schlimm erging es ihm Pfingsten 1934, als er der SS-Wachmannschaft während eines Festgelages als besondere Festattraktion vorgeführt wurde, unter Zwang alte Landtagsreden, in denen er mit den Nazis hart ins Gericht gegangen war, laut vortragen mußte und dabei aufs schlimmste zugerichtet wurde. Für seine offene Sprache, die er im Landtag gegen die Nazis gepflegt hatte, mußte er bei dieser „SS-Belustigung" ein Auge einbüßen. Auf dem Sterbebett, auf dem er ein letztes Mal sein Politikerleben Revue passieren ließ, gestand er, daß die Partei wie auch er selber zwei fundamentale Fehler begangen hätten. Man habe sich in der Krise völlig konzeptlos an der Hoffnung baldiger wirtschaftlicher Erholung festgeklammert und den Nationalsozialismus zu lange als vorübergehende Erscheinung nicht ernst genug genommen.[60] Das Andenken an sein engagiertes und aufopferndes Politikerleben im Dienste der Sozialdemokratie bewahrt heute die Polytechnische Oberschule „Hermann Liebmann" in Leipzig.

Anmerkungen

Anmerkungen und Quellenhinweise erfolgen in Kürzeln, die über die Literaturhinweise zu entschlüsseln sind.

1 Das Kapitel basiert im wesentlichen auf M.-Sammlung, Handschriftl. Lebenslauf vom 21. 6. 1907 und Zusammenstellung von Lebensdaten durch die Hinterbliebenen.
2 M.-Sammlung, Handschriftl. Aufnahmegesuch für die Parteischule in Berlin vom 21. 5. 1907.
3 M.-Sammlung, Handschriftl. Antwort des Agitationskomitees der Sozialdemokratischen Partei für den 11.–14. sächsischen Reichstagswahlkreis vom 29. 5. 1907.
4 M.-Sammlung, Handschriftl. Brief an die Redaktion der „Neuen Zeit" vom 5. 4. 1910; Exzerpt. eines Kapitels des 3. Bandes des Kapitals von Karl Marx in Liebmanns Handschrift aus dem Jahre 1910.
5 Für die folgenden Ausführungen M.-Sammlung, Zusammenstellung von Le-

bensdaten; Brief des ehemaligen sächsischen Justizministers Albert Neu, eines persönlichen Freundes von Hermann Liebmann an die Tochter, Frau Hildegard Scheffel, geb. Liebmann, in Dresden vom 12. 4. 1963.
6 LVZ, 20. 3. 1919.
7 Sächs. VK, 28. 2. 1919, S. 57; 8. 4. 1919, S. 907 ff.
8 LVZ, 20. 3. 1919; 16. 7. 1919; 12. 8. 1919; 21. 8. 1919.
9 Sächs. VK, 4. 6. 1919, S. 1337 ff.; 20. 6. 1919, S. 1603 ff.
10 Vgl. allgemein zu diesem Kap. Klenke, S. 366 ff., S. 474 ff.
11 Sächs. LT, 4. 10. 1921, S. 2225 ff.
12 Ebd. S. 2226.
13 Vgl. allgemein zu diesem Kapitel Klenke, S. 366 ff.
14 Sächs. LT, 3. 5. 1923, S. 926 ff.; 8. 5. 1923, S. 961 ff.
15 Sächs. LT, 17. 4. 1923, S. 800 ff.; 29. 5. 1923, S. 1053 f.
16 LVZ, 13. 6. 1923.
17 Vgl. insgesamt Klenke, S. 366 ff.; speziell hierzu: LVZ, 30. 4. 1923, 21. 6. 1923.
18 Sächs. LT, 12. 6. 1923, S. 1101 ff.; 18. 10. 1923, S. 1665 ff.
19 Sächs. LT. 12. 6. 1923, S. 1107.
20 Folgende Ausführungen beruhen auf einem Bericht des ehemaligen sächsischen Justizministers Albert Neu, der mit Liebmann persönlich gut befreundet war. M.-Sammlung, Brief an Hildegard Scheffel, geb. Liebmann in Dresden vom 11. 5. 1963. Die Darstellung wirkt nach meinem Eindruck glaubhaft.
21 Quellen, S. 116 f., 149 ff., 184 ff.
22 Sächs. LT, 13. 12. 1923, S. 2057 ff., 28. 2. 1924, S. 2466 ff.; 13. 3. 1924, S. 2609 ff.
23 Sächs. LT, 28. 2. 1924, S. 2467.
24 Vgl. zu diesem Kapitel Klenke, S. 893 ff.
25 M.-Sammlung, Handschriftlicher, in pathetischen Worten gehaltener Glückwunsch Liebmanns für seine Tochter Hildegard zur Jugendweihe 1925.
26 M.-Sammlung, Aufnahmegesuch für die Parteischule in Berlin vom 21. 5. 1907.
27 LVZ, 21. 5. 1930.
28 Sächs. LT, 6. 7. 1931, S. 2149, 2162.
29 Liebmann, S. 14.
30 Vgl. in diesem Kapitel insgesamt Klenke, S. 172 ff., S. 391 ff., S. 611 ff., S. 678 ff.
31 LVZ, 2. 6. 1924.
32 LVZ, 25. 2. 1924.
33 Sächs. LT, 13. 5. 1924, S. 2710 ff.; 29. 5. 1925, S. 4604 ff.; 1. 7. 1926, S. 6634 ff.; 21. 1. 1930, S. 823 ff.
34 LVZ, 15. 4. 1929.
35 LVZ, 20. 4. 1927.
36 Klenke, S. 474 ff.
37 Nachlaß Levi, P 136, Manuskript Liebmann vom Nov. 1928, S. 43 ff.; Bezirksvorstand Dresden. Eine Abwehr vom 22. 12. 1928, S. 38 f.
38 Vgl. zum gesamten Problem die oben aufgeführten Streitschriften der Kontrahenten, die den über Jahre laufenden Streit gut dokumentieren.
39 Bericht des Untersuchungsausschusses über die Anschuldigungen des Ge-

nossen Liebmann in Leipzig gegen die Genossen Edel und Arzt in Dresden, (Broschüre) Dresden 1929.
40 Vgl. zu diesem Kapitel Klenke, S. 202ff., S. 324ff., S. 337ff.
41 LVZ, 11. 10. 1930.
42 LVZ, 20. 10. 1930; 27. 4. 1931.
43 Sächs. LT, 14. 1. 1930, S. 694ff.; 25. 11. 1930, S. 513ff.; 11. 12. 1930, S. 695ff.; 27. 1. 1931, S. 948ff.
44 Sächs. LT, 25. 11. 1930, S. 515.
45 Sächs. LT, 27. 1. 1931, S. 952ff.; 16. 12. 1931, S. 2940ff.; 26. 4. 1932, S. 2976.
46 Persönliche Mitteilung von Werner Scheffel, dem Schwiegersohn Liebmanns an den Verfasser vom 16. 3. 1979 in Dresden und 24. 2. 1986 in Leipzig.
47 Sächs. LT, 11. 12. 1930, S. 695.
48 LVZ, 9. 3. 1931; 27. 4. 1931; 8. 6. 1931; 12. 10. 1931.
49 LVZ, 27. 4. 1931.
50 LVZ, 10. 10. 1932, 6. 12. 1932; Sächs. LT, 23. 2. 1933.
51 Sächs. LT, 28. 2. 1924, S. 2472; 3. 3. 1931, S. 1240.
52 LVZ, 18. 1. 1933.
53 Sächs. LT, 17. 12. 1931, S. 2617; LVZ, 23. 3. 1933.
54 LVZ, 18. 1. 1933.
55 Sächs. LT, 28. 2. 1924, S. 2472; 3. 3. 1931, S. 1240.
56 LVZ, 19. 1. 1933, 2. 2. 1933, 16. 2. 1933.
57 LVZ, 2. 2. 1933, 4. 2. 1933; 16. 2. 1933.
58 Sächs. LT, 17. 12. 1931, S. 2611f.
59 M.-Sammlung, Zusammenstellung von Lebensdaten.
60 Persönliche Auskunft von Herrn Werner Scheffel an den Verf. in Dresden am 16. 3. 1979.

Literaturhinweise

Quellen

Leipziger Volkszeitung, Jg. 25–40, 1918–1933. (Abgekürzt: LVZ).
Liebmann, Hermann: Neun Monate sächsische Koalitionspolitik, Leipzig 1924.
Materialsammlung über das Leben Hermann Liebmanns in der Polytechnischen Oberschule „Hermann Liebmann" in Leipzig. (Abgekürzt: M.-Sammlung).
Nachlaß Paul Levi, Bestand P 137, Archiv der Sozialen Demokratie Bonn–Bad Godesberg. (Abgekürzt: Nachlaß Levi).
Quellen zur Geschichte des Parlamentarismus und der politischen Parteien, 2. Reihe, Bd. 4: Das Krisenjahr 1923, Düsseldorf 1980. (Abgekürzt: Quellen).
Persönliche Befragung von Herrn Werner Scheffel, dem Schwiegersohn Hermann Liebmanns, am 16. 3. 1979 in Dresden und am 24. 2. 1986 in Leipzig.
Sächsische Landtagsakten, 1.–5. Wahlperiode, 1920–1933.
Verhandlungen des Sächsischen Landtages, 1.–5. Wahlperiode, 1920–1933. (Abgekürzt: Sächs. LT).
Verhandlungen der Sächsischen Volkskammer, 1919/20. (Abgekürzt: Sächs. VK).

Darstellende Literatur

Klenke, Dietmar: Die SPD-Linke in der Weimarer Republik. Eine Untersuchung zu den regionalen organisatorischen Grundlagen und zur politischen Praxis und Theoriebildung des linken Flügels der SPD in den Jahren 1922–1932, 2 Bde., Münster 1987².

Hendrik de Man (1885–1953)

Zwischen links und rechts

von

Kersten Oschmann

Es gibt immer wieder Intellektuelle, von denen man sagt, daß sie heute zu Unrecht vergessen seien. Die Argumentation lautet häufig, daß sich in den Schriften eines heutzutage unbekannten politischen Theoretikers Erkenntnisse finden lassen, die niemand widerlegt habe – deshalb seien diese auch nach wie vor von aktueller Bedeutung. Diese häufig selbstgerechte Suche nach sogenannten verschütteten Traditionen ignoriert aber einen zentralen Lehrsatz der politischen Ideengeschichte. Denn der Wandel der intellektuellen und gesellschaftlichen Orientierung ist nie durch Widerlegung, sondern immer durch eine Verschiebung der Interessen und Probleme zustandegekommen. In konsequenter Anwendung dieses Lehrsatzes kann es demnach keinen politischen Theoretiker geben, der zu Unrecht vergessen worden ist. Ein Intellektueller wird fallengelassen, weil die Problemlage sich ständig ändert.

Ein Blick in die historische Forschung belegt die Tatsache, daß gegenwärtig niemand mehr über den belgischen Sozialisten Hendrik de Man spricht.[1] Eine der umstrittensten Persönlichkeiten der europäischen Sozialdemokratie in der Zwischenkriegszeit wird in den Standardwerken ihrer Geschichte eher stiefmütterlich behandelt. Soweit er überhaupt erwähnt wird, billigt man seinem theoretischen Wirken allenfalls zu, einen wichtigen Beitrag zur Herausbildung des Demokratischen Sozialismus geleistet zu haben, die meisten Wissenschaftler aber ignorieren seine theoretische und praktische Tätigkeit im Dienst der sozialdemokratischen Arbeiterbewegung, obwohl sich de Mans Leben in hervorragender Weise als Demonstrationsobjekt für eine Darstellung der Möglichkeiten und Grenzen eines sozialistischen Intellektuellen und Politikers in der ersten Hälfte dieses Jahrhunderts eignet.

Erhielt er doch die entscheidenden Impulse, die seinem ganzen Denken die Richtung wiesen, aus den großen Debatten innerhalb der europäischen Arbeiterbewegung der Zeit vor dem Ersten Welt-

krieg über Probleme wie etwa die Bedeutung des Internationalismus, des Antimilitarismus oder aber den Streit über die Beteiligung von Sozialisten an einer bürgerlichen Regierung.
Das Jahr 1914 markiert eine deutliche Zäsur. Der Einmarsch deutscher Truppen in Belgien und die dadurch bewirkte Verletzung der Neutralität des Königreiches veranlaßten den bisherigen überzeugten Internationalisten Hendrik de Man, sich freiwillig an die Front zu melden. So gesehen muß er zu derjenigen Generation gezählt werden, für die Mussolini später den Begriff der *aristocracia trinceresta* prägte. Nicht nur die Zustimmung der sozialdemokratischen Reichstagsfraktion für die Kriegskredite, die de Man als einen Verrat an allen früheren Absichtserklärungen brandmarkte, sondern vor allem die für ihn deprimierenden Erfahrungen über den bolschewistischen Terror in dem von revolutionären Unruhen heimgesuchten Rußland, das er im Auftrag der Ententemächte besuchte, ließen ihn nach Beendigung des Krieges zu der Auffassung gelangen, daß sich die sozialdemokratisch orientierte Arbeiterbewegung vom – wie er meinte – überholten marxistischen Dogma befreien und in die Richtung von Teilen des Bürgertums hin öffnen sollte.
De Mans im Jahre 1925 veröffentlichtes Buch „Zur Psychologie des Sozialismus" sorgte deshalb, nachdem es auch in zehn verschiedene Sprachen übersetzt worden war, überall in Europa für Furore, weil er in diesem seinen theoretischen Hauptwerk insbesondere der deutschen Sozialdemokratie den Vorwurf machte, daß sie trotz der politischen und gesellschaftlichen Verhältnisse der Nachkriegszeit nach wie vor an der vulgärmarxistischen Theorie festhalte, obwohl sich dies kaum mit ihrer praktischen Arbeit vereinbaren lasse: die Partei könne sich nicht einerseits auf Marx berufen und andererseits als die staatstragende politische Kraft der Republik erscheinen wollen. Aus der Sicht de Mans, der seit 1923 in Deutschland lebte, ließ die marxistische Parteitheorie, von einem einseitig rationalistischen Menschenbild und einem nicht minder einseitig deterministischen Bild der Geschichte ausgehend, die ethischen Antriebskräfte des Sozialismus verkümmern. In dieser Kritik traf er sich mit den sogenannten „jungen Rechten" innerhalb der SPD, also dem Kreis um Carlo Mierendorff und Theodor Haubach, sowie mit den Religiösen Sozialisten um Paul Tillich und Eduard Heimann. Indem de Man den Sozialismus auf ethische Motive gründete, griff er auch über den eigentlichen Träger des marxistischen Klassenkampfes, das Industrieproletariat, hinaus. Als ethischer

Wille verstanden, sollte sich der Sozialismus auch anderen sozialen Gesellschaftsschichten öffnen, etwa den von ihm als bürgerliche Grenzschichten bezeichneten, die bislang einem Programm der proletarischen Aktion distanziert gegenübergestanden hätten.
Diese Forderung gewann gegen Ende der Weimarer Republik brennende Aktualität, als die nationalsozialistische Bewegung in den von Proletarisierung bedrohten sozialen Mittelschichten große Wahlerfolge verzeichnete. Es geschah genau das, was de Man immer wieder befürchtet hatte: Die Sozialdemokratie verhielt sich immobil, weil ihre Doktrin sie an die Industriearbeiterschaft fesselte und den Zugang zum mittelständischen Wählerreservoir verhinderte, so daß die Partei nicht – was de Man beispielsweise empfohlen hatte – zu einer linken Volkspartei werden konnte.
Die Machtergreifung Hitlers machte aus dem Intellektuellen Hendrik de Man indirekt einen Politiker, der von 1933 an als stellvertretender Parteivorsitzender und später zudem noch als Arbeits- und Finanzminister Belgiens ins Rampenlicht der politischen Auseinandersetzung geriet. Ein wirtschafts- und sozialpolitisches Arbeitsprogramm – der „Plan der Arbeit", der von den Zeitgenossen nicht nur zufällig auch als Plan de Man bezeichnet wurde, ließ ihn zu einer Schlüsselfigur der belgischen Innenpolitik während der dreißiger Jahre werden. Selbst in anderen westeuropäischen und skandinavischen Ländern wurden die mit seinem Namen verknüpften plansozialistischen Ideen diskutiert.
Der nächste Lebensabschnitt ist dann vollkommen von dem eigentlichen politischen Skandal überschattet, der noch heute eng mit dem Namen von Hendrik de Man in Verbindung gebracht wird. Nachdem er schon in der unmittelbaren Vorkriegszeit als Befürworter einer strikten Neutralitätspolitik gegenüber der nationalsozialistischen Expansion sich innerhalb der belgischen Arbeiterpartei (BWP) isoliert hatte, hielt er selbst nach dem deutschen Einmarsch im Mai 1940 an dieser Haltung fest. Sein Versuch, mit der Besatzungsmacht einen modus vivendi zu finden, wurde von seinen Parteifreunden, die zu einem Teil ins Exil geflohen waren, zu Recht als feige Anpassung bewertet. Hatte de Man doch als Vorleistung für das Interesse an seiner Person die Auflösung der BWP angeordnet und ihren Mitgliedern empfohlen, in eine nationale Einheitsfront unter der Führung des Königs einzutreten. Die Enttäuschung über das Mißlingen des Plansozialismus in den bürgerlich geführten Koalitionskabinetten während der dreißiger Jahre hatte ihn zum Partei-

gänger eines autoritären korporativen Sozialismus werden lassen, der um einer politischen Karriere willen seine früheren sozialistischen Überzeugungen verriet. Gleichwohl sollte man nicht vergessen, daß Hendrik de Man nicht der einzige Sozialdemokrat in der Zeit zwischen den beiden Weltkriegen gewesen ist, der aus den Schranken seiner politischen Herkunft heraustrat, um notfalls dort zu führen, wo die Regeln der parlamentarischen Verfassungsordnung nicht mehr ausreichten. Es hat nicht nur Mussolini, Pilsudski, Doriat, Deat, Mosley und Quisling gegeben, sondern auch in einem strikt demokratischen Rahmen den englischen Premier Ramsey McDonald, der in der wirtschaftlichen Krisenlage von 1931, anstatt sich dem Rücktrittsdiktat seiner Fraktion zu fügen, nicht dem Kabinett, sondern der Labor Party den Rükken kehrte und die Krise mit einer rechtsgerichteten Koalition überwinden konnte. Mit anderen Worten, die Krise des liberalen parlamentarischen Regierungssystems auf Grund der wirtschaftlichen und sozialen Katastrophe von 1929 brachte in fast allen westlichen Industrienationen einen Typus hervor, der in seiner Person politische Überzeugungen kombinierte, die den jeweils parteioffiziellen Auffassungen als politisch unvereinbar galten. Hier lagen also Barrieren, die mancherorts von Sozialdemokraten übersprungen wurden, die man auch als politische Grenzgänger bezeichnen könnte. Damit ist der allgemeine zeitgeschichtliche Hintergrund beschrieben, auf dem man das theoretische und praktische Werk Hendrik de Mans beurteilen muß.

Rebell

Er wurde als erster Sohn einer finanziell gutsituierten Bürgerfamilie 1885 in Antwerpen geboren. In der kosmopolitischen Tradition einer Kaufmannsfamilie seiner Heimatstadt aufwachsend wurde ihm der Internationalismus in die Wiege gelegt. Neben den Landessprachen Niederländisch und Französisch wurde in seinem Elternhaus auch Englisch und Deutsch gesprochen. Das sollte de Man bald nach seiner Entscheidung für den Sozialismus für die Übersetzertätigkeiten in der Zweiten Internationalen prädestinieren. Eine naturverbundene körperbewußte Erziehung ergänzte die häusliche Pflege des flämischen Erbteils, der freimaurerischen Moralkodex des Vaters prägte den Gerechtigkeitssinn des Sohnes. Hier wurden die Wurzeln für de Mans späteres unduldsames Verhalten gelegt, das den belgischen Sozialistenführer Vandervelde zu dem sarkastischen Bonmot veranlassen sollte, der Sozialismus klebe an de Man wie die Tonsur an einem Priester. Die politischen Auffassungen des Elternhauses waren dem sozialen Stand entsprechend antisozialistisch, so daß der Siebzehnjährige, als er anläßlich eines Generalstreiks das erste Mal mit der sozialen Wirklichkeit außerhalb seiner Herkunft konfrontiert wurde, auf einen Konflikt mit ihm zusteuerte. Die Geltung derjenigen Normen und Werte, die in der vertrauten bürgerlichen Umgebung herrschten, erwiesen sich für ihn als trügerisch, sobald die Demonstration von sozialem Mitleid nicht mehr genügte, um die Arbeiter zufrieden zu stellen. Aus moralischer Empörung über die schroffe Zurückweisung der seiner Meinung nach berechtigten Forderungen des Proletariats rebellierte de Man und schloß sich der belgischen Arbeiterpartei (BWP) an – eine Entscheiduung, die zum endgültigen Bruch mit seinem Elternhaus führte.

Der marxistische Rausch

Aufgrund der Faszination, die der organisatorischen Kampfstärke der SPD innerhalb der Sozialistischen Internationalen entgegengebracht wurde, zog es den jungen, begeisterungsfähigen, radikal marxistische Positionen vertretenden Flamen nach Leipzig. An der dortigen Universität nahm er das Studium der Geschichte, Völkerpsychologie und Nationalökonomie auf, das er mit der Vorlage einer Dissertation über das Genter Tuchgewerbe im Mittelalter abschließen sollte. Darüber hinaus betätigte er sich als freier Mitarbeiter bei der „Leipziger Volkszeitung", dem Sprachrohr der marxistischen Orthodoxie innerhalb der SPD. De Man schloß dort eine enge Freundschaft zu solchen prominenten Theoretikern wie etwa Rosa Luxemburg, Karl Radek, Leo Trotzki und Franz Mehring. Ferner gründete er zusammen mit Karl Liebknecht und Ludwig Frank im Jahre 1907 die Sozialistische Jugendinternationale, zu deren ersten Sekretär man ihn wählte. Zu den Grundkonstanten seiner politischen Orientierung während des fünfjährigen Aufenthaltes in Deutschland zählte das bedingungslose Eintreten für eine internationalistische Politik, die uneingeschränkte Zurückweisung aller ministerialistischen Bestrebungen, die scharfe Kritik an allen Verbür-

gerlichungstendenzen innerhalb der Arbeiterbewegung sowie die Forderung nach einer Stärkung des proletarischen Klassenbewußtseins durch eine forcierte sozialistische Erziehung.[2]
Gerade dieser letzte Gesichtspunkt war mit dafür ausschlaggebend, daß man ihn im Jahre 1911 zum Leiter des belgischen Arbeiterbildungswesens bestellte, nachdem er das Jahr zuvor als Korrespondent von mehreren deutschen Parteizeitungen aus England über die dortige sozialistische Bewegung berichtet hatte. Diese Erfahrung mit der praktischen Alltagsarbeit der BWP ließen bei de Man schon vor dem Ausbruch des Ersten Weltkrieges allererste Zweifel an der Richtigkeit der marxistischen Lehre aufkommen. Hatte er beispielsweise noch in Leipzig die Meinung vertreten, daß der Revisionismus Bernsteins als die gefährlichste Abweichung von der angeblich bewährten Parteidoktrin einzuschätzen sei, so änderte er 1913 anläßlich eines Generalstreikes in Belgien seine Ansicht: Gerade weil sich die Klassenkonflikte so verschärften und deshalb der revolutionäre Druck der Massen ständig zunehme, sei nunmehr, so de Man, die radikale Linke der Hauptgegner. Der politische Primat müsse nach wie vor auf der parlamentarischen Aktion und nicht auf der Erwartung einer spontanen Massenerhebung liegen. Eine Handhabung des Massenstreikes sei nur dann sinnvoll, soweit dieser von der Parteiführung vollkommen unter Kontrolle gehalten werden könne. Auf deutsche Verhältnisse bezogen vertrat de Man also am Vorabend des Ersten Weltkrieges eine theoretische Position, die dort als linkszentristisch bezeichnet wurde.[3]

Das Trauma vom August 1914

Niemand wird heute bestreiten, daß die Ereignisse des August 1914 über die Sozialistische Internationale hinwegrollten. De Man war als Gastgeber der letzten Sitzung des Sozialistischen Büros, die Ende Juli in Brüssel stattfand, Zeuge, wie Haase, Jaurès und Vandervelde mit Hilfe einer gemeinsamen Resolution die Haltung der Internationalen mit Hinblick auf den sich abzeichnenden militärischen Konflikt koordinieren wollten. Wenige Tage später, am 1. August, begleitete er Camille Huysmans und Hermann Müller nach Paris. Der deutsche Sozialdemokrat war von seinem Parteivorstand zu abermaligen Verhandlungen mit der sozialistischen Partei Frankreichs beauftragt worden. Bei dieser Sitzung, die unter dem

Eindruck der Ermordung Jaurès vom Vortage stand, sollte eine gemeinsame Entschließung zur Frage der von den beiden Parlamenten zu bewilligenden Kriegskredite verabschiedet werden. Man einigte sich schließlich darauf, daß es beiden Parteien überlassen werden sollte, ihre jeweilige Haltung mit den Richtlinien der Sozialistischen Internationalen in Übereinstimmung zu bringen.
Als am 4. August deutsche Truppen über die belgische Grenze vordrangen, meldete sich de Man als Freiwilliger an die Front, obwohl er, wie er später berichtete, sich in diesem Moment immer noch als sozialistischer Pazifist begriffen habe. Die nächsten drei Jahre, die er als hochdekorierter Stoßtruppführer auf den Schlachtfeldern in Flandern verbrachte, waren für ihn von einer tiefgreifenden, persönlichen und intellektuellen Enttäuschung über den, wie er es empfand, unverständlichen Verrat der SPD an dem internationalistischen Gedanken begleitet. Als er dann im Jahre 1917 nach einem dreimonatigen Aufenthalt in Rußland, völlig deprimiert über den Verlauf der Revolution, wieder nach Belgien zurückkehrte, hatte sich seine intellektuelle Disposition entscheidend verändert: De Man forderte nunmehr eine grundsätzliche Neubestimmung der Ziele und Methoden sozialdemokratischer Politik, vor allem aber die Berücksichtigung grundlegender Werte wie etwa der Demokratie und Freiheit bei der Neuformulierung der theoretischen Grundlagen.
Diese neue Haltung wurde noch durch Erfahrungen bestätigt, die er in den USA machte, wo er sich aufhielt, um im Auftrag seiner Regierung die Methoden der sogenannten wissenschaftlichen Betriebsführung in der amerikanischen Kriegsindustrie zu studieren. Das Plädoyer für eine rationale Betriebsorganisation auf betriebspsychologischer Grundlage in Verbindung mit Elementen partizipatorischer Demokratie wurde von nun an zu einem Grundakkord in seinen weiteren Publikationen. Auch begrüßte de Man uneingeschränkt das Friedensprogramm des amerikanischen Präsidenten Wilson und arbeitete sogar selbst aktiv bei dessen Propagierung mit. Für ihn bot nämlich die amerikanische Gesellschaft zahlreiche Anknüpfungspunkte, um die seiner Meinung nach anstehenden Probleme der sozialistischen Bewegung überall in Europa zu lösen – eine völlige Fehleinschätzung der innenpolitischen Situation Amerikas, die durch eine wachsende Furcht vor sozialistischem Gedankengut und dessen brutaler Niederschlagung geprägt war.
Im Jahre 1920 kehrte Hendrik de Man wieder nach Belgien zurück

und übernahm die Leitung der Arbeiterhochschule in Brüssel. Von der ablehnenden Haltung seiner Partei gegenüber allen Verständigungsversuchen mit den deutschen Sozialdemokraten enttäuscht, trat er drei Jahre später von seinen Parteiämtern zurück und kehrte nach Deutschland zurück, um sich dort in Darmstadt als Privatgelehrter niederzulassen.

Der Häretiker

Jetzt begannen Jahre vorwiegend schriftstellerischer Tätigkeit.[4] Darüber hinaus übte de Man eine Lehrtätigkeit an der gewerkschaftlichen Akademie der Arbeit aus. 1929 wurde er schließlich zum Dozenten für Sozialpsychologie an der Universität Frankfurt ernannt. Aufgrund der Veröffentlichung seines bekanntesten Buches, nämlich „Die Psychologie des Sozialismus", hatte er sich vorher innerhalb der akademischen Öffentlichkeit einen Namen gemacht. Vor allem erregten seine Vorträge und Publikationen in der sozialdemokratischen Mitgliedschaft, insbesondere unter den Weimarer Jungsozialisten[5], große Aufmerksamkeit. Sein theoretischer Einfluß läßt sich aber auch in der Arbeit des neugegründeten Verbandes sozialdemokratischer Intellektueller nachweisen, eine Organisation, die in ihrer Bedeutung allerdings weit hinter den Erwartungen ihrer Initiatoren zurückgeblieben ist.

De Mans Hauptanliegen war in programmatischer Hinsicht darauf gerichtet, der ausschließlich marxistischen Begründung des Sozialismus abzuschwören. Für ihn bestand der Haupteinwand gegen die marxistische Erkenntnistheorie weniger in deren kategorialen Begriffsrealismus an sich als in der Unvereinbarkeit der mechanischen Kausalität dieses Begriffsrealismus mit einer, wie er es nannte, voluntaristischen zielgerichteten Natur der psychischen Reaktionen des Menschen, die letztlich allem geschichtlichen Handeln zugrundeliege. Seiner Meinung nach könne vom sozialistischen Gedankengut immer nur das durchgesetzt werden, was von ihm gewollt werde. Der Ausgang des Kampfes der Motive, von dem de Man zufolge das weitere Schicksal der Bewegung abhinge, sei in keinem Vorauswissen gegeben – es sei vielmehr eine Frage des Wollens. Die Wissenschaft als Erkenntnisform der Wirklichkeit könne nur gewisse Rahmenbedingungen zeigen, die dem Erfolg dieses Wollens Grenzen setzten. De Man machte dies an einem

Beispiel deutlich: So habe der Marxsche Interessengegensatz bei der Verteilung des Mehrwertes sich zwar als der richtige Ausgangspunkt erwiesen; er eigne sich aber nicht dazu, ein konkretes Ziel zu bestimmen. Das Ziel sei vielmehr gerade die Befreiung von diesem Ausgangspunkt mit Hilfe von Willenshandlungen, die auf einen anderen, besseren Zustand hintrieben. In der gegenwärtigen Alltagsarbeit offenbare sich am nachdrücklichsten die Untauglichkeit einer wirtschaftlich-kausalen Lehre zur Begründung einer Teleologie des Arbeitskampfes. Denn der gewerkschaftliche Voluntarismus sei im Hinblick auf die Gegenwart optimistisch, jeder Determinismus aber im Gegensatz dazu pessimistisch.

Die psychologische Erweiterung des Sozialismus

Rationales Denken ist nach Auffassung de Mans nur eine unter vielen Formen, in denen der Mensch erkennt und erfährt. Er empfinde es als eine Teilfunktion des Seelenlebens, deren Zweck und Inhalt es ist, einem Wollen zu dienen, das in der triebhaften Veranlagung des Menschen wurzelt. Diese Triebe befinden sich meistens im Unterbewußtsein, trotzdem könne man sie durch logisches Denken beeinflussen, ohne sie allerdings völlig zu beseitigen. Ihre reale Befriedigung wird zurückgedrängt, eine bloße Vorstellung bleibt zurück.
Und damit ist de Man bei einem Hauptpfeiler seines Lehrgebäudes angelangt: Denn gerade der Sozialismus stellte sich ihm als eine solche Verdrängungserscheinung dar, er ist psychologisch ein Minderwertigkeitskomplex, der aus einem verdrängten sozialen Geltungsstreben entstanden ist. Das Selbstgefühl des Industriearbeiters ist im Gegensatz zu dem des früheren Handwerkers stark herabgedrückt worden. Die Arbeit des Letzteren war Ausdrucksform seiner Seelenverfassung. Heute ist der Arbeiter im Fabrikbetrieb in einen mechanischen Prozeß gestellt. Er ist hierin eine unbedeutende Nummer, die eine Beeinflussung ihres Schicksals nur durch die Verbindung mit Gleichgestellten, nur durch eine Massenbewegung erlangen kann. Die dadurch herbeigeführte Herabsetzung des Ichs im eigenen Urteil sucht nun einen Ausgleich, der auf anderen Gebieten als dem des nichtbefriedigten Geltungstriebes zu überstarker Befriedigung führt, etwa durch Aufschneiderei am Wirtshaustisch oder durch autokratisches Auftreten in der Familie.

Und so entsteht eine Gefühlsdisposition, die alle Sätze aufzunehmen bereit ist, welche sich gegen die vermeintliche Ursache dieses Arbeiterschicksales wenden bzw. eine Änderung dieser Arbeiterlage herbeikommen sehen.
Damit haben die Arbeiter nicht irgendwann einmal in dem Bewußtsein ihres Klasseninteresses den Sozialismus geschaffen, sondern der Sozialismus war nach Auffassung de Mans vor der Arbeiterbewegung da, ja vor der Arbeiterklasse. Anschließend heißt es dann bei ihm: „Die sozialistischen Lehren – auch die von Marx und Engels – sind ganz anderen Quellen entsprungen als dem Klasseninteresse des Proletariats. Sie sind Produkte nicht der Kulturnot der Proletarier, sondern des Kulturreichtums von Gebildeten aus bürgerlichen und aristokratischen Kreisen." Das ist nun de Man zufolge für die Betrachtung von Geschichte und Zukunft der sozialistischen Bewegung von größter Bedeutung. Zunächst zeigt sich, daß der Gegensatz von Armut und Reichtum die Entstehung des Sozialismus nicht erklären kann, auch nicht das Klasseninteresse und der Klassenkampf. Die Armut fühlt sich erst unterdrückt nach Verdrängung ihres Geltungsstrebens. Nun erst forderte sie wie der Reiche, den Erwerbstrieb frei betätigen zu können. Mit dieser Umstellung fielen aber auch die bisherigen Schranken ihrer Bedürfnisse. Die Kluft zwischen dem Besitz und dem Begehrten tat sich auf. So entsteht das Gefühl des Ausgebeutetseins, das der Marxschen Mehrwertlehre erst den Gefühlsinhalt gibt, der sie zum Symbol eines proletarischen Wollens erhebt.

Der Intellektuellensozialismus

Dann aber führt diese Betrachtung de Man auf Probleme hin, die vom orthodoxen Marxismus nur selten thematisiert wurden. Denn diese Gefühle haben ihre logische Form, ihren Vorstellungsinhalt aus Kreisen erhalten, die der Marxismus als Überläufer der kapitalistischen Bourgeoisie anzusprechen gewohnt ist. Dieser Begriff wird aber nach Auffassung de Mans dem Sachverhalt nicht gerecht. Die nichtproletarischen Gesellschaftskreise weisen unter sich starke Verschiedenheiten auf, vor allem stellen die Kapitalisten nur einen kleinen Teil dieser Masse dar. Einen Hauptteil bildet die Intelligenz im Staate, die sich im Laufe der kapitalistischen Entwicklung durch die immer stärkere Trennung von Hand- und Kopfarbeit als eine besondere Gesellschaftsklasse herausgebildet hat. Nicht die Herrschaft der kapitalistischen Unternehmer, sondern die Herrschaft der Intellektuellen charakterisiert den modernen Staat, da die Kapitalisten, ohne daß man ihre große Macht zur Beeinflussung der öffentlichen Meinung und der Staatsgewalt zu leugnen braucht, sich ebenso wie der Staat stets der Intelligenz zur Erreichung ihrer Zwecke bedienen muß. Hierbei macht die letztere sich das vom Unternehmergeist abgesehene Erwerbsinteresse zunutze.

Es ist aber nicht dieses Moment allein, das bei der Intellektuellenarbeit mitwirkt, da der geistige Arbeiter vermöge seiner Bildung und seiner gesellschaftlichen Beziehungen nicht so wie der durchschnittliche Industriearbeiter durch Verlust seiner Stellung vogelfrei wird.

Geistesarbeit ist nicht nach Zeit und Quantität zu messen, sie soll mehr oder weniger schöpferisch wirken, einen eigenen Willen entfalten. Da diesem Arbeitsmotiv im modernen Wirtschaftsleben nach dem Eindruck de Mans oft nur eine beschränkte Bewegungsfreiheit gegeben ist, konnte häufig auch im Intellektuellen ein Inferioritätskomplex entstehen, der eine sozialistische Gefühlsdisposition darstellte, aus der – und das ist für de Man das Entscheidende für die Entwicklung des Sozialismus – durch gedankliche Ausfüllung dieser Affekte, durch Schaffung rationaler Gegengewichte gegen den Inferioritätskomplex die sozialistische Vorstellungswelt hervorging.

Daraus ergibt sich aber bereits die Bedeutung des vom Marxismus so vernachlässigten Intellektuellensozialismus für die sozialistische Bewegung. Ohne ihn würde der Sozialismus wohl die herrschenden Klassen verändern können, die Funktion der Intellektuellen in der Gesellschaft auf Proletarier übertragen, bisherigen Intellektuellen die Funktion der Proletarier aufdrücken können, das Wesen der kapitalistischen Gesellschaftsordnung würde aber damit das gleiche bleiben. Ohne die Einwirkung des Intelligenzler-Motivs wäre die Arbeiterbewegung nichts weiter als eine Interessenvertretung zur Umwandlung des Proletariats in eine neue Bourgeoisie, heißt es dann auch an einer Stelle sinngemäß. Hier bedarf es, so die Schlußfolgerung de Mans, des einigenden Bandes zwischen beiden Bestrebungen. Es ist nur zu finden in der gemeinsamen Idee des Sozialismus.

Die ethische Begründung des Sozialismus

Nicht irgendein vorgestelltes Endziel braucht der Sozialismus für sich in Anspruch zu nehmen, nicht irgendwelche Institutionen für sich zu reklamieren, lediglich eine Idee muß dem Denken und Fühlen zugrunde liegen, ebenso wie man auch den Kapitalismus nicht durch Bezeichnung einzelner Institutionen, überhaupt durch Erscheinungen begrifflich erfassen kann, da diese Erscheinungen in einem steten historischen Wandel begriffen sind, wenn man nicht dauernd andere Gestaltungen in dem Begriff erfassen will, so daß man ihn auch durch eine ihn kennzeichnende Idee bestimmen kann. Diese Idee kann nur eine allgemein menschliche, rechtliche und sittliche sein, sie muß beim Sozialismus sich der kapitalistischen entgegensetzen. Während hier der Erwerbstrieb, das Motiv der Erfolgserzielung der Leitgedanke ist, tritt dort das Motiv der Arbeit um ihrer geistig befreienden Kraft, als Selbstzweck, an dessen Stelle.

Man kann nicht sagen, daß die eine der beiden Ideen absolut der anderen überlegen wäre. Wohl aber hat der Abglanz der ersten auf die Wirklichkeit im Laufe der Entwicklung immer mehr Erscheinungen zutage treten lassen, die, obwohl nicht in der Idee enthalten, doch Konsequenzen ihrer Anwendung auf die Wirklichkeit darstellen, sich dem ursprünglich sittlichen und rechtlichen Empfinden widersetzen und daher eine Abkehr von dieser Idee zu ihrem Gegenpol bewerkstelligen. Solch Umschwung kann natürlich keinen plötzlichen Bruch in der Entwicklung herbeiführen. Er vollzieht sich nur ideell und kann erst langsam auf die Wirklichkeit modifizierend einwirken, wobei diese andere Idee ebensowenig volle Realität werden kann, wie dies bei der kapitalistischen möglich ist. Die Bedeutung dieser sittlichen Grundidee für das Schicksal des Sozialismus läßt aber nach Meinung de Mans die Wichtigkeit der Beziehungen von Ethik und Sozialismus deutlich werden. Die Ethik, so die weitere Konstruktion des Lehrgebäudes, führt weiterhin zur Religion und zur Kirche als Bausteine des Sozialismus hin – sicherlich die am heftigsten umstrittene These de Mans.

Denn es gilt seiner Meinung nach ja diese Grundidee nicht nur in einzelnen hervorragenden Köpfen zu formen, sondern sie auch festzuhalten und sie im Bewußtsein der Massen festen Fuß fassen zu lassen. Diese letzte metaphysische Grundlage des Seins ist der Masse nur durch die Kirche zu geben, mag man sich dessen bewußt sein oder mag es unter anderen Formen wie der „Parteikirche" auftreten. Da die Grundideen des Sozialismus und des Christentums – die Gleichheit des einen Menschen vor dem anderen und damit die Arbeit um ihrer selbst willen – aber eine enge Verwandtschaft aufweisen, so ergibt sich daraus durch das Zurückgreifen auf die christliche Kirche als Anker für die ethische Grundbestimmung der Massen die Möglichkeit, zwei mächtige geistige Strömungen als Impuls für eine Massenbewegung zu vereinen. Der sozialistische Gedanke würde dann befruchtend dem Gesellschaftsleben seinen Stempel aufdrücken können.

Um in de Mans Sinne Sozialist zu sein, kommt es also nicht darauf an, an die Vergesellschaftung der Produktionsmittel und an die Abschaffungsmöglichkeit des Privateigentums ohne schwere wirtschaftliche Gefahren zu glauben, sondern um Sozialist zu sein, kommt es einzig auf den Glauben an die sozialistische Idee an, auf den Glauben an die erlösende Kraft der Arbeit als Selbstzweck, auf den Glauben, daß diese Idee glücklichere Menschen schaffen kann als das reine Erfolgsstreben der kapitalistischen Wirtschaft und die ihr zugrunde liegende materialistisch-theologische Ethik. Wer diesen Glauben in sich trägt, der ist Sozialist, mag er sich heute als solcher bezeichnen oder nicht. Das Schicksal dieser Idee wird das Schicksal des Sozialismus sein.

Die zentrale Idee dieses Sozialismuskonzeptes, dieser Schluß liegt aus dem bisher Gesagten nahe, ist seine Bedeutung als Glaube, der seine bisherige Bedeutung als Wissenschaft, so wie sie die marxistische Ideologie sie zuvor vertreten hat, zwar nicht auflöst, aber doch in den Hintergrund treten läßt. Primär ist für de Man die Glaubensentscheidung für den Sozialismus, erst dessen konkrete Bestimmung fällt in den Bereich der Wissenschaft. Das erforderte von ihm in seiner Konsequenz eine gründliche Revision des sozialistischen Gedankengutes, das heißt die Absage an den Rationalismus des 19. Jahrhunderts, das Verlassen des vom Vorkriegsrevisionismus erhobenen Anspruchs, einfach nur das geistige Erbe des Liberalismus zu sein, und die Hinwendung zu den jenseits der Ratio stehenden schicksalshaften Gegebenheiten: also den Willen zur Macht und das Ringen um ein positives Verhältnis zu Staat und Nation, so wie es auch vom rechten Flügel der Weimarer Jungsozialisten, den Hofgeismarern, verlangt wurde.

Der marxistischen Theorie wird von de Man mithin zurecht entgegengehalten, daß sie die Bedeutung der grundlegenden Motive un-

terschätzt, die den Mitgliedern der sozialistischen Bewegung ursprünglich den Antrieb für ihre Tätigkeit gegeben haben; der kommunistischen Endzielfixiertheit wird sehr richtig entgegengestellt, daß eine konkrete Tätigkeit niemals nur reines Mittel für ein Ziel ist, sondern in sich selbst einen Zweck hat. Aber zugleich wurde diese Erkenntnis von de Man irrationalistisch überzogen, so daß für ihn der Sozialismus nur noch eine Angelegenheit des Glaubens an ethische Grundwerte ist.
Gleichwohl beharrte er darauf, daß die Verlegung des Nachdrucks der sozialistischen Theorie auf diese Grundwerte eine unmittelbare Konsequenz für die alltägliche praktische Arbeit der Partei nach sich zieht. Er wollte also nur eine Gesinnung fördern, aufgrund deren sich die Bewegung zu mehr verpflichtet fühle als nur dazu, wie es nämlich bislang der Fall gewesen sei, die organisatorische Maschinerie zur Vertretung bestimmter materieller Interessen zu betreiben. In dieser Hinsicht war er sich sogar mit einem Teil der klassenkämpferischen linken innerparteilichen Opposition – die sogenannte Klassenkampf-Gruppe – einig, selbst wenn diese im Unterschied zu seinen Vorstellungen eine weitere Akzentverschiebung vornahm, indem sie zusätzlich eine Schwerpunktverlagerung vom ethisch getragenen zum ökonomisch notwendigen Klassenkampf forderte. Dieser Kreis argumentierte dabei sinngemäß, daß es vollkommen abwegig sei, in der konkreten wirtschaftlichen Krisenlage der zwanziger Jahre die Probleme dadurch lösen zu wollen, daß man individuelle Gesinnungspflege betreibe, wie de Man dies letztendlich vorschlage. Dennoch bildete de Mans theoretisches Ansinnen theoriegeschichtlich gesehen ein Fundament für den Ausbau jenes Gedankengebäudes, auf dem der heutige Demokratische Sozialismus steht. Die SPD begreift sich nämlich seit der Verabschiedung des Godesberger Parteiprogramms im Jahre 1959 nicht mehr ausschließlich historisch-materialistisch aus der gesellschaftlichen Praxis der Arbeiterbewegung, sondern sie versteht den Sozialismus als dauernde Aufgabe sozialreformerischer Politik unter industriekapitalistischen Bedingungen.
Trotz alledem ist der Einfluß de Mans auf die praktische und programm-theoretische Arbeit der Weimarer Sozialdemokratie nur sehr gering gewesen. Die Partei distanzierte sich weder von ihren marxistischen Grundlagen noch öffnete sie sich in Richtung auf eine linke Volkspartei hin – so wie de Man es gefordert hatte. Die Hoffnung auf eine Erneuerung des Sozialismus durch die jungso-

zialistische Bewegung zerschlugen sich für ihn im Jahre 1927, als er die meisten von ihnen in einen halt- und richtungslosen romantischen Nationalismus versanden sah.[5] Aber auch bei den ethischen und religiösen Sozialisten konnte er nicht den von ihm erhofften Einfluß gewinnen, obwohl er zu diesen Gruppierungen enge persönliche Kontakte aufrechterhielt.[6] Als enger Mitarbeiter der „Neuen Blätter für den Sozialismus" wirkte er gegen Ende der Weimarer Republik bei dem Versuch mit, die SPD angesichts der nationalsozialistischen Wahlerfolge auf eine aktivere Massenstrategie festzulegen. Unter anderem vertrat er nunmehr die Auffassung, daß der parlamentarischen Defensivpolitik eine gesellschaftspolitische Offensive beiseite gestellt werden müsse, um dadurch in absehbarer Zeit die strategische Oberhand im Ringen um die politischen Kerntruppen und die sozialen Zwischenschichten zu gewinnen.[7] Die sozialdemokratischen Organisationen, so seine politische Handlungsanweisung, sollten sich aktivistischer gebärden, die Agitationsarbeit dynamisiert und die politischen Ziellosungen plastischer und mitreißender formuliert werden – Vorschläge, die wie alle, die von Seiten der „jungen Rechten" an die Parteiführung gerichtet wurden, dort so gut wie kein Gehör fanden und wahrscheinlich den Lauf der Ereignisse auch nicht mehr entscheidend hätten abwenden können.

Plansozialismus als Krisensozialismus

Im Sommer 1932 kehrte Hendrik de Man wieder nach Belgien zurück, um einer Studienkommission vorzustehen, zu deren Aufgaben es zählte, ein Programm für die sozialistische Arbeiterbewegung zur Bekämpfung der Folgen der Weltwirtschaftskrise zu entwickeln. Als Antwort auf die faschistische Gefahr, von der auch seine Heimat bedroht wurde, arbeitete er, der gleichzeitig zum Professor für Sozialpsychologie an der Universität Brüssel berufen worden war, sein berühmtes Projekt eines sogenannten konstruktiven Plansozialismus aus. Cum grano salis sah diese neue Spielart sozialistischer Reformpolitik eine antizyklische Konjunkturpolitik vor, die zugleich eine Veränderung der wirtschaftlichen Strukturbedingungen (z. B. Verstaatlichung des Bankgewerbes) bewirken sollte. Das alte Dilemma von Reformismus und Revolution sollte durch einen umfassenden „Plan der Arbeit" überwunden werden.

Eine gemischte Wirtschaftsordnung sollte eine Art Gegengewicht zu allen etatistischen Bestrebungen der traditionellen sozialdemokratischen Politik schaffen. Dieses Konzept war nach Auffassung de Mans aber nur als ein nationaler Sozialismus durchsetzbar, und zwar nicht zuletzt deshalb, weil der Kapitalismus selbst sich immer mehr auf einen nationalen Rahmen zurückziehe. Wenn dieser Form von nationaler Wirtschaftsplanung, „dieser merkwürdige Versuch einer Synthese der Ziele Lenins und Roosevelts", wie de Man es einmal formulierte, damals noch ein ziemlich kritischer Empfang bei seinen Parteifreunden bereitet wurde, so nahmen die planistischen Ideen nicht desto weniger tragende Prinzipien der Politik der Nachkriegssozialdemokratie vorweg. Denn der „Plan der Arbeit" zielte auf den Aufbau einer gesellschaftspolitischen Strategie ab, gemäß der der Staat zum Instrument der wirtschaftlichen Entwicklung und zum Anreger des gesellschaftlichen Konsums erklärt wurde, also ein Programm, über das man übrigens auch innerhalb der deutschen Gewerkschaften gegen Ende der Weimarer Republik (z. B. der sogenannten WTB-Plan) diskutierte.

Die von de Man vorgeschlagene konsequente Arbeitsbeschaffungspolitik stieß aber schon in den dreißiger Jahren, vor allem in England, in Frankreich, in den Niederlanden, in der Schweiz und schließlich in Skandinavien auf eine positive Resonanz. Vorträge, die der „Vater des ‚Plans'", wie man de Man damals häufig nannte, auf zahlreichen internationalen Konferenzen hielt, veranlaßten die eher reformistisch orientierten Parteiflügel der west- und nordeuropäischen Arbeiterpartei, sich mit dem Plangedanken zu beschäftigen. Gemeinsame Merkmale von allen nationalen Plänen, die in der Folge vorgelegt wurden, waren die Verstaatlichung des Kreditgewerbes, die Forderung nach Errichtung einer dirigistisch geleiteten Wirtschaft bei Wahrung eines von den planwirtschaftlichen Direktiven freigehaltenen privaten Sektors. Das heißt, nur diejenigen Bereiche der jeweiligen Volkswirtschaft sollten sozialisiert werden, in denen die wirtschaftliche Machtzusammenballung zur Bildung von Monopolen geführt hatte. Politisch forderte man eine Umwandlung der sozialistischen Partei in eine linke Volkspartei, um auch für einen Teil des mittelständischen Wählerreservoirs attraktiv zu werden. In strategischer Hinsicht gingen alle Pläne von einer Verlegung des Nachdrucks der politischen Aktion auf eine forcierte propagandistische Arbeit aus. So gesehen war der Plansozialismus de Mans die kohärenteste Version eines modernen sozialdemokratischen Revisionismus. Seine historische Legitimation erhielt dieses Konzept dadurch, daß es das einzige konkrete Lösungsangebot für eine aktive sozialistische Krisenbekämpfung der Folgen der Weltwirtschaftskrise bildete.

Der mißglückte Griff nach der Macht

Obwohl es de Man in kurzer Zeit gelang, mit hohen politischen Ämtern betraut zu werden, konnte er als Arbeits- und später als Finanzminister nur den konjunktur- und arbeitsmarktpolitischen Teil des Plans erfolgreich in der praktischen Regierungspolitik durchsetzen. Zwar verbesserten sich die wirtschaftlichen und sozialen Verhältnisse in Belgien maßgebend, so daß die sich regende faschistische Bewegung auf keinen nennenswerten Widerhall bei der Bevölkerung stieß; ansonsten verfolgte man aber innenpolitisch weiterhin einen Kurs vorwiegend sozialpolitischer Reformpolitik. Alle Versuche de Mans, den sozialistischen Umbau der Gesellschaft voranzutreiben, scheiterten am Widerstand der das Bürgertum repräsentierenden Parteien der Regierungskoalition. Das strategische Kalkül des neugewählten stellvertretenden sozialistischen Parteivorsitzenden, nämlich daß durch eine allgemeine wirtschaftliche Stimulierung die mittelständischen Interessen gefördert würden und sich dies letztendlich in politischer Unterstützung auszahlen werde, beruhten auf einer völligen Fehleinschätzung der dort nach wie vor noch vorhandenen antisozialistischen Ressentiments. Eine „Front der Arbeit", also das Konzept einer zwar sozial differenzierten, aber doch zusammenhaltenden Koalition von Arbeiterschaft und Mittelstand, so wie es sich de Man vorstellte, konnte parlamentarisch nicht zusammengeschmiedet werden, zumal sich innerhalb der BWP selbst massiver Widerspruch gegen den reformistischen Kurs de Mans zu regen begann.

Schließlich kam es anläßlich des Spanischen Bürgerkrieges zum endgültigen innerparteilichen Machtkampf um die Richtung des zukünftigen Kurses. Während der marxistische Flügel um Vandervelde ganz im Sinne des internationalistischen Credos die republikanische Sache unterstützen wollte, setzte sich de Man mit seinem Vorschlag der Beibehaltung einer strikten Neutralitätspolitik durch. Aber dies war für ihn nur ein Pyrrhussieg. Der Minister de Man scheiterte letztendlich am einmütigen Widerstand des gesamten politischen Establishments. Auf der Suche nach immer neuen Koalitionsmöglichkeiten brach er mit zahlreichen Tabus der politischen Kultur des Landes.

Autoritäre Demokratie

Etwa, als er propagandistisch für das Modell eines sozialistischen Korporatismus eintrat, demzufolge ein sogenannter starker Staat die Tätigkeit von dezentralisierten korporativen Wirtschaftsinstitutionen kontrollieren sollte. In diesem Zusammenhang wurde von ihm auch das Stichwort autoritäre Demokratie in die Debatte geworfen. Er verstand darunter eine Begrenzung der Zuständigkeit des Parlaments und eine Stärkung der Exekutive. Die Regierung dürfe nicht mehr wie bislang ein Debattierclub sein, sondern sie müsse wie der Vorstand eines Unternehmens sich auf die eigentlichen exekutiven Aufgaben konzentrieren.

Mit solchen Vorstellungen näherte sich de Man – zumindest in bezug auf die zentrale Stoßrichtung seiner Ideen – autoritären Staatsvorstellungen an, ohne daß er deren Ziele, nämlich die Errichtung einer ständisch durchstrukturierten Gesellschaftsordnung und einer unkontrollierten staatlichen Exekutive teilte. Statt dessen ging es ihm um die Wiederherstellung des Autoritätsprinzips, das damals fast überall in den westlichen Demokratien „unter die Räder gekommen" war. Anders gewendet: Auch wenn die Gefahr der geistigen Infektion mit antidemokratischem Denken bei de Man ständig gegeben war, so muß seine Kritik an der realen Funktionsweise des parlamentarischen Regierungssystems seiner Zeit zuallererst als ein Versuch bewertet werden, der latent schwelenden Autoritätskrise der bestehenden parlamentarischen Institutionen bei Wahrung des vollen Aktionskreises einer innenpolitischen Opposition entgegenzuwirken. Deshalb erhoffte er sich belebende Impulse durch die konstitutionelle Monarchie, von der aus in Belgien nach seiner Auffassung die einzige zentripetale Kraft innerhalb der staatlichen Ordnung ausginge. Allein die Monarchie könne das gesamte System am Leben erhalten; denn gerade angesichts der inneren und äußeren Bedrohung des Landes bilde die moralische Autorität des Königs den wesentlichen Stützpfeiler des Staates.

Kollaborateur

Mit solchen Thesen gelangte de Man immer mehr in die nähere Umgebung des Königshauses, mithin einem sozialen Umfeld, das mit seiner politischen Herkunft an sich kaum in Übereinstimmung zu bringen war. Zum endgültigen fait accompli kam es dann im Mai 1940 anläßlich der deutschen Besetzung des Landes im Rahmen des Westfeldzuges. Hendrik de Man war in diesen Tagen der engste Berater des Königs und unterstützte ihn in dessen Entschluß, im Land zu verbleiben, statt mit der Regierung ins Exil zu gehen, so wie es etwa wenige Wochen früher die niederländische Monarchin getan hatte.
Der sozialistische Parteivorsitzende, ein Amt, zu dem er ein Jahr vorher nach dem Tode von Vanderfelde gewählt worden war, verkündete die Auflösung der BWP, weil nach seinem Eindruck der sogenannte Blitzsieg ein deutliches Zeichen für den „Zusammenbruch einer morsch gewordenen Welt"[8] bedeutete. De Man ging also in diesen Wochen davon aus, daß die militärische Überlegenheit Deutschlands die politische Vereinigung Europas vorantreiben könne – sozusagen eine Befreiung im Namen des Hakenkreuzes. Ferner vertrat er die wahnwitzige Auffassung, daß das nationalsozialistische Regime, das er wider besseres Wissen als deutsche Form des Sozialismus verherrlichte, durch Saturierung viel von seiner Hysterie verlieren werde, so daß der gesättigte nationale Dynamismus in Zukunft als gesteigerter sozialer Dynamismus Geltung erlangen werde. Der ehemalige Kämpfer für einen sozialistischen Humanismus hing also nunmehr dem Irrglauben an, daß man sich die vermeintlich vitalen und modernen Charakteristika des deutschen Faschismus für eigene Zwecke zunutze machen könne. Eine Haltung der Besatzungsmacht gegenüber, die der eines typischen Kollaborateurs entspricht, der nämlich im Gegensatz zum Mitläufer nicht nur einfach fremden Belangen dienen will, sondern sich dieser bedienen will.

Die Tragik eines gefallenen Intellektuellen

Nach dem schnellen Scheitern seines verhängnisvollen Versuchs, die sozialistischen Kader über eine Arbeitsfront mit dem Besatzungsregime zu versöhnen, floh de Man 1942 in die französischen

Alpen und von dort aus gegen Ende des Krieges in das selbstgewählte Schweizer Exil. Hier schrieb er nach seiner Verurteilung als Kollaborateur unter dem Eindruck des Atombombenabwurfs über die Möglichkeit der Errichtung eines Weltstaates. In seinem letzten Buch „Vermassung und Kulturverfall" führte er den Begriff der Posthistoire als Essenz seiner Erfahrungen in die sozialphilosophische Diskussion ein. Dieser mittlerweile zu einem feuilletonistischen Schlagwort heruntergekommene Begriff will darauf hinweisen, daß Geschichte aufgehört hat, sinnvoll zu sein und sich dem Eingriff des Menschen entziehe. Daß de Man mit diesem Katastrophismus und Geschichtsnihilismus allen sozialistischen Veränderungsbestrebungen, die auf eine demokratische Strukturveränderung der Gesellschaft hinauslaufen, pauschal eine Absage erteilte, ist evident. Die Argumentation, die von nun an bis zu seinem Tode im Jahre 1953 zu seinem Standardrepertoire zählen sollte, lautete folgendermaßen: Dadurch, daß die sozialistische Bewegung als Instrument zur Verwirklichung von Gesellschaftsveränderungen größtenteils versagt habe, habe sie sich auch nicht dem allgemeinen Trend zur Dekadenz entziehen können. Der ehemalige Vertreter der Forderung nach einer Nachdruckverlegung auf das utopische Element in der sozialistischen Theorie hatte mit dieser Aufforderung nunmehr endgültig seine politische Vergangenheit überwunden. Der Sozialismus und Hendrik de Man waren einander fremd geworden, auch wenn er selbst dies niemals zugegeben hat.

Grenzgänger

Seither ist es üblich geworden, de Man als Verräter am Sozialismus, zumindest aber als einen Kronzeugen für die Selbstaufgabe eines Teils der sozialistischen Bewegung vor dem Nationalsozialismus[9], der sich damals allerdings noch nicht durch Auschwitz kompromittiert hatte, heranzuziehen. Mit dieser Verurteilung wird aber nicht nur ihm der ideologische Prozeß gemacht, sondern sie richtet sich gleichermaßen gegen andere ehemalige Sozialdemokraten – wie etwa M. Deat, J. Doriot und P. Laval in Frankreich, O. Mosley in England und schließlich A. Winnig in Deutschland – allesamt Politiker, bei denen sich ebenfalls bei einer nüchternen Analyse ihres Werdegangs eine Verschiebung ihres politischen Standortes feststellen läßt, so daß sie am Ende ihres Werdegangs ebenfalls mit

den Nationalsozialisten kollaborierten. Mit anderen Worten, bis 1941 hatten die üblichen Kategorien von rechts und links viel von ihrer einstigen Bedeutung verloren. Die überlieferten Definitionen dessen, was im Kern eigentlich politisch rechts oder links stehend bedeutete, reichten nicht aus, um die Spaltung und Abspaltungen innerhalb der traditionellen Richtungen zu erklären: Der ehemalige Sozialist Hendrik de Man, der eine Politik der zumindest begrenzten Zusammenarbeit mit Hitler befürwortete, war entgegen seiner eigenen Überzeugung zum Abtrünnigen geworden – aber er war niemals ein Mann der Rechten. De Gaulle, der für ein Bündnis Frankreichs mit Rußland eintrat und der im Widerspruch zur Politik der Volksfrontregierung die Auffassung vertrat, Frankreich habe die spanischen Republikaner unterstützen sollen, brach nicht nur mit den Nationalisten der Action Française, sondern auch mit seiner politischen Herkunft – aber er stand politisch keineswegs links. Man macht es sich einfach, wenn man in der bloßen Tatsache, daß ein Politiker oder ein Intellektueller im Verlauf seines Lebens seine politischen oder theoretischen Positionen neu bestimmt, nur die offensichtlich opportunistische Anpassung von Menschen an veränderte Umstände erblickt. Statt dessen sollte man sich nicht gegen die Einsicht sperren, daß es immer wieder Politiker und Intellektuelle gab und geben wird, die sich entweder nur punktuell oder nur zeitlich vorübergehend politischen Richtungen zuordnen lassen, die durch innergesellschaftliche Organisationen und Institutionen repräsentiert und durch sie bestimmt sind. In der Zwischenkriegszeit begegnet uns – etwa im Nationalbolschewismus in Deutschland oder im französischen Neosozialismus – ein Typus auffallend häufig, dessen politische Anschauungen nach dem Maßstab des traditionellen Links-Rechts-Schemas nicht nur diskontinuierlich, sondern auch punktuell paradox zu sein scheinen. In diesem Sinne kan man ihn als einen Grenzgänger bezeichnen.
Dieser Typus kombinierte Überzeugungen, die den jeweils offiziellen Auffassungen als politisch unvereinbar galten: Meist kam er von links; er stellte den Marxismus in Frage; und während er von dort aus allmählich nach rechts umschwenkte, wechselte er nur die äußeren Begriffe, ohne daß er sein eigentliches Ziel, nämlich die Herstellung einer gerechten sozialen Ordnung, jemals aufgeben mußte. Gemeinsam war dabei diesen Grenzgängern der antiparlamentarische Reflex gegen dasjenige, was sie als Quasselbude verhöhnten, das Aufbegehren gegen den bürgerlichen Individualismus

und Liberalismus – gegen die Erbschaft von 1789 ganz allgemein, ob diese nun eine liberale, sozialistische oder konservative Ausprägung erhalten hatte.
Die Grenzgänger der Zwischenkriegszeit entstammen in den meisten Fällen der Generation der Frontkämpfer, der lost generation, wie man sie auch genannt hat. Der August 1914 bedeutete für sie eine Zeitwende, die die Einlösung des Anspruchs sozialer Gerechtigkeit unabdingbar machte; eine zukünftige Gesellschaftsordnung, so dachten diese jungen Intellektuellen vorwiegend bürgerlicher Herkunft, müsse, wenn sie Stabilität erringen wolle, auf dem Vorrecht der Arbeit und nicht dem des Besitzes ruhen. Nach dem Krieg stellten sie den Parlamentarismus, den Liberalismus und das Bürgertum, das beide stützte, radikal in Frage. Der Parteienstaat war ihrer Auffassung nach zu einem korrupten System erstarrt, das unfähig sei, neue Antworten auf die neuen Fragen einer sich rapide industrialisierenden Massengesellschaft zu finden. Allesamt lehnten sie den bürgerlich-liberalen Verfassungsstaat ab. Ihnen ging es nicht bloß um dessen in der Tat häufig korrupte und zynische Praxis, sondern auch um dessen Prinzipien, die er ihrer Meinung nach in seiner alltäglichen Erscheinungsform immer wieder ad absurdum führte: Repräsentation und Gewaltenteilung. Statt dessen sehnten sie sich nach einem starken Staat, zumindest nach der Wiederherstellung einer staatlichen Autorität, die Parteiengezänk und den dadurch bedingten Regierungskrisen „unter die Räder gekommen" war. Sie teilten also mit den kommunistischen und faschistischen Bewegungen das antidemokratische Ressentiment; dies erhielt immer wieder neue Nahrung aus den zahlreichen Skandalen und Mißständen der parlamentarischen Ordnung, die von einer Hochfinanz und einer Plutokratie regiert und dadurch faktisch unregierbar geworden war. Dagegen setzten Hendrik de Man und andere das Konzept eines demokratischen Führertums im Sinne Max Webers, das durchaus elitäre Züge hatte. Gerade die Erfahrung mit wechselnden Koalitionskabinetten, in denen die meisten von ihnen als Minister selbst Erfahrungen hatten sammeln können, begründete ihr Verlangen, der Exekutive stärkere Handlungsvollmachten einzuräumen. Auf dem Wege einer so verstandenen autoritären Demokratie glaubten sie, den Einfluß der Interessenverbände auf die Politik zurückdrängen zu können.
Das auf ihre häufig vordergründige Beobachtung hin junge, dynamische, expansive Deutschland Adolf Hitlers, das gerade mit der

Vorbereitung der systematischen Vernichtung der Juden die größte Ungeheuerlichkeit seiner Geschichte ausbrütete, beeindruckte diese Grenzgänger schon vor 1940 nicht minder als das faschistische Italien Mussolinis und das moderne Rußland Stalins, das ebenfalls seine Gulags schon errichtet hatte. Diese radikal antibürgerlichen Protestbewegungen gegen die liberaldemokratische Ordnung waren für sie keineswegs eine irrationale, antimoderne, der Zeit widerstrebende Tendenz, die dem demokratisch-egalitären Erbe der Französischen Revolution grundsätzlich entgegenstünde. Nein, vielmehr glaubten sie in ihnen lebendig-konsequente Fortführungen von Entwicklungen und Möglichkeiten zu erkennen, die dort angelegt waren und von denen die liberal-demokratischen Vorstellungen als traditionalistische Hemmung jetzt den freien Weg verstellten. Die bürgerlich-parlamentarische Ordnung mit ihren Spielregeln, Gesetzen, Formen und Normen erschien ihnen beengend und bar jeden Elans, der ihrer Meinung nach notwendig sei, um eine den wirtschaftlichen und politischen Umständen angemessene soziale Ordnung zu etablieren.

Diese Auflehnung gegen die vorgegebene staatliche Ordnung und deren gesellschaftliche Konventionen muß letztendlich als ein Versuch betrachtet werden, die 1789 begonnene Umwertung aller Werte endlich zu vollenden, die revolutionäre Botschaft von der Einheit alles Lebenden in einen spirituellen Vitalismus, in Voluntarismus, in gedankenerfüllte Spontaneität umzusetzen. Die Absichten de Mans und anderer zielten daraufhin, alle ihrer Meinung nach künstlichen Trennungen von Staat, Klassen, Meinungen und Parteien in eine neue Einheit zusammenzufassen – in eine Einheitsfront, wie sie es decouvrierend zu nennen pflegten. Das Gesetz der Vernunft sollte zum unmittelbaren, überraschenden Ausdruck der Intuition und des Instinkts werden und reine Menschlichkeit unverfälscht bestätigen. Nichts anderes ermöglichte in der Zwischenkriegszeit die oft überraschenden Wechsel von links nach rechts und manchmal sogar wieder zurück. Dabei war stets ein ausgeprägtes Antigefühl mit im Spiel; der kritisch rationale Sachverstand drohte häufig von agitatorischen Lebenslügen oder einem kaum zu bändigenden Geltungsbedürfnis verdrängt zu werden.

Aufgrund der Faszination totalitärer, weil totales Leben in einer alles umfassenden Gemeinschaft versprechender Ideen und Ideologien fühlten sich diese Grenzgänger von den kommunistischen oder faschistischen Bewegungen angezogen. Diese geistigen Berührungsflächen beschränkten sich aber nicht nur auf die gemeinsamen antiliberalen, antibürgerlichen Ressentiments und die populäre Verachtung jeder Art institutionalisierter Politik, gegen die man die soziale Bewegung und das Gemeinschaftserlebnis setzte; darüber hinaus war nach ihrem Eindruck in den Ideologien des sozialen Faschismus Mussolinis, des nationalen Sozialismus Hitlers oder des föderativ-imperialen Sozialismus Stalins die von ihnen selbst angestrebte Synthese des Zusammenwirkens von Sozialismus und Nationalismus gelungen – eine Verbindung, die die vielleicht wichtigste politische Konfiguration des Zwanzigsten Jahrhunderts bildet. Für sie war die Entwicklung zu einem nationalen Sozialismus hin dynamisch und unausweichlich. Nationaler Sozialismus war ihrer Meinung nach das große Zauberwort, das alle Antagonismen aufhob – die eigentlich revolutionäre und revolutionierende Kraft. Der Sozialismus schien ihnen Gewähr dafür zu bieten, daß der Nationalismus, in ihm integriert, sich nur als regionale Sonderform äußere, weil eingebunden in den weiteren Zusammenhang einer europäischen Gesellschaft freier Arier oder Proletarier. Das war, vom Endergebnis her, kein Unterschied. Nicht einmal die spezifischen Feindbilder mußten dabei ausgewechselt werden; denn der Kapitalist oder der Plutokrat, der Jude und Freimaurer als Repräsentant des von links bis rechts bekämpften, morbiden, alle Konflikte auslösenden Kapitalismus blieb immer der gleiche Gegner, der erklärte Feind.

In dieser häufig überschätzten gemeinsamen antikapitalistischen Stoßrichtung gingen rechte und linke politische Anschauungen ein symbiotisches Verhältnis ein: les extremes se touchent. Hinter dieser These[10] steht die Einsicht, daß die geistige Verwandtschaft zwischen marxistischer und faschistischer Ideologie weitaus tiefgreifender war, als man gemeinhin anzunehmen bereit ist. Die latente Spannung, die dieser Assimilation zugrundelag, äußerte sich am deutlichsten in den Brüchen und Kehrtwendungen des intellektuellen Werdegangs dieser Grenzgänger; sie führte sie häufig ins politische Niemandsland, ins Abseits. Fast alle von ihnen schlugen sich ideologisch nie ganz auf eine Seite. Die von ihnen verratenen Prinzipien, unter denen sie ehedem angetreten waren, waren ihnen liebgeworden. Deshalb beharrte Hendrik de Man in seinen Lebenserinnerungen, die unter dem „Gegen den Strom – Memoiren eines europäischen Sozialisten" im Jahre 1953 kurz nach seinem Tode und nach seiner Verurteilung wegen Kollaboration durch ein belgisches Gericht erschienen, darauf, daß seine intellektuelle Entwicklung gradlinig verlaufen und daß seine gesamte politische Arbeit von gleichbleibenden Motiven bestimmt worden sei. Das dieser Selbsteinschätzung zugrundeliegende krampfhafte Bemühen, eine Konstanz zu konstruieren, die in Wirklichkeit allein in biographischer Hinsicht noch bestand, ist unaufrichtig. Zwar wird niemand bestreiten, daß gleichbleibende Motive in seinem intellektuellen Werdegang überwiegen, aber es gibt ebenso einen entscheidenden Bruch, zu dem die theoretischen Fallstricke seines Denkens ihn nicht zwangsläufig hätten führen müssen: Unter der deutschen Besatzung bewegte sich sein Denken in Bahnen, die in ihrer Zuspitzung einerseits die logische Konsequenz seiner intellektuellen Entwicklung während der zwanziger und dreißiger Jahre waren. Andererseits hätte es auch durchaus eine andere Option gegeben: Seine scharfsinnigen Analysen des Nationalsozialismus und seine beredte Kritik an den zynischen Untertönen einer seiner Meinung nach falsch verstandenen Elitetheorie hätten ihn bei konsequenter Anwendung 1940 zu völlig entgegengesetzten Schlußfolgerungen gelangen lassen können. Weil es dazu nicht kam, bildete die Kollaboration die eigentliche Zäsur seines Denkens. Was er damals beabsichtigte, hatte trotz aller gegenteiligen Beteuerungen seinerseits mit dem sozialistischen Denken, unter dem er ehedem angetreten war, nichts mehr zu tun. Im Kern war dies nur noch ein autoritär erstarrter Sozialismus, der den Ereignissen hinterherhinkte; aber es war deshalb noch lange nicht faschistisches Denken. Es ist aber vollkommen abwegig, diesen Verrat gegenüber einmal eingegangenen theoretischen Verpflichtungen lediglich als eine peinliche Episode, als einen Irrweg abzutun, der nicht genuin mit seinen vorherigen Lebensabschnitten zusammenhängt. Anders formuliert: Es ist falsch, sich auf die These zu versteifen, daß Hendrik de Mans Denken sich unter der deutschen Besatzung in eine Richtung entwickelt habe, die mit allem Vorhergedachten im Grunde unvereinbar war. Das Gegenteil ist der Fall, aber es hätte auch anders kommen können. Das Bemühen vieler Kritiker de Mans, ihn als einen langjährigen Edelfaschisten zu entlarven, bezeugt lediglich den Versuch, einen möglichst maximalen psychologischen Abstand zu seinem theoretischen Werk zu gewinnen, um sich nicht mit den dort angesammelten Erkenntnissen auseinandersetzen zu müssen. Diese Kritiker verschanzen sich hinter denjenigen Frontstellungen und Schwarz-Weiß-Kategorien, die de Man gerade aufbrechen wollte.

Die Widersprüche der Meinungen über Hendrik de Man sind aber nicht zufällig; sie bezeugen die zweideutige Rat- und Rastlosigkeit, die sich in seiner Persönlichkeit und in seinem theoretischen Werk finden lassen. Allein seine hartnäckige Weigerung, sich selbst im nachhinein dem tatsächlich Geschehenen zu stellen, ist das eigentliche Ärgernis, wenn man sein Leben beurteilt.

De Man und kein Ende?

Diese Weigerung ist auch mit dafür verantwortlich, daß de Mans theoretische Anstöße einem Einfluß auf die theoretische Debatte der deutschen Sozialdemokratie in der Nachkriegszeit im Wege gestanden haben. Wagte doch niemand von denjenigen, die mit ihm noch in der Weimarer Republik engen Kontakt gepflegt hatten, es auszusprechen, daß er von de Man her beeinflußt worden war. Die Erinnerung an seine Initiative bei der Auflösung der belgischen Arbeiterpartei mußte bei denjenigen, die während der nationalsozialistischen Gewaltherrschaft unter schwierigsten persönlichen Entbehrungen ihren sozialistischen Grundüberzeugungen treu geblieben waren, auf Unverständnis stoßen. Von jemandem wie Kurt Schumacher, der sich in seiner Dissertation während der zwanziger Jahre intensiv mit de Man auseinandergesetzt und der nach 1933 jahrelang im KZ verbracht hatte, eine andere Reaktion zu erwarten, ist vermessen. Dasselbe muß für viele Weimarer Jungsozialisten gelten, die in der SPD der Nachkriegszeit innerparteilich reüssierten und teilweise in führende Parteiämter berufen wurden. Beispielsweise hatten die Wirtschaftsfachleute Erik Nölting und Heinrich Deist, der Cheftheoretiker Willi Eichler, der Ministerpräsident Heinrich Kühn und der Parteivorsitzende Erich Ollenhauer sich während der Zwischenkriegszeit nachweisbar sowohl mit der PDS als auch mit dem „Plan der Arbeit" auseinandergesetzt. Was der einzelne in der Nachkriegszeit über Hendrik de Man gedacht haben mag, ist aus dem obengenannten Grund evident. So gesehen konnte es keinen direkten Einfluß de Mans auf die deutsche Sozialdemokratie mehr geben.

Dennoch provoziert die auffallende Parallelität zahlreicher seiner Gedanken mit theoretischen Aussagen und programmatischen Formulierungen des Demokratischen Sozialismus der Nachkriegszeit die Frage, ob es vielleicht zu einer indirekten posthumen Wirkung gekommen ist. In diesem Zusammenhang ist zuallererst an das Godesberger Parteiprogramm von 1959 zu denken, das im nachhinein betrachtet als das folgenreichste, aber auch das erfolgreichste Parteiprogramm der SPD zu bewerten ist. Zu Recht hat man von einer dramatischen Kurskorrektur gesprochen, die darin bestanden habe, daß Godesberg über einzelne theoretische Positionen hinaus das Bild und den Charakter der SPD so veränderte, daß die Partei fünfzehn Jahre später in die Regierungsverantwortung treten konnte.

Es ist kaum zu bestreiten, daß alle programmatischen Entscheidungen, wie etwa die ethisch motivierten Grundwerte, die Aufgabe der Klassenkampforientierung der Partei und die Hinwendung zur sogenannten Volkspartei usw., aus deren Akzentuierung der Bruchcharakter dieses Programms häufig begründet wird, an eine Tradition in der SPD anknüpfen. Deshalb sollte man sich auf die Feststellung beschränken, daß die inhaltliche Übereinstimmung zwischen zahlreichen Überlegungen de Mans mit dem Demokratischen Sozialismus der Nachkriegszeit nicht mehr zum Ausdruck bringt als die Einsicht, daß theoretische Positionen, die seinerzeit auch de Man vertrat, sich unter nunmehr völlig veränderten gesellschaftspolitischen Voraussetzungen auch programmatisch niedergeschlagen haben. Die gesellschaftspolitische Ausgangslage der Bundesrepublik war doch ganz anders strukturiert als diejenige der Weimarer Republik. Allein die bloße Tatsache, daß die Sozialdemokratie nach 1945 zahlreiche Gedanken aufnahm, die neben anderen Theoretikern, sei es nun Eduard Heimann, Hugo Sinzheimer oder Ernst Fraenkel, auch Hendrik de Man vor 1933 formuliert hatte, ist noch kein Beleg dafür, daß man von ihm als dem Begründer einer eigenständigen Tradition innerhalb der SPD sprechen kann. So gesehen ist die Lektüre von de Mans Schriften zuallererst von historischer Bedeutung.

Anmerkungen

1 Eine Gesamtdarstellung des intellektuellen Werdegangs von Hendrik de Man bietet meine demnächst veröffentlichte Freiburger Dissertation an: Zwischen rechts und links. Marxismus, Plansozialismus und Kollaboration. Hendrik de Man – ein Grenzgänger in der Zwischenkriegszeit.

2 Als „marxistischer Rausch" bezeichnet de Man in seiner im Ton eher beschaulichen Autobiographie die Zeit seines ersten Aufenthaltes in Deutschland. Vgl. Gegen den Strom. Memoiren eines europäischen Sozialisten, Stuttgart 1953.

3 Über die theoretische Debatte innerhalb der deutschen Sozialdemokratie und die Aktivitäten de Mans innerhalb der Sozialistischen Jugendbewegung informiert Carl E. Schorske, Die große Spaltung. Die deutsche Sozialdemokratie 1905–1917, Berlin (W) 1981.

4 De Mans wichtigste Bücher während der Weimarer Republik waren: Zur Psychologie des Sozialismus, Jena 1925; Der Kampf um die Arbeitsfreude, Jena 1927 (eine betriebspsychologische Untersuchung); Die sozialistische Idee, Jena 1933 (sein vielleicht schönstes Buch).

5 Über die theoretische Debatte innerhalb der Weimarer Jungsozialisten und die Rolle, die de Man hierbei zukam, informiert eindringlich die Studie von Franz Walter, Jungsozialisten in der Weimarer Republik. Zwischen sozialistischer Lebensreform und revolutionärer Kaderpolitik, 1983.

6 In dem Buch von August Rathmann, Ein Arbeiterleben. Erinnerungen an Weimar und danach, Wuppertal 1983, finden sich neben einem Porträt de Mans auch eine Darstellung seines Wirkens im Rahmen der Debatte unter den ethischen Sozialisten aus der Sicht eines Zeitzeugen.

7 Eine knappe Zusammenfassung der Forderungen de Mans im Hinblick auf eine aktive, dynamische Politik der SPD ließ er im letzten Kapitel der „Sozialistischen Idee" publizieren. Vgl. dazu auch die kritischen Bemerkungen von G. Storm/F. Walter, Weimarer Linkssozialismus und Austromarxismus. Historische Vorbilder für einen „dritten Weg" zum Sozialismus, Berlin (W) 1984.

8 De Mans Kollaboration ist bis heute noch völlig unerforscht. Er selbst hat in seinen Lebenserinnerungen die Ereignisse aus seiner Sicht dargestellt und dabei jeden Kollaborationsvorwurf zurückgewiesen.

9 Eine Kritik des Wirkens de Mans aus marxistischer Feder ist der Aufsatz von Johannes Glasneck, Hendrik de Man und die Krise reformistischer Theorie und Praxis, in: BZG 24, 1982, S. 199–210.

10 Über die Affinitäten zwischen linkem und rechten Denken während der Zwischenkriegszeit berichtet Hermann Kreuzer, Die Bohème. Beiträge zur ihrer Beschreibung, Stuttgart 1968.

Siegfried Marck (1889–1957)

Linkssozialist, Realpolitiker und Neuhumanist

von
Franz Walter

In den 60er und, allmählich nachlassend, auch noch in den 70er Jahren konnte man so manche Renaissance der Ideen von sozialistischen und kommunistischen Theoretikern der Zwischenkriegszeit erleben. Zumindest wurden deren Schriften wieder aufgelegt, und sie füllten dann meterweise die Regale der solventen bundesdeutschen akademischen Linken; Symposien fanden statt, Gedenkartikel aus Anlaß der Geburts- bzw. Todestage erschienen, und manchmal klebte auch ein Bild eines dieser Intellektuellen über dem Ikea-Schreibtisch der nur noch dort und daran gegen das Establishment rebellierenden APO-Veteranen. Siegfried Marck war mit den meisten dieser zwischenzeitlich so verehrten, nicht selten aber rasch wieder vergessenen, schnell als unzeitgemäß und überholt abgetanen Intellektuellen persönlich bekannt; auseinandergesetzt hatte er sich mit ihnen allen: mit Georg Lukács etwa ganz besonders, mit Karl Korsch, Ernst Bloch, Leo Trotzki, Max Adler, Otto Bauer, Fritz Sternberg, Max Horkheimer und auch mit dem später als ideologischen Stichwortgeber der 68er Generation zu Ruhm gekommenen Herbert Marcuse (und ebenfalls mit Paul Tillich und Eduard Heimann, wenn deren Werk auch weniger in den Arbeitszimmern der älter gewordenen Studentenbewegten als in den Bibliotheken der reformistisch-revisionistischen Paradigmawechsler aus der Friedrich-Ebert-Stiftung standen). Doch anders als diese blieb jener unbekannt; es gibt nicht einen einzigen Nachdruck eines seiner Bücher, von einer prächtig gestalteten und sorgfältig edierten Gesamtauflage seiner Schriften ganz zu schweigen, nicht einmal ein schnöder Raubdruck aus jenen Jahren, wo die Schwarz- und Rotdrucke an den Büchertischen in den Universitäten regen Absatz fanden, kann man in Antiquariaten entdecken – und ein Photo von Marck, das sich der Verfasser dieses Aufsatzes über seinen, im übrigen selbstgezimmerten, Schreibtisch hätte hängen können, war schlechterdings nicht aufzutreiben.

Noch im Abstand von zehn, zwanzig Jahren kann man nur bedauern, daß die studentischen Zirkel, die damals so emsig die Formeln linkssozialistischer und kommunistischer Revolutionstheorien büffelten und auswendiglernten, an den Arbeiten Siegfried Marcks uninteressiert vorbeigingen, denn seine Schriften hatten den unschätzbaren, keineswegs selbstverständlichen Vorteil, daß sie verständlich geschrieben waren und somit von jedem hätten verstanden werden können, was von den Elaboraten etwa Georg Lukács' oder Max Horkheimers durchaus nicht ebenso zweifellos angenommen werden darf. Schließlich begriff Marck sich immer auch als Pädagoge und dies auch in seiner wissenschaftlichen Arbeit, er trat als Vermittler und Dolmetscher der philosophischen Schulen und ihrer esoterischen Sprache auf. Vielleicht litt darunter die Originalität, die eigene eigenwillige Note, vielleicht behinderte das die Entschiedenheit, die Radikalität, Unbeirrbarkeit und Kompromißlosigkeit der Gedankenführung und Argumentation – Fähigkeiten und Neigungen, die ein Lukács, ein Bloch und Sternberg, ein Trotzki und Adler besaßen, und die man in den späten 60er, frühen 70er Jahren überaus schätzte, die aber Siegfried Marck grundsätzlich abgingen. Der hatte nichts von der Unduldsamkeit, apodiktischen Einseitigkeit und hochfahrenden Rechthaberei vieler anderer bildungsbürgerlicher Ideologen des linken Radikalismus, er wog mehr ab, bevorzugte das Besonnene, stellte dem „Einerseits" stets das „Andererseits" gegenüber, plädierte auch als Theoretiker der Linkssozialdemokratie für „Realpolitik" und „Vernunftpolitik", wandte sich gegen einen „doktrinären Radikalismus", gegen „utopistische Maßlosigkeiten" und „revolutionsromantische Sehnsüchte", und er knüpfte betont und selbstbewußt an die lange auch von Teilen der Linken verächtlich denunzierten Worte der bürgerlichen Aufklärung und des Idealismus: an den Humanismus, die Ethik, die Unantastbarkeit der Menschenwürde und der individuellen Freiheitsrechte.
Zu den Zeiten, als man sich in den Kostümen historischer Arbeiterradikalität gewandete und revolutionsmaximalistische Sprüche im Mund führte, waren solche Tugenden indessen wenig gefragt, ja geradezu stigmatisiert. Heute dagegen mögen solche Rezeptionsschranken gefallen sein; fundamentalistische Grundgefühle existieren zwar weiterhin, andererseits aber ist ‚Realpolitik' nicht unbedingt mehr ein Schimpfwort; die „realsozialistische" Verletzung von Menschenrechten entschuldigt kaum noch ein Linker durch den ebenso hoffnungsfrohen wie stupiden Verweis auf Besserung in ei-

nem späteren kommunistischen Nirwana, und die Bedeutung des ethischen Motivs für das Engagement zur Sicherung einer humanitären Zivilisation ist angesichts von Bewegungen – was immer man im einzelnen auch von ihnen halten mag –, die sich gegen atomare Aufrüstung, gegen Gen-Manipulationen und Naturzerstörung zur Wehr setzen und dabei ihre Impulse nicht aus der Quelle klassenkämpferischer Programme ziehen, nur schwerlich zu leugnen. So sollte eigentlich einer interessierten Beschäftigung mit den Ideen Siegfried Marcks nichts mehr im Wege stehen...

Die Familie Marck: Jüdisch und nationalliberal

Geboren wurde Siegfried Marck am 9. März 1889 in Breslau, vor dem Ersten Weltkrieg eine blühende Metropole der Bildung und des Handels und Heimat der – nach Berlin und Frankfurt/M – drittgrößten jüdischen Gemeinde im Deutschen Reich. Die Breslauer Juden hatten einen bedeutsamen Anteil an den politischen Geschäften, dem Wirtschaftsleben und der über die Grenzen Schlesiens hinaus gerühmten Kultur ihrer Stadt. Die offiziellen Repräsentanten der Breslauer jüdischen Gemeinde bemühten sich in ihrer Mehrheit um eine nationalliberale Integration in das preußische Deutschland. In diesem Milieu eines nationalliberal gesonnenen, humanistisch gebildeten jüdischen Bürgertums wuchs Siegfried Marck auf. Sein Urgroßvater hatte zu Beginn des 19. Jahrhunderts ein Bankhaus eröffnet; sein Großvater und Vater hatten sich nach juristischen Studien als Rechtsanwälte niedergelassen, da sie das Richteramt nur durch einen Glaubenswechsel hätten erlangen können, wozu sie sich allerdings nicht bereit erklärten. Beide gehörten als unbesoldete Stadträte dem Magistrat der Stadt an, beide saßen einer Reihe von Wohlfahrtsorganisationen vor, und beide übten, wie auch die Mutter von Siegfried Marck, einflußreiche Funktionen in der Breslauer Synagogengemeinde aus. Die Familie Marck zählte zwar nicht zum orthodoxen Flügel der jüdischen Gemeinde, aber sie fühlte sich trotz der gewollten Integration in ihre christliche Umwelt der Tradition der jüdischen Religion in einem Maße verpflichtet und verbunden, die noch den späteren Sozialisten Siegfried Marck prägte und festhielt. Im Unterschied zu vielen anderen sozialistischen Intellektuellen jüdischer Herkunft löste er sich selbst in seiner politisch radikalsten Zeit nicht ganz von der jüdischen Gemeinde, noch bis zum Ende der Weimarer Republik nahm er an ihren Festen teil und wirkte durch Vortragsaktivitäten am Gemeindeleben mit.¹ Die Frage der Religion, auch und besonders die der christlichen, ließ ihn zeitlebens nicht los. Immer bedauerte er, daß die sozialistische Bewegung für die religiösen Empfindungen der Menschen keine wirkliche Sensibilität besaß. Mit den Freidenkern geriet der spätere Linkssozialdemokrat so ständig über Kreuz, da er deren naturwissenschaftlichen Materialismus als zu kurzschlüssig, zu „ungeistig" und dogmatisch ansah und ablehnte – als Sozialist befürchtete er im übrigen, daß ein freidenkerischer Kulturkampf das Proletariat nur spalten werde.

Der junge Siegfried Marck schien zunächst ganz in die Fußstapfen seines Vaters und Großvaters treten zu wollen. Nachdem er am traditionsreichen Breslauer Johannes-Gymnasium sein Abitur abgelegt hatte, begann er 1907 an der Friedrich-Wilhelms-Universität seiner Heimatstadt das Studium der Jurisprudenz, das er nach einem Semester in Genf fortsetzte. Doch die Juristerei behagte dem jungen Studenten nicht, der lieber Platon und Kant las, als rechtswissenschaftliche Texte zu büffeln. 1908 schrieb er sich daher in Breslau an der Fakultät für Philosophie ein, wechselte später dann an die Universitäten von Berlin und Freiburg über, um schließlich 1911 sein Studium mit einer Dissertation über das Thema „Erkenntniskritik, Psychologie und Metaphysik nach ihrem inneren Verhältnis in der Ausbildung der platonischen Ideenlehre" erfolgreich zum Abschluß zu bringen. Weitere sechs Jahre später habilitierte er sich an der Breslauer Universität durch eine vergleichende Auseinandersetzung mit den philosophischen Grundbegriffen bei Immanuel Kant und Georg Wilhelm Hegel. Während seines Studiums war Siegfried Marck durchweg bei neukantianischen Denkern in die Schule gegangen: in Breslau bei Eugen Kühnemann, seinem späteren Doktorvater, und Richard Hönigswald, in Berlin bei Ernst Cassirer und in Freiburg bei Jonas Cohn und besonders bei Heinrich Rickert, dessen „kritischer Idealismus" ganze Generationen von Studenten der Philosophie beeinflußte und zu dessen engstem Schülerkreis Marck in seiner Breisgauer Zeit gehörte. Später hätte Marck seine engen Beziehungen zu Rickert gern vergessen gemacht, seine frühere Nähe zu dem begeisterten Hugenberg-Sympathisanten und Fürsprecher der „nationalen Regierung" nach dem 30. Januar 1933 war ihm verständlicherweise peinlich, doch alledem zum Trotz durchzieht das oberste philosophische Denkprinzip Rickerts, das der „synthetischen Einheit", auch das Lebenswerk seines einstigen Studenten. Nicht minder peinlich war dem späteren Sozialisten Siegfried Marck die eigene politische Einstellung in jungen Jahren, vor allem zu Beginn des Ersten Weltkriegs, und besonders unangenehm berührte ihn die Erinnerung an seine erste, noch schmale Schrift, die 1916 unter dem Titel „Deutsche Staatsgesinnung" im angesehenen Münchner Beck-Verlag erschien – auch über diese „Jugendsünde" hätte Marck, bald vom chauvinistischen Saulus zum sozialdemokratischen Paulus gewandelt, am liebsten den Mantel des Schweigens und Vergessens gebreitet. Bis zu seiner Habilitation 1917 wurzelte Marck noch ganz im nationalliberalen Milieu seiner familiären Angehörigen und Freunde von der Universität. Auch er ließ sich im Sommer 1914, zunächst als Freiwilliger wegen seines chronischen Herzrasens vom Kriegsdienst zurückgestellt, von der Flut patriotischer Gefühle mittreiben und feierte in seinem ersten Büchlein ebenso überschwenglich wie verblendet den vermeintlichen Siegeszug der deutschen Armeen „gegen die ganze Welt" und äußerte größte Dankbarkeit dafür, ein „solches Wunder" miterleben zu dürfen. Den preußischen „Militarismus" überhöhte er zur Staatsreligion, Volk und Staat sah er in einem „gewaltigen Willen vereint", und die Botschaft des deutschen Idealismus betrachtete er durch die deutsche Kriegsführung in Tat und Wirklichkeit umgesetzt. Den europäischen Staaten erteilte er schließlich wohlwollend den Rat, sich zu ihrem eigenen Nutzen der deutschen Strenge und Härte unterzuordnen, Deutschland als Führer, Erzieher und Schirmer anzuerkennen.[2]

Übergang zur Arbeiterbewegung

Doch die Realität des Krieges holte auch den Philosophen ein; 1917 wurde der bis dahin Ungebrauchte an die Westfront abkommandiert, und das Feuer der Granateneinschläge kühlte seinen glühenden Patriotismus gründlich ab. Wie so viele Intellektuelle aus wohlbehütetem bildungsbürgerlichen Hause lernte Marck im Schützengraben erstmals Menschen aus einer anderen sozialen Welt kennen, und der Umgang mit ihnen krempelte sein Leben um. Er hatte nun mit Industriearbeitern zu tun, vielfach Sozialisten; Marck diskutierte mit ihnen, lieh sich ihre Zeitungen aus und las ihre

Flugschriften – noch an der Front wurde er Pazifist und Sozialdemokrat. Als im November 1918 die Revolution ausbrach, wählten seine Kameraden ihn, der mit Worten umgehen, eine öffentliche Rede halten konnte, zum Soldatenrat. Als solcher vertrat er seine Armeeabteilung vom 16. bis zum 21. Dezember 1918 auf dem Allgemeinen Kongreß der Arbeiter- und Soldatenräte Deutschlands im Berliner Abgeordnetenhaus.
Siegfried Marck war zwar keineswegs der einzige Bildungsbürger, der im Lauf des Weltkrieges zur Arbeiterbewegung fand, doch während sich die meisten dieser soeben konvergierten Akademiker gleich dem radikalen Flügel im Sozialismus anschlossen, oftmals utopisch anarchistische und kommunistische Zielsetzungen vertraten, orientierte sich der Breslauer an den gemäßigten Kräften der sozialdemokratischen Arbeiterschaft. Auf dem Rätekongreß in Berlin mahnte er zur Besonnenheit, beschwörend geradezu warnte er vor einem übereilten Tempo der sozialen Revolution, vor überstürzten Experimenten in der ökonomischen Umgestaltung, da er die Konkurrenzfähigkeit eines sozialistischen Deutschlands gegenüber dem kapitalistischen Ausland, gegenüber England, Amerika und Frankreich, bezweifelte.[3]
Marck befand sich in jenen Wochen und Monaten in einer panikartigen, aufgewühlten Stimmung. Die staatsidealistischen und nationalpatriotischen Einstellungen seines bildungsbürgerlichen Herkunftsmilieus waren ihm zur zweiten Natur geworden; so etwas ließ sich nicht innerhalb weniger Monate abstreifen. So erkannte er auch nicht die Chancen der revolutionären Umbruchssituation, sondern sah nur die Gefahren, er wähnte sein Land in Chaos, innerer Zersetzung und Aufruhr. Und er war den verantwortlichen Sozialdemokraten dankbar, daß sie hart gegen putschistische Aktionen der Linksradikalen durchgriffen, daß sie dem revolutionären Treiben durch die Wahlen zur Nationalversammlung ein Ende zu bereiten versuchten, daß sie sich durch die Bildung der „Weimarer Koalition" mit dem Zentrum und den Demokraten um eine Stabilisierung der unruhigen politischen und gesellschaftlichen Lage bemühten. Die Mehrheitssozialdemokratie rettete damals, davon war Marck sein ganzes Leben lang fest überzeugt, den Bestand des Reiches. Selbst auf dem Höhepunkt seiner linkssozialdemokratischen Aktivitäten hielt er diesen Standpunkt für richtig und verteidigte ihn offensiv. In seiner 1927 in der „Jungsozialistischen Schriftenreihe" erschienenen Broschüre „Reformismus und Radikalis-

mus in der deutschen Sozialdemokratie", eine Schrift, in der er sich zum „echt marxistischen Radikalismus" bekannte, urteilte er: „In der deutschen Novemberrevolution war eben die Revolution nicht imstande, aus eigener Kraft die Anarchie zu unterdrücken, von der sie wie jede andere Revolution der Weltgeschichte, vielleicht noch mehr als jede andere bedroht war."[4] Als er im Februar 1927, nun ein Wortführer des linken Flügels, als Referent auf der Generalversammlung des Breslauer SPD-Ortsvereins die Notwendigkeit eines scharfen Oppositionskurses und die drastische Zurückweisung aller Koalitionsabsichten propagierte, versäumte er gleichwohl nicht hinzuzufügen, daß zu Beginn der Republik die sozialdemokratische Koalitionspolitik „eine historische Notwendigkeit gewesen wäre."[5] Und noch in der französischen Emigration der 30er Jahre, in der er sich häufig verbittert über Fehler und Versäumnisse der Weimarer Sozialdemokratie äußerte, schrieb er der frühen MSPD gut, daß sie in der Republik insoweit „ihre geschichtliche Mission der großen Sammelpartei erfüllt" habe, „als sie in den Wahlen zur Nationalversammlung den Fortbestand des Deutschen Reiches rettete".[6]

Von der Front in seine Heimatstadt Breslau zurückgekehrt schloß Marck sich gleich dem mehrheitssozialdemokratischen Ortsverein an und trat zudem dem „Rat der geistigen Arbeiter" bei. Das Hauptziel, das sich dieser Rat der Intellektuellen gesetzt hatte, war die Gründung einer Volkshochschule. Volkshochschulen schossen in den Jahren 1918/19 gleichsam wie Pilze aus dem Boden; ihre meist bildungsbürgerlichen Betreiber erhofften sich von der Volksbildung nicht weniger als die Überwindung der Klassengesellschaft und die Schaffung einer wahren Volksgemeinschaft. Auch Siegfried Marck beteiligte sich von Beginn an mit großer Leidenschaft am Aufbau des mittelschlesischen Volkshochschulwesens und betrachtete die neuen pädagogischen Einrichtungen als Instrumente, mit denen „die Arbeiterschaft nach ihrer politischen Befreiung und neben ihrer wirtschaftlichen, ihre geistige Emanzipation bewerkstelligen"[7] können werde. Bald zwar schon verflog dieser Enthusiasmus und machte einer realistischen Sicht der Dinge Platz, doch blieb Marck seiner grundsätzlichen Wertschätzung der Volkshochschularbeit treu – bis zu seinem Tode unterrichtete er beständig im Bereich der Erwachsenenbildung.

Nachdem die Breslauer Volkshochschule ihre Tore geöffnet hatte, konnten die erwachsenen Schüler in der Regel jedes Halbjahr zwei Kurse bei Siegfried Marck belegen. Die Palette seiner Lehrangebote war breit gesteckt und spiegelte die Weite seiner Bildung wider: so führte er in zahlreichen Kursen in die allgemeine Geschichte seines Spezialfachs, die Philosophie, ein; ebenso unterrichtete er aber auch über die Wiener Schulen der Psychoanalyse; er verschaffte einen Überblick über die Epochen der Goetheschen Lebensweisheit und stellte die Programme der politischen Parteien vor; er klärte über die Unterschiede zwischen Demokratie, Bolschewismus und Faschismus auf und brachte seinen Hörern die systematische und kritische Lektüre sehr verschiedenartiger Tageszeitungen, vom „Vorwärts" über die „Kölnische" und „Vossische Zeitung" bis hin zur „Roten Fahne", bei.[8] Das Gros seiner Kursteilnehmer kam aus der Facharbeiterschaft, zumeist waren sie Mitglieder der Jungsozialisten. Seine Volkshochschulveranstaltungen sollen nach Auskunft von Zeitzeugen regelmäßig überfüllt gewesen sein. Er galt als guter Pädagoge, der anschaulich, wenn auch nicht mitreißend sprach und den man seines großen Wissens, seiner Geduld, Toleranz und Liberalität wegen außerordentlich schätzte. Nur wenn man ihm einen geistig ebenbürtigen Kontrahenten gegenüberstellte, dann konnte Marck seine pädagogischen Grundsätze zeitweilig vergessen, er verfing sich dann im Jargon der Fachsprache und der Esoterik des Fachproblems, er erregte sich in solchen Momenten und sein Kopf zuckte ihm pausenlos zur Seite weg. Sehr viel weniger beliebt als bei den proletarischen Hörern an der Volkshochschule war Marck im übrigen als Universitätsdozent bei der Majorität der Breslauer Hochschulstudenten. 1922 hatte Marck an der Breslauer Universität einen Lehrauftrag für Rechts- und Staatsphilosophie erhalten; 1924 war er zum außerordentlichen Professor für Soziologie und Philosophie berufen worden, und 1930 hatte ihn der sozialdemokratische preußische Kultusminister Adolf Grimme zum Ordinarius als Lehrstuhlnachfolger von Richard Hönigswald ernannt – gegen den Widerstand der Fakultät. Der Jude und Sozialist war bei der Mehrheit seiner Kollegen nicht wohlgelitten, und die deutsch-nationalen Studenten boykottierten seine Vorlesungen. Gesteigert hatte er ihrer aller Argwohn noch dadurch, daß er eine polemische Rede des Historikers Siegfried Kaehler gegen den Versailler Vertrag öffentlich in der Presse kritisierte. So dozierte Marck in seinen Lehrveranstaltungen an der Universität anders als in denen an der Volkshochschule nur vor einem kleinen Publikum. Die meisten darunter gehörten der Sozialistischen Studentengruppe an, deren Mitglieder es sich, ganz gleich in welchem Fach sie studierten, zur Pflicht gemacht hatten, die Seminare des sozialdemokratischen Universitätsprofessors zu besuchen.

Aktivitäten in der Breslauer Sozialdemokratie

Im sozialdemokratischen Ortsverein arbeitete Marck von seinem Eintritt an aktiv mit. Froh über den unverhofften Zuwachs aus der angesehenen, aber traditionell nationalliberal gesonnenen Familie Marck, setzte die Breslauer MSPD den Doktor der Philosophie gleich auf die Liste der Kandidaten für die Stadtverordnetenversammlung am 2. März 1919. Allerdings plazierte man ihn zunächst ziemlich weit nach hinten, auf Platz 47, denn schließlich konnte man sich nicht sicher sein, ob sich der gerade erst zum Sozialismus gestoßene Akademiker als zuverlässiger Geselle erweisen würde. In der Arbeiterschaft sprach man damals, wenn die Rede auf die neuen, seit der Revolution aus den „besseren Schichten" hinzugewonnenen Genossen kam, etwas mißtrauisch und abschätzig von den „Novembersozialisten". Doch Marck hatte Glück; Die Sozialdemokratie befand sich Anfang 1919 noch im Aufwind und holte bei den Kommunalwahlen in Breslau die absolute Mehrheit; sie errang 52 von insgesamt 102 der zu vergebenden Sitze. Und Marck rechtfertigte das in ihn gesetzte, wenn auch etwas verhaltene Vertrauen. Er meldete sich in der Stadtverordnetenversammlung häufig zu Wort, bald schon avancierte er zum schulpolitischen Sprecher seiner Fraktion und agierte schließlich als Lobbyist der Kultur- und Bildungseinrichtungen seiner Stadt. Er rang der Kommunalverwaltung Zuschüsse für den Wiederaufbau des Stadttheaters und für die Unterhaltung der Volkshochschule ab, setzte sich für verbilligte Volksveranstaltungen bei Theateraufführungen ein, beantragte die Befreiung vom Schulgeld für Kinder aus Arbeiter- und finanziell schlecht gestellten Beamten- und Handwerkerfamilien, machte sich für eine gerechtere Lehrerbesoldung stark und stemmte sich sogar wegen der damit verbundenen sozialen Härten für die potentiell betroffenen Lehrer gegen einen Abbau der Privatlyzeen, deren Existenz er bildungspolitisch eigentlich nicht guthieß.[9] Die Partei dankte ihm seinen kommunalpolitischen Einsatz; bei der Stadtverordnetenwahl fünf Jahre später, im Februar 1924, rückte er um 39 Plätze nach vorn: nun kandidierte er auf Platz 8 der SPD-Liste. Schon Anfang 1924, als es um die Kandidaturen für die Reichstagswahlen am 4. Mai ging, war deutlich geworden, wie sehr Marck in der Breslauer Partei im Laufe der Jahre an Ansehen gewonnen hatte. Die Breslauer Sozialdemokraten sprachen sich in einer Versammlung Mitte Januar außer für die bereits amtierenden Reichstagsabgeordneten Paul Löbe und Max Seppel zudem noch für Siegfried Marck als weiteren Kandidaten aus. Allerdings hatte Marck als der schlechter Plazierte keine Chance, in das nationale Parlament zu gelangen – der Traum vom Reichstagsabgeordneten sollte sich für ihn, wengleich für die Wahlen am 7. 12. 1924 abermals vorgeschlagen, niemals erfüllen.[10]

Außer seiner Stadtverordnetentätigkeit übte Marck noch eine Reihe anderer Funktionen in der Sozialdemokratie aus. Er schrieb zahlreiche Artikel für das örtliche Parteiorgan, die ‚Breslauer Volkswacht', er gehörte dem lokalen Bildungsausschuß an und führte in den Weimarer Jahren etliche Schulungsabende durch – in Schlesien hat kein zweiter Sozialdemokrat derart viele Parteibildungsseminare geleitet wie er. Als vortragender Redner trat er in Distriktversammlungen, Funktionärskonferenzen, Generalversammlungen und Kundgebungen auf; fast immer ergriff er bei Debatten und Aussprachen auf Parteiveranstaltungen das Wort. Verbunden fühlte er sich besonders den sozialistischen Studenten; auf Marcks Initiative hin bildete sich 1924 ein schlesischer „Bund der Freunde sozialistischer Akademiker", der aus Altakademikern und prominenten Sozialdemokraten bestand und dessen Anliegen es war, Arbeiterkindern durch finanzielle Hilfen den Weg zur Universität zu ebnen und die organisierten sozialistischen Studenten in ihrer schwierigen Diasporalage an den Hochschulen ideell und organisatorisch zu unterstützen. In den späten 20er Jahren delegierten die ostdeutschen Sozialdemokraten Marck in den Kulturbeirat des Schlesischen Rundfunks; dort wählten ihn die Räte der „Breslauer Funkstunde" zu ihrem Vorsitzenden. Unter Sozialisten war die Beteiligung an den Gremien des neuen Rundfunks umstritten, besonders Vertreter des linken Parteiflügels rieten, wie häufig, wenn es um die Frage des Umgangs mit staatlichen Organen innerhalb der noch nicht-sozialistischen Gesellschaft ging, zur Abstinenz. Siegfried Marck aber, obwohl seit Mitte des zweiten Jahrzehnts Repräsentant der Linkssozialdemokratie, optierte wie meist in solchen Fällen anders: „Wir müssen in den Rundfunkrat so weit wie möglich ‚einzudringen' suchen, ehe wir ihn erobern können."[11]

Am liebsten aber hielt sich Marck in den Weimarer Jahren bei den

Jungsozialisten auf, einer kleinen Gruppe von 18–25jährigen Facharbeitern, die mit einer in der Sozialdemokratie sonst nicht mehr erreichten Intensität theoretische Diskussionen führten und eine Revolutionierung der Lebensweisen und mentalen Verkehrsformen anstrebten. Es gab kaum eine jungsozialistische Festveranstaltung, auf der Marck nicht zugegen war, und keine andere Umgebung war für das Auftreten Siegfried Marcks so kennzeichnend wie die durch Rezitationen, Musik und Sprechchöre untermalten Juso-Feiern: Revolutionsfeiern im November und Oktober, Feiern zum Andenken Saccos und Vancettis, Luxemburgs und Liebknechts, Gedenkveranstaltungen für die Wiener Toten des 15. Juli 1927, für die Toten der Republik oder zur Erinnerung an das Attentat von Friedrich Adler auf den österreichischen Ministerpräsidenten Graf Stürgkh im Ersten Weltkrieg, Antikriegstage, Geselligkeitsabende und „rote Silvesterabende" – bei all diesen feierlichen Anlässen mit dem jungsozialistischen Anspruch einer neuen Kultur steuerte Siegfried Marck die Festrede bei. Überdies verfaßte er in den späten 20er, frühen 30er Jahren die Texte zu Revuen und Kabaretts, die, von Jungsozialisten und Sozialistischen Studenten in den Wahlkämpfen für den Reichstag 1928/30 und für das Stadtparlament 1929 vor tausenden Zuschauern aufgeführt, an die Stelle der konventionellen Wahlkampfpropaganda und Agitationsmethoden treten sollten. Marck selbst führte zudem Regie und wirkte mit seiner Frau Claire auch als aktiver Spieler mit.[12]

Manche Jungsozialisten und Sozialdemokraten bezeichneten solche Unternehmungen als Ausdrucksformen „proletarischer Kultur", zumindest als Ansätze dafür. Marck urteilte darüber skeptischer. Überhaupt bereitete ihm Unbehagen, wie unverbunden die Sakralität sozialdemokratischer Feste mit ihren gleichsam zu Mythen übersteigerten und erstarrten revolutionsverheißenden Höhepunkten neben der Säkularität prosaisch reformistischer Alltagsarbeit standen. Jedes Fest aber, mahnte Marck, beweise sein Lebensrecht allein durch die „Verknüpfung mit dem Alltag: also mit dem Vorabend und mit dem nächsten Morgen".[13] Im Grunde glaubte Marck nicht an das Schlagwort von der „proletarischen Kultur", hielt es auch für unnötig, eine solche zu schaffen, ihm schauderte regelrecht bei dem Gedanken, daß die Kultur „proletarisiert" werden könnte. Es gab für Marck keinen Grund, sich der überlieferten Kultur- und Bildungsgüter zu schämen, ihre Größe zu verleugnen. In diesem Punkt distanzierte sich Marck niemals von den Prägungen und Erziehungsidealen seiner bildungsbürgerlichen Herkunft. Allerdings glaubte er, daß sich das Bürgertum, einzig noch an materialistischen Zielsetzungen interessiert, von diesen Prinzipien entfernt habe. Und so übertrug Marck die Ideale seiner Jugend auf eine neue Sozialgruppe: auf das Proletariat – und hier insbesondere auf die bildungsbeflissenen, vom Ethos eines „neuen Menschen" durchdrungenen Jungsozialisten. Ihnen legte er bei seinen Festansprachen ans Herz, „an die Schätze der Kultur" anzuknüpfen, „den Ewigkeitsgehalt des Großen" zu erwerben, „um ihn zu besitzen". Eine Alternative dazu gab es nicht: „Man kann die Kultur nicht proletarisieren, sondern das Proletariat muß zur Kultur geführt werden."[14]

Staatsbejahend und nationalbewußt

Politisch stand Marck in den frühen 20er Jahren am rechten Rand der Breslauer SPD, jedenfalls befand er sich rechts von der damals vorherrschenden Parteilinie Paul Löbes. Allerdings stand Löbe damals, was man vielfach ignoriert, etwas links vom sozialdemokratischen Zentrum, er war keinesfalls ein Repräsentant der „Parteirechten", sondern ein heftiger Kritiker einer schwächlichen Koalitionspolitik und ein früher Warner vor den Auswüchsen und Folgen der Militärpolitik Gustav Noskes. Marck hingegen trat in den frühen 20er Jahren nicht nur für ein Regierungsbündnis mit dem Zentrum und den Demokraten ein, sondern befürwortete sogar ein Zusammengehen mit der großkapitalistischen DVP, eine Koalitionsoption, die 1921 in der Mitgliedschaft der Sozialdemokratie noch kräftigen Unwillen und Proteststürme hervorrief. Immer wieder sprach Marck von den „Gefahren einer Oppositionsstellung unserer Partei" und machte sich daher für eine Mitarbeit der SPD in den Regierungen der Länder und des Reiches stark; der Kampf für den Sozialismus müsse demgegenüber hintan gestellt werden.[15] Marck selbst bezeichnete sich in diesen Jahren „als Anhänger eines republikanischen Blocks mit den bürgerlichen Parteien"; er fand die strikte Spaltung in Bürgerliche hier, Sozialisten da zutiefst bedauerlich.[16]
Einen ersten Riß bekam dieses Selbstverständnis durch den Verlauf zweier Stadtverordnetenversammlungen. Es war kurz nach

dem Attentat auf Walther Rathenau. Überall in den großen Städten des Deutschen Reiches stellten Sozialdemokraten den Antrag, Straßennamen, die an die Hohenzollern erinnerten, durch solche zu ersetzen, mit denen man der ermordeten republikanischen Würdenträger, wie Rathenau und Matthias Erzberger, ehrend gedenken sollte. Die Erfahrungen, die die sozialdemokratischen Kommunalpolitiker mit ihren Anträgen machten, waren fast überall gleich: nicht nur die Deutschnationalen und Deutschen Volksparteiler lehnten entrüstet eine solche „vaterlandslose" Attacke auf die Hohenzollerndynastie ab, sondern auch das Zentrum und selbst die Demokraten. Marck reagierte erschüttert, er hatte sich in dieser Sache besonders vehement engagiert und in einer Stadtverordnetenversammlung im Juni 1922 darum gekämpft, daß der Breslauer „Kaiser-Wilhelm-Platz" in „Platz der Republik" umbenannt werden sollte. Jedoch vergeblich; die bürgerlichen Parteien stellten sich unisono quer. Verbittert bezeichnete Marck sie nun als eine „geschlossene reaktionäre Masse".[17]

Aber auch diese Erfahrungen ließen Marck nicht gleich zum entschiedenen Linkssozialisten werden. Obwohl einiges dafür gesprochen hätte, denn schließlich hatten sich seine Lieblingsschüler in Breslau, die Jungsozialisten, rapide nach links entwickelt; sie führten ab 1923 den radikal-linken Flügel der reichsdeutschen jungsozialistischen Bewegung an. In der Juso-Organisation tobte in jenen Jahren ein kompromißlos geführter Kampf zweier Fraktionen: auf der einen Seite befanden sich die „rechten Hofgeismarer", die für eine nationalbewußte, teils aber auch nationalistisch überzogene und staatsbejahende Politik eintraten, auf der anderen Seite standen die „linken Hannoveraner", die den revolutionären Sozialismus und eine internationalistische Gesinnung propagierten. Siegfried Marck nun war zwar ein angesehener und bei den jungen Sozialdemokraten hoch geschätzter Lehrer in der Hochburg des Hannoveraner Jungsozialismus, doch seine Position, die er zu den umstrittenen Fragen Staat und Nation einnahm, ähnelte denen, die von einigen Protagonisten aus dem Umkreis der Hofgeismarer vertreten wurden, etwa von Hermann Heller, Theodor Haubach, Karl Mierendorff und Wilhelm Sollmann. „Daß wir unbeschadet unseres Bekenntnisses zur Internationale uns auch zu Deutschland bekennen können, dürfen und müssen, steht mir fest", schrieb Siegfried Marck beispielsweise an die Adresse der Jungsozialisten. „Vaterland und Proletariat, wie es Jean Jaurès formuliert hat, kann allein

die Losung des Sozialismus und besonders des Jungsozialismus sein."[18] In der Tat stand Jean Jaurès Pate, wenn Marck betonte, daß es auch im Klassenkampf keinen Sprung über die eigene Nation hinweg geben könnte, daß korrelative Beziehungen zwischen Nation und Internationale existierten. Und auf den ermordeten französischen Sozialistenführer konnte er sich guten Gewissens berufen, wenn er für ein eigenes Volkstum in einer internationalen Konföderation eintrat und ein solches Verständnis vom „hohl-pathetischen" imperialistischen Nationalismus abgrenzte. „Unsere flatternden Farben rot und schwarz-rot-gold", faßte Marck seine Überzeugung zusammen, „sind uns hierfür Symbol."[19] Auch dies eine Überzeugung, an der er noch als Linkssozialdemokrat festhielt. In einem im August 1929 geschriebenen Artikel zu den bevorstehenden Verfassungsfeiern, an der sich die Linkssozialisten wegen der angeblich dabei „propagierten Volksgemeinschaftsideologie" nicht zu beteiligen pflegten, legte er seinen für die inzwischen links-radikale Breslauer SPD etwas ungewöhnlichen Standpunkt dar:
„Aber in dieser Internationale sind die nationalen Sektionen historische Gegebenheiten, ist die volksmäßige, ja provinzmäßige und lokale Bestimmtheit des Proletariats eine Wirklichkeit. Auch eine klassenlose und internationale sozialistische Gesellschaft wird diese individuellen Fähigkeiten aufrechterhalten, ja sie pflegen. In dem leuchtenden Rot der Internationale behält die verschieden geartete nationale ‚Gösch' ihr Recht."[20]
Auch in der Staatsfrage war Marck 1923–1925 von den Auffassungen eines Hermann Heller oder Theodor Haubach nicht weit entfernt. Ähnlich wie diese Hofgeismarer bekannte er sich zur „Staatsidee" und zum „nationalen Kulturstaat"; er bezeichnete dies etwas mißverständlich als „marxistische Staatsbejahung" im „neumarxistischen Sinne".[21] Mit dieser in den Weimarer Jahren von vielen akademischen Marxisten gern gewählten Zuordnung zum „Neumarxismus" sollte bezeichnenderweise der „Überbau" neu interpretiert werden: als Sphäre *autonomer* kultureller Ideen und *spontaner* schöpferischer Kräfte des Geistes, die in einem wirklichen und nicht interpedentten Sinne unabhängig von den materiellen Produktions- und Reproduktionsbedingungen waren. Man mag solches als bildungsbürgerlichen Überschuß an „Idealismus" werten, aber bei Siegfried Marck waren solche Überschüsse stets realpolitisch eingedämmt, und aus seinen konkreten Ausführungen zum republikanischen Staat sprach viel Vernunft. Entschieden wandte

er sich dabei gegen die radikalen Marxisten, denen er vorhielt, nur Askese gegenüber dem Gegenwartsstaat zu üben. Die radikale Negierung des Weimarer Staates aber bedeutete nach Meinung von Marck, daß man „unerfüllbaren Wünschen und Gefühlen" statt „nüchterner Vernunftpolitik" folgen würde, da die Republik und mithin die Arbeiterklasse der Gefahr weiterer Vorstöße der monarchistischen und faschistischen Reaktion ausgesetzt wäre.[22] Marck zog aus seinen Überlegungen die Schlußfolgerung, daß man nicht *gegen* den Staat, sondern *um* den Staat zu kämpfen habe, wobei er sich durchaus darüber im klaren war, daß die Arbeiterschaft zur *Gesellschaft* des Staates und demzufolge zu dadurch geprägten *Formen* des Nationalstaates in einem fundamentalen Gegensatz stand. Das Proletariat also mußte den republikanischen Staat erobern, konnte ihn gleichwohl nicht in all seinen – autoritären, vordemokratischen, unsozialen – Strukturen belassen und übernehmen, sondern hatte ihn nach Maßgabe der neuen gesellschaftlichen Beziehungen und Erfordernisse umzugestalten.

Auf dem linksoppositionellen Flügel der SPD

1926 wechselte Marck seinen politischen Standort innerhalb der Sozialdemokratie. In diesem Jahr hatte sich während der Pfingsttage eine Reihe von Akademikern aus allen Teilen des Reiches zur Gründung eines „Verbandes sozialdemokratischer Akademiker" zusammengefunden. Das Gros der dort Versammelten strebte einen ethisch fundierten, staatsbejahenden Sozialismus an. Nur wenige Monate zuvor hatte Marck für die gleichen Ziele gestanden, auf der Akademikertagung in Weimar aber, die er als offizieller Repräsentant der „Bünde der Freunde sozialistischer Akademiker" besuchte, polemisierte er von einem zwar als „lebendig" deklarierten, in der Substanz jedoch recht dogmatisch und im Ton ziemlich selbstgefällig und selbstgerecht geratenen Marxismus gegen den ethischen und reformistischen Sozialismus der Mehrheit im neuen Akademikerverband. Indes verärgerte seine Rede die Zuhörer so sehr, daß sich Marck in einer persönlichen Bemerkung nach Abschluß der Aussprache zu einigen entschuldigenden Worten veranlaßt fühlte.[23] In der Tat gab sich Marck im Jahre 1926 außerordentlich marxistisch. Auf einer Tagung des Sozialistischen Kulturbundes Anfang Oktober im thüringischen Blankenburg zementierte er dem Marxismus zur „festen wissenschaftlichen Grundlage" der Sozialdemokratie schlechthin; feierlich nannte er ihn „unsere Kulturmathematik, unsere Wirtschaftsmathematik, unsere soziologische Mathematik".[24]

Auch sonst war die Linksentwicklung Marcks seit 1926 durchaus nicht in allen Dingen erkenntnisfördernd; wichtige Einsichten früherer Jahre gingen sogar vorübergehend verloren. Auch er redete nun der zuvor beklagten Staatsabstinenz das Wort. Auf der Generalversammlung der Breslauer SPD 1927 erteilte er der Koalitionspolitik eine harsche Abfuhr, weil er die Republik nun für gesichert hielt. Auf dem Höhepunkt emotionaler Radikalität konnte man Marck, 1918 aus dem Krieg als Pazifist zurückgekehrt, nach dem Panzerkreuzerdebakel im August 1928 erleben. Er griff nun zu einer verruchten, sich eigentlich von selbst verbietenden Metapher der politischen Rechten und warf den vier verantwortlichen sozialdemokratischen Ministern auf einer Parteiversammlung mit ungebremster Wut vor, die Front des sozialistischen Vormarsches von hinten erdolcht zu haben.[25] Knapp vier Monate später, als Referent für die Funktionärskonferenz der Breslauer SPD bestellt, ließ er an seiner Position, die er nun seit zwei Jahren einnahm, keinen Zweifel aufkommen und forderte eine „Linie verschärften Klassenkampfes" statt des „Hineinwachsens in den Sozialismus".[26]

Wie kam es zu dem „Linksrutsch" von Siegfried Marck? Da waren zum einen die Jungsozialisten, deren Radikalisierung ihn gewiß nicht unberührt gelassen hat, denn mit ihnen traf er auch privat, in seinem Haus, häufig zusammen, und sie bedeuteten ihm viel, eigentlich das meiste in der Sozialdemokratie. Da waren zum anderen die Referate und Debatten in den allwöchentlichen Zusammenkünften der seit 1924 in Breslau bestehenden „Marxistischen Arbeitsgemeinschaft", einem Diskussionszirkel von zumeist linkssozialistischen jüdischen Intellektuellen und jungen Facharbeitern sowohl aus der SPD als auch der KPD. Dort referierte besonders der junge Nationalökonom und parteilose Linkssozialist Fritz Sternberg, eine Danton-Gestalt von ungeheurer rhetorischer Kraft und mit enormer Ausstrahlung auf Intellektuelle; dort redete mitunter auch der Wiener Soziologe und austromarxistische Theoretiker Max Adler, und dort sprach der radikale, in den lokalen Parteiorganisationen sich erfolgreich durchsetzende Anwalt Ernst Eckstein – sie dürften Marck, der an dieser Runde regelmäßig teilnahm und dort natürlich ebenfalls Vorträge hielt, beeinflußt haben. Doch ausschlaggebend war wohl noch etwas anderes. Seit 1926 hatte sich die Breslauer SPD vor dem Hintergrund einer seit den frühen 20er Jahren katastrophalen wirtschaftlichen Lage der Stadt gründlich verändert. Der linke Flügel, eine Allianz aus jüdischen Akademikern, Lehrern von weltlichen Schulen, Jungsozialisten und radikalisierten Metallarbeitern, hatte den Funktionärsapparat der örtlichen Partei allmählich durchdrungen, schließlich erobert und dann eine militant linksradikale Politik durchgesetzt. Die unterlegene „Parteirechte" übte weiterhin wichtige Funktionen im ADGB aus und zog auf schlesischen Gewerkschaftskonferenzen kräftig gegen die neue Breslauer Parteiführung mit antiintellektualistischen, ja mit antisemitischen Vorwürfen vom Leder. Man schimpfte über Verschwörungen der Jungsozialisten und Intellektuellen und charakterisierte die Machtverhältnisse in der Breslauer SPD kurz als „Judokratie".[27] Diese Kampagne hatte Marck außerordentlich getroffen und empört; seitdem sprach auch er von „Bonzen", vom „Konservatismus der Organisationsführer", vom „Opportunismus des Apparats", und er beschwerte sich entschieden über die „Stimmungsmache", die von „bestimmter Seite gegen ‚die Intellektuellen' und die Jungsozialisten betrieben wurde".[28] Insofern kann man Siegfried Marck nicht als einen Linkssozialisten im engeren Sinne bezeichnen, seine zwischenzeitlich oppositionelle Haltung war gewissermaßen ein Akt der Solidarität mit seinen besten Freunden, den Jungsozialisten und linken Intellektuellen, sie rührte zudem aus der Enttäuschung über die selbsternannten, aber offenkundig perspektivlosen und handlungsunfähigen „Real-" und „Vernunftpolitiker", speiste sich schließlich aus der Wut über Peinlichkeiten wie dem Panzerkreuzerspektakel.

Kurz gesagt: Marck hielt in den Jahren seiner Linksopposition durch die besonderen Erfahrungsumstände die „Gefahr eines opportunistischen Konservatismus" im sozialdemokratischen Funktionärskörper für größer „als die Gefahr der Konservierung doktrinärer Radikalismen".[29] Als Gefahr aber sah er den doktrinären Radikalismus weiterhin; nach wie vor mokierte er sich über jene Sektierer, die „an jedem Tag Weltrevolution machen" wollten. Das war bezeichnend für das komplexe Persönlichkeitsprofil des Sozialdemokraten Siegfried Marck. Auch auf der Blankenburger Tagung des Sozialistischen Kulturbundes, als er den Marxismus in den Rang einer mathematischen Wissenschaft zu hieven versuchte, schränkte er noch im gleichen Atemzug ein, daß der Mensch allerdings nicht von der Wissenschaft allein lebe – für den Bereich der Seele, auf dem Gebiet der Kultur aber habe der Marxismus nicht viel zu bieten. In Blankenburg legte Marck sich überdies noch mit seinen Gesinnungsfreunden vom linken Flügel, mit August Siemsen und Kurt Löwenstein, an. Der eine, Siemsen, witterte in den kultursozialistischen Bestrebungen Gefahren für den Klassenkampf; die Proletarier könnten, so Siemsen, von ihren Kampfaufgaben abgelenkt werden. Marck widersprach. Für die Menschen existiere nicht nur der Klassenkampf, ebenso sehr hätten sie künstlerische, metaphysische und religiöse Bedürfnisse, und nichts sei gefährlicher, als diese Bedürfnisse den Bürgerlichen zu überlassen. Dem Führer der Kinderfreundebewegung Kurt Löwenstein machte Marck zum Vorwurf, in seinem Diskussionsbeitrag einzig den Kollektivismus, allein die Erziehung zum öffentlichen Menschen hervorgehoben zu haben – der Sozialismus aber, beharrte Marck, sei ebenfalls Erbe des Individualismus, der Garant der ureigenen und ewigen Rechte des einzelnen Individuums.

Kritisch-idealistische Dialektik

In die gleiche Richtung gingen die philosophischen Arbeiten Siegfried Marcks, dessen magnum opus, die zweibändige „Dialektik in der Philosophie der Gegenwart" (1929/1931) von Herbert Marcuse ob deren „Sicherheit und Schärfe, wie man sie in der modernen Philosophiegeschichte selten findet"[30], hoch gelobt wurde. Im Ideensystem des Breslauer Philosophen hatte der Marxismus seinen zentralen Platz: als soziologisches und politisches Analyseinstrument, auch als Methode der Geschichtsforschung, nicht aber als eigenständige Philosophie. Marck wertete den Marxismus als „Antiphilosophie"; zwar könne man bestimmte Bruchstücke marxistischer Soziologie und Erkenntnistheorie in allerdings ganz anders geartete philosophische Zusammenhänge einfügen, alle bislang, von Karl Korsch bis hin zu Max Adler, unternommenen Versuche jedoch, eine selbständige marxistische Philosophie zu begründen, seien angesichts des monistischen Charakters des dialektischen Materialismus gescheitert. Marck erkannte früh – früher übrigens auch als der deswegen vielzitierte Ernst Bloch – welche handfesten politischen Folgen sich aus dem antiphilosophischen Charakter des Marxismus ergeben sollten. Marck machte auf die kollektiven

Gefühlsmomente, Ideologien, Bedürfnisstrukturen in modernen Gesellschaften aufmerksam, die weder klassenreduktionistisch zu erfassen noch als pseudoromantischer Irrationalismus abzutun waren. Für solche politischen, psychologischen und kulturellen Faktoren besaß der Marxismus weder Sensibilität noch politische Handlungsmuster, und in diese Bresche konnte, so warnte Marck, der Faschismus schlagen, indem er echte, von der Arbeiterbewegung indessen vernachlässigte Bedürfnisse zu befriedigen versprach.

Marck baute seine eigene Position, die er in den Begriff des „kritisch-dialektischen Idealismus" kleidete, als Ergänzung und Korrektiv des historischen Materialismus auf. Als eigentlichen Gegner unter den zeitgenössischen philosophischen Richtungen aber betrachtete Marck die Existenzphilosophien – besonders die des Freiburger Philosophen Martin Heidegger –, die er als die Modephilosophie des europäischen Faschismus bezeichnete. Wo der historische Materialismus die Gefühlsmomente ignorierte, da wurden diese, so Marck, von der metaphysischen Existenzphilosophie gleichsam zum Kult erhoben, in romantischen Nebel gehüllt und gegen Fortschritt, Vernunft und Wissenschaft abgeriegelt. Marcks kritisch-dialektischer Idealismus nun wollte solche jenseits eines naturalistischen Materialismus zu verortenden Gefühlsantriebe in eine zwieträchtige Verbindung und Synthese mit der Soziologie des Marxismus, mit der Rationalität der Aufklärung und den Ansprüchen des Liberalismus in Verbindung bringen. Der kritisch-dialektische Idealismus trat mithin das geistige Erbe des 18. Jahrhunderts an, doch hatte er unter den Stößen des 19. und 20. Jahrhunderts hinzugelernt, die Bedeutung der Massen, das Gewicht politischer Ideologien und Visionen erkannt und sich zusätzlich mit der sozialwissenschaftlichen Methode der marxistischen Theorie ausgerüstet.

Als „kritisch" bezeichnete Marck seine Dialektik aber auch deshalb, weil sie sich gegen die „spekulative" Dialektik Hegels und somit auch die des Marxismus richtete. Seit seinen Studienjahren zählte Marck zu den Neukantianern, und in der Weimarer Zeit saß er der Breslauer Kant-Gesellschaft vor. Doch die Glanzzeit für die Bemühungen, Kant mit Marx zu verbinden, war in den 20er Jahren vorüber; statt dessen hatte auch unter den Marxisten eine wahre Hegel-Renaissance eingesetzt. Als Höhepunkt dieses neuen Hegelianismus erschien 1923 Georg Lukács' „Geschichte und Klassenbewußtsein". Auch Marck beschäftigte sich – sein ganzes Leben lang im übrigen – intensiv mit der Hegelschen Dialektik und versuchte sie gleichsam kantianisch gegen den Strich zu bürsten, sie von ihren metaphysischen Elementen zu befreien und somit auch den Marxismus aus seiner dogmatisch teleologischen Enge zu lösen, um ihn auf dem Standpunkt der „kritischen Dialektik" neu zu orientieren. Als spekulativ und metaphysisch verwarf Marck an der Hegelschen Dialektik die Konstruktion eines idealen Subjekts, die restlose Verschmelzung von Gegenstand und Bewußtsein, die aufhebende, also alle Widersprüche beseitigende Kraft der Negation – Marck insistierte demgegenüber auf der dialektischen Aufbewahrung der Gegensätze, auf der zwieträchtigen Harmonie, auf der Synthese widersprüchlicher Elemente als Treibstoffe der menschlich-gesellschaftlichen Entwicklung.[31] So rieb sich Marck seit den frühen 20er Jahren bis zu seinem Tode immer wieder mit Georg Lukács, dessen „Geschichte und Klassenbewußtsein" auch bei den Weimarer Jungsozialisten als revolutionstheoretischer Geheimtip kursierte. Marck würdigte Lukács stets als denjenigen, der die Marxsche-Hegelsche-Dialektik am weitesten fortgeführt und schließlich vollendet habe. Doch herausgekommen sei dabei letztlich eine überidealistische Metaphysik. Das Proletariat als Subjekt und Objekt des Geschichtsprozesses zugleich, in dem sich Theorie, Praxis und historische Sinnerfüllung zur Einheit verschmelzen – daran könne nur glauben, pflegte Marck zu spötteln, wer „den allumfassenden, allmächtigen ‚Weltgeist', d. h. im Grunde den lieben Gott zur Verfügung hat."[32] Das eben war typisch für Marck, er mißtraute in der Tat allen überspekulativen Konstruktionen, den großen und geschlossenen Systemen und radikalen Entwürfen, denen es an Kontrollen der praktischen Vernunft, des Zweifels und vor allem der ethischen Herausforderung der Menschen selbst gebrach.

Marcks eigene Verwendung der dialektischen Methode während seiner linkssozialdemokratischen Zeit war indessen ebenfalls, wenn auch aus anderen Gründen, keineswegs unproblematisch. Marck versuchte, gegensätzliche Zielvorgaben, Strategien, Mittel und Wertmaßstäbe durch synthetische Konstruktionen miteinander zu harmonisieren, die so einfach nicht zu harmonisieren waren, wie Demokratie und (proletarische) Diktatur beispielsweise. Er versuchte, die beiden Seelen, die in seiner Brust saßen, gleichsam „dialektisch" zu versöhnen, seinen republikanischen Verantwortungspragmatismus, der zu seinem Leidwesen durch die Praxis der SPD-Minister diskreditiert schien, mit dem links-radikalen Revolutionismus seiner Lieblingsschüler, den Jungsozialisten, die ihm mitunter übers Ziel hinausschossen, aber es wenigstens ehrlich und idealistisch meinten, auszugleichen. So wählte er dann auf Parteiversammlungen Maximen wie „Radikalisierung der Partei im Geiste eines staatsmännischen Radikalismus", edeldialektisch klingende Formeln, unter denen sich wohl niemand, nicht einmal Marck selbst, etwas Konkretes vorstellen konnte.

Andererseits aber, positiver gefragt, hatte Marck nicht recht, wenn er mit Orientierung auf das „Linzer Programm" der von ihm zum Vorbild erkorenen österreichischen Sozialdemokraten sein Grundaxiom – „die innere Zusammengehörigkeit von ‚Reformismus' und ‚Radikalismus' in der Sozialdemokratie"[33] – immer und immer wieder herausstellte? Stand nicht die Sozialdemokratie in der Tat in einem fundamentalen Gegensatz zur kapitalistischen Gesellschaft, ihren Klassen- und Machtverhältnissen, war sie aber nicht zugleich Träger der politischen Demokratie, Verfechter der individuellen Freiheitsrechte, zudem Tag für Tag darum bemüht, Stück für Stück kollektive Sozialrechte zu erkämpfen und auszubauen, also radikal und reformistisch in eins zu sein? Marck nannte das „die in der Tradition der Arbeiterbewegung verwurzelte Einheit der demokratischen Republik und des Klassenkampfes".[34]

Am liebsten hätte es Marck gesehen, wenn alle SPD-Flügel diese Zusammengehörigkeit von reformistischer und revolutionärer Haltung akzeptiert und ihre Existenz als innerparteiliche Sonderrichtung aufgegeben hätten. Was allerdings der Intellektuelle qua Einsicht und dialektische Schulung in synthetische Symbole zusammenfügen kann, sind in der gesellschaftlichen Wirklichkeit eben eigenständige und nicht zufällig gegensätzliche Ausdrucksformen spezifischer sozialer Verhältnisse, ökonomischer Strukturen und durch berufliche Tätigkeiten oder regionale Parteimilieus entstandene und verfestigte Mentalitäten. Der tüchtige Weimarer Arbeiterfunktionär, der nun schon seit Jahren und Jahrzehnten als Gewerkschaftssekretär, Genossenschaftler oder Kommunalpolitiker das Los der Arbeiterschaft durch praktische Maßnahmen und konkretes Sachwissen tagtäglich zu verbessern suchte, dabei auch, blickte er zurück, Erfolge sah, es selbst zu einem bescheidenen Auskommen gebracht hatte, verkörperte schließlich einen Sozialcharakter, der durch und durch reformistisch war und für einen revolutionären Aktivismus nicht mehr taugte. Das war die *wirkliche* Dialektik der Sozialreform in der Solidargemeinschaft der Arbeiterbewegung; ganz unrecht hatte Rosa Luxemburg mit ihren diesbezüglichen Prognosen nicht gehabt. Siegfried Marck indes reagierte verstört, sogar beleidigt, wenn sich dieser reformistisch-gewerkschaftliche Flügel auch als solcher verhielt und sich nicht an die *intellektuelle* Dialektik von Sozialreform und Revolution hielt.

Zwischen den Fronten

In den frühen 30er Jahren hielt sich zum Kummer von Marck dann weder der rechte noch der linke Flügel der SPD an den von ihm so geschätzten „synthetischen Geist". Marck stand allein und mit entsetzter Bestürzung zwischen den versteinerten Diskussionsfronten der Partei. Die Breslauer Linkssozialisten vermochten Unterschiede zwischen dem „Brüning-Faschismus" und dem „Hitler-Faschismus" nicht zu sehen und verhöhnten die Tolerierungspolitik der sozialdemokratischen Mehrheit. Marck hingegen, der seinen Sinn für Realpolitik nie verloren hat, erkannte die Motive der Tolerierungspolitik an, nahm es wichtig, daß die Nationalsozialisten nicht an der Regierung beteiligt würden, glaubte nicht, daß ein revolutionär-vorstoßendes Proletariat „mit großen Siegesaussichten" in die Schlacht ziehen könne. Gleichzeitig aber warnte er die Parteiführung davor, einseitig in der Defensive zu verharren. Ein offensiv geführter außerparlamentarischer Feldzug müsse hinzutreten, um die „proletarischen Kerntruppen" zu halten und die „gärenden Zwischenschichten" zu gewinnen. Marck überschrieb seine in der „Breslauer Volkswacht" veröffentlichten Ausführungen mit dem Titel: ‚Zur innerparteilichen Verständigung'.[35] Allein, seine Bemühungen um Vermittlung und Synthese blieben ohne Erfolg; die einen, seine jungsozialistischen Schüler insbesondere, verließen die Partei, vertrauten mehr auf die Rezepte leninistischer Kaderbildung, die anderen wiederum kamen aus der parlamentarischen Defensive nicht heraus, verloren allmählich, wie Marck es befürchtet hatte, an Rückhalt in der industriellen Arbeiterschaft und standen in ratloser Distanz zu den rebellisch-verzweifelten Zwischenschichten.

Im Grunde aber war auch Siegfried Marck ratlos, wie die neue Offensivtaktik der Sozialdemokratie hätte aussehen sollen. Ähnlich wie die Gruppe religiöser und militanter Sozialisten, die sich um die Zeitschrift „Neue Blätter für den Sozialismus" scharrten, plädierte auch er für eine Modernisierung des Parteiapparats, für die Aufhebung der ghettohaften Beschränkungen, für die Dynamisierung der Agitation, zugleich aber gestand er ein, daß man eine unpopuläre, doch notwendige parlamentarische Politik nicht durch modernere Werbemethoden und dynamisch wirkende Handlungsaktionen kompensieren konnte. Nichts, so Marck warnend, bereite mehr Enttäuschungen und Verkrampfungen, als wenn man den Zusammenhang zwischen Politik und Agitation zerschneide. Und schließlich hielt Marck es für gefährlich, sich von den virulenten gegnerischen Ideologien infizieren zu lassen und ebenfalls auf Schlagwörter, Phrasen, romantische und irrationale Stimmungen zu setzen. So blieb ihm auch hier, ebenso ohnmächtig wie gewiß sympathisch, allein die Hoffnung auf die dialektische Synthese des „kritischen Idealismus" – auf die Wirkung des Appells an die „erkenntnismäßig unterbauten Gefühle".[36]

Emigration

Im März 1933 verließ Marck seine Heimatstadt. Er war dort seines Lebens nicht mehr sicher, denn in Schlesien kommandierte nun der berüchtigte Fememörder und SA-Obergruppenführer Edmund Heines, der mit fürchterlicher Brutalität gegen die prominenten Politiker der Arbeiterparteien vorging. Marck zog zunächst in das etwas friedlichere Freiburg, wo er für einige Tage als Gast im Hause seines früheren Lehrers Jonas Cohn Unterkunft fand. Dort erfuhr er, daß ihn die neue „nationale Regierung" gemeinsam mit 15 weiteren Professoren, darunter Emil Lederer, Eduard Heimann, Paul Tillich, Adolf Löwe, Max Horkheimer und Hans Kelsen, aus dem Dienst entlassen hatte. Marck kehrte Deutschland nun endgültig den Rükken und emigrierte nach Frankreich. Er hatte es dort etwas leichter als andere Emigranten, da er bald ein Forschungsstipendium von der Rockefeller-Foundation erhielt und außerdem noch an der alten französischen Universität Dijon in Philosophiegeschichte und Literatur lehren durfte.

Enttäuscht über den Untergang der alten sozialistischen Arbeiterbewegung wandte Marck sich zunächst wieder der radikalen Linken zu. Die SPD-Gruppe in Paris, der er angehörte und die er seit dem Frühjahr 1934 vorübergehend anführte, opponierte von einer antireformistischen Position aus gegen den von Otto Wels geleiteten Prager Exilvorstand der deutschen Sozialdemokratie. Marck bemühte sich zunächst um den Aufbau der Grundlagen für eine neue proletarische Einheitspartei. Nach dem Scheitern des Projekts unterstützte er Mitte der 30er Jahre die Aktivitäten des von Heinrich Mann präsidierten Pariser Volksfrontausschuß. Doch Marcks Radikalismus war abermals nur vorübergehender Natur und wiederum in erster Linie Ausdruck seiner Frustrationen über die Erfolglosigkeit der im Prinzip von ihm für richtig gehaltenen sozialdemokratischen „Realpolitik". Als politischer Theoretiker und Philosoph bewegte er sich zur gleichen Zeit nämlich vom Linkssozialismus und dogmatischen Marxismus mehr und mehr fort. Statt dessen kristallisierte sich der Kern seines kritischen Idealismus und freiheitlich-liberalen Sozialismus, um die Erfahrungen der letzten Jahre geläutert und historisch geschärft, noch stärker heraus. Beigetragen hatte dazu seine Bekanntschaft mit einem Kreis französischer Neuhumanisten, der sich seit 1932 unter der geistigen Führung Emmanuel Mouniers und angeregt durch die Anstöße des russischen Religionsphilosophen Nikolaus Berdiajow um die Zeitschrift „Esprit" gruppierte. Das Programm der „Esprit"-Gruppe lautete: Personalismus und Neuhumanismus. Siegfried Marck nun, der sich in der zweiten Hälfte der 30er Jahre dem vorwiegend aus nicht-marxistischen Linkskatholiken bestehenden Kreis zugesellte, versuchte den personalistischen Neuhumanismus zudem noch freiheitlich-sozialistisch einzufärben. Der neuhumanistische Personalismus war ein Stachel wider den kollektivistischen und totalitären Zeitgeist jener Jahre. Sein Hauptfeind war der Faschismus, als Gegner aber betrachtete er auch den Sowjetkommunismus, da sich dort die Machtapparate gegen die Menschen verselbständigt hatten und die Gemeinschaftsansprüche bis zur Knechtung und Vernichtung der Indviduen überspannt waren. Und als Widerpart des neuhumanistischen Personalismus galt schließlich der großbürgerliche Liberalismus, da dieser die Würde des Menschen den wirtschaftlichen Interessen unterordnete. Das personalistische Menschenbild vertraute hingegen auf die sich selbst bestimmende Persönlichkeit, auf das unabhängige, geistige Wesen, das durch freiwillige Zustimmung in einer Hierarchie der Werte und durch autonome Einordnung in transpersonale Gemeinschaften Selbstbestimmung und Erfüllung sucht. Marck rettete so seinen sozialistischen Individualismus aus den 20er Jahren durch den Sturzbach kollektivistischer Massenpsychosen in den personalistischen Neuhumanismus der 30er Jahre hinüber. Sozialistischer Neuhumanismus bedeutete für ihn die Renaissance der Ideen von 1789, aufbewahrt in der Synthese mit dem Sozialismus, mit dem geistigen Liberalismus und dem revolutionären Idealismus der politischen und sozialen Menschenrechte – und ergänzt um den Humanismus echten Christentums: freiheitlicher Sozialismus, Liberalismus und Christentum sollten nach den Vorstellungen Marcks auch die Pfeiler einer nach-faschistischen Gesellschaft bilden.[37]

Bevor die Deutschen im Mai 1940 in Frankreich einmarschierten, gelang Siegfried Marck noch die Flucht in die USA. In diesen ersten Kriegsjahren litt Marck außerordentlich. Schon der „Anschluß" Österreichs, die Zerschlagung der Tschechoslowakei hatten ihn deprimiert, nach den Blitzkriegerfolgen der deutschen Armee, dem raschen Verlauf des Westfeldzuges, der Einnahme von Paris war er vollends niedergeschlagen. Er gab bereits alles verloren. Seine Wut richtete sich gegen die elenden Appeaser und „wirklichkeitsfremden Scheinpazifisten" – seinen Weimarer Pazifismus hatte er längst abgestreift, das realitätsfremde, pseudorevolutionäre wehrpolitische Verständnis der Linkssozialdemokratie längst überwunden.[38] Marck wurde jetzt für einen Moment selbst an der Demokratie irre, zumindest glaubte er, daß man sich nun, wo alles auf die Mobilisierung für einen kompromißlos zu führenden Krieg gegen den Faschismus ankäme, eine demokratische Apparatur mit ihren langsamen Entscheidungsprozeduren nicht mehr würde leisten können. Um der Freiheit willen also sollte die Demokratie als Technik eingeschränkt werden, denn man habe, beschwor er düster die Alternativen, allein die Wahl „zwischen einem unaufgeklärten, in seiner Zielsetzung antimenschlichen, sich permanent machenden Totalitarismus und einem aufgeklärten, in seiner Zielsetzung humanen und vorübergehenden Totalitarismus."[39] Allerdings war dies so eine Sache mit dem aufgeklärten, sich selbst überflüssig machenden Totalitarismus. Schließlich hatten bereits die Bolschewiki einen ähnlichen Gedanken propagiert – und in ihrer Praxis hoffnungslos diskreditiert. Marck war Realist genug, auch zu sehr liberal und demokratisch eingestellt, um davor seine Augen zu verschließen; so revidierte er schon bald sein Verzweiflungskonzept vom „humanen Totalitarismus".

Hin- und her gerissen war Marck in diesen Jahren auch in seiner Einstellung zu den Kommunisten und zu Sowjetrußland. Als Anhänger der Volksfront Mitte der 30er Jahre hatte er an die demokratische Läuterung der Kommunisten geglaubt. 1940 dagegen bezeichnete er sich und andere „freiheitsliebende Bürger" verbittert als Opfer eines machiavellistischen Einheitsfrontschwindels der Kommunisten; der Haß Stalin-Rußlands gegen die Sozialdemokratie müsse nunmehr ebenso „kompromißlos" erwidert werden. Vorangegangen war der Stalin-Hitler-Pakt im Sommer 1939, der Marck und andere linke Sozialisten völlig aus der Fassung brachte. Hitler und Stalin verkörperten ihm, als er von dem Handel der beiden Diktatoren erfuhr, die Einheitsfront der Barbarei. Auch als die deutschen Armeen im Juni 1941 in Rußland einmarschierten, setzte Marck den Stalinismus noch mit dem Hitlerismus gleich, wandte sich zudem gegen eine Wiederauflage der Volksfront, zugleich aber warnte er jedoch vor einem außenpolitischen „Doktrinarismus", der nicht sehen wolle, daß „jeder Feind Hitlers unser Bundesgenosse ist." Die Widerstandskraft der Roten Armee beeindruckte Marck bald mehr und mehr. Zwar lehnte er Anfang 1942 weiterhin die leninistische Diktaturphilosophie und die stalinistischen Regierungsmethoden ab, dennoch imponierte ihm, „daß das bolschewistische System die große Prüfung des Krieges bisher so gut bestanden hat." Im März 1942 formulierte Marck acht Thesen zur „Rußland-Debatte", denen man sowohl in der sozialdemokratischen Emigration der USA als auch Englands große Aufmerksamkeit schenkte. In seinen Thesen nannte Marck Rußland den entscheidenden Bundesgenossen der Weltdemokratie. Allerdings rechtfertigte der Erfolg der russischen Kriegsführung nach Auffassung Marcks auch nachträglich keinesfalls die bolschewistische Regierungspraxis. Seine Charakterisierung der sowjetischen Gesellschaft brachte Marck auf die Formel: „Das russische System ist nicht Sozialismus und erst recht nicht Marxismus. Es enthält jedoch materiell und ideologisch stark sozialistische Züge. Es ist daher ungerechtfertigt, dieses System einen roten Faschismus zu nennen." Im Gegensatz zu vielen anderen seiner Freunde in der amerikanischen Emigration, die bereits 1944/45 den scharfen Ost-West-Konflikt antizipierten und im übrigen gutheißen, hoffte Marck bei Kriegsende noch auf eine dauerhaft stabile und friedliche Kooperation zwischen der UdSSR, England und den USA. Doch die Atmosphäre des bald ausbrechenden Kalten Krieges formte auch ihn; in den letzten Jahren seines Lebens erklärte er ebenfalls den Kommunismus zum Hauptfeind der Demokratien.[40]

Auch vom Marxismus rückte Marck, bis zu seiner Emeritierung als

Professor für Philosophie am YMCA in Chicago lehrend, nun weit ab. Die Erfahrungen der letzten zwei Jahrzehnte hatten ihn zu einem skeptischen Mann werden lassen; mehr denn je mißtraute er den großen Weltverbesserungsplänen, den ideologischen Visionen, jener utopischen Denkart, es könne jemals idyllisch und vollkommen werden auf der Erde. All das führte, mahnte Marck, nur zu einer gefährlichen Theologisierung der Politik, endete schließlich in Religionskriegen – da, wo der nüchtern auszutragende politische Konflikt angesagt war.

Nach den Erfahrungen mit dem totalitären, die Menschenrechte unterdrückenden sowjetrussischen Experiment mußte der westliche Sozialismus nach Überzeugung von Marck wieder die liberale und freiheitliche Idee in den Mittelpunkt seiner Konzeption stellen, mußte die Demokratie von einem bloßen Mittel zur Herbeiführung des Sozialismus in dessen eigenen Zweck und Maßstab verwandeln und sollte sich schließlich wieder der ethischen Wurzeln und Antriebskräfte besinnen – hier näherte sich Marck kurz vor seinem Tode dem religiösen Sozialismus Paul Tillichs und Eduard Heimanns unmittelbar an.[41]

Siegfried Marck starb am 16. Februar 1957 in Chicago.

Anmerkungen

1 Vgl. dazu das Breslauer Jüdische Gemeindeblatt 1930, Nr. 4, S. 61 u. Nr. 6, 1930, S. 93.
2 Vgl. Siegfried Marck, Deutsche Staatsgesinnung, München 1916, bes. S. 1–3 u. 71f.
3 Vgl. Allgemeiner Kongreß der Arbeiter- und Soldatenräte Deutschlands vom 16.–21. Dezember 1918 im Abgeordnetenhause zu Berlin. Stenographische Berichte, Sp. 334–335.
4 Siegfried Marck, Reformismus und Radikalismus in der deutschen Sozialdemokratie. Geschichtliches und Grundsätzliches, Berlin 1927, S. 35.
5 Breslauer Volkswacht, 12. 2. 1927.
6 Siegfried Marck, Freiheitlicher Sozialismus, hrsg. vom Bund Freiheitlicher Sozialisten, Dijon 1936, S. 4.
7 Breslauer Volkswacht, 9. 10. 1919.
8 Vgl. beispielsweise Blätter der Volkshochschule Breslau 1929/30, S. 41; 1930/31, S. 11 u. 35; 1931/32, S. 3; 1932/33, S. 10.
9 Vgl. Breslauer Volkswacht, 27. 6. u. 19. 11. 1919; 20. 2. u. 20. 11. 1920; 24. 3. 1922; 5. 1., 18. 5., 8. 6. u. 4. 12. 1923.
10 Ebd. 15. 1., 25. 4., 1. 11. 1924.
11 Sozialistische Bildung 1929, H. 9, S. 260.

12 Vgl. Breslauer Volkswacht, 3. 5. u. 14. 5. 1928; 30. 10. u. 16. 11. 29; 2. 9. 30.
13 Ebd., 9. 8. 1919.
14 Vgl. ebd., 5. 2. u. 29. 4. 1924.
15 Ebd., 3. 6. 1922; 16. 10. 1923.
16 Ebd., 12. 7. 1922.
17 Ebd., 12. 7. 1922 u. 26. 1. 1923.
18 Ebd., 10. 4. 1924.
19 Ebd., 29. 4. 1924.
20 Ebd., 9. 8. 1929.
21 Siegfried Marck, Marxistische Staatsbejahung, Breslau 1924, S. 29.
22 Breslauer Volkswacht, 6. 5. 1925.
23 Vgl. Mitteilungsblatt des Verbandes sozialdemokratischer Akademiker 1926/27, Nr. 5.
24 Sozialismus und Kultur. Tagung des Sozialistischen Kulturbundes vom 2. bis zum 3. Oktober 1926 in Blankenburg/Thür., hrsg. vom Sozialistischen Kulturbund, Berlin 1927, S. 25.
25 Breslauer Volkswacht, 21. 8. 1928.
26 Ebd., 6. 12. 1928.
27 Ebd., 6. 12. 1928.
28 Das freie Wort, 15. 12. 1929.
29 Vgl. Mitteilungsblatt des Sozialdemokratischen Intellektuellenbundes 1930, Nr. 5, S. 14.
30 Die Gesellschaft 1930, Bd. 1, S. 15.
31 Siegfried Marck, Die Dialektik in der Philosophie der Gegenwart. Zweiter Halbband, Thüringen 1931, S. 88 ff.
32 Vgl. Vorwärts, 15. 11. 1931; Die Gesellschaft 1924, Bd. 1, S. 576.
33 Siegfried Marck, Sozialdemokratie, Berlin 1931 (aus dem Vorwort, o. S.).
34 Breslauer Volkswacht, 9. 8. 1929.
35 Ebd., 17. 4. 1931.
36 Das freie Wort, 27. 12. 1931.
37 Vgl. Pariser Tageszeitung, 11. 11. 1936 u. 1. 1. 1938; Neue Weltbühne 1938, Nr. 43, S. 1347; Das Neue Tagebuch 1936, H. 16, S. 378 u. 1937, H. 10, S. 230 f.
38 Vgl. Pariser Tageszeitung, 27./28. 2. 1938; Neue Volks-Zeitung, New York, 14. 9. 1940.
39 Neue Volks-Zeitung, New York, 13. 7. 1940.
40 Zur Frage Sowjetrußland vgl. Zukunft, 4. 11. 1938; Neue Volks-Zeitung, New York, 30. 3. 1940, 28. 6. 1941, 3. 1. u. 21. 3. 1942, 30. 10. 1943, 24. 2. u. 24. 3. 1945; Siegfried Marck, Freiheitlicher Sozialismus, S. 23; ders., Ein Jahrhundert Marxismus, München 1948, S. 9 f.
41 Siegfried Marck, Vernunft und Sozialismus. Der Kampf um den Vernunftbegriff im 20. Jahrhundert, Berlin-Hannover 1956, S. 28 f.; ders., Große Menschen unserer Zeit. Portraits aus drei Kulturkreisen, Meisenheim am Glan 1954, S. 22 f.; ders., Eduard Heimanns freiheitlich-religiöser Sozialismus, in: Geist und Tat 1957, S. 326 ff.

Ausgewählte Literatur

Hirsch, Helmut: Siegfried Marck. Biographisches zur Wiederentdeckung des Philosophen, Soziologen und Sozialisten, in: Sven Papcke (Hrsg.), Ordnung und Theorie. Beiträge zur Geschichte der Soziologie in Deutschland, Darmstadt 1986, S. 368–385.

Litt, Theodor/Ritzel, Wolfgang: Siegfried Marck, in: Zeitschrift für philosophische Forschung 11 (1957), S. 602–606.

Walter, Franz: Für einen staatsmännischen Radikalismus – Siegfried Marck, in: ders., Nationale Romantik und revolutionärer Mythos. Politik und Lebensweisen im frühen Weimarer Jungsozialismus, Berlin 1986, S. 149–157.

Toni Pfülf (1877–1933)

Geschichte einer Recherche

von

Antje Dertinger

Vor dem Vergessen bewahren – wer den Buchtitel als Aufforderung zum Handeln versteht und sich darauf einläßt, wird rasch ins Detektivische geraten, sofern er oder sie sich nicht darauf beschränkt, Archivmaterial zu finden und auszuwerten, vielmehr das, was Zeitzeugen – noch – zu berichten haben, einbezieht. Journalisten ist die Personen-Befragung ohnehin das vertrauteste Mittel zur Erlangung von Informationen; und wenn sie sich, nicht selten zum Schrecken der Fachwelt, auf das Gebiet der Geschichte begeben, ist ihnen das Gespräch eine ebenso selbstverständliche mögliche Quelle wie das Studium von Archivalien, übrigens lange bevor der Begriff „oral history" in aller Munde war. – Dies vorweg.

*

Toni Pfülf vor dem Vergessen zu bewahren – das hatte ich mir zu einem Zeitpunkt, Anfang der achtziger Jahre, vorgenommen, als über sie fast noch nichts publiziert gewesen war. Doch das wenige, das hier und da in Zusammenhang mit der Geschichte der Arbeiterinnenbewegung, mit der Geschichte der Weimarer Republik und der Sozialdemokratie zu finden war, machte neugierig, wenngleich die Fakten in einschlägigen Handbüchern dürr sind: *Geboren am 14. Dezember 1877 zu Metz, katholisch, Vater Oberst; Lehrerin, wohnhaft in München, Mitglied der Sozialdemokratischen Partei Deutschlands, Armenpflegerin und Waisenrätin während des Ersten Weltkriegs, danach Mitglied des Landesarbeiterrates, Vorsitzende des Ortslehrerrates und des örtlichen Bundes sozialistischer Frauen; 1919 Wahl in die Verfassunggebende Deutsche Nationalversammlung, 1920 bis 1933 Mitglied des Reichstags, Wahlkreis Oberbayern/Schwaben, später Niederbayern/Oberpfalz, Freitod am 8. Juni 1933.*[1] Das, etwa, war alles: Eine Tochter aus bestem Hause, katholisch dazu, wird Sozialistin, und dies um die Jahr-

hundertwende; mit Mitte Fünfzig bringt sie sich um. – Was geschah dazwischen?
Marie Juchacz, die Fraktionskollegin, wußte nur wenig mehr, darunter: „Ihre Partei- und Parlamentsarbeit war dank ihrer Klugheit und ihrem Fleiß von allergrößtem Wert. Sie hatte eine... besondere Begabung für juristisches Denken."[2] An anderer Stelle noch der Hinweis auf eine innige Freundschaft mit den Breitscheids, Rudolf und Tony, denen sie im Frühling 1933 zur Flucht in die Schweiz verhalf, um selbst jedoch zurückzukehren und den beiden wenige Wochen später die folgenden Zeilen zu schreiben: „Durch das Eisenbahnmalheur, neulich (der mißglückte erste Selbstmordversuch, A. D.), ist meine Reise nach Hause ein wenig verzögert worden. Ich trete sie heute an. Hoffentlich komme ich ans Ziel. Freilich – es ist ein wenig untreu gegen Euch alle. Seid nicht böse, und seht es nicht als Flucht an..."[3]
Was, also, war geschehen? – Es brauchte viel mehr an Information, um zu sehen, daß Toni Pfülfs Lebensgeschichte – mehr wohl als die Biographien vieler anderer Menschen – eine politische Geschichte ist; daß ihr Leben durch das Zusammentreffen politischer Entwicklungen und ihrer Teilhabe daran vorzeitig endete, enden mußte. Da Toni Pfülfs Schicksal aber durchaus kein vereinzeltes war, da auch andere Menschen in ähnlicher Situation den gleichen Weg wie sie wählten, lohnt es um so mehr, sie vor dem Vergessen zu bewahren.

Zuerst: Ermittlungen in Archiven

Der Anfang war einfach. Was sie politisch getan, geäußert hatte, war leicht zu ermitteln: Gang in Archive und Bibliotheken, Lektüre von stenographischen Berichten der Nationalversammlung und der Reichstage, Durchforsten der SPD-Parteitagsprotokollbände und der Berichte über die sozialdemokratischen Frauenkonferenzen während der Jahre der Weimarer Republik, Anfragen beim SPD-Landesverband Bayern, Entdeckung eines von Toni Pfülf verfaßten Kommentars zum bildungspolitischen Teil des Görlitzer SPD-Programms, der einst gegen wenige Groschen über die „Vorwärts"-Buchhandlung zu Berlin vertrieben wurde. Dort spricht sie vom „Recht der Volksgenossen an den Kulturgütern", das nicht Selbstzweck sein dürfe, sondern „der Gesellschaft dienen" müsse. Jedoch: „Wie aber einem das Recht, in einem See zu schwimmen, wenig nützt, wenn er nicht schwimmen kann, so nützt auch das Recht an den Kulturgütern nichts, wenn die Fähigkeit des Genusses und der schöpferischen Betätigung nicht ausgebildet worden ist."[4]

Chancengleichheit im Bildungswesen, also; dafür stritt sie – das lag aufgrund ihres Berufes nahe – auch im Reichstag, als es dort um die in den zwanziger Jahren von den Sozialdemokraten angestrebte, doch niemals durchgesetzte Schulreform ging. Toni Pfülf drückte sich plastisch aus, wie überhaupt das Wort, das gesprochene und das nachzulesende, damals einen ungleich höheren Stellenwert besaß als heute. Sie sprach über den Selbstmord eines Schülers, der gerade Schlagzeilen gemacht hatte, „weil er zu Ostern nicht versetzt worden ist", und geißelte jenes elterliche Klassen-Denken, welches Oberschicht-Kinder in die Oberschule, Proletarier-Kinder in die Volksschule zwang und dabei die einen oft überforderte, die anderen erst gar nicht förderte: „Wir haben uns als Volksvertreter dafür einzusetzen, daß Kinder nicht durch die Schulen durchgepeitscht werden, nicht eine Begabung vorheucheln müssen, die sie gar nicht besitzen, und ihr ganzes Leben hindurch verbitterte und verkrüppelte Menschen werden."[5] Ja, sie war eine gute Pädagogin, „streng, aber gerecht"[6], wie ich später erfuhr, eine Lehrerin, die das, was sie in Reichstagsdebatten forderte, im Beruf auch lebte.

Aber sie beschäftigte sich auch mit verschiedenen juristischen Themen, mit Themen, die ein halbes Jahrhundert später noch nicht als erledigt betrachtet werden konnten: mit dem Ehe- und Familienrecht, mit der Forderung, die Ehezerrüttung als Scheidungsgrund anzuerkennen, mit der angestrebten Gleichberechtigung nicht ehelich geborener Kinder, mit sonstigen Fragen der Rechtsstellung außerehelich geborener Kinder, mit dem Kampf um die Gleichberechtigung der Beamtinnen, die seit der Verabschiedung der Weimarer Verfassung zwar heiraten durften, tatsächlich im Fall einer Eheschließung aber immer wieder berufliche Schwierigkeiten hatten, besonders in Bayern, woher sie, Toni Pfülf, stammte; wo sie lebte, arbeitete, gewählt wurde, immer wieder in allen Jahren der ersten deutschen Republik.

Entschieden setzte sie sich im Namen ihrer Fraktion und unterstützt durch USPD-Vertreter dafür ein, daß die Abschaffung der Todesstrafe ausdrücklich in die Verfassung aufgenommen werde. Ein Deutschnationaler entblödete sich nicht, dem damals bereits über vierzigjährigen Mitglied des Verfassungsausschusses die Qualifikation mit den Worten streitig zu machen: „Ihre jugendliche Erscheinung spricht dagegen, daß sie große kriminalistische Erfahrung gesammelt haben könnte."[7] Selbst Marie Juchacz bemerkte in ihrer dreieinhalb Buchseiten umfassenden Kurzbiographie Toni Pfülfs zuallererst deren „zierliches Figürchen"[8]; andere fanden sie „zu gefühlsbetont, bis an die Grenze zur Hysterie"[9]; auch wurde sie als eine ganz passable Genossin empfunden, allerdings „zu frauenrechtlerisch".[10] Dabei war Toni Pfülf alles andere als dies.

Eine Frau, doch keine Frauenrechtlerin

Sie stritt entschieden für Gleichberechtigung von Frauen und Männern, lehnte aber ebenso entschieden jede Ausnahmeregelung für Frauen – etwa innerhalb der eigenen Partei oder in anderen Gremien der Gesellschaft – ab. Ja, sie befaßte sich sogar kritisch mit dem Thema „Frauenpartei" – ein Diskussionsgegenstand, der ebenfalls keine Erfindung der zweiten Frauenbewegung ist: „Die... Erkenntnis, daß die Befreiung der Frau nur durch die Frau selbst erkämpft werden kann, zeigt uns bereits, daß es in der Tat besondere politische Arbeitsgebiete für Frauen gibt. Diese Erkenntnis hat aber zu einer merkwürdigen Bestrebung geführt, die ich... nicht unerwähnt lassen möchte, da sie auch Anhängerinnen unter den Sozialistinnen hat; es ist der Gedanke, eine eigene Frauenpartei zu gründen, die selbständige Listen zu den Parlamenten aufstellt und auf diese Weise den Fraueneinfluß in der Gesetzgebung stärkt. Ich will einmal ganz davon absehen, daß die Geschlechtssolidarität, die zu einem äußeren durchschlagenden Erfolg notwendig wäre, bei den Frauen durchaus nicht vorhanden ist; ich will nur von der inneren Schwierigkeit reden, Menschen der verschiedensten Weltanschauung in einer Partei zu vereinigen. Was für ein Zwitter müßte das werden!" Und dann nannte sie Beispiele: „Der Verband deutscher Volksschullehrerinnen lehnt die uneheliche Mutter als Volkserzieherin ab, da die Lehrerin eine Persönlichkeit sein muß,... die vor allen Dingen der heranwachsenden Jugend ein Vorbild in Sitte und Selbstzucht sein soll." Ähnliches hatten damals die Telegraphenbeamtinnen beschlossen, „die in der unehelichen Mutterschaft grundsätzlich einen Makel" sahen. „Gibt es da für eine sozialistische Frau noch die Möglichkeit, mit solchen Leuten zusammen eine geschlossene Partei zu bilden?"[11]

Nein, Toni Pfülf war keine Frauenrechtlerin, war vielmehr – in diesem einen Punkt der Position Rosa Luxemburgs sehr ähnlich – „der Anschauung, daß es überhaupt keine Frauenfrage gibt, daß alles, was heute als Frauenfrage deklariert wird, etwas ganz Selbstverständliches ist. Aber", so erklärte sie gegenüber männlichen Genossen, „wenn Sie das nicht sehen wollen, dann müssen allerdings wir Frauen den Teil vertreten, den Sie nicht sehen oder nicht sehen wollen."[12] Auch von einer Quotierung hielt sie nichts: „Wenn wir in öffentlichen Körperschaften der Zahl unserer Mitglieder entsprechend vertreten zu sein wünschen, so ist die Voraussetzung dafür, daß in der Generalversammlung der Partei... die Frauen nicht schweigen. Das gilt in gleicher Weise für die Gesellschaft überhaupt."[13] Dazu freilich, das wußte auch Toni Pfülf, mußten die Frauen „den Grad von Selbstbewußtsein bekommen, der für die Menschenwürde notwendig ist. Das ist allerdings sehr schwer; denn wer lange Sklave gewesen ist, wird nicht auf einmal ein freier Mensch."[14] Sie war also Realistin genug, um keine plötzlichen Veränderungen im Verhalten von Frauen zu erwarten. Sie hätte ganz sicher aber nicht vermutet, daß ihre Partei fünfzig, sechzig Jahre später mit der 40-Prozent-Quote eine massive Frauen-Förderklausel einführen würde; sie hätte niemals erwartet, daß dies notwendig werden würde. Daß Toni Pfülf in der oben erwähnten Rede nicht ausdrücklich die damals noch relativ neuen staatsbürgerlichen Rechte der Frauen nannte, sondern von der „Menschenwürde" sprach, belegt zum einen, wie sehr Frauen-Emanzipation für sie ein Ziel war, welches sich eben nicht auf die Nutzung der in der Weimarer Verfassung noch verhältnismäßig eingeschränkten Frauen-Rechte reduzieren ließ; zum anderen macht die Verwendung des Begriffes „Menschenwürde" deutlich, daß es sich bei der Durchsetzung von Frauen-Rechten für Toni Pfülf um ein Problem handelte, welches die gesamte Gesellschaft, keineswegs allein die Frauen, anging. Logisch, daß sie die Frauen-Frage nicht isoliert betrachtet wissen wollte.

Oral history macht Geschichte lebendig

Das Manuskript, welches aufgrund dieser und weiterer Studien in Archiven und Bibliotheken entstand, bot mehr als bis dahin je über Toni Pfülf geschrieben worden war. Doch wen hätte es zum Lesen gereizt? Sicherlich niemanden unter den jüngeren Menschen, für die allein wir doch aufschreiben, was uns wichtig erscheint. Der Mensch Toni Pfülf mußte, wenigstens andeutungsweise, sichtbar werden. Und das wird nur möglich durch die Mitteilungen von Menschen.

Selbstverständlich besuchte ich Josef Felder, Jahrgang 1900 und, wie Toni Pfülf, aus Bayern stammend. Er ist der letzte noch lebende sozialdemokratische Abgeordnete und war eben über dreißig, als er mit Nein votierte bei der Abstimmung über Hitlers „Ermächtigungsgesetz"; kurz darauf mußte er ins Exil flüchten. „Die Toni" hatte er, das war klar, gekannt und konnte viel erzählen über die Zeit, in der die Haltung von Partei und Gewerkschaften seine Fraktionskollegin in den Selbstmord trieb: „Daß ich jetzt als Lehrerin rausgeworfen werde", erklärte sie ihm, als er sie nach dem ersten Selbstmordversuch umzustimmen versuchte, „das bedrängt mich nicht, und wenn ich künftig die Straße kehren müßte. Aber der mich aufwühlende Gedanke: daß die große Partei und das Millionenheer der Gewerkschaften, daß Ihr Männer nicht auf jedes Risiko hin Widerstand geleistet habt, der läßt mir keine Ruhe mehr. Und wenn Ihr noch einmal nach Berlin geht (zur Reichstagssitzung im Juni 1933, A. D.), dann bin ich nicht mehr dabei. Ich bin entschlossen, keine weitere Schmach mehr zu erleben."[15]

Oral history, also; dig, where you stand, oder reise hin und frage. Ich habe den Wissenschaftlerstreit über das Für und Wider nie nachvollziehen können: Wenn sich die Aussagen von Zeitzeugen mit dem Inhalt von wissenschaftlich anerkanntem Quellenmaterial in Einklang bringen lassen, wenn sich außerdem die Mitteilungen von Zeitzeugen, welche sich untereinander nicht kennen, gleichen, dann, meine ich, können diese Informationen einbezogen werden und durchaus zur Veranschaulichung der Darstellung historischer Tatbestände, geschichtlicher Abläufe dienen. Diese Veranschaulichung aber ist mindestens dann notwendig, wenn man Menschen gewinnen möchte, sich mit einem ihnen bis dahin unvertrauten Thema zu beschäftigen, wenn man sie ansprechen, interessieren will. Freilich erscheinen mir die Mitteilungen von Zeitzeugen auch dann nicht ohne Wert, wenn sie „nur" fürs Archiv gesammelt werden. Selbstverständlich gilt es, die Spreu vom Weizen zu trennen. Als mir ein alter Sozialdemokrat, der Toni Pfülf in München gekannt und erlebt hatte, berichtete, sie sei maßgeblich an der Abfassung der berühmt gewordenen Rede von Otto Wels zum „Ermächtigungsgesetz" beteiligt gewesen, ich diese Information aber an keiner anderen Stelle belegt fand, habe ich sie nicht verwendet, nicht einmal als Mutmaßung mitgeteilt. Was jedoch Josef Felder und andere mir schrieben und erzählten, stimmte mit überprüfbarem Informationsmaterial überein.

Spannendes Aktenstudium

Zum Beispiel das „Informationsmaterial Personalakte" der Beamtin Antonie Pfülf, über die der inspizierende königlich-bayerische Schulrat feststellte, sie sei „heiteren Gemüthes", doch „ohne Vermögen" gewesen. Die Einser-Noten auf dem Beurteilungsbogen der Junglehrerin wurden bestätigt durch Bemerkungen über ihre außergewöhnlich starke pädagogische Begabung, jedoch relativiert durch die Feststellung, daß sie „nicht immer den vollen Gleichmuth zu bewahren (wußte)".[16] Später dann, nachdem Toni Pfülf aus der katholischen Kirche ausgetreten war, führte die Kultusbehöre mit ihr einen zehn Jahre währenden und bis zu ihrem Tod nicht abgeschlossenen Streit über die Frage, ob es überhaupt statthaft sei, daß eine bayerische Beamtin Beamtin bliebe, wenn sie weder der katholischen noch einer anderen christlichen Religionsgemeinschaft angehörte. Toni Pfülf berief sich in diesem Zusammenhang immer wieder auf die Verfassung, die sie miterarbeitet und mitbeschlossen hatte: „Über einen etwaigen Kirchenaustritt erkläre ich, daß ich aufgrund des Art. 136 Abs. 3 der R. V. zu einer Antwort nicht verpflichtet bin."[17] – Personalakten seien im allgemeinen uninteressant, hatte mich eine Historikerin gewarnt. Ich aber fand sie spannend und glaube nicht, daß es sich hier nur um einen Einzelfall handelt.

Auch das städtische Archiv ihrer Wahlheimat München bewahrt Informationen. Die Meldekartei verrät, daß Toni Pfülf schon mit neunzehn Jahren nach München kam, um dort Lehrerin zu werden – gegen den Willen der Eltern, wie aus anderer Quelle zu erfahren war. Sie hatte viele Adressen, wohnte in den ersten Münchner Jahren immer zur Untermiete, zuletzt in der kleinen gartenwärts gelegenen Wohnung eines Hauses in der Kaulbachstraße; es hat den Krieg überstanden. Ihre Grabstätte, vergessen von der Familie und der Partei, wurde erst in den sechziger Jahren neu belegt, wie das Friedhofsamt wußte. Verloren dagegen sind Hinweise über ihre ehrenamtliche Arbeit als Armen- und Waisenrätin; darüber aber gibt es die Auskünfte von Menschen, denen sie damals half, und die Erwähnung durch die Fraktionskollegin Marie Juchacz.

Fragen an tote Weggefährten...

Hatten weitere Zeitgenossen Toni Pfülfs über sie geschrieben, politische Freunde, die nicht mehr lebten? Dies zu ermitteln bedeutete den nächsten Schritt und neuerliches, langwieriges Studium in Bibliotheken; nicht jeder Autor fügt seiner Arbeit ein Personenregister an.
Paul Löbe schrieb Liebevolles, Wilhelm Hoegner eher Bissiges; Rudolf Breitscheid äußerte Hochachtung und Bewunderung; Friedrich Stampfer hinterließ in seinem im Exil verfaßten Buch über die erste deutsche Republik eine sachliche, aber für Toni Pfülfs politische Eigenwilligkeit aufschlußreiche Bemerkung, die gleichzeitig über den wohl einzigen Kompromiß, welchen sie als Parlamentarierin eingegangen ist, Auskunft gibt: Das Kabinett Scheidemann war zurückgetreten, nachdem über die Frage der Unterzeichnung des Versailler Vertrages keine Einigung hatte erzielt werden können. „Ebert entschloß sich also zu bleiben und eine Regierung zu ernennen, die aus sozialdemokratischen Befürwortern der Unterzeichnung und aus Zentrumsmitgliedern bestand... Außenminister wurde Hermann Müller, der sich im Laufe entscheidungsschwerer fünf Wochen zu der Überzeugung durchgerungen hatte, daß die Unterzeichnung nun doch nicht mehr zu vermeiden war. Mit ihm hatte die Fraktion den gleichen Wandel vollzogen, nur fünfzehn Fraktionsmitglieder – unter ihnen Wolfgang Heine, Toni Pfülf, Adolf Braun und Hans Vogel – erließen eine Erklärung, daß sie sich wohl der Fraktionsdisziplin fügten, aber mit dem Beschluß der Fraktion, für die Unterzeichnung zu stimmen, nicht einverstanden seien."[18]
Toni Pfülf wird sich – dies aber bleibt Spekulation – gerade mit Hermann Müller intensiv über das schwierige Problem auseinandergesetzt haben, Müller, zu dem sie in einer starken persönlichen Beziehungen stand, der sich jedoch „durchgerungen" und die Erklärung seiner fünfzehn Genossinnen und Genossen nicht unterschrieben hatte.
Eher Persönliches teilte Breitscheid mit. Er bezeichnete Toni Pfülf als einen Menschen „von aufrechter Gesinnung und gradem Cha-

rakter. Kompromisse lagen ihr nicht, und so fand sie keine Freude an der Koalitions- und Tolerierungspolitik, die die Sozialdemokratie zu treiben genötigt war. Sie sprach ihre abweichende Meinung offen und rückhaltlos in der Fraktion aus." Sie ertrug persönliche Beschimpfungen „von den braunen Landsknechten im Polizeigewahrsam... Aber was sie nicht ertrug, war das Versagen der Rumpffraktion an dem Tage der außenpolitischen Rede Hitlers... In dieser Frau war mit einem Schlage alles zerbrochen."[19] Paul Löbe schilderte sie als „eine der klügsten und tapfersten Vertreterinnen, eine Sozialistin der Tat, von sprudelnder Lebendigkeit und warmer Menschenliebe", die „die Grausamkeiten der Nazis, aber auch die Haltung der eigenen Fraktion in diesen Tagen nicht verwinden (konnte)."[20] Durch Wilhelm Hoegner, ihren knorrigen bayerischen Landsmann, wurde Toni Pfülf wiederholt erwähnt. Er schätzte sie als eine der „wenigen geistig bedeutenden Frauen in der Nationalversammlung und im Reichstag... Der Fleiß und die Ausdauer, mit der sie diesen fast rein ländlichen Wahlkreis (Niederbayern/Oberpfalz, A. D.) bearbeitete, war bewundernswert. Wie sie mit ihrem Antialkoholismus und ihrer Freigeisterei bei dieser gut katholischen und trinkfesten Bevölkerung zurechtkam, ist nie richtig bekannt geworden." Sympathie allerdings brachte Hoegner seiner Fraktionskollegin nicht entgegen: „Ich war als Bayer vielleicht zu naturhaft, um diesen scheinbar kalt verstandesmäßigen und bei politischen Entscheidungen doch rein vom Gefühl bestimmten Typ intellektueller Frauen zu verstehen." Da wundert es kaum, daß Hoegner, der „naturhafte" Mann, von dieser ungewöhnlichen Frau sagte: „Äußerlich stellte sie einen fast männlichen Typ dar, wenn sie es gelegentlich auch nicht an weiblicher Schläue fehlen ließ."[21]

...und an lebende Zeitgenossen

Diese Weggefährten Toni Pfülfs waren lange schon tot, als ich meine Recherchen begann. Gab es – außer ihrem Fraktionskollegen Felder – noch lebende? Wenn ja: Wie waren sie zu finden? Und schließlich: Würde sich die Mühe lohnen, sie zu suchen? – Es kam, es kommt immer auf den Versuch an.
Eine Anfrage über die sozialdemokratische Mitgliederzeitschrift, nur fünf Zeilen lang, und eine Notiz im Münchner Lokalteil einer großen überregionalen Tageszeitung brachten ein unverhofft starkes

Echo: Briefe, Fotos, Telefonanrufe, Hinweise auf Personen und ihre Adressen, persönliche Erinnerungen, fotokopierte Dokumente. Ich hatte den Versuch, Menschen auszukundschaften, die Toni Pfülf noch erlebt hatten, bewußt nicht zeitlich parallel zur Arbeit in Archiven unternommen, sondern nacheinander: Als ich oral history über Toni Pfülf zu betreiben begann, besaß ich bereits umfängliche Kenntnisse durch traditionelles Quellenstudium und konnte die mir von Zeitzeugen mitgeteilten Erinnerungen sicherer einordnen, mußte sie allerdings zuweilen auch als irrtümlich, unwahrscheinlich, jedenfalls nicht weiter überprüfbar verwerfen; auch gezieltes Nachfragen fiel leichter als bei einer schon zeitgleich zum Quellenstudium erfolgenden Befragung von Zeitgenossen. Im übrigen bereitete es größtes Vergnügen, mit vielen in der Regel sehr alten Menschen zu sprechen, zu korrespondieren, sie nach ihren Erfahrungen und Erinnerungen zu befragen und ihre Mitteilungen einzubringen in eine Arbeit, die bis dahin über den Menschen Toni Pfülf nur wenig hatte aussagen können.

Bald nach dem Start der Aktion „Wer hat Toni Pfülf gekannt?" war sie besser vorstellbar – zunächst und vor allem durch Fotografien, die man zur Verfügung stellte, Gruppenfotos und Porträtaufnahmen, mehr als ich davon im sozialdemokratischen Parteiarchiv hatte entdecken können. Für „Augenmenschen" ist die Möglichkeit, sich etwas oder jemanden optisch vorstellen zu können, eine wichtige Sache: Ein ovales Gesicht, umrahmt von dunklem, gewelltem, sehr kurzem Haar; eine ungewöhnlich lange Nase, sehr große Augen; ein vollkommen gerader, energisch wirkender Mund. Auf einigen Fotos scheint etwas Spöttisches mehr in den Augen- als in den Mundwinkeln angedeutet; und auf nahezu allen Bildern sieht man Toni Pfülf in einem dunklen Kleid mit einem großen weißen Kragen und immer derselben silbernen Brosche. Nach überkommenen Beschreibungsmustern wäre bis in die Mitte der zwanziger Jahre hinein Toni Pfülf als knabenhaft, ihr Gesicht als herb zu charakterisieren, während jenes bekanntere Foto der über Fünfzigjährigen Nachdenklichkeit und Wärme auszustrahlen scheint. Marie Juchacz, die sie gekannt und – leider viel zu knapp – beschrieben hatte, sprach von einem „klugen, von scharfer Gedankenarbeit gezeichneten Gesicht und manchmal ein klein wenig spöttischen, aber immer gütigen Augen".[22] Die Mitteilungen der Zeitzeugen, der damals im Verhältnis zu Toni Pfülf sehr jungen Menschen, ergänzten nach und nach das Bild – Steine zu einem Mosaik, das niemals mehr vollständig werden wird, weil die Arbeit daran zu spät begonnen wurde. – Einige Beispiele aus den Erinnerungen von Schülern, Verwandten, Bekannten, Freunden Toni Pfülfs folgen hier der Chronologie ihres Lebens.

Details aus dem „unpolitischen" Leben

Eine hochbetagte Großnichte meldete sich und bekannte telefonisch, daß sie „selbstverständlich über die Toni gar nichts sagen" könne, „weil mit ihr niemand aus der Familie verkehren durfte, nachdem sie durchgebrannt war von zu Hause", um in München die Lehrerinnenbildungsanstalt zu besuchen. Aber über die Familienverhältnisse wußte diese Verwandte viel: über die herrische, später morphiumsüchtige Mutter; über den zaghaften, so gar nicht dem Bild eines Offiziers entsprechenden, ja, sogar als Pantoffelhelden bezeichneten Vater; über die im Gegensatz zu Toni sanfte Schwester Emma; über den endgültigen Bruch zwischen Elternhaus und Toni, nachdem ruchbar geworden war, daß diese sich der Sozialdemokratie angeschlossen hatte; über die viel später dennoch erfolgten, aber vor der Mutter verheimlichten gelegentlichen Treffen von Vater und Schwester mit der Verstoßenen.[23] Ein Wissenschaftler, ehemals als Student bei der damals bereits verwitweten Mutter Justine Pfülf zur Untermiete wohnend, bestätigte deren Morphiumsucht[24]; eine Verwandte, die durch Einheirat den Namen Pfülf trägt, erinnerte sich an weitere Details aus dem tristen Zuhause der Toni Pfülf: die zerrüttete Ehe der Eltern, die Drogenabhängigkeit der Mutter, die den schwachen Mann zur Sucht verführte: „Frühzeitig mußte er dadurch seine aussichtsreiche Laufbahn abbrechen. Schwester Emmy, in der ganzen Familie als gütiger Engel verehrt, war Kindergärtnerin und scheint niemals die Verbindung zu Toni aufgegeben zu haben,... die eine begnadete Lehrerin und eine ausgesprochen kluge Persönlichkeit war."[25]

An das fürsorgerische Engagement ihrer Lehrerin erinnerten sich mehrere, zum Zeitpunkt der Befragung noch lebende Schülerinnen und Schüler, unter ihnen auch ein alter Sozialdemokrat, damals ein Kind, dessen Vater durch den Arbeitgeber „wegen Verletzung der Aufsichtspflicht" fristlos entlassen, also brotlos war: „Keine Arbeitslosenunterstützung und sieben Kinder täglich zu versorgen. Da kam Toni Pfülf wiederholt zu uns, brachte das Notwendigste zum

Lebensunterhalt und auch sonstiges; ihre Hilfe beruhte auf ihrer gemeindlichen Funktion als Armenrätin."[26] Aber sie gab häufig auch außerhalb ihrer „gemeindlichen Funktion", lieh sich Geld, weil sie selbst oft nichts mehr hatte, so daß die Freunde mehr als einmal sagten, man müsse „aufpassen auf die Toni, sonst verschenkt sie noch ihr letztes Hemd".[27]

Ein Präsidentenkind erinnert sich

Kindheitserinnerungen teilte auch Werner Löbe mit, der Sohn des Reichstagspräsidenten. Präzise beschrieb er die weitläufige Dienstwohnung, die der Familie Paul Löbes während fast aller Jahre der Weimarer Republik gegenüber dem Reichstagsgebäude zur Verfügung stand; schilderte die einzelnen Stockwerke des Hauses, welches heute nicht mehr steht, und die karge Möblierung der Gästezimmer; berichtete schließlich, wer diese Gästezimmer regelmäßig bewohnte, immer dann nämlich, wenn Reichstagssitzungen einberufen worden waren: Toni Pfülf, Wilhelm Sollmann, Adolf Braun mit Tochter Ida. Sie zählten zu den Freunden Löbes, und da die Dienstwohnung reichlich Raum bot, gehörten sie zu den Privilegierten, welche keine Pension aufsuchen mußten, wenn sie zu den Sitzungstagen vom Wohnort in die Hauptstadt reisen mußten. „Ihre Menschenliebe", erinnerte sich Werner Löbe an Toni Pfülf, „ist in all den Jahren das Leitmotiv ihres Lebens gewesen – ob es sich um private Initiativen, zum Beispiel persönliche Fürsorge für entlassene Strafgefangene, oder um durch ihre Abgeordnetentätigkeit sich ergebende Aufgaben handelte. Ihre Selbstlosigkeit ging oft so weit, daß sie selbst in Geldschwierigkeiten kam, weil sie vor der nächsten Diätenzahlung alles weggegeben hatte... Einmal lief ein uns unbekannter und nicht gerade sehr vertrauenerweckender Mann durch den langen Korridor und steuerte auf ihr Zimmer zu. Als wir sie später fragten, antwortete sie nur: ‚Ach, das war mein herziger kleiner Raubmörder.' Sie übte also praktische Sträflingsfürsorge aus."[28]

Die Besuche, welche Toni Pfülf ihrer „Zweitwohnung" im Berliner Dienstquartier des Reichstagspräsidenten abstattete, erfolgten häufig, aber nicht regelmäßig; der Reichstag trat nach Bedarf, nicht in festgesetzten Sitzungswochen zusammen. In der Personalakte der Lehrerin und Abgeordneten Pfülf finden sich immer wieder Ersuchen um zeitweilige Beurlaubung zur Erfüllung ihres parlamentarischen Mandats, später die Bitte, ihr für den Unterricht eine junge Lehrerin beizugeben, damit im Falle ihrer mandatsbedingten Abwesenheit durch diese eine gewisse Kontinuität des Unterrichts gewährleistet werden konnte.[29] Die Arbeitsbedingungen der Parlamentarierin in Berlin waren denkbar günstig. Sie besaß nicht nur ihre bequeme, dem Reichstagsgebäude nahegelegene Bleibe, sondern auch ein Arbeitszimmer im Parlament. Dies war, wie ihr Fraktionskollege Felder mitteilte, keineswegs selbstverständlich: „Die Abgeordnetenzimmer im zweiten Obergeschoß des Parlaments reichten bei weitem nicht aus, so daß oft mehrere Kollegen ihre Schreibarbeit im großen Schreibsaal im Hauptgeschoß vollzogen, um den anderen in den Genuß des kargen Arbeitszimmers zu setzen. Toni Pfülf hatte im zweiten Obergeschoß das Zimmer 57, ich 58. Im Plenarsaal saß Toni ganz vorne auf Platz 28, zwischen dem Genossen Scheidemann auf der einen Seite und Dr. Bell vom Zentrum auf der anderen. Vor ihr saßen nur noch der Genosse Schreck, Bielefeld, und Thomas Esser vom Zentrum. In nächster Nähe waren Breitscheid, Sollmann, Löbe, Wels, Stampfer, Hilferding, Dittmann, Landsberg."[30]

Den Motiven auf der Spur

Parlamentarische Arbeit in Berlin, berufliche Arbeit in München, Basisarbeit im Wahlkreis, in Regensburg, Weiden und den kleineren Orten Niederbayerns und der Oberpfalz; zwischendurch wiederholte gesundheitliche Rückschläge, ein Aufbrechen der als Junglehrerin erworbenen Lungentuberkulose, die sie mit zäher Energie und weitgehend erfolgreich bekämpfte. Auch aus dem Wahlkreis immer wieder Informationen über ihren selbstlosen Einsatz für Menschen aus der Arbeiterklasse, mit denen sie erst als junge Frau – und niemals vorher – in Berührung gekommen war: „Ich bin lange Jahre in einer Schule in einem Fabrikarbeiterort (das war Lechhausen bei Augsburg, A. D.) gewesen. Ich habe Hunderte von Knaben durch meine Klasse gehen sehen, die sehr begabt waren und denen ich von Herzen gewünscht hätte, daß sie eine bessere Schulbildung hätten durchmachen können. Mit zwölf Jahren haben sie diese Volksschule verlassen müssen und sind in die Textilfabriken von Augsburg gegangen. Viele von diesen Knaben kamen des

Abends zu mir, um mit mir weiterzulernen, viele von ihnen haben mir nach drei bis vier Monaten sagen müssen: ‚Fräulein, ich bin abends zu müde, ich kann nicht weiterlernen‘, und mit tränenden Augen haben mir das die Knaben erzählt."[31] Für die Lehrerin Pfülf endete die Teilnahme an „den Knaben" niemals beim Läuten der Schulglocke.

Toni Pfülf und ihre Schwester hatten, obwohl als Kinder von Gouvernanten und Dienstmädchen umsorgt, in ihrer frühen Jugend Elend kennengelernt, Eheelend, Familienelend. Ob beide deshalb „niemals an Heirat dachten"[32], wie eine Verwandte zu wissen glaubte, könnte zutreffen, bleibt aber Spekulation. In jedem Fall erlernten beide Berufe, um zumindest die Möglichkeit einer selbständigen Existenz als Frau zu erhalten; und beide setzten sich in ihren Berufen überdurchschnittlich stark ein für die Menschen, mit denen sie umgingen, die eine als Lehrerin, die andere als Kindergärtnerin, die eine als Freigeist, die andere als strenggläubige Katholikin. Daß es Toni – der älteren, der intellektuellen, der temperamentvollen unter den beiden Schwestern – nicht reichte, nur „vor Ort", nämlich in der Schule und in der kommunalen sozialen Arbeit, zu kämpfen, scheint, nach allem, was über ihre Lebensumstände und ihr Wesen bekannt geworden ist, nur konsequent. Deshalb ging sie „in die Politik", trat der Partei bei, die sich damals als einzige der Nöte des Proletariats annahm und nicht an Symptomen herumzudoktern beabsichtigte.

Ihre Motivation – vorsichtiger ausgedrückt: ihre mutmaßliche Motivation – wäre ohne die Befragung von Menschen, die sie gekannt hatten, nicht zu ermitteln gewesen.

„Kompromisse lagen ihr nicht"

Tapfer und frühzeitig stritt Toni Pfülf gegen den Nationalsozialismus; als Münchnerin erlebte sie seine Anfänge gewissermaßen hautnah mit. Aus Orten ihres Wahlkreises sind Protokolle der Kriminalpolizei erhalten: „Die Rednerin wandte sich in einstündigem Vortrag scharf gegen den Nationalsozialismus und bemerkte, daß die Arbeiterschaft geschlossen bereitstehen werde, falls eine Rechtsregierung eine Verschlechterung der Lebenshaltung der Arbeiterschaft und der Sozialgesetzgebung herbeiführen wolle... Die ganze Rede der Referentin war eine Kampfansage an den Nationalsozialismus."[33] Aber es kam noch schlimmer, und die Arbeiterschaft stand nicht „geschlossen bereit", jedenfalls nicht ihre Führung. Die Sozialdemokraten im Reichstag, unter ihnen Toni Pfülf, MdR, standen allein da, als es um die Ablehnung des „Ermächtigungsgesetzes" ging; viele von ihnen konnten gar nicht nach Berlin kommen, lagen, wie Sollmann, schwer mißhandelt in Krankenhäusern, waren inhaftiert oder geflüchtet. Der Allgemeine Deutsche Gewerkschaftsbund schickte eine Ergebenheitsadresse an die Nazi-Regierung und konnte doch seine Organisation nicht retten, mußte vielmehr hilflos zusehen, wie die Bewegung zerschlagen, wie Funktionäre ermordet wurden. Teile der SPD-Führung gingen in jenen Tagen ins Ausland, andere blieben in Deutschland und stritten darüber, ob man zu jener Reichstagssitzung gehen solle, auf der Hitler eine außenpolitische Erklärung, die sogenannte „Friedensresolution", abzugeben gedachte...

An diesem Tag – es war der 17. Mai 1933 – war das Maß des Ertragbaren für Toni Pfülf voll. Sie ordnete ihre Angelegenheiten, schrieb ihr Testament, entwarf eine Todesanzeige, die in der von ihr gewünschten Form nie veröffentlicht wurde, verfaßte Abschiedsbriefe an die engsten Freunde, nahm jedoch auf der Rückfahrt von Berlin nach München zu wenige Tabletten. Niemand, der es danach versuchte, vermochte sie umzustimmen, wie Werner, der Sohn Paul Löbes, und andere sich erinnerten: „Nach dem ersten Versuch fuhr mein Vater zusammen mit Louise Schroeder zu ihr nach München; sie wimmelte alle Versuche, sie zum Durchhalten zu veranlassen, mit den Worten ab: ‚Über dieses Thema wird nicht gesprochen!'"[34] Von vielen anderen Freunden wurde sie beschworen, ihre Entscheidung zu revidieren. „Freunde, die sie kurz vor der Ausführung ihres Entschlusses sahen, fanden sie aufrecht und heiter."[35]

Tatsächlich wirken ihre Abschiedsbriefe nicht vollkommen verzweifelt, nicht vollkommen ohne Hoffnung: „Ich bitte Dich, unseren Freunden meinen letzten treuen Gruß zu bestellen. Sie sollen den Mut nicht sinken lassen. Das Banner bleibt stehen, wenn der Mensch auch fällt. Ich danke Euch allen für Euer Vertrauen und Eure Treue zu unserer großen Sache. Den Weg, den die Partei jetzt geht, kann ich nicht mitgehen. Ich sterbe im Glauben an die sozialistische Zukunft Deutschlands und der Welt..."[36] Das geschah am 8. Juni 1933.

In Übereinstimmung mit sich selbst

Zwei Tage später erschien in der Wiener „Arbeiterzeitung" ein bewegender Nachruf. Er knüpft an die sachliche Meldung des Wolffschen Telegraphenbüros an, die mit der Feststellung endet, es läge „einwandfrei Selbstmord" vor. Die „Arbeiterzeitung" kommentierte: „Toni Pfülf... ist an dem Geist des Dritten Reiches gestorben; sie wird weiterleben, Geist sozialistischer Überzeugungstreue, proletarischer Ehre und Menschenwürde. Ihr Tod wird einst gesühnt werden – an den Schuldigen ihres ‚einwandfreien' Selbstmordes."[37]
„Wir haben die Toni alle sehr verehrt", erinnerte sich die österreichische Sozialistin Rosa Jochmann, die auch von häufigen Besuchen Toni Pfülfs bei ihren Genossen in Wien berichtete.[38] Rosa Jochmann war es auch, die auf ein nahezu hundert Zeilen langes Gedicht hinwies, das einige Monate nach dem Tod Toni Pfülfs, ebenfalls in der „Arbeiterzeitung", erschien; es endet mit den Versen: „Wir grüßen ihr Grab und schließen die Reih'n. / Sie hat uns die Losung gegeben: / Wißt Ihr, was das heißt: Sozialistin zu sein? / Ihr Leben weiter zu leben!"[39]
Aus beiden Beiträgen spricht tiefe Bewegung, die nur zum Teil mit der bei den österreichischen Sozialisten empfundenen Erschütterung über den kampflosen Niedergang der deutschen Sozialdemokratie zu erklären ist. Der größere Anteil dürfte der Tatsache zuzuschreiben sein, daß Toni Pfülf eine Persönlichkeit war, die zur Stellungnahme herausforderte; sie ließ niemanden gleichgültig, nicht im Positiven, nicht im Negativen.
Die Nationalsozialisten haben sie deshalb, wie auch die zitierte Breitscheid-Äußerung belegt, früh und in besonders bösartiger Weise angefeindet. Ein Beispiel ist in einem „Stürmer"-Artikel nachzulesen. 1925 hatte es Toni Pfülf gewagt, sich auf einer Veranstaltung zur Diskussion zu melden, auf der zuvor Julius Streicher gesprochen hatte; man ließ sie nicht zu Wort kommen. Streichers Hetzblatt berichtete trotzdem ausführlich darüber, indem es Toni Pfülf darüber belehrte, „was man in Bayern droben zu einer Dame, wie Sie eine sind, sagen würde: ... A so a Weibsbild schämt sich net, mit einem Bubikopf ans Rednerpult zu kommen. Gehen S' heim, nehmen S' an Schrubber und an Putzlumpen in d' Hand und überlassen S' das Politisieren den Mannsleuten!" Und weil der Schreiber inhaltlich nichts vorzubringen hatte, zitierte er ein anderes Blatt, das sich bereits über „die Novembersozialistin Pfülf" ver-

breitet hatte. Wieder wird ihr Äußeres geschildert: „Hängekleid, gekräuselter Tituskopf, auf der Nase einen Kneifer und ein Gesicht wie ein Erdweibchen"; wieder wird inhaltlich nichts mitgeteilt, vielmehr von einer „lustigen Varietévorstellung" gesprochen, die Toni Pfülf gegeben habe. Abschließend dann der „Stürmer": „Wer noch nicht genug... hat, der schaue sich dieses Weibsleut... selbst an, vorausgesetzt, daß er starke Nerven hat."[40]

Auf ganz anderer Ebene liegen die sehr ambivalent wirkenden Bemerkungen Wilhelm Hoegners. Sie sagen im Grunde weniger über Toni Pfülf als über Hoegner selbst aus. Ihn irritierte die kluge, mutige, hart arbeitende Frau, die dann aber nicht „Manns genug" war, um die schweren Zeiten durchzustehen; sie war eben doch „nur" eine Frau, die ihm oft zu emotional erschien. Er hatte keinerlei Vorstellungen davon, daß ein analytischer Verstand und Emotionalität einander nicht auszuschließen brauchen. (Die Diskussion darüber hat Jahrzehnte später die zweite, feministisch motivierte Frauenbewegung erst in Gang gebracht.)

Toni Pfülf war keine linke, sondern eine eher konservative Sozialdemokratin, die sich mit den Themen befaßte, mit denen sich die SPD der Weimarer Zeit beschäftigte. Da sie ihrer Partei keine programmatischen Impulse gegeben hat, wurde sie von ihr vergessen. Inhaltlich bemerkenswert war Toni Pfülfs Engagement in der Frage, ob die Abschaffung der Todesstrafe ausdrücklich in die Verfassung aufgenommen werden sollte oder nicht; keine andere Sozialdemokratin hat sich für die Aufnahme eingesetzt oder sich überhaupt dazu geäußert. Von diesen anderen sozialdemokratischen Parlamentarierinnen unterschied sich Toni Pfülf freilich auch durch ihre Herkunft. Im Gegensatz zu den meisten SPD-Politikerinnen der „ersten Stunde" entstammte Toni Pfülf einem großbürgerlichen Milieu, besaß also einen erheblichen Bildungsvorsprung; zudem hatte sie einen allgemein akzeptierten Beruf erlernt und übte ihn auch aus. Doch deutet unter allem, was über Toni Pfülf überliefert ist, nichts darauf hin, daß sie in der Partei – wie es etwa Lily Braun ergangen ist – „zwischen zwei Stühlen gesessen" hätte. Weder die ausgeprägte Parteidisziplin, die ihr eigen war, noch die große Begabung als Parlamentarierin und als Versammlungsrednerin erklären die Akzeptanz, ja, die Zuneigung, die aus den meisten mündlichen und schriftlichen Äußerungen von Zeit-Genossen spricht. Der Schluß liegt nahe, daß sie als Mensch und als Politikerin überzeugte, weil sie sich eben nicht aufspaltete in: hier Mensch, dort

Politikerin. Sie wurde geliebt, weil sie sich hingebungsvoll für die Klasse einsetzte, der sie ursprünglich nicht angehört hatte. Und sie war glaubwürdig, weil ihr Leben und ihre Reden vollkommen übereinstimmten. Das ist mehr als man über die meisten Politiker sagen kann.

*

Fünfzig Jahre nach ihrem Tod, im Sommer 1983, ging ich durch die Toni-Pfülf-Straße in München. Niemand, den ich damals ansprach, wußte, wer sie gewesen war. Daraufhin hörte ich auf, Zeitzeugen zu befragen und beendete die Arbeit an einer biographischen Erzählung über das Leben der Antonie Pfülf.[41]

Anmerkungen

1 Max Schwarz, Biographisches Handbuch der Reichstage, Hannover 1965, S. 727, und Franz Osterroth, Biographisches Lexikon des Sozialismus, Hannover 1960, S. 239f.
2 Marie Juchacz, Sie lebten für eine bessere Welt, Hannover 1971, S. 89ff.
3 Rudolf Breitscheid, Toni Pfülf zum Gedächtnis, in: Internationale Information für Pressezwecke, hrsg. vom Sekretariat der Sozialistischen Arbeiter-Internationale, Ausg. vom 17. 6. 1933, Zürich 1933, S. 290f.
4 Antonie Pfülf, Kultur- und Schulpolitik – Erläuterungen zum Görlitzer Programm, Berlin 1922, S. 6.
5 Stenographische Berichte der Reichstage, Bd. 385, Protokoll der Debatte vom 1. 4. 1925, S. 1303ff.
6 Mitteilung von Therese Münch, München, an die Autorin, 3. 4. 1982.
7 Verhandlungen der Nationalversammlung, Bd. 328, Protokoll der Debatte vom 16. 7. 1919, S. 1588.
8 Juchacz (Anm. 2), S. 89.
9 Interviews der Autorin mit Josef Felder, München, im Dezember 1981.
10 Manuskript einer Rede von Toni Pfülf, gehalten während der 15. ordentlichen Landesversammlung der SPD Bayern im März 1922 in Augsburg, Kopie im Besitz der Autorin.
11 Protokoll der SPD-Frauenkonferenz, veranstaltet im Oktober 1920 in Kassel, Berlin 1920, S. 349f.
12 Manuskript einer Rede von Toni Pfülf (Anm. 10)
13 Protokoll der SPD-Frauenkonferenz, veranstaltet im Juni 1924 in Berlin, Berlin 1924, S. 322.
14 Protokoll der SPD-Frauenkonferenz, veranstaltet im Juni 1919 in Weimar, Berlin 1919, S. 476.
15 Interviews mit Josef Felder, München, im Dezember 1981.

16 Personalakte Antonie Pfülf, Bayerisches Hauptstaatsarchiv München, Personalakten 13908.
17 Ebd.
18 Friedrich Stampfer, Die ersten vierzehn Jahre der deutschen Republik, Offenbach 1947, S. 128.
19 Breitscheid (Anm. 3).
20 Paul Löbe, Der Weg war lang, Berlin 1954, S. 79.
21 Wilhelm Hoegner, Flucht vor Hitler, München 1977, S. 48f.
22 Juchacz (Anm. 2), S. 89.
23 Mitteilung von Rosel Zirngibl, Schlechting-Ettenhausen, an die Autorin, 4. 4. 1982.
24 Schreiben von Wilhelm Krampf, München, an die Autorin, 15. 4. 1982.
25 Schreiben von Gertraud Pfülf, Zell-Ebenhausen, an die Autorin, 8. und 15. 9. 1982.
26 Korrespondenz mit Emil Holzapfel, Pullach, September 1981, Februar 1982.
27 Mitteilung von Helene Joringer, Straubing, an die Autorin, 20. 11. 1981.
28 Schreiben von Werner Löbe, Isernhagen, an die Autorin, 16. und 27. 9. 1981.
29 Personalakte Antonie Pfülf (Anm. 16).
30 Schreiben von Josef Felder, München, an die Autorin, 18. 4. 1982.
31 Stenographische Berichte der Reichstage, Bd. 385, Protokoll der Debatte vom 1. 4. 1925, S. 1305.
32 Schreiben von Gertraud Pfülf, 15. 9. 1982.
33 Kriminalpolizei Weiden/Oberpfalz: Protokoll einer SPD-Veranstaltung vom 23. 1. 1932. Kopie im Besitz der Autorin.
34 Schreiben von Werner Löbe, 16. 9. 1981.
35 Breitscheid (Anm. 3).
36 Brief von Toni Pfülf an Alphons Bayerer, Regensburg, vom 17. 5. 1933. Kopie im Besitz der Autorin.
37 Arbeiterzeitung, Nr. 158, vom 10. 6. 1933. Dokumentationsarchiv des österreichischen Widerstandes, Wien.
38 Mitteilung von Rosa Jochmann, Wien, an die Autorin, undatiert.
39 Hermann Mostar, Toni Pfülf in: »Arbeiterzeitung«, Nr. 35, vom 6. 2. 1934, a.a.O.
40 „Der Stürmer", November 1925, Nummer der Ausgabe und exaktes Datum unbekannt, Bayerisches Hauptstaatsarchiv München, Abt. Nachlässe und Sammlungen, Slg. Personen 4200.
41 Antje Dertinger, Dazwischen liegt nur der Tod – Leben und Sterben der Sozialistin Antonie Pfülf, Bonn 1984.

Karl Schröder (1884–1950)

Ein linksradikaler Intellektueller in (und außerhalb) der SPD

von
Hans-Harald Müller

Nach Menschen wie Karl Schröder werden in Deutschland keine Straßen und Plätze benannt. Sohn eines Kleinstadtlehrers in Pommern, wissenschaftliche Hilfskraft des Zentralbildungsausschusses der Vorkriegs-SPD, Mitglied des Spartakusbundes und Gründungsmitglied der KPD(S), Führer der linkskommunistischen Kommunistischen Arbeiter-Partei Deutschlands (KAPD), SPD-Wanderlehrer und Kursleiter, Leiter der SPD-Buchgemeinschaft „Der Bücherkreis", Romanautor, Initiator einer linkskommunistisch orientierten konspirativen Opposition innerhalb der SPD am Ende der Weimarer Republik, KZ-Häftling in Boergermoor, Dezernent im Schulamt Berlin-Neukölln der unmittelbaren Nachkriegszeit – das sind, in chronologischer Folge und sehr stichwortartig, die Stationen des Lebenswegs von Karl Schröder, und es gilt, diesen Weg erst einmal darzustellen, bevor die Frage erörtert werden kann, was es aus Leben und Werk dieses deutschen Linksradikalen in der SPD zu lernen gibt.

Von Pommern nach Berlin – von der Universität zur SPD

„Als Enkel pommerscher Bauern und Sohn eines Kleinstadtlehrers" wurde Karl Schröder am 13. November 1884 in Polzin (Kreis Belgard) geboren. Nach dem Besuch des humanistischen Gymnasiums in Köslin, an dem er 1904 das Abitur ablegte, studierte er bis 1908 in Berlin, bevor er, nach Ableistung des Wehrdienstes, 1912 in Marburg mit einer Dissertation über „J. G. Schnabels ‚Insel Felsenburg' " zum Dr. phil. promoviert wurde. Ob Schröder, der eigentlich „Universitätslehrer" werden wollte, durch die Beschäftigung mit Schnabels aufklärerischer Sozialutopie zum Sozialisten wurde, ist unbekannt; nach seiner Rückkehr nach Berlin trat er 1913 der SPD bei, und im April 1914 wurde er „als wissenschaftliche Hilfskraft des

Zentralbildungsausschusses" angestellt. Obgleich Schröder diese Tätigkeit nur kurze Zeit ausübte – von August 1914 bis zum Kriegsende war er Soldat, die längste Zeit Unteroffizier in einem russischen Kriegsgefangenenlager unweit von Berlin –, so war sie doch von großer Bedeutung für ihn, denn sie brachte ihn in freundschaftliche Beziehungen zu den Mitgliedern des Zentralbildungsausschusses Karl Korn und Franz Mehring, und sie öffnete ihm die Spalten der von Korn herausgegebenen Zeitschrift „Arbeiter-Jugend". Bis zum Kriegsende konzentrierte sich Schröders Publikationstätigkeit auf die Arbeiterbildung und -pädagogik. Er veröffentlichte eine Serie allgemeinbildender Artikel über Philosophie und nahm zu dem in der SPD damals vieldiskutierten Thema der „Politisierung der Jugend" Stellung. Als wichtigste Aufgabe der Sozialdemokratie bezeichnete Schröder in diesem Zusammenhang die Entwicklung einer Pädagogik für die Parteijugend, die „nicht nur Agitation, sondern mehr Erlebnis sein müsse", um die Jugend „vor der rückgratzerbrechenden Art einer Bureaukratenorganisation" zu behüten und ihr das „Hineinleben" in die „Ethik des Klassenkampfs" zu ermöglichen. Schröders kurze Skizze einer arbeiterjugendspezifischen Pädagogik verdankt nicht nur ihren Idealismus und Enthusiasmus, sondern auch ihre antiautoritäre Orientierung Ideen aus der bürgerlichen Jugendbewegung und Reformpädagogik: Organisationen beargwöhnte Schröder stets als etwas ‚totes' Mechanisches, spontanes interessegeleitetes Zusammenfinden und „Selbstregierung" galten ihm hingegen als das ‚organisch' Lebendige. Nicht nur in der Theorie, sondern auch in seiner eigenen pädagogischen Praxis blieb Schröder dieser Grundüberzeugung – freilich unter wechselnden politischen Vorzeichen – bis an sein Lebensende treu.

Vom Mitglied des Spartakusbundes zum Führer der KAPD

Für den politischen Radikalisierungsprozeß, der Schröder 1917 zum Spartakusbund führte, gibt es keine Belege; einiges spricht dafür, daß Schröder hier seinem Mentor Franz Mehring folgte, zu dem er in der Kriegszeit enge Beziehungen hatte. In den Vordergrund der politischen Arena der unmittelbaren Nachkriegszeit trat Schröder erstmals als Berliner Delegierter des Gründungsparteitages der KPD. Für die neugegründete KPD(S) arbeitete er als Mitherausgeber der Berliner „Rote Fahne", die im Laufe des Jahres 1919 zum Sprachrohr der Linksopposition innerhalb der KPD wurde. Neben der Pressearbeit widmete sich Schröder auch in der KPD vor allem den Belangen der Arbeiterbildung. Nachdem er in mehreren Artikelserien für einen revolutionären Sozialismus ‚von unten' und gegen eine ‚obrigkeitliche, bürokratische' Parteiorganisation votiert hatte, wurde Schröder 1919 zum Mittelpunkt des überwiegend linksoppositionellen KPD(S)-Bezirks Groß-Berlin; auf dem Heidelberger Parteitag (Oktober 1919) zählte er zu den Führern der linken Opposition, die aus der Partei ausgeschlossen wurde. Die Bedeutung, die dem aktivistischen linksradikalen Intellektuellen von Kommunisten zugemessen wurde, geht u. a. daraus hervor, daß Lenin ihn in seiner Broschüre „Der ‚Radikalismus', die Kinderkrankheit des Kommunismus" (1920) neben den holländischen Linkskommunisten Pannekoek, Gorter und den deutschen Nationalbolschewisten Laufenberg und Wolffheim namentlich angriff.

Bevor die Geschichte Schröders in der Kommunistischen Arbeiter-Partei Deutschlands (KAPD) weiter verfolgt wird, soll die ideologische Position kurz umrissen werden, die ihn in die Opposition zur KPD(S) und zur Gründung der KAPD brachte. Schröder verfügte aus seiner kurzen Tätigkeit in der SPD über äußerst geringe Erfahrungen in der praktischen Parteiarbeit, aber er war ein inspirierter Ideologe, ein glänzender Redner und ein – stark vom literarischen Expressionismus beeinflußter – begabter Mann der Feder. Seine Ideologie läßt sich, grob verkürzt, als Synthese aus Ideen der äußersten linken Jugendbewegung mit Ideen des holländischen Linkskommunismus bezeichnen, mit dessen Repräsentanten Herman Gorter er seit Ende 1918 befreundet war. Charakteristisch für Schröders Ideologie ist ein radikales fundamentalistisches Denken, in dem alles ‚äußere' politische Geschehen als Manifestation geistiger Erscheinungen betrachtet und die komplizierte Wirklichkeit auf wenige unerschütterliche Prinzipien zurückgeführt wird. Den Ausgangspunkt aller Überlegungen Schröders bildete die – in der expressionistischen Literatur und linksradikalen Intelligenz weit verbreitete – Überzeugung, daß die Revolution eine apokalyptische Zeitenwende herbeigeführt habe, daß die ‚alte Welt' am Ende sei und eine ‚neue Welt' erst geschaffen werden müsse. Auch dieser Überzeugung ist Schröder bis an sein Lebensende treu geblieben: die in der KAPD von ihm formulierte Theorie der „Todeskrise des Kapitalismus" läßt sich als ökonomische Rationalisierung dieser

Überzeugung auffassen, die Schröder durch die Weltwirtschaftskrise, den Nationalsozialismus und dessen Zusammenbruch empirisch nachhaltig bestätigt sah und zu der er sich eine Widerlegung vermutlich nicht vorstellen konnte. Verknüpft mit dieser Grundüberzeugung war für Schröder die empirische Annahme, daß es dem deutschen Proletariat 1918 objektiv möglich war, „endgültig in den Besitz der Macht zu kommen" – eine Chance, die das Proletariat, „unklar in sich, unvorbereitet, ungeschult und uneins, offen verraten von der SPD, irregeleitet von der USPD", vergab. Der Grund für dieses Versagen des Proletariats lag nach Schröder im wesentlichen in der mangelnden geistigen Vorbereitung auf die Revolution. Aufgrund dieser Annahme formulierte Schröder 1920: „Das Problem der deutschen Revolution ist das Problem der Selbstbewußtseinsentwicklung des deutschen Proletariats. Der Kampf um die Macht, die Eroberung der Macht ist ein Teilstück dessen." Wie für viele linksradikale Intellektuelle war das Problem der Revolution für Schröder mithin vornehmlich das einer ‚Revolution des Geistes', die ökonomische Revolution und die faktische Machtergreifung des Proletariats sind gleichsam nur Epiphänomene jener geistigen Revolution.

Mit der ‚holländischen marxistischen Schule' sah Schröder nun einen unmittelbaren Zusammenhang zwischen dem „Selbstbewußtsein" und der Organisationsform des Proletariats. In den ‚alten' Organisationsformen von Partei und Gewerkschaft hielt er eine Selbstbewußtseinsentwicklung des Proletariats für unmöglich, deshalb lehnte er SPD, USPD, KPD als Parteien ebenso strikt ab wie die ‚alten' Gewerkschaften. Das Prinzip, das Schröder den ‚alten' Organisationsformen gegenüberstellte, war der „Rätegedanke", wie er sich in den 1918/19 entstandenen revolutionären Betriebsorganisationen manifestierte, die sich 1919 zur Allgemeinen Arbeiter-Union (AAU) zusammenschlossen.

Das sind, grob skizziert, die ideologischen Richtlinien, die Schröder 1919 und 1920 in der Zeitschrift „Geist. Halbmonatsschrift für zielbewußte Sozialisten" und in einigen KAPD-Broschüren formulierte. Wie die meisten Angehörigen der literarischen und pädagogischen Intelligenz, die unmittelbar nach dem Ersten Weltkrieg ihren Platz in der intellektuellen Opposition gegen das Wilhelminische Reich verließen und eine politische Tätigkeit aufnahmen, war Karl Schröder zum Verfassen programmatischer Schriften weit besser vorbereitet als zur Übernahme verantwortlicher Funktionen in einer Partei. Zusätzlich war Schröder noch mit dem Problem belastet, daß er die KAPD, deren Führer er im April 1920 wurde, gegenüber den revolutionären Betriebsorganisationen nur als „notwendiges Übel" auffaßte. Unter diesen Voraussetzungen ist es erstaunlich zu beobachten, wie zielstrebig Schröder auf die wichtigsten Machtpositionen in dieser Partei zusteuerte: Er wurde Mitglied der Programmkommission und – mit seinen aus der linken Studentenbewegung stammenden Freunden Alexander Schwab und Bernhard Reichenbach – der Programmänderungskommission, des Geschäftsführenden Hauptausschusses der Partei und hatte schließlich als Mitglied des Redaktionsausschusses der „Kommunistischen Arbeiter-Zeitung" sowie als persönlich verantwortlicher Herausgeber des theoretischen KAP-Organs „Der Proletarier" den entscheidenden Einfluß auf die Pressepolitik der Partei.

Freilich vermochte Schröder auch mit dieser Machtkonzentration die Probleme der KAPD nicht zu lösen, die bei ihrer Gründung immerhin gut die Hälfte der ehemaligen Gesamtmitgliedschaft der KPD(S) repräsentierte. Die Gründung der KAPD im April 1920 erfolgte nicht als planmäßiger Zusammenschluß auf der Grundlage einer gemeinsamen politischen Plattform, sondern war eher ein Akt der politischen Empörung gegen die KPD und ihre ‚zurückweichlerische' Politik. Das unauflösbare Dilemma der KAPD bestand darin, daß sie sich gegenüber der – von der III. Internationale wirksam unterstützten – KPD(S) eine Massenbasis sichern und ausbauen konnte, nur, wenn sie sich auf ein gemeinsames Programm einigte und geschlossen auftrat und handelte; die Einigung auf ein gemeinsames Programm war aber wegen der ideologischen Inhomogenität der Parteirichtungen und -flügel nicht möglich, und wollte die Parteiführung politisch geschlossen handeln, so war das nur auf dem Wege über die Abspaltung der ideologisch intransigenten Parteiflügel möglich, was notwendig zu einer Dezimierung der Massenbasis führte.

Bereits auf dem ersten ordentlichen Parteitag schloß die KAPD die Richtung des Hamburger Nationalbolschewismus um Laufenberg und Wolffheim aus; Ende 1920 wurden die Führer der ostsächsischen Richtung (Rühle, Pfemfert, Broh) wegen ihrer grundsätzlichen Gegnerschaft gegen einen Beitritt der KAPD zur Kommunistischen Internationale ausgeschlossen, woraufhin die Bezirksgruppe Ostsachsen ihre Loslösung von der Partei beschloß. Vermutlich um die innerparteilichen Probleme durch einen äußeren Erfolg zu kompensieren, setzte sich Schröder in der Folgezeit intensiv für die Aufnahme der KAPD in die Kommunistische Internationale ein. Eine Delegation unter seiner Führung erreichte am 5. Dezember 1920 in Moskau, daß die KAPD als „sympathisierende Partei mit beratender Stimme provisorisch" in die Kommunistische Internationale aufgenommen wurde, doch schon im Juni 1921 stellte das Exekutivkomitee der KI der KAPD ein kurzfristiges Ultimatum zur Verschmelzung mit der KPD, das die KAPD ablehnen mußte. Als Schröder nun mit der Berliner Parteileitung ebenso überstürzt wie erfolglos die Gründung einer „Kommunistischen Arbeiter-Internationale" betrieb und die „Todeskrisentheorie" des Kapitalismus in der KAPD als Parteidogma durchzusetzen versuchte, wurde er mitsamt der Berliner Parteispitze aus der Partei ausgeschlossen, die er zwei Jahre zuvor mitbegründet hatte. Der Ausschluß erfolgte zu einem Zeitpunkt, zu dem die Parteibasis bereits erheblich dezimiert war und das Bündnis von Proletariern und Intellektuellen, die aus gänzlich unterschiedlichen Gründen in die KAPD eingetreten waren und nur durch ein maximalistisches Programm in einer akut revolutionären Situation zusammengehalten werden konnten, in der Partei zerfallen war.

Sozialistische Bildungsarbeit, publizistische Tätigkeit, die Leitung der sozialdemokratischen Buchgemeinschaft „Der Bücherkreis"

Nach seinem Ausschluß aus der KAPD arbeitete Schröder zwei Jahre als Privatsekretär in einem schlesischen Eisenhüttenwerk, bevor er 1924 nach Berlin und in die SPD zurückkehrte. Schröder war im übrigen der Vorletzte aus der Berliner Gründergruppe der KAPD, der nach dem Scheitern dieser Partei wieder der SPD beitrat: Friedrich Wendel und Arthur Goldstein hatten diesen Weg bereits vor ihm beschritten, Bernhard Reichenbach trat ihn 1925 an, nur Alexander Schwab blieb der Partei fern, hielt aber enge Kontakte zu Schröder. Betrachtet man das politische Verhalten dieser Gruppe unter dem Aspekt der Organisationstreue, so scheint es als kaum kalkulierbar und irrational. Betrachtet man dieses Verhalten indes unter dem Gesichtspunkt der von den Linksradikalen geforderten Prinzipientreue, so gewinnt dieses Verhalten eine problemlos als rational rekonstruierbare Konsistenz. So blieb Karl Schröder seinen linksradikalen Überzeugungen auch in der SPD treu. Wenn mit der KAPD, die er als „notwendiges Übel" betrachtet hatte, das Experiment einer revolutionären Partei gescheitert war, so führte Schröder dieses Scheitern nicht auf die Realitätsfremdheit seiner linksradikalen Überzeugungen oder den mangelnden Realitätsgehalt der Programmatik und Politik der KAPD zurück, sondern auf die mangelnde „Selbstbewußtseinsentwicklung" des deutschen Proletariats – das Scheitern der KAPD war für Schröder mithin eine Bestätigung seiner Auffassung, daß das Problem der deutschen Revolution das Problem der „Selbstbewußtseinsentwicklung" des deutschen Proletariats sei. Das Scheitern der KAPD wertete Schröder als Indiz dafür, daß es nunmehr verstärkt daran weiterzuarbeiten gelte, in den Köpfen der Proletarier die Voraussetzungen für ein wahrhaft revolutionäres Denken und Handeln zu schaffen. Es ist unter diesen Voraussetzungen höchst plausibel, daß Schröder sich in der SPD ausschließlich pädagogischen Aktivitäten im Bereich der Arbeiterbildung zuwandte, und ebenso rational war es, daß Schröder diese Aktivitäten in der SPD betrieb, denn zum einen hatten die KAPD-Gründer aufgrund ihrer Erfahrungen mit der KPD und Komintern eine dezidiert antikommunistische Einstellung gewonnen, zum anderen bot nur die SPD wegen der in ihr zugelassenen Bandbreite politischer Auffassungen die Möglichkeit, eine überwiegend loyale Parteiarbeit mit dem Eintreten für geringfügig modifizierte linksradikale Überzeugungen zu verbinden.

Unmittelbar nach seiner Rückkehr in die SPD entfaltete Schröder eine rege Aktivität in der sozialistischen Bildungsarbeit. Bis zum Ende der Weimarer Republik arbeitete er kontinuierlich als wissenschaftlicher Wanderlehrer des Reichsausschusses für sozialistische Bildungsarbeit, als Kursleiter der „Arbeitswochen für Jungsozialisten" und bei anderen Bildungsveranstaltungen der SPD. Regelmäßig lehrte Schröder an der Anfang 1926 vom Reichsausschuß für sozialistische Bildungsarbeit gegründeten „Freien sozialistischen Hochschule" und an der Arbeiterbildungsschule in Berlin. Nach den Urteilen seiner damaligen Kursteilnehmer, von denen ich annähernd zwanzig im Jahre 1975 interviewt habe, war Schröder eine charismatische Persönlichkeit, ein glänzender Pädagoge, der seinen Unterrichtsstoff – meist politische Theorie, Philosophie oder Literatur – in fesselnder Weise überzeugend darzulegen und den Respekt auch derjenigen zu gewinnen vermochte, die mit seinen Auffassungen nicht übereinstimmten. Welch ein Eindruck von dem Lehrer Karl Schröder ausging, läßt sich vielleicht aus der Einschätzung Helmut Wagners entnehmen, der 1926 Schüler Schröders wurde; Wagner, der heute angesehener Philosophie-Professor in den USA ist, schrieb 1975: „Wenn ich an alle Personen denke, die ich in meinem Leben in der politischen Arena kennengelernt habe, kann ich sagen, daß er alle überragt hat. Die Schärfe seines Denkens war sicher ungewöhnlich, aber ich weiß von einer Anzahl Menschen, die ihm hier durchaus die Waage halten konnten. Das ist anders, wenn man seine Persönlichkeit in Betracht zieht. Er ist der einzige Mensch unter allen, die ich kenne, den man einen Revolutionär ohne jedweden Vorbehalt nennen kann. Was ich meine, ist das folgende: Er war nicht ein Mann, der sich der Revolution verschrieben hatte, weil er machthungrig war oder weil seine Neurose ihn trieb, seine persönlichen geistigen Schwierigkeiten in der politischen Arena anzusetzen und auszuarbeiten. Dazu kommt ein eiserner Wille und eine Furchtlosigkeit, wie ich sie in dieser Stärke an keiner anderen Person beobachtet habe."

Neben seiner Tätigkeit als Lehrer in der sozialistischen Bildungsarbeit entfaltete Schröder eine rege Aktivität in der Presse der SPD. Er schrieb längere Beiträge für die „Arbeiter-Jugend", die „Jungsozialistischen Blätter", kleinere Aufsätze für die Zeitschrift „Der freie Angestellte", Rezensionen für den „Vorwärts" und gehörte zu den regelmäßigen Mitarbeitern der als Beilage zur „Arbeiter-Bildung" vom Reichsausschuß für sozialistische Bildungsarbeit herausgegebenen „Bücherwarte", für die er allein bis 1933 annähernd dreihundert Rezensionen über belletristische Werke, aber auch Arbeiten aus dem Gebiet der Philosophie, Soziologie, Psychologie und Pädagogik verfaßte.

Während diese publizistischen Arbeiten hier naturgemäß nicht differenziert betrachtet werden können, soll die Arbeit Schröders für die sozialdemokratische Buchgemeinschaft „Der Bücherkreis" zumindest knapp charakterisiert werden, da „Der Bücherkreis" im Unterschied zur „Büchergilde Gutenberg" nicht nur unter (Literatur-)Historikern, sondern auch unter SPD-Mitgliedern weitgehend unbekannt ist. Welche Wirkungsbreite und Bedeutung diese Buchgemeinschaft hatte, mag schon daraus hervorgehen, daß sie von 1924 bis 1932 an ihre Mitglieder über eine Million „Bücherkreis"-Bände absetzte und mehr als zwei Millionen Exemplare der „Bücherkreis"-Zeitschrift verteilte.

Gegründet wurde „Der Bücherkreis" 1924 mit der Absicht, „das Prinzip der genossenschaftlichen Gemeinwirtschaft auf das literarische Gebiet zu übertragen" und den SPD-Mitgliedern belletristische und Sachliteratur – die politische Literatur sollte den Parteiverlagen vorbehalten bleiben – zu günstigen Preisen anzubieten. Von besonderem Interesse an der Konzeption dieser Buchgemeinschaft war ein von Mitgliedern zu wählendes Gremium ‚literarischer Obleute‘, das die Wünsche und Reaktionen der Mitglieder an die Leitung weitergeben sollte, um die „engste geistige Gemeinschaft zwischen Lesern und Schriftstellern herzustellen". Da sämtliche Unterlagen des „Bücherkreises" im Zweiten Weltkrieg vernichtet wurden, ist nicht zu ermitteln, welchen Erfolg diese Konzeption der Buchgemeinschaft hatte.

Leiter des Bücherkreises war von 1924 bis 1928 der einstmals linksradikale Nationalbolschewist Friedrich Wendel, der freilich schon 1920 in die SPD zurückgekehrt war. Unter Wendel gestaltete sich das parteieigene Unternehmen, das satzungsgemäß keine Gewinne erwirtschaften durfte, als sehr erfolgreich: 1929 hatte „Der Bücherkreis", ebenso wie die „Büchergilde Gutenberg", 45 000 Mitglieder. In der Buchproduktion und der monatlich erscheinenden Zeitschrift dominierten neben allgemeinbildenden Werken und Memoiren bedeutender Sozialisten die belletristischen Werke des 19. und 20. Jahrhunderts. Kritik wurde in der SPD-Presse allenfalls am etwas konturlosen Programm des „Bücherkreises" laut; die ‚linke‘ Zeitschrift „Kulturwille" bemängelte ausdrücklich, daß der sozialdemokratischen Buchgemeinschaft „ein einheitliches sozialistisches Programm" fehle.

Das sollte sich ändern, als 1929 Karl Schröder die Leitung des „Bücherkreises" übernahm. Schröder machte durch die Formulierung von vier neuen Grundprinzipien deutlich, wie er der Buchgemeinschaft ein klar konturiertes Programm geben wollte:

1. Erzieherische Arbeit innerhalb der Arbeiterklasse durch das Mittel der Dichtung.
2. Der Gegenwartsliteratur soll Raum gegeben werden, d. h. jener Literatur, die in irgendeiner Form dem sozialistischen Kampf der Zeit dient.
3. Nach Möglichkeit sollen sozialistische Dichter Deutschlands und der Internationale zu Wort kommen, die Arbeiterklasse beeinflussen, neue Talente wecken, neue Leser schaffen und so dem gesamten sozialistischen Buchhandel zu einer verbreiterten Basis und aussichtsvolleren Position verhelfen.
4. Die Produktion soll systematisch aufgebaut werden, so daß sich

ein klares Bild sozialistischer Kulturbestrebungen in Deutschland und in der Internationale ergibt.
Aus der Buchproduktion des „Bücherkreises" und der Gestaltung der Zeitschrift bis 1933 ist zu ersehen, daß Schröder diese Grundprinzipien außerordentlich erfolgreich verwirklichte – er vermochte den Mitgliederbestand auch in der Zeit der Weltwirtschaftskrise konstant zu halten. In der Buchproduktion erhielt die Gegenwartsliteratur des In- und Auslands das absolute Übergewicht, die Zeitschrift erschien vierteljährlich, was eine Konzentration auf größere Themenkomplexe ermöglichte, unter denen nun auch – anders als unter Wendels Leitung – die Gegenwartspolitik auftauchte; so erschien 1930 z. B. ein eigenes, sehr informatives Heft über den Nationalsozialismus. Insgesamt erhielten die Buchproduktion und die Zeitschrift unter Schröders Leitung ein einheitlicheres, und zwar ‚linkes' Profil.
Zugrunde lag der von Schröder vorgenommenen Auswahl der Bücher wie auch seiner Rezensionstätigkeit und seiner Lehrtätigkeit im Bereich der Literatur die Konzeption einer „proletarischen Dichtung", die nicht an der Klassen- oder Parteizugehörigkeit der Schriftsteller festgemacht wurde, sondern am „Angriffsgeist" der Werke, am Versuch einer „Neugestaltung der Welt". Wenngleich der Begriff der „proletarischen Dichtung" von Schröder nur unzureichend bestimmt wurde, war er doch keine bloße terminologische Spitzfindigkeit. Er richtete sich zum einen gegen die Identifikation der SPD-nahen Literatur mit den Werken der „Arbeiterdichtung" etwa eines Max Barthel, Karl Bröger oder Heinrich Lersch, für die Schröder keinerlei Sympathien aufbrachte – Barthel bescheinigte er in einer Rezension, „daß er trotz seiner einstigen Parteibindungen niemals ein politischer Mensch war und wohl auch nicht werden wird", und Lerschs Roman „Hammerschläge" empfahl er sozialdemokratischen Lesern als „Erbauungsbuch für katholische Kleinbürger". Zum anderen richtete sich Schröders Konzept einer „proletarischen Dichtung" gegen den revolutionären Alleinvertretungsanspruch der im Umkreis des Bundes Proletarisch-Revolutionärer Schriftsteller (BPRS) entstandenen Literatur, die Schröder in seinen Kursen kritisch besprach, was heftige Reaktionen in der kommunistischen Presse gegen den „Sozialfaschisten Schröder" hervorrief.
Es läßt sich hier nicht zeigen, wie Schröder sich in den fünf Romanen, die er selbst zwischen 1932 und 1933 schrieb und die sämtlich

im „Bücherkreis" oder in der „Büchergilde Gutenberg" erschienen, um eine Realisierung des Konzepts der „proletarischen Dichtung" bemühte. Allerdings möchte ich in diesem Zusammenhang wenigstens auf Schröders letzten Roman, „Klasse im Kampf", hinweisen, der zu Unrecht vergessen und – im Unterschied zu anderen, mitunter erheblich schlechteren Werken der Arbeiterliteratur dieser Zeit – nicht wieder aufgelegt worden ist. Der Roman „Klasse im Kampf", dessen zeitgeschichtlichen Hintergrund der Berliner Metallarbeiterstreik des Jahres 1930 bildet, gehört zu den ganz seltenen authentischen und sehr differenzierten Schilderungen der Arbeiterklasse am Ende der Weimarer Republik; er ist weder von Schwarz-Weiß-Malerei noch von politischem Wunschdenken geprägt. Der Roman entfaltet den Doppelsinn des Titels auf realistische Weise: im Streik der 130 000 Berliner Metallarbeiter wird von Schröder weniger der Kampf „Klasse gegen Klasse", d. h. zwischen streikenden Arbeitern und Unternehmern, dargestellt als vielmehr der Kampf der Organisationen der Arbeiterklasse untereinander, und der Roman endet mit einer unübersehbaren Niederlage der Arbeiterklasse als ganzer.

Linkskommunistische Aktivitäten in der SPD; die „Roten Kämpfer"

Die geschilderten pädagogischen und publizistischen Aktivitäten im Dienste der Partei konnte Schröder loyal wahrnehmen und zugleich, im Sinne seiner linksradikalen Ideologie, als Beitrag zur „Selbstbewußtseinsentwicklung des deutschen Proletariats" auffassen. Allerdings beschränkte Schröder sich nicht darauf, als loyaler Parteidiener in Arbeiterbildungskursen zu unterrichten, sondern er begann schon seit Mitte der zwanziger Jahre kleine Gesinnungsgemeinschaften in der SPD zu bilden. Ehemalige Teilnehmer seiner Kurse berichten, daß Schröder nach dem Ende des offiziellen Kursprogramms die begabtesten und aufgeschlossensten Kursteilnehmer um sich versammelte und sie für seine Doktrinen des unionistischen Linkskommunismus zu gewinnen suchte. Schröders begabtester Schüler wurde nach 1926 der bereits erwähnte Helmut Wagner, der einen starken Rückhalt bei den sächsischen Jungsozialisten, vor allem in Dresden, hatte. Im Zusammenhang mit Schröders Tätigkeit als Wanderlehrer und Kursleiter in Berlin und

Sachsen, mit Bernhard Reichenbachs Vortragstätigkeit im Rheinland, entstanden seit Mitte der zwanziger Jahre sehr locker gefügte Freundeskreise, deren Zentrum die ehemalige KAPD-Führung in Berlin um Schröder, Reichenbach, Schwab und Goldstein bildete. Diese Diskussionszirkel erhielten eine neue Qualität erst um die Jahreswende 1929/30, als Schröder, Goldstein und ihre Berliner Anhänger in Paul Levis „Sozialwissenschaftliche Vereinigung" (SWV) gingen und diese Vereinigung nach Lewis Tod (9. 2. 1930) zu einer Art Dachorganisation der linksradikalen, meist jungsozialistischen Oppositionsgruppen aus dem Rheinland und aus Sachsen umfunktionierten. Ein regelrechtes Koordinations- und Organisationszentrum wurde die SWV unter der Leitung Schröders jedoch erst, nachdem die innerparteiliche Oppositionsgruppe „Der Rote Kämpfer" auf dem Leipziger Parteitag im Mai 1931 als „ein offen parteifeindliches Unternehmen" inkriminiert und Helmut Wagner im September 1931 wegen der Leitung einer Dresdner Gruppe der „Roten Kämpfer" aus der Partei ausgeschlossen worden war. Der Name der Gruppe geht zurück auf eine seit November 1930 existierende kleine Zeitschrift, die von einer „vornehmlich aus jungen Mitgliedern bestehenden Opposition in den SPD-Bezirken des Ruhrgebiets" herausgegeben wurde. Diese jungsozialistische Oppositionsgruppe war ideologisch sehr inhomogen, teils durch die Vortragstätigkeit Bernhard Reichenbachs, teils durch die des Soziologen Fritz Sternberg beeinflußt, keinesfalls aber – wie ihr von den SPD-Instanzen vorgeworfen wurde – durch die KPD. Die Weltwirtschaftskrise, das Verhalten der SPD in der Panzerkreuzer-Frage und das intellektuelle Ungenügen an der Politik der ‚offiziellen' innerparteilichen Opposition der Seydewitz-Rosenfeld-Parteilinken bildeten den Hintergrund für die radikale Ungeduld der kaum organisierten jugendlichen Oppositionsgruppe, die hinter der Zeitschrift „Der Rote Kämpfer" stand und so unterschiedliche Temperamente wie z. B. Heinz Kühn und Hans Mayer zu ihren Anhängern zählte. Das offizielle Parteiverdikt verschaffte der Zeitschrift ein ganz unverhältnismäßiges Gewicht; sie hätte das Jahr 1930 nicht überlebt, wenn die SWV unter der Ägide Schröders und Goldsteins das Blatt nicht aus finanziellen Schwierigkeiten gerettet hätte. Als Gegenleistung für diese Rettungsaktion übernahm die SWV die Redaktion des „Roten Kämpfer", der nun als Verständigungsorganisation der immer deutlicher konspirativen Oppositionsgruppen in der SPD fungierte.

Ideologisch hielt der „Rote Kämpfer" unter Schröders Redaktion an den alten KAPD-Ideen fest. Die Weltwirtschaftskrise wurde als Beleg für die Richtigkeit der alten Theorie der „Todeskrise des Kapitalismus" gewertet, die politische und ideologische Zersplitterung der Arbeiterbewegung und ihre Ohnmacht gegenüber dem Nationalsozialismus bestätigten die linksradikale Grundüberzeugung von der „Überholtheit allen alten Parteiwesens". Bereits Anfang 1932 gelangte Schröder so zu der Auffassung, „daß eine Machtergreifung des Faschismus auf legalem Wege nicht mehr verhindert werden könne, da die Zersplitterung der politischen Arbeiterbewegung die moralische Kampfkraft des Proletariats ausgehöhlt" habe. Die „Träger der heutigen monopolkapitalistischen Diktatur", die sich anschickten, die Organisationen der Arbeiterbewegung zu liquidieren, wurden vom „Roten Kämpfer" im Februar 1933 zu „Geburtshelfern" erklärt, die „wider Willen mit historischer Notwendigkeit" zu einer „Neuformation der Arbeiterklasse auf revolutionärer Grundlage" beitrügen.

Das politische Verhalten der „Roten Kämpfer", die am Ende der Weimarer Republik in der SPD und SAPD agitierten, läßt sich – ihrem Namen zum Trotz – nur als revolutionärer Attentismus charakterisieren. „In einer Zeit drohender und dann tatsächlich erfolgender Zusammenbrüche", schrieb Schröder 1946, „kam es vor allem darauf an, sich zu distanzieren, auszukristallisieren und sich nicht verflechten zu lassen im Handeln, das in das Trümmerfeld hineinführt." Entsprechend war der „Rote Kämpfer" in der Zeit des Nationalsozialismus keine antifaschistische Kampfformation, sondern eine Gruppierung, der es um die Identitätsbewahrung ihrer Mitglieder und die Hinüberrettung ihrer Ideologie in die Zeit nach der Illegalität ging.

Bereits 1932 hatten die „Roten Kämpfer" sich auf die Illegalität eingestellt, indem sie unter Berliner Führung 12 straff organisierte Gruppen zu je etwa 15 Mitgliedern bildeten, die unabhängig voneinander agierten. Erst Ende 1936 entdeckte die Gestapo die „Roten Kämpfer" und zerschlug die Organisation mit ihren Untergruppen. Alexander Schwab erhielt mit acht Jahren die höchste Strafe aus dem Kreis der Mitglieder, Karl Schröder wurde zu vier Jahren KZ verurteilt. Einen Teil ihrer Haftzeit verbüßten beide gemeinsam im KZ Boergermoor (bei Walchum/Ems); Schwab starb im November 1943 (angeblich an einer Lungenentzündung), Schröder wurde nach Verbüßung der Haft schwerkrank nach Berlin entlassen.

Viele der ehemaligen Mitglieder des „Roten Kämpfer" arbeiteten nach 1945 als Sozialdemokraten am Wiederaufbau der demokratischen Institutionen vor allem des Bildungswesens. An der Ideologie des „Roten Kämpfer" hielten dessen Mitglieder allerdings nicht fest, denn im Wiederaufbau nach 1945 stellten sich „ganz andersartige Aufgaben", wie auch Karl Schröder einräumte, der im übrigen nahezu als einziger von der Richtigkeit „unserer schwer errungenen Erkenntnisse" intransigent überzeugt blieb. Seit Juni 1945 arbeitete Schröder, obgleich gesundheitlich schwer geschädigt, im Schulamt von Berlin-Neukölln als Beauftragter für die Reform des Schulwesens und der Lehrerausbildung, und Anfang Oktober 1945 begannen die ersten Kurse der von ihm geleiteten Volkshochschule Neukölln, die unter seiner Ägide bis 1948 wegen ihrer vielfältigen kulturellen Initiativen bald weit über Berlin hinaus bekannt wurde. Darüber hinaus hatte er 1945 die Aufgabe der Wiederbegründung und Leitung der Pädagogischen Hochschule von Groß-Berlin übernommen; die Leitung dieser Hochschule mußte er im August 1946 seiner angegriffenen Gesundheit wegen aufgeben.
Nach Beginn der Berliner Blockade trat Schröder der SED bei. Er rechnete vermutlich mit dem Erfolg der Blockade, wollte sich schützend vor seine Mitarbeiter stellen und fürchtete wohl auch, er werde ohne Parteimitgliedschaft seine berufliche Existenz verlieren. Die politische Programmatik dieser Partei hat Schröder indes ebensowenig geteilt, wie er sich für sie bestätigt hat. In seinem Tagebuch findet sich unter dem 18. Januar 1949 die Eintragung: „Ich denke... nur als ‚freier Schriftsteller' zu leben und für keine der Parteien auch nur den Schein auf mich zu nehmen, sie zu repräsentieren. Kämpfen will ich bis zum letzten Atemzug; aber sterben möchte ich doch stehend."
Am 6. April 1950 starb Karl Schröder in West-Berlin.

*

Aus welchen Gründen sollen wir uns des Lebens und Werks eines Intellektuellen in der Arbeiterbewegung erinnern, der kein Repräsentant einer staatstragenden Arbeiterpartei sein wollte, der ein Revolutionär ohne Fortune war und der zur SPD überdies eine sehr ambivalente Einstellung besaß? Karl Schröder läßt sich zu einem ‚positiven' politischen Vorbild für die Gegenwart nicht stilisieren, seine Lehre läßt sich dem ‚Erbe' der SPD nicht integrieren, aber aus

seinem Leben und Werk ist für die Geschichte der Arbeiterbewegung viel zu lernen.
Karl Schröder ist 1913 vermutlich aus ethischen Gründen der SPD beigetreten und 1924 mit einem grundsätzlichen Vorbehalt in die Partei zurückgekehrt; er hatte ein Parteiamt nie inne und hat die SPD in einem Parlament nie vertreten. Im Vorfeld und Verlauf der Novemberrevolution wurde er zu einem idealistischen Revolutionär, der an die „Revolution des Geistes" glaubte und der „Selbstbewußtseinsentwicklung des deutschen Proletariats" sein Leben widmete. Dem Historiker erscheint er als typischer Repräsentant der linksradikalen Intelligenz der zwanziger Jahre, ein radikaler fundamentalistischer Denker und Gesinnungsethiker, dem Politik als Beruf fremd blieb, da er sich politisches Handeln nur als kompromißlose Verwirklichung von Idealen und Prinzipien vorstellen konnte und wollte. Dieses Politikverständnis, dem zumeist ein säkularisiertes religiöses Denken mit einem stark ausgeprägten ethischen Rigorismus zugrunde liegt, hat eine latente, unzureichend aufgearbeitete Tradition von der Wiedertäuferbewegung bis in die Gegenwart. Eine kritische Aufmerksamkeit schulden wir diesem Politikverständnis, weil es in Krisenzeiten der unterschiedlichsten Ursachen wieder virulent werden kann und die Anziehungskraft von Massen zu gewinnen vermag.
Die Ideologie, die Karl Schröder nach der Novemberrevolution in die Opposition zur KPD und zur Gründung der KAPD trieb und für die er in der SPD bis zum Ende der Weimarer Republik in kleinen Gesinnungsgemeinschaften warb, hat heute vermutlich nur noch in der Geschichte der politischen Ideen eine Bedeutung, wenngleich einzelne ihrer Elemente, wie der Rätegedanke, noch unabsehbare historische Chancen haben mögen. Dem Einsatz, der persönlichen Überzeugungskraft und Konsequenz, mit der Schröder sich für die Verwirklichung seines revolutionären Denkens einsetzte, kann man den Respekt nicht versagen, selbst wenn aus der Retrospektive erkennbar ist, daß es für die von ihm erhoffte Revolution nach der Stabilisierung der Weimarer Republik keine Voraussetzungen mehr gab.
Unsere Aufmerksamkeit verdient schließlich die Beziehung, die Schröder zur SPD und die SPD zu ihm hatte. Während eine Reihe von Bezirken seine Anhänger unter den Jungsozialisten aus der Partei ausschloß, stand die Berliner Partei in kritischer Solidarität zu Schröder, obgleich ihr bekannt war, daß er in der Partei auch Ziele

verfolgte, die vom Parteivorstand als ‚parteifeindlich' inkriminiert waren. Schröder selbst hat in einer Vielzahl von Tätigkeiten loyal für eine Partei gearbeitet, die seinen revolutionären Ansprüchen nicht genügte. Im Bereich der Arbeiterbildung, der Publizistik und in der Leitung der Buchgemeinschaft „Der Bücherkreis" hat er Leistungen erbracht, derer sich die SPD nicht zu schämen braucht.

Literatur

Zur Geschichte der KAPD und zur Rolle Schröders in ihr vgl. das Standardwerk von Hans Manfred Bock, Syndikalismus und Linksradikalismus von 1918 bis 1923. Zur Geschichte und Soziologie der Freien Arbeiter-Union Deutschlands (Syndikalisten), der Allgemeinen Arbeiter-Union Deutschlands und der Kommunistischen Arbeiter-Partei Deutschlands, Meisenheim am Glan 1969.
Zur Geschichte der „Roten Kämpfer" vgl. Olaf Ihlau, Die Roten Kämpfer. Ein Beitrag zur Geschichte der Arbeiterbewegung in der Weimarer Republik und im Dritten Reich, Meisenheim am Glan 1969.
Zur Geschichte der KAPD-Gründergruppe und zum Wirken Karl Schröders in der SPD vgl. Hans-Harald Müller, Intellektueller Linksradikalismus in der Weimarer Republik. Seine Entstehung, Geschichte und Literatur – dargestellt am Beispiel der Berliner Gründergruppe der Kommunistischen Arbeiter-Partei Deutschlands, Kronberg/Ts. 1977 (= Theorie – Kritik – Geschichte. Band 14).
Zum Einfluß Schröders auf die Jungsozialisten in der Weimarer Republik vgl. Franz Walter, Jungsozialisten in der Weimarer Republik. Zwischen sozialistischer Lebensform und revolutionärer Kaderpolitik. Mit einer Einleitung von Michael Scholing, Kassel 1983.

Toni Sender (1888–1964)

Vielseitige Erfahrungen und praktischer Idealismus

von

Susanne Miller

Für die ersten Reichstagswahlen der Weimarer Republik hatte die Unabhängige Sozialdemokratische Partei Deutschlands (USPD) Toni Sender an die Spitze der Reichsliste gesetzt. Die USPD, die am 5. Juni 1920 aus diesen Wahlen als zweitstärkste Fraktion hervorging – sie erhielt 18,6%, die SPD 21,6% der Stimmen –, war um diese Zeit tief gespalten zwischen Anhängern und Gegnern des Anschlusses an die Kommunistische Internationale. Daß sich in dieser Situation die USPD dafür entschieden hatte, eine junge Frau die Reichsliste anführen zu lassen, bedarf der Erklärung. Toni Sender gab sie in ihrer Autobiographie: „Mein Name war der einzige, auf den sich beide Gruppen einigen konnten. Ich genoß das Vertrauen beider Flügel, weil ich zwar revolutionär eingestellt war und energisch für die Rechte der Arbeiter eintrat, gleichzeitig aber über genügend praktischen Geschäftssinn und ausgiebige Gewerkschaftserfahrung verfügte, die mich gelehrt hatte, meine Entscheidungen abzuwägen. Es war immer mein Bestreben gewesen, Kühnheit mit Verantwortlichkeit zu verbinden."[1] Diese Selbstdarstellung liefert einen Schlüssel zum Verständnis von Toni Senders ungewöhnlicher Persönlichkeit und Laufbahn.

Herkunft und Jugend

Toni (oft auch Tony) Sender wurde am 29. November 1888 in Biebrich am Rhein geboren und in die Geburtsurkunde mit den Vornamen Sidonie Zippora – die sie offenbar nie gebraucht hat – eingetragen. Ihr Vater, den sie als fröhlichen, humorvollen Rheinländer und orthodoxen Juden schilderte, war Kaufmann und jahrelang Vorsteher der jüdischen Gemeinde. Die Mutter, über die sie wenig berichtete, stammte aus einer aus dem Elsaß in die Schweiz eingewanderten jüdischen Familie. Die Eltern waren konservativ, ihre Erziehungsmethoden sehr autoritär und Toni ein eigenwilliges, verschlossenes Kind, das sich innerlich gegen die Disziplinierungsversuche zu Hause und in der Schule auflehnte. Nach dem Besuch einer Höheren Töchterschule setzte sie ihre Trennung von ihrem Elternhaus durch, um sich in Frankfurt am Main in einer Handelsschule auf einen Beruf vorzubereiten. Mit sechzehn Jahren gelang es ihr, in einer großen Frankfurter Immobilienfirma angestellt zu werden; nach einiger Zeit wurden ihr die Leitung der Hypothekenabteilung und andere Aufgaben übertragen. So hat Toni Sender schon sehr früh erreicht, was damals den meisten Mädchen aus bürgerlichen Kreisen versagt blieb: finanzielle Unabhängigkeit und eine selbständige, unkonventionelle Lebensgestaltung.

Schritte ins politische Leben

In Frankfurt nutzte Toni Sender alle Möglichkeiten, sich neben ihrem anstrengenden Beruf geistig zu entfalten. Sie besuchte Kurse in Philosophie und Anthropologie, beschäftigte sich mit religiösen Problemen, begeisterte sich für die Dramen Henrik Ibsens und knüpfte Freundschaften mit jungen Menschen, die ihre Interessen teilten. Sie schloß sich einer Gewerkschaft an und versuchte, allerdings mit wenig Erfolg, Mitglieder für sie zu werben. Die sozialdemokratischen Veranstaltungen fand sie wenig attraktiv, entschloß sich aber dennoch, 1906 in die SPD einzutreten. Diese politische Betätigung, besonders die Teilnahme an einer Kundgebung zum 1. Mai, brachten neue Konflikte mit ihrer Familie. Sie wurden nicht gelöst, jedoch durch die räumliche Entfernung entschärft, durch Tonis Entscheidung, Deutschland zu verlassen. Sie bewarb sich mit Erfolg um eine Anstellung in der Pariser Filiale einer Metallwarenhandlung und lebte von 1910 bis 1914 in Frankreich.
Die Pariser Jahre wurden für Toni Sender eine wichtige und beglückende Erfahrung. In vollen Zügen genoß sie die Pariser Atmosphäre und fühlte sich in dieser Metropole schnell heimisch, vor allem wohl dank der persönlichen und politischen Freunde, die sie dort fand. Kaum war sie Mitglied der französischen sozialistischen Partei geworden, wurde sie schon zur stellvertretenden Vorsitzenden ihres besonders aktiven vierzehnten Pariser Bezirks gewählt. Sie lernte führende Männer des französischen Sozialismus kennen, auch den von ihr verehrten Jean Jaurès. Von ihren Genossen

wurde sie so geschätzt, daß sie sie zur Delegierten zum Kongreß der Internationale wählten, der im August 1914 in Wien stattfinden sollte, aber wegen der politischen Entwicklung abgesagt wurde. Nach dem Ersten Weltkrieg wurde Toni Sender zum Ehrenmitglied der französischen sozialistischen Partei ernannt – ein einzigartiges Zeichen der Anerkennung einer ausländischen Genossin.
In den Tagen vor Kriegsausbruch stand Toni Sender vor einer schweren Entscheidung: Sollte sie in Frankreich bleiben oder nach Deutschland zurückkehren? Ihr französischer Freund wollte ihr durch die Heirat das Bleiben ermöglichen. Sie aber wollte ihre Selbständigkeit bewahren und lehnte ab. So mußte sie Frankreich verlassen, hielt aber sogar während des Krieges die Verbindung mit ihren dortigen Freunden aufrecht.

Opposition gegen den Krieg

Während des Ersten Weltkriegs lebte Toni Sender wieder in Frankfurt. Sie wurde Büroleiterin in der Zentrale der Metallfirma, für die sie in Paris gearbeitet hatte. Politisch gehörte sie von Anfang an zur innerparteilichen Opposition gegen den Kurs der SPD-Mehrheit. Von entscheidender Bedeutung für ihr Leben und ihre politische Position wurde ihre Begegnung mit Robert Dißmann im Winter 1915. Bis zu seinem frühen Tod im Jahre 1926 war sie seine Lebensgefährtin und enge gewerkschaftliche und politische Mitarbeiterin.
Robert Dißmann war zehn Jahre älter als Toni Sender, Dreher von Beruf, und war schon als junger Mann im Metallarbeiterverband in leitenden Positionen tätig. 1908 wurde er sozialdemokratischer Parteisekretär in Hanau, vier Jahre später Bzirkssekretär der SPD in Frankfurt. Auch er war während des Krieges ein Oppositioneller in seiner Partei und schloß sich 1917 der USPD an. Sein eigentliches Arbeitsgebiet fand er jedoch wieder bei den Gewerkschaften. Als Kopf und Organisator der Opposition wurde er 1919 Vorsitzender des Metallarbeiterverbandes und gab dieser größten Gewerkschaft der Welt ein Profil, das bis heute erkennbar ist. Dißmann war ein ungemein energischer, kluger und einflußreicher Gewerkschaftsführer. Seine Äußerungen klangen klassenkämpferisch und mitunter etwas phrasenhaft revolutionär, in der Gewerkschaftspolitik ging er jedoch pragmatisch vor, machte seinen radikalen Opponenten keine Konzessionen, vor allem verstand er es, gewerk-

schaftliche Spaltungen zu verhindern. In ihren Fähigkeiten und Erfahrungen ergänzten sich Toni Sender und Robert Dißmann so glücklich, daß ihre Zusammenarbeit äußerst fruchtbar wurde. Er nutzte ihr Geschick im Umgang mit Menschen, ihre Sprachkenntnisse, ihre journalistische und rednerische Begabung und übertrug ihr wichtige Aufgaben. Dabei ließ er sie voll zur Geltung kommen. Zweifellos hatte Dißmann großen Einfluß auf Toni Senders politische Entwicklung, aber sie wirkte nicht in seinem Schatten, sondern ging selbständig ihren Weg und gewann Anerkennung durch ihre eigenen Leistungen.
Eine Gelegenheit zur Bekundung ihrer Kriegsgegnerschaft bot sich Toni Sender, als Clara Zetkin, die Frauensekretärin der Internationale, eine Konferenz einberief, die im März 1915 in Bern tagte. Von der deutschen wie auch von der französischen Parteileitung wurde diese Veranstaltung boykottiert. Aus Deutschland nahmen außer Clara Zetkin als Initiatorin Toni Sender und vier weitere in Opposition zur Politik der SPD-Mehrheit stehende Frauen teil. Es muß besonders Toni Sender schmerzlich berührt haben, daß aus Frankreich nur eine Genossin kam. Auf der Rückreise schmuggelte Toni Sender das Kongreß-Manifest durch die Kontrollen und sorgte dann für seine Verbreitung.
Sammelbecken der sozialdemokratischen Opposition in Frankfurt wurde durch Dißmanns Initiative die dortige Freidenkerorganisation. Unter dauernder Gefahr polizeilicher Verfolgungen wirkte Toni Sender an den Aktivitäten der Opposition mit.

Die USPD – Toni Senders politische Heimat

Nachdem sich im März 1916 eine Gruppe oppositioneller Reichstagsabgeordneter unter Hugo Haases Führung von der SPD-Fraktion getrennt hatte und eine eigene Fraktion im Reichstag bildete, wurde zu Ostern 1917 die USPD gegründet. Toni Sender war Delegierte zum Gründungsparteitag, nahm dort aber nicht das Wort. Ein intensives Engagement für die neue Partei war für sie selbstverständlich. Die USPD wurde ihre politische Heimat, an die sie eine dankbare Erinnerung bewahrte: „Zuverlässige, selbstlose und idealistische Männer und Frauen gesellten sich zu uns. Sie entwickelten in diesen Gruppen einen Kameradschaftsgeist, wie er mir nie wieder begegnet ist. Enge, lebenslange Bindungen entstanden."[2]

Toni Senders Verhältnis zur USPD, einer von Anfang an sehr heterogen zusammengesetzten Organisation mit schon dadurch bedingten inneren Spannungen, blieb zunächst ungetrübt. Sie bejahte die zunehmende Radikalisierung dieser Partei, denn in Übereinstimmung mit deren Programm propagierte sie das Rätesystem und die Diktatur des Proletariats. Zu diesen Vorstellungen bekannte sich Toni Sender in ihrer Rede auf der Leipziger Frauenkonferenz der USPD im November 1919.[3] Den Bruch mit der sozialdemokratischen Zweiten Internationale und das Streben der USPD, die in Moskau gegründete Dritte Internationale „zu einer wirklich aktionsfähigen, weil alle revolutionären Sozialistenparteien umfassenden Internationale der Tat" zu gestalten, hielt sie für die logische Konsequenz des revolutionären Programms ihrer Partei.[4] Als aber im Sommer 1920 die von Lenin aufgestellten Einundzwanzig Bedingungen für den Beitritt zur Moskauer Internationale bekannt wurden, war ihre sofortige Reaktion: „Unannehmbar".[5] In einer Flugschrift[6] und in einer Versammlungskampagne wandte sie sich gegen das Diktat von Moskau. Mit Luise Zietz, Robert Dißmann, Rudolf Breitscheid, Rudolf Hilferding und anderen führenden USPD-Mitgliedern gehörte Toni Sender zu der Minderheit, die auf dem Parteitag von Halle im Oktober 1920 den Anschluß an die Dritte Internationale unter den Einundzwanzig Bedingungen ablehnte. Mit dieser Entscheidung war die Spaltung der USPD vollzogen.

Wie Dißmann so war auch Toni Sender darum bemüht, die Gewerkschaften vor dem Einfluß der Kommunisten zu bewahren. Als die USPD-Minderheit nach ihrer Niederlage bei der Abstimmung über die Einundzwanzig Bedingungen den Parteitag in Halle fortsetzte, brachte Toni Sender eine Resolution ein, die einstimmig angenommen wurde. Sie wandte sich gegen die „unerhörten Beschimpfungen und dauernde Herabsetzung der in den freien Gewerkschaften organisierten vielen Millionen von Arbeitern, Arbeiterinnen und Angestellten" durch die Kommunisten und forderte „alle Genossen und Genossinnen auf, jeden Versuch – von welcher Seite er auch kommen möge – , die Zersplitterung in die Reihen der nationalen und internationalen freien Gewerkschaftsorganisationen hineinzutragen, aufs Entschiedenste zurückzuweisen".[7] In ihrer Ablehnung kommunistischer Partei- und Herrschaftsmethoden hat Toni Sender nie geschwankt.

Die, allerdings nur knappe, USPD-Mehrheit von Halle schloß sich Ende 1920 mit der KPD zusammen. Die Minderheit wahrte ihre par-

teipolitische Unabhängigkeit als USPD, bis sich die meisten ihrer Mitglieder im September 1922 mit der SPD vereinigten.
An dem kurzlebigen Experiment der Bildung einer Internationale links-sozialistischer Parteien, die weder der Zweiten noch der Dritten Internationale angehörten, nahm Toni Sender als Delegierte beim Gründungskongreß in Wien im Februar 1921 teil.
Toni Senders starke, auch emotionale Bindung an die USPD kommt in ihrer Autobiographie zum Ausdruck. Als die „traurigste Zeit meines Lebens" bezeichnete sie die Wochen, in denen sie vergebens gegen die Spaltung der USPD kämpfte, und der Parteitag von Halle erschien ihr noch nach fast zwanzig Jahren „wie ein Alptraum".[8] Auch auf dem Vereinigungsparteitag von Nürnberg, der das Ende der USPD bedeutete, empfand sie trotz der dort herrschenden freudigen Stimmung große Trauer. Es zeigte sich jedoch, daß sie auch in der nun Vereinigten Sozialdemokratischen Partei Deutschlands (VSPD), wie zunächst die offizielle Bezeichnung lautete, schnell ihren Platz behaupten konnte und unter den früheren Mehrheitssozialdemokraten gute Freunde fand.

Ein riesiges Arbeitspensum

In der revolutionären Situation des November 1918 wurde Toni Sender Mitglied des Frankfurter Arbeiterrats, redete in Massenversammlungen, verfaßte Berichte und Proklamationen, war unermüdlich für ihre Partei tätig.
Ende 1918 beschloß die USPD, eine Tageszeitung für Südwestdeutschland herauszugeben und übertrug Toni Sender die politische Redaktion. Zu dieser journalistischen Aufgabe kam bald eine weitere: Sie wurde Redakteurin der Betriebsrätezeitschrift des Metallarbeiterverbandes und behielt diese Funktion bei, solange die Zeitschrift erschien.
Von März 1919 bis Mai 1924 war sie Stadtverordnete in Frankfurt, seit Juni 1920 bis zum Ende der Weimarer Republik gehörte sie dem Reichstag an, erst als Abgeordnete eines hessischen Wahlkreises, von der nächsten Legislaturperiode an für Dresden-Bautzen. Auch nachdem die USPD-Tageszeitung „Volksrecht" ihr Erscheinen eingestellt hatte, blieb Toni Sender im politischen Journalismus tätig. Obwohl sie zum linken Flügel der SPD gehörte, wurden ihre Beiträge in SPD-Zeitungen anderer Richtung, so im „Hambur-

ger Echo" und in der „Rheinischen Zeitung", veröffentlicht. 1927 übernahm sie die Redaktion der Zeitschrift „Frauenwelt", der der SPD-Vorstand eine größere Verbreitung verschaffen wollte. Er traute Toni Sender zu, die Zeitschrift attraktiver zu gestalten.
Eng verbunden blieb Toni Sender mit der gewerkschaftlichen Arbeit. Auf internationalen Kongressen der Metallarbeiter war sie Dolmetscherin und brauchte sich dabei nicht auf reine Übersetzertätigkeit zu beschränken. Durch persönliche Kontakte und eigene Beiträge vermochte sie die Verständigung zu fördern. Auch an den Kongressen der sozialistischen Arbeiter-Internationale nahm sie als Delegierte und Dolmetscherin teil. In der internationalen Arbeiterbewegung wurde sie eine bekannte und sehr geschätzte Persönlichkeit.
Toni Sender war die fleißigste Frau, der ich je begegnet bin, sagte mir einmal der damalige SPD-Bezirkssekretär in ihrem Wahlkreis, Wilhelm Sander, bei dessen Familie in Dresden sie häufiger Gast war. Er schilderte, wie sie seine beiden kleinen Söhne auf den Schoß nahm und mit der freien Hand ihre Artikel schrieb.
Bei diesem Arbeitspensum stand Toni Sender oft am Rande eines physischen Zusammenbruchs. 1921 erkrankte sie an einer Lungentuberkulose und mußte ein Jahr in dem Schweizer Kurort Davos verbringen.

Die Reichstagsabgeordnete

Als Toni Sender im Sommer 1920 mit 31 Jahren in den Reichstag einzog, unterschied sie sich durch die Fülle ihrer Erfahrungen im Beruf, in der Politik, in der Journalistik und in der Gewerkschaftsarbeit von ihren Parlamentskolleginnen. Dementsprechend waren auch die Arbeitsgebiete, denen sie sich widmete, andere als die der anderen weiblichen Abgeordneten. Während sich diese mit „Frauenproblemen und Fragen der Familie, der Kinderbetreuung und der Sozialgesetzgebung befaßten", so daß dank „der klugen und unermüdlichen Arbeit der weiblichen Reichstagsmitglieder" die Weimarer Republik „auf diesen Gebieten über die fortschrittlichsten und umfassendsten Gesetze verfügte", lag ihr „spezielles Interesse auf den Gebieten der Wirtschafts- und Außenpolitik".[9] Trotz dieser positiven Beurteilung der Tätigkeit ihrer Kolleginnen, beteiligte sie sich nur am Rande an ihr.

Toni Sender wurde Mitglied des Wirtschafts- und des Außenpolitischen Ausschusses, also von Gremien, in denen es für Frauen schwierig war, akzeptiert zu werden. Ihre eigenen Erfahrungen in dieser Hinsicht faßte sie so zusammen: „Eine Frau muß größere Anstrengungen unternehmen, muß mehr Tüchtigkeit beweisen als ein Mann, um als ebenbürtig anerkannt zu werden. Sobald ihre Fähigkeiten jedoch erkannt und anerkannt werden, spielt die Geschlechtszugehörigkeit keine Rolle mehr."[10] Daß das in ihrem Fall zutraf, dafür spricht schon die Tatsache ihrer ununterbrochenen Mitgliedschaft in diesen Ausschüssen.

Schon zu Anfang ihrer bemerkenswerten Karriere im Reichstag mangelte es Toni Sender nicht an Selbstbewußtsein. Bevor sie am 28. Juli 1920 ihre Jungfernrede hielt – sie begann mit einer Kritik des Verhaltens der deutschen Delegation bei den internationalen Verhandlungen in Spa und ging dann auf verschiedene andere Fragen ein – wurde sie von ihrer Fraktionskollegin Luise Zietz, der USPD-Parteisekretärin, gefragt, ob sie sehr nervös sei. Toni Sender verneinte und fügte im Rückblick hinzu: „Das Leben hat mich bereits abgehärtet."[11]

Von den verschiedenen Themen, zu denen Toni Sender im Reichstag sprach, seien folgende genannt: Arbeitslosenfürsorge, Arbeitszeit, Betriebsräte, Oberschlesien, Zölle. In der Legislaturperiode von 1924 bis 1928 nahm sie zu fast allen Handelsabkommen, die das Deutsche Reich mit anderen Staaten abschloß, im Reichstagsplenum Stellung. Im März 1926 war sie die Sprecherin der SPD-Fraktion zum Etat des Reichsarbeitsministeriums und forderte die Einrichtung einer besonderen Abteilung für Arbeiter- und Angestelltenschutz. Es war offensichtlich nicht ihr Ehrgeiz, im Parlament durch Rhetorik zu glänzen, dazu waren schon ihre Themen wenig geeignet. Sie wollte durch fundierte Kenntnisse und Argumente an der gesetzgeberischen Arbeit mitwirken, und diese wurde in den Ausschüssen vorbereitet. Ein Beobachter einer Ausschußberatung über den Zolltarif schilderte den Eindruck, den „unsere Toni Sender" dabei auf ihn machte:

„Ihre zierliche Figur verschwindet fast hinter dem Berge von Manuskripten und Material, den sie vor sich aufgebaut hat. Ihre Stärke sind die ‚Generaldebatten'. Aus dem Stegreif einen wirtschaftswissenschaftlichen Vortrag von einer Stunde zu halten, ist ihr eine Kleinigkeit. Wagt einer zu behaupten, sie schwätze? Keiner von den geschulten und gerissenen Wirtschaftsführern auf der anderen

Seite hat ihr noch anders als mit Respekt erwidert, wenn einmal einer ausnahmsweise den Mund auftat."[12]
Obwohl ihre Sachkompetenz allgemein anerkannt wurde, war Toni Sender bemüht, sie zu erweitern und zu vertiefen. Einige ihrer Freunde rieten ihr, sich auf eine akademische Laufbahn vorzubereiten, und der Gedanke gefiel ihr. Nach Ablegung der in Preußen eingeführten Begabtenprüfung zur Zulassung zum Universitätsstudium schrieb sie sich 1927 in der Berliner Universität ein. Wie alles, was sie anpackte, nahm sie ihr Studium sehr ernst, weniger durch den Besuch volkswirtschaftlicher Vorlesungen als durch die Benutzung entsprechender Bücher in der Reichstagsbibliothek. Doch die zusätzliche Anstrengung des Studiums setzte ihrer Gesundheit schwer zu: Sie erkrankte erneut an Tuberkulose, war aber diesmal nach drei Monaten in Davos geheilt.
Seit ihrer frühen Jugend war Toni Sender von einem tiefen Drang nach Wissen erfüllt, den sie auch durch unmittelbare Anschauung und eigene Erfahrungen zu befriedigen suchte. Dazu gehörte ihr Beschluß, mindestens einmal im Jahr ins Ausland zu fahren. Oft folgte sie dabei Einladungen, dort Vorträge zu halten. Auf diese Weise kam sie 1926 das erste Mal in die Vereinigten Staaten. Ihr Aufenthalt gestaltete sich zu einer eindrucksvollen Vortrags- und Studienreise. Das Leben und die Menschen in Amerika gefielen ihr so gut, daß ihr der Gedanke kam, ständig dort zu leben. Sie gab ihn auf, weil sie ihre Aufgaben und ihre Freunde in Deutschland nicht im Stich lassen wollte. Aber sie nahm sich vor, ihren Besuch der USA zu wiederholen. Das tat sie schon im darauffolgenden Jahr und dann wieder 1930.
Ihre erste Amerika-Reise endete tragisch. Robert Dißmann, der um die gleiche Zeit mit einer Gewerkschaftsdelegation in den USA war, und den sie in Detroit getroffen hatte, starb auf der Rückfahrt. Sein Tod war sicherlich der schwerste persönliche Verlust in Toni Senders Leben.

Prominente Vertreterin des linken Flügels der SPD

Ihre politische Prägung hatte Soni Sender durch ihre Erfahrungen in Frankreich, ihre Mitgliedschaft in der USPD, ihre Arbeit mit Gewerkschaftern und Betriebsräten, ihre zahlreichen internationalen Kontakte und ihre Tätigkeit im Frankfurter Kommunalparlament sowie besonders im Reichstag erhalten. In der Vereinigten SPD gehörte sie zu den erfahrensten und aktivsten ehemaligen USPD-Mitgliedern. Das wurde sicherlich allgemein so gesehen und ermutigte sie wohl auch, sich schon bald nach Eintritt in die VSPD in die Diskussion über eine umstrittene Frage mit einer eigenen Stellungnahme einzuschalten. Sie polemisierte heftig gegen die aktuell gewordene Beteiligung von Sozialdemokraten an einem Kabinett, dem auch die Deutsche Volkspartei, also die Partei der Großindustrie, angehörte.[13] Sie hatte keinen Erfolg damit: Im August 1923 bildete Gustav Stresemann eine Regierung der Großen Koalition, und Rudolf Hilferding, ehemaliges USPD-Mitglied, gehörte diesem Kabinett als Finanzminister an.

Es kann als Zeichen der Wertschätzung, die Toni Sender genoß, angesehen werden, daß sie der Vereinigungsparteitag zum Mitglied des Ausschusses bestimmte, der ein neues, auch von den ehemaligen USPD-Mitgliedern gebilligtes, Parteiprogramm entwerfen sollte. Die Arbeit dieses Ausschusses kam nur sehr schleppend voran, in der Partei bestand kaum Interesse für seine Tätigkeit, und der im wesentlichen von Rudolf Hilferding erarbeitete Entwurf, der sich an das Erfurter Programm von 1891 anlehnte, wurde erst 1925 vom Heidelberger Parteitag verabschiedet. Weder bei der Vorbereitung des Programms noch bei seiner Verabschiedung zeigte Toni Sender ein eigenes Engagement. Das gleiche läßt sich für ihre Mitgliedschaft im Ausschuß feststellen, der die Richtlinien zur Wehrpolitik ausgearbeitet hatte, die im März 1929 vom Magdeburger Parteitag gegen eine beträchtliche Minderheit (die sich nicht nur aus ehemaligen USPD-Mitgliedern zusammensetzte) angenommen wurde. Programmatische Arbeit war offensichtlich nicht ihre Sache, und es fragt sich, warum sie sich in diese Ausschüsse berufen ließ. Ihre Skepsis gegenüber Theoretikern in der Politik kommt in einer Bemerkung über Otto Bauer und Rudolf Hilferding zum Ausdruck: „[...] ich fragte mich oft, ob es sinnvoll sei, Gelehrte mit den Aufgaben des Staatsmannes zu betrauen [...]"[14]

Nicht in Diskussionen über Fragen sozialistischer Theorie, sondern in der Auseinandersetzung mit der aktuellen Politik vertrat Toni Sender Standpunkte des linken Flügels der SPD, dem nicht alle früheren USPD-Mitglieder angehörten. Ihre Kritik an der Arbeit der Großen Koalition von 1923 gipfelte in einem Appell zum Kampf gegen den Bürgerblock, damit „das Proletariat durch eine gradlinige Politik, die von allen Proletariern verstanden werden kann, immer stärker zu einer einheitlichen, tatkräftig geschlossenen Masse wird".[15] Diese Forderung in Toni Senders Diskussionsbeitrag auf dem SPD-Parteitag von 1924 wurde im Antrag „Dißmann und Genossen" im marxistischen Vokabular ausgedrückt: Die Partei solle sich leiten lassen „von dem Gedanken des unversöhnlichen Klassenkampfes zwischen Bourgeoisie und Proletariat".[16] Der Antrag wurde abgelehnt.

Auf dem SPD-Parteitag von 1927 setzte sich Toni Sender kritisch mit Hilferdings stark beachtetem Referat auseinander. Sie erklärte zur wichtigsten Aufgabe der SPD, „jene Schichten zum Klassenbewußtsein zu erwecken, die den bürgerlichen Parteien noch folgen". Das könne aber nicht geschehen, wenn die Partei in einer Regierung mit den Bürgerlichen arbeitet.[17] In dem von „Toni Sender und Genossen" eingebrachten Antrag wird die Parole ausgegeben: „Opposition statt Koalition". Sie wird begründet mit der „Aufgabe der Sozialdemokratie in der deutschen Republik „[...], die proletarischen Klasseninteressen gegenüber der Klassenherrschaft des Kapitalismus" zu vertreten. „Gegenüber dieser Aufgabe tritt der Kampf für die Erhaltung der Republik, mit der sich die Bourgeoisie abgefunden hat, an Bedeutung zurück."[18] Nur eine Minderheit – 83 von 338 Delegierten – stimmte dem Antrag zu.

Obwohl die Linke konstant Klassenkampf und Opposition im Klassenstaat propagierte, richtete Toni Sender auf dem SPD-Parteitag von 1929 keine Frontalattacke gegen die damals regierende Große Koalition, sondern wies auf die Gefahren hin, die mit der drohenden Erhöhung der Zolltarife, besonders mit dem Hochschutzzoll für Getreide, verbunden seien.[19] Angesichts der Schwierigkeiten und Gefahren, mit denen die Weimarer Republik konfrontiert war, änderte sich Toni Senders Haltung. Nach der Etablierung der Präsidialregierung Heinrich Brünings im Frühjahr 1930 und dem alarmierenden Erfolg der NSDAP bei den Septemberwahlen des gleichen Jahres wußte sie, daß nun Leben und Tod der Demokratie in Deutschland auf dem Spiel stand und daß die SPD in eine verzweifelte Situation geraten war. Auf dem SPD-Parteitag von 1931 wies Toni Sender die Vorwürfe zurück, die Vertreter des linken Flügels gegen die Tolerierungspolitik erhoben, betonte aber, daß auch diese Politik ihre Grenzen haben müsse. Ihre Äußerungen zur Demokratie klangen nun anders als die über die Republik im Antrag von 1927. „Demokratie ist für uns sicherlich in erster Linie die Voraussetzung für die Führung des Kampfes. Aber sie ist mehr als das. Die Demokratie hat auch ihren Wert in sich."[20] Mit der linken Oppositionsgruppe in der SPD, die im Oktober 1931 den Kern der Sozialistischen Arbeiterpartei bildete, stimmte Toni Sender nicht überein. Realismus und Verantwortungsgefühl zeigten sich in Toni Senders Reaktion auf eine Rede Otto Bauers beim Kongreß der Internationale im Juli 1931, in der er erklärt hatte: „[...] natürlich können Situationen kommen, daß uns der Gegner den demokratischen Boden zerstört und wo uns dann nichts anderes übrig bleibt, als dieser Kampf mit anderen Mitteln."[21] Von diesen Teilen seiner Rede und seines Schlußworts sei sie „am tiefsten erschüttert", bekannte Toni Sender und fuhr fort: „Denn wir fühlen, hier handelt es sich nicht nur um Reden, nicht nur um Beschlüsse, wir fühlen, wie nahe diese Gefahr vor uns steht. Wenn wir nur unser eigenes Leben in die Schanze zu schlagen hätten, dann könnten wir leicht solche Beschlüsse fassen. Unsere Beschlüsse sollen aber auch entscheiden über das Leben von Tausenden arbeitenden Menschen, über das Leben von Zehntausenden, die für die Sache des Sozialismus und für unsere Partei einstehen. Darum fühlen wir die ungeheure Verpflichtung, die uns daraus erwächst." Um es in Deutschland nicht zu Situationen kommen zu lassen, in denen Bauer den „Kampf mit anderen Mitteln" für unvermeidlich hielt, plädierte Toni Sender für die Annahme der Resolution, die eine internationale Kredithilfe für Deutschland und die Annullierung seiner Kriegsschulden vorsah, um den wirtschaftlichen und sozialen Ursachen der Erfolge des Faschismus entgegenzuwirken.[22]

Obwohl Toni Sender vor allem den Zusammenhang zwischen der Krise der kapitalistischen Wirtschaft und dem Aufstieg des Faschismus betonte, beschränkte sie sich in ihrer Faschismus-Analyse nicht auf diesen Aspekt. Auf der Frauenkonferenz der Internationale im Juli 1931 wies sie in ihrem Referat darauf hin, daß sich junge Menschen oftmals als Reaktion auf die Technisierung, „das Materialistische, allzu Rationale unserer Zeit" der Mystik und Romantik der faschistischen Bewegung zuwenden. Die Sozialdemokratie erscheine ihnen vielleicht „zu nüchtern, zu schwunglos". Der junge Mensch habe jedoch „ein starkes Verlangen nach Begeisterung und heroischer Hingabe".[23] Die Defizite, die Toni Sender im Erscheinungsbild ihrer Partei feststellte, waren bei ihr kaum vorhanden. Denn sie war nicht nur die nüchterne Expertin für Sachthemen, sondern auch eine beliebte Rednerin in großen Versammlungen, in denen sie auch die Emotionen ihrer Zuhörer anzusprechen verstand.

Verfolgung, Flucht und Tätigkeit in Belgien

In den letzten Jahren der Weimarer Republik war Toni Sender infamen und gefährlichen Angriffen der Nazis ausgesetzt. Sie reichten von persönlichen Verunglimpfungen bis zu Morddrohungen. Unter Lebensgefahr trat sie im Wahlkampf für die Reichstagswahlen vom 5. März 1933 auf, zuletzt als Rednerin in einer riesigen Kundgebung unter freiem Himmel in Dresden. Schon allein durch die Straßen dieser Stadt zu gehen, in der sie fast jeder kannte, war ein Wagnis. Ein Dresdner Nazi-Blatt, der „Judenspiegel", brachte auf der ersten Seite ein Bild von ihr in Großformat mit einem Text, der andeutete, daß man sie beseitigen solle. In einem Nazi-Flugblatt wurde diese Aufforderung ganz offen verkündet. Am Tag der Reichstagswahlen entschloß sie sich zur Flucht aus Deutschland. Die Frau eines bereits geflohenen Freundes brachte sie heimlich über die Grenze in die Tschechoslowakei.

In der Tschechoslowakei erhielt Toni Sender ein Angebot, dort journalistisch zu arbeiten. Sie wollte es jedoch nicht annehmen, sondern hatte vor, nach Paris zu ziehen. Auf dem Weg dorthin machte sie in Belgien Station. In Antwerpen traf sie einen alten Freund, der ihr vorschlug, für die dortige sozialdemokratische Tageszeitung „Volksgazet" zu schreiben. Da in deren Redaktion gerade eine Stelle frei war, wurde sie als Redakteurin eingestellt. Bald wurde sie auch in der flämischen Arbeiterbewegung aktiv. Sie hatte schnell so gut Flämisch gelernt, daß sie in dieser Sprache Artikel schreiben und Reden halten konnte.

1934 nahm sie die Einladung zu einer dreimonatigen Vortragsreise durch die Vereinigten Staaten an, und als sie im darauffolgenden Jahr wieder die USA bereiste, diesmal die Südstaaten, entschied sie sich, nicht nach Europa zurückzukehren. Amerika schien ihr die Chance eines neuen, interessanten und erfüllten Lebens zu bieten.

Amerika, Toni Senders neue Heimat

Seit 1936 lebte Toni Sender in den USA[24], zunächst einige Monate in Washington, dann in New York. Ihre ausgezeichneten Sprachkenntnisse, ihr Wissen auf verschiedenen Gebieten, ihre schon früher geknüpften Kontakte zu Frauen und Männern der amerikanischen Arbeiterbewegung ermöglichten es ihr, weiter ein aktives, ihren sozialen und politischen Interessen gemäßes Leben zu führen. Seit ihrem ersten Besuch in den USA hatte sie ein überaus positives Verhältnis zu dem Land, für das sie sich als Flüchtling aus Hitler-Deutschland entschieden hatte und dessen Staatsbürgerin sie 1943 wurde. Obwohl die Voraussetzungen für ein befriedigendes neues Leben bei ihr ungleich günstiger waren als bei den allermeisten Emigranten, hatten ihre Freunde den Eindruck, daß sie sehr unglücklich war. Das mag persönliche Gründe gehabt haben, war aber sicherlich auch durch die grauenhaften Vorgänge im Deutschen Reich und in den von ihm beherrschten Ländern verursacht.

In den ersten Jahren ihrer Emigration nach Amerika hielt sie Vorträge in verschiedenen Organisationen, schrieb für die New Yorker „Volkszeitung", war Korrespondentin für „Le Populaire" (Paris) und „Le Peuple" (Brüssel) und hatte einen engen Arbeitskontakt mit amerikanischen Gewerkschaften. 1938/39 setzte sie in der New Yorker „New School for Social Research", einer Gründung deutscher Emigranten, ihr Ökonomiestudium fort. Eine feste Anstellung erhielt sie 1941 als Direktorin der Abteilung für europäische Arbeitsforschung im „Office of Strategic Services", ab 1944 arbeitete sie als Wirtschaftsspezialistin bei der „United Nations Relief und Rehabilitation Administration", nach dem Zweiten Weltkrieg wurde sie Vertreterin der amerikanischen Gewerkschaften bei den Vereinten Nationen, 1949–1956 Vertreterin des Internationalen Bundes Freier Gewerkschaften bei den Vereinten Nationen. In der deutschen Emigration jener Zeit hat kein anderer, Mann oder Frau, solche Positionen in der amerikanischen und internationalen Arbeiterbewegung erreicht.

Erna Blencke, die 1941 als deutscher Flüchtling aus dem besetzten Frankreich nach den USA kam, berichtete mir über Toni Senders große Hilfsbereitschaft. Um ihren Genossinnen und Genossen die Eingewöhnung in ihr Zufluchtsland zu erleichtern, hielt sie ihnen Vorträge über Amerika und brachte sie in Kontakt mit amerikanischen Gewerkschaften und anderen Institutionen. An den politischen Aktivitäten deutscher Emigranten nahm Toni Sender nur wenig teil, war aber mit einigen von ihnen gut befreundet, am engsten mit der ehemaligen preußischen Landtagsabgeordneten Hedwig Wachenheim, einer klugen Frau voller Energie und Lebensmut, die in der SPD auf dem rechten Flügel gestanden hatte. Mit vielen ihrer alten Freunde hielt Toni Sender eine rege Korrespondenz aufrecht.

Ihr einziger Besuch im Nachkriegsdeutschland im Jahre 1947 muß für sie eine Enttäuschung gewesen sein. Ihr Vortrag im Frankfurter Gewerkschaftshaus war schwach besucht und stieß auf Kritik, weil ihren Zuhörern das Bild, das sie von den USA zeichnete, geschönt erschien. Manche deutsche Sozialdemokraten und Gewerkschafter suchten auf ihren Amerikareisen das Gespräch mit ihr, aber ein dauernder Kontakt kam nicht zustande. Als Toni Sender am 26. Juni 1964 in New York nach einer langen Leidenszeit an der Parkinsonschen Krankheit starb, nahmen SPD und Gewerkschaften kaum Notiz von ihrem Tod. Erst 25 Jahre später ist Toni Sender durch das Erscheinen ihrer Autobiographie in deutscher Übersetzung im Land ihrer Geburt wieder einem größeren Kreis bekannt geworden.

Zu Toni Senders Persönlichkeit und Bedeutung

„Revolutionär sein heißt, sich als dienendes Glied einer freien Gemeinschaft fühlen", erklärte Toni Sender in einem Vortrag über das Thema „Der revolutionäre Mensch".[25] Dies kann als ihr Selbstverständnis und Leitmotiv ihres Lebens gelten. Das Ansehen, das sie in der deutschen und in der internationalen Arbeiterbewegung genoß, verdankte sie wohl ebenso ihren sachlichen Leistungen wie der Ausstrahlung ihrer warmherzigen, idealistischen Persönlichkeit. Anziehend wirkte sie schon durch ihre aparte Schönheit, die sie durch Gepflegtheit und elegante Kleidung unterstrich. Bei aller Verbundenheit mit dem Proletariat versuchte sie nicht, sich durch ihre Erscheinung und ihren Lebensstil ihm anzupassen. Auch das war ein Zeichen ihrer inneren Unabhängigkeit. Den „proletarischen Antifeminismus", den vor allem jüngere Historiker(innen) bei der Arbeiterbewegung feststellen, hat sie selber wohl kaum zu spüren bekommen. Von den Gewerkschaftern, Betriebsräten und ihren Parteigenossen wurde sie ohne Vorbehalte akzeptiert und sehr geschätzt. Persönlichen Kontakt auch zu Menschen aus anderen Gesellschaftsschichten und mit anderen politischen Überzeugungen zu bekommen, fiel ihr nicht schwer, denn sie ging unbefangen und vorurteilslos auf sie zu. Ihre Freunde waren meist Frauen und Männer der Arbeiterbewegung, doch es kam ihr dabei offenbar nicht darauf an, welcher „Richtung" sie angehörten.

Durch die Vielfalt ihrer Kenntnisse, ihrer Arbeitsbereiche und ihrer schon in jungen Jahren erworbenen beruflichen und politischen Erfahrungen war Toni Sender eine ungewöhnliche Erscheinung in der Arbeiterbewegung ihrer Zeit. Dabei waren ihr Selbstgefälligkeit und Überheblichkeit anscheinend fremd: Sie war eine ständig Lernende, die sich immer wieder neues Wissen aneignete und sich in verschiedene Sachgebiete einarbeitete. Sie war eine Linke, hatte sie doch ihre Prägung durch ihre Opposition gegen die SPD-Mehrheit im Krieg und ihre USPD-Mitgliedschaft erhalten, und selbstverständlich gehörte sie in der Vereinigten SPD zum linken Flügel. Aber sie vermied mehr und mehr die radikale Phrase, beurteilte die politische Entwicklung realistisch und nahm politische Standpunkte ein, die den schließlich noch verbliebenen Möglichkeiten der Arbeiterbewegung in der Weimarer Republik entsprachen.

Toni Senders Bedeutung für die Arbeiterbewegung bestand in der Hauptsache in ihrer außerordentlichen Leistung, Partei- und Gewerkschaftsarbeit, die Tätigkeit im deutschen Reichstag und in internationalen Gremien, Detailkenntnisse in Sachfragen und Rhetorik in Massenveranstaltungen miteinander zu verbinden. Die Wirkung, die sie ausübte, ging aber auch unmittelbar von ihrer Persönlichkeit aus, ihrer unbedingten Hingabe an ihre Aufgaben, oft unter Zurückstellung persönlicher Wünsche und Neigungen. Sie verstand sich als Marxistin, aber sie war keine Theoretikerin, und ihr wissenschaftliches Interesse, das stets auch ein praktisch-politisches war, richtete sich weit stärker auf die Ökonomie als auf die Philosophie. Sie gab der Arbeiterbewegung Impulse, nicht durch große und originelle Ideen, sondern durch ihre sachliche Arbeit und ihr eigenes Wesen, ihre Glaubwürdigkeit und Humanität.

Anmerkungen

1 Toni Sender, Autobiographie einer deutschen Rebellin. Hrsg. u. eingeleitet von Gisela Brinker-Gabler. Aus dem Amerikanischen von Brigitte Stein, Frankfurt a. M. 1981, S. 159. Die Originalausgabe war 1939 unter dem Titel „The Autobiography of a German Rebel" in New York erschienen.
Diese Autobiographie bildet für die hier folgende Lebensbeschreibung die wichtigste Quelle. Die Anmerkungen weisen meist nur wörtliche Zitate nach.
2 Autobiographie, S. 76.
3 Die Rede wurde von der USPD als Broschüre veröffentlicht: Toni Sender, Die Frauen und das Rätesystem, Berlin o. J.

4 Siehe die Flugschrift: Diktatur über das Proletariat oder: Diktatur des Proletariats. Das Ergebnis von Moskau von Tony Sender, o. O. o. J., S. l.
5 Autobiographie, S. 166. Siehe auch die in der vorigen Anm. nachgewiesene Flugschrift.
6 Siehe Anm. 4.
7 Zitiert nach: Franz Osterroth/Dieter Schuster, Chronik der deutschen Sozialdemokratie, Band II, Berlin/Bonn-Bad Godesberg 1975, S. 75f.
8 Autobiographie, S. 167f.
9 Ebd., S. 220f.
10 Ebd., S. 221.
11 Ebd., S. 160.
12 Im Blitzlicht (ungezeichnet); Rheinische Zeitung, 3. 8. 1925.
13 Siehe die Broschüre: Tony Sender, Große Koalition? Gegen ein Bündnis mit der Großindustrie, Frankfurt a. M. 1923.
14 Autobiographie, S. 173.
15 Sozialdemokratischer Parteitag 1924. Protokoll (Reprint), Glashütten im Taunus 1974, S. 102.
16 Ebd., S. 210.
17 Protokoll 1927 (Reprint), S. 186.
18 Ebd., S. 272.
19 Protokoll 1929 (Reprint), S. 177–179.
20 Protokoll (Reprint), S. 128.
21 Kongreß-Protokolle der Sozialistischen Arbeiter-Internationale, Band 4, Teil 2. Vierter Kongreß der Sozialistischen Arbeiter-Internationale, Wien, 25. Juli bis 1. August 1931 (Reprint), Glashütten im Taunus 1974, S. 590.
22 Ebd., S. 617–620, Zitat S. 619f. Die vom Kongreß angenommene Resolution ist abgedruckt auf S. 872–874.
23 Ebd., S. 782.
24 Die folgenden biographischen Angaben stützen sich auf Christl Wickert, Unsere Erwählten. Sozialdemokratische Frauen im Deutschen Reichstag und im Preußischen Landtag 1919 bis 1933, 1. Band, Göttingen 1986, S. 266–292. Die Verfasserin hatte Freunde Toni Senders interviewt und die Tony Sender Papers eingesehen, die sich befinden in: State Historical Society of Wisconsin, Madison (USA).
25 Rheinische Zeitung, 31. 12. 1925.

Anna Siemsen (1882–1951)

Zwischen den Stühlen: eine sozialdemokratische Pädagogin

von
Ralf Schmölders

Kurt Tucholsky und Rudolf Hilferding, zwei so entgegengesetzte Persönlichkeiten der Weimarer Republik, hier der bissige Zyniker und Literat, dort der Cheftheoretiker der SPD, waren sich zumindest in einer Sache einig: für beide war Anna Siemsen eine beeindruckende Frau. Während Hilferding ihr 1928 vor der versammelten Reichstagsfraktion versicherte, er schätze sich glücklich, die „gescheiteste Studienrätin" der Republik begrüßen zu können, faßte sich Tucholsky schlichter, aber gleichzeitig auch persönlicher, wenn er an die „Liebe Frau Anna Siemsen" schrieb: „Auf den wenigen Bildern der Zeitgeschichte, auf denen sie zu sehen sind, ruht des öfteren mein Blick. Mancher geht bei Greta Garbo – ich so. Da wollen wir doch einmal den lieben Gott bzw. einen seiner Funktionäre bitten, ob er uns nicht einmal einander über den Weg laufen lassen will. ‚Nachdem sich die erste Enttäuschung über das Aussehen des Dichters gelegt hat', hat Eulenburg einmal eine Vorlesung angefangen… also, ick laß es drauf ankommen."
Während aber nun Tucholsky heute zum festen Bestandteil linker Kultur gehört, ist das Werk und Leben von Anna Siemsen fast gänzlich vergessen. Nicht zuletzt auch deshalb, weil kaum eines ihrer Bücher nach ihrem Tode wieder aufgelegt wurden. Aufgabe der vorliegenden Arbeit kann es erst einmal nur sein, ein wenig Licht in ihre Lebensgeschichte zu bringen und eine weitere Beschäftigung mit ihren Gedanken anzuregen.

Jugendjahre in Westfalen

Am 18. Januar 1882 wurde Anna Siemsen als zweites Kind des westfälischen Pfarrerehepaares August und Anna Sophie Siemsen in dem kleinen Tausendseelendorf Mark bei Hamm geboren. Zusammen mit der älteren Schwester Paula und den jüngeren Brüdern August, Karl und Hans verlebte sie eine für die damaligen Verhältnisse recht geborgene und vielleicht auch glückliche Kindheit. Das alte protestantische Pfarrhaus, der große Garten, beschattet von einer großen Kastanie und zwei Linden, die dörfliche Gemütlichkeit, all das war eine Umgebung, die sich wohltuend von dem Elend des aufbrechenden Industriezeitalters in den Städten abhob.

In der Familie Siemsen traf sich die Tradition des hanseatischen Bürgertums mit dem weltmännischen Lebensstil einer oldenburgischen Kaufmannsfamilie. Der Großvater August Siemsen stammte aus Hamburg und hatte als einziger aus seiner Familie, die ansonsten immer mit der Schiffahrt zu tun hatte, Theologie studiert. Als Seelsorger in einem kleinen Dorfe nahe Osnabrück engagierte er sich als Führer einer pietistischen Erweckungsbewegung für ein praktisches Christentum und ging als „gewaltiger Prediger" in die Annalen der dörflichen Geschichte ein. Sein jüngster Sohn, der wie der Vater den Namen August trug, nahm später ein theologisches Studium auf und trat im Frühjahr 1868 in Mark bei Hamm eine Pfarrerstelle an.

Ein wenig anders verhielt es sich mit der Familie des Großvaters mütterlicherseits, der Familie von Friedrich Lürßen aus Delmenhorst. Der Großvater, den Anna Siemsen zwar nicht mehr kennenlernte, der aber dennoch viele Gemeinsamkeiten mit ihr besessen haben soll, war als junger Mann durch die Welt gereist und hatte seine Volksschulbildung auf autodidaktischem Wege erweitert. In der weiten Welt fühlte er sich mehr zu Hause als in dem kleinbürgerlichen Mief der oldenburgischen Provinzstadt. In Delmenhorst gründete er eine Korkfabrik, die anfangs auch recht einträgliche Gewinne erwirtschaftete. Sein großes herrschaftliches Haus war noch viele Jahre nach seinem Tod für seine Enkel ein beliebtes Ferienziel. Einige geschäftliche Fehlspekulationen und vielleicht auch die zu splendide Lebensführung zerrütteten jedoch frühzeitig die Finanzen der Korkfabrik. Der wirtschaftliche Ruin, aber auch die kleinbürgerliche Enge von Delmenhorst bedeuteten für den sensiblen welterfahrenen Globetrotter und Fabrikanten Lürßen den frühen Tod. Seine Familie hatte noch lange Jahre mit den wirtschaftlichen Schwierigkeiten der Fabrik zu kämpfen.

Annas Vater, August Siemsen, war ein streng konservativer, aber auch eigenwilliger Pfarrer, der sein Fach aus Überzeugung gewählt hatte. In manchen Fragen war er ein wenig weltfremd, hatte sich aber dennoch ein gewisses Maß an Humor und Menschenfreundlichkeit bewahrt. Seine Abneigung gegen alles politisch Liberale oder sogar Sozialdemokratische soll gar so weit gegangen sein, daß er nie Rote Grütze aß, da ihn die rote Farbe zu sehr an die Farbe der Sozialdemokraten erinnerte. In Erziehungsfragen versagte er mehr oder weniger und zeigte kaum psychologisches oder erzieherisches Fingerspitzengefühl. Anna Siemsen schilderte sein pädagogisches Geschick einmal sehr anschaulich: „Der Vater war eine Naturgewalt, die unberechenbar sich entlud 1. wenn ohnehin ein Unglück passiert war; 2. wenn man sich besonders gut vergnügte. Die Exekution durch Vater fand statt: wenn beim Schaukeln die Schranktür abbrach; wenn die Tinte umfiel; wenn man Zahnweh hatte und brüllte; oder auch wenn man die Treppengeländer herunterrutschte; wenn man auf der Fensterbank spazierenging; wenn man eine Entdeckungsreise auf dem Heuboden unternahm. Es war zwecklos, sich diesem Unheil entziehen oder es voraus erraten zu wollen. Man hatte es auf sich zu nehmen, daß es von Zeit zu Zeit eintraf wie Regenwetter oder Halsentzündung."[1]

Dennoch, eine gewisse Güte und die Tatsache, daß seine Frau Anna Sophie in erster Linie mit der Kindererziehung befaßt war, verhinderten wohl Schlimmeres. Die Mutter war der ruhende, für Ausgleich sorgende Pol in dem ansonsten so umtriebigen Pfarrhaushalt. Dieser beherbergte nicht nur eine Großfamilie, sondern war gleichzeitig auch Kristallisationspunkt des dörflichen Lebens. Annas Bruder August schilderte seine Mutter einmal in liebevollen Worten: „Sie hat ein reiches, ein fünffaches Leben gehabt, da sie mit jedem ihrer Kinder lebte. Geduldig nahm sie es hin, daß ich sie, im Banne der homerischen Sagen, vorlesend durch Küche und Keller verfolgte und die Geplagte bisweilen fragte: ‚Paßt du auch auf? Was habe ich zuletzt gesagt?'. Später als Bruder Karl Referendar war, trug er ihr, die er ‚mein Volk' nannte, die Rechtsfälle vor, die er zu bearbeiten hatte, um dann gemeinsam mit ihr ein gerechtes Urteil zu suchen. Vor allem aber fand Anna bei ihr die Wärme und Zärtlichkeit, deren sie bedurfte, und dazu als kränkelndes Kind den besorgten, behütenden und unmerkbar lenkenden Schutz, als Erwachsene das Verständnis für ihr Leben und ihre Arbeit."[2]

Von den fünf Kindern war die kleine Anna die zurückgezogenste und sensibelste, litt zudem unter einem verkürzten Bein und häufigen Migräneanfällen. Kränklich und nervös, zurückgezogen und introvertiert, so verlebte sie einige Zeit ihrer Kindheit, fand aber ebenso bei ihrer Mutter das für Kinder so notwendige Vertrauen und liebevolle Zuneigung. Ihre Großmutter hingegen hielt sie aufgrund ihres verschlossenen Wesens für minderbegabt und prophezeite ihr bedauernd eine bescheidene geistige Entwicklung und Existenz. Kein Wunder, daß sich das kleine Mädchen zurückzog und bereits früh, wie alle ihre Geschwister, mit dem Lesen begann. Ein großer Baum, der seine Äste weit ausladend über der Bleiche, einem kleinen Weiher nahe des Hauses, ausbreitete, war ihr liebster Leseplatz. Hier versank sie in die Welt der klassischen Sagen, in die Werke von Gottfried Keller, C. F. Meyer oder Wilhelm Raabe und später in die Bücher von Goethe, Schiller oder in die philosophischen Texte des Franzosen Pascal. Mit Raabe verband Anna Siemsen in der Jugendzeit sehr viel. Seine Parteilichkeit und Sympathie für die Gestrauchelten und Benachteiligten der Gesellschaft imponierten ihr so sehr, daß sie ihn später als Zwanzigjährige einmal in Braunschweig besuchte und ihm anschließend zu Weihnachten alljährlich ein wenig Gebäck schickte. In ihren „Literarischen Streifzügen" aus dem Jahre 1929 relativierte sie diesen Jugendschwarm etwas, sah in Raabe vor allem jenen Typus von „kleinbürgerlichen Philosophen und Menschenfreunden, die Deutschland liebenswürdig und verehrungswürdig machten", ehe die Zeit des kaiserlichen Gründertums über sie hinweggegangen sei.[3]

Überhaupt spielte die Überlieferung der bürgerlichen Literatur eine große Rolle im Siemsenschen Familienleben. Das Vorlesen und die Aufführung klassischer Sagen oder Szenen aus Stücken von Goethe bzw. Schiller nahmen einen nicht geringen Teil des abendlichen Zusammenseins ein. Die kleine Anna, die schon bei den wilden Räuberspielen ihrer Brüder allenfalls als gefangenes Burgfräulein mitspielen mochte und dabei sehr schnell wegen ihres realistischen Gejammers aus der Gefangenschaft entlassen wurde, konnte sich im abendlichen Rezitationskreise oft für die Darstellung tragischer Rollen begeistern.

Die kleine Dorfschule, die Anna Siemsen in Mark besuchte, teilte nach ihren eigenen Aussagen nicht viel Wissen mit, erzog zur Hohenzollernverehrung und Nationalismus. Obwohl das Mädchen wegen ihrer angegriffenen Gesundheit nur unregelmäßig die Schule besuchte, hatte sie dennoch wenig Schwierigkeiten mit dem schulischen Lernpensum. Nach Abschluß der Volksschule besuchte sie die für viele ‚höheren Töchter' obligatorische Mädchenschule im nahegelegenen Hamm, die sie jedoch nach drei Jahren wegen ihres kränkelnden Wesens wieder verlassen mußte. Ein Privatlehrer trug anschließend für die Bildung der Pfarrerstochter Sorge. 1901 legte Anna Siemsen die Lehrerinnenprüfung ab und war anschließend als Erzieherin in diversen ravensburgischen Pastorenhaushalten tätig. 1905 maturierte sie nach privater Vorbereitung als Externe am Humanistischen Gymnasium in Hameln und immatrikulierte sich im Sommersemester des gleichen Jahres an der Universität München, um dort die Fächer Deutsch, Philosophie und Latein zu studieren. Hier in den süddeutschen Staaten des Deutschen Reiches wurden bereits zu dieser Zeit Frauen an den Hochschulen aufgenommen, in Preußen wurde ihnen dies erst im Jahre 1908 zugestanden. Nach zwei Semestern in München, wo der Bruder August ebenfalls eingeschrieben war, wechselte Anna Siemsen für ein Semester nach Münster und von dort nach Bonn, um hier vom Wintersemester 1906/7 bis 1910 ihr Studium mit dem Lehrerinnenexamen und einer Promotion abzuschließen.

Voller Energie hatte Anna Siemsen sich in das Studium gestürzt und konnte dabei allenthalben nur von den immer wieder jäh auftretenden Erschöpfungszuständen gestoppt werden. Im Philologischen Seminar bestach die Studentin durch ihre klaren und sicheren Antworten, so daß selbst der Bonner Germanist Prof. Wilmanns einmal recht verblüfft gewesen sein soll, als sie eine Frage nicht zu beantworten wußte. „Na", so soll er gesagt haben, „dann kann ich das doch nicht erklärt haben." Schon damals konnte Anna Siemsen den Hang vieler Geisteswissenschaftler zum engstirnigen Spezialistentum, das stupide Einpauken von Prüfungswissen, nicht ausstehen. Mit Wilmanns hatte sie noch einen Lehrer, der sich im Gedankengut des Humanismus wiederfand und seine Lehre und Forschung nicht allein als die Erfüllung einer Beamtenpflicht, sondern aus einem persönlichen Verantwortungsgefühl heraus leistete.

Mit einer Dissertation über die Verstechnik von Hartmann von Aue und einer Staatsexamensarbeit über den Einfluß der Philosophie Baruch Spinozas auf das Denken des Pädagogen Herder beendete Anna Siemsen 1910 ihr Studium in Bonn mit überdurchschnittlichem Ergebnis. Ein Jahr lehrte sie dann an einer Mädchenschule in Detmold, dann ab 1911 an einer Bremer Privatschule. 1915 wurde sie an den Städtischen Luisenschulen in Düsseldorf als Oberleh-

rerin angestellt. Der Bruder August, der ebenfalls den Lehrerberuf ergriffen hatte, arbeitete schon seit zwei Jahren an einer Schule in Essen, so daß die beiden Geschwister, die Zeit ihres Lebens ein herzliches und enges Verhältnis zueinander hatten, sich nun auch endlich wieder räumlich näher kamen.
Der Umgang und Unterricht mit Kindern und Jugendlichen bereitete Anna Siemsen auf der einen Seite viel Freude und Selbsterfüllung, andererseits schärfte sich dabei ihr Blick für die gesellschaftlichen Ungerechtigkeiten im Wilhelminischen Kaiserreich. „Ich sah die verhängnisvolle Macht, die unser Leben vergewaltigte und fälschte", schrieb sie rückblickend auf diese Zeit, „und ich fand weder bei Kollegen noch Vorgesetzten Verständnis für meine Skrupel, sondern bei den ersteren Gleichgültigkeit, bei den anderen schärfste Ablehnung und die Forderung, auf Gleichschaltung mit dem befohlenen Kurs."[4]

Weltkrieg und Novemberrevolution: Entscheidung für die Arbeiterbewegung

Der Ausbruch des Ersten Weltkrieges überraschte die junge Oberlehrerin während einer Wanderung in den Schweizer Alpen. Die Tatsache, daß selbst die deutschen Sozialdemokraten die Bewilligung der Kriegskredite unterstützten, vertrieben ihre aufkommenden Zweifel an der Berechtigung und Unausweichlichkeit des Krieges für kurze Zeit. Dem nationalistischen Rummel, der zu dieser Zeit auf die deutsche Bevölkerung niederging, konnten sich auch die anderen Familienmitglieder nicht entziehen. Ihre drei Brüder meldeten sich z. T. freiwillig zum Militär, bis sie schließlich „den großen Betrug", wie es August Siemsen formulierte, durchschauten. Denn schon bald wirkten die harten Realitäten der kriegerischen Auseinandersetzungen, der Kadavergehorsam in der Armee und die alltäglichen Erfahrungen des Schwarzhandels und Spekulantentums auf die Kriegsfreiwilligen an der Front und auf die Daheimgebliebenen.
Unter diesen Eindrücken bilden sich auch bei Anna Siemsen die ersten Zweifel an der Legitimität des politischen Systems und offene Kritik am Kriegsgeschehen heraus. Über ihren jüngsten Bruder Hans, der 1915/16 die Berliner Literatenzeitschrift „Zeit-Echo" redaktionell betreute, knüpfte Anna Siemsen erste lose Kontakte zur

linksintellektuellen Schriftstellerszene um Heinrich Mann und Kurt Hiller. Unter dem Pseudonym „Friedrich Mark" veröffentlicht sie im „Zeit-Echo" eine Reihe literarischer Kritiken und Glossen, die zwischen den Zeilen bereits das Unbehagen über die aggressive deutsche Kriegspolitik erahnen lassen. 1917 tritt sie in Düsseldorf dem „Bund Neues Vaterland", der Vorläuferorganisation der „Deutschen Liga für Menschenrechte", bei – was ihr auch prompt die Überwachung durch die politische Polizei einbringt. Vollends deutlich aber wird ihre oppositionelle Haltung im März 1917, als sie in den expressionistischen „Weißen Blättern" von René Schickele mit scharfen Worten gegen die „Kriegsphilosophen" Scheler, Wundt und Sombart polemisierte. Im Zentrum ihrer Kritik standen dabei die zweifelhaften Versuche dieser Autoren, das staatliche Unterdrückungssystem während der Kriegszeit philosophisch zu legitimieren und zu verteidigen. „An Stelle des autonomen Gewissens", schrieb Anna Siemsen mit Blick auf die realen Verhältnisse, „steht das Generalkommando, an Stelle des kategorischen Imperativs die Polizeiverfügung und an Stelle Kants oberstem Sittengesetz das: ‚Right or wrong my country' ‚Das sind keine Götter Israels'."[5]

Anderthalb Jahre später erlebte Anna Siemsen in Bremen – hier weilte sie zu Besuch bei ihrer Mutter –, wie die Matrosen am 4. November 1918 die Regierungsgewalt in der Hansestadt übernahmen. Beeindruckt von den friedlichen und unblutigen Ereignissen fuhr sie so bald wie möglich zurück nach Düsseldorf, um dem dortigen Arbeiter- und Soldatenrat ihre Mitarbeit anzubieten. Der Vorsitzende des Rates, der sozialdemokratische Reichstagsabgeordnete August Erdmann, wußte anfangs nicht viel mit diesem Angebot anzufangen, jedenfalls muß er wohl davon überzeugt gewesen sein, daß es der engagierten Lehrerin noch ein wenig an der politisch-ideologischen Schulung fehlte. Also lieh er ihr erstmal das „Kapital" und einige in Deutschland bisher nicht bekannte Berichte der Entente über die Kriegsursachen. Beides, die Schrift von Marx wie auch die Berichte der Entente, waren bei Anna Siemsen in guten Händen. Jedenfalls stürzte sie sich alsbald in das politische Geschehen in Düsseldorf. Mit viel Idealismus und Elan forderte sie die Einheit der beiden sozialistischen Parteien, mußte jedoch zu ihrer eigenen Verwunderung feststellen, daß sie zwar bei den Arbeitern Zustimmung erntete, aber bei den Funktionären beider Parteien nur auf ein Kopfschütteln stieß. „Erst als ich begriff, wie tief der Riß war", schrieb sie später über dieses Erlebnis, „und wie weit die

Wege auseinanderführten, und als die sozialdemokratische Regierung im März 1919 das erste Freikorps gegen die Arbeiter nach Düsseldorf schickte, trat ich der Unabhängigen Partei bei."[6] Die hatte die agile Frau schon vorher für die im März stattfindenden Kommunalwahlen aufgestellt und erreichte es auch, daß eine neu geschaffene Beigeordnetenstelle für das Fach- und Berufsschulwesen der Stadt Düsseldorf ab 1920 mit Anna Siemsen besetzt wurde.

Schulpolitikerin in der USPD

In Düsseldorf fand sich Anna Siemsen als unabhängige sozialdemokratische Schulpolitikerin gut zurecht. Für die „Volkszeitung" entwarf sie mit spitzer Feder Anregungen und Entwürfe für die kommunale Bildungsreform. In der Stadtverordnetenversammlung verdiente sie sich ihre ersten parlamentarischen Sporen und machte gleichzeitig auch wichtige Erfahrungen mit der Schwerfälligkeit der preußischen Bürokratie.

In der Parteiorganisation der USPD übte Anna Siemsen wohl kein direktes Mandat aus, denn ihr Hauptbetätigungsfeld lag zu dieser Zeit eher bei den sozialistisch orientierten pädagogischen Reformbewegungen, wie beispielsweise dem „Verein sozialistischer Lehrer" oder dem „Bund entschiedener Schulreformer". Im Rahmen der bildungspolitischen Debatte der USPD profilierte sich Anna Siemsen jedoch alsbald neben dem Berliner Stadtschulrat Dr. Kurt Löwenstein als eine bedeutende Pädagogin. In der von Rudolf Breitscheid und Rudolf Hilferding herausgegebenen Zeitschrift „Der Sozialist" kommentierte sie die aktuelle Entwicklung der Schulpolitik zu Anfang der zwanziger Jahre und bereicherte diese Zeitschrift ebenso mit literaturgeschichtlichen Essays. Nachdem der Leipziger Parteitag der USPD 1919 eine Programmkommission eingesetzt hatte, gestaltete Anna Siemsen zusammen mit Kurt Löwenstein den Entwurf für ein Schul- und Erziehungsprogramm, das mit seinen Forderungen nach einem Einheitsschulsystem und der Verwirklichung des Produktionsschulgedankens auch heute noch nichts von seiner Aktualität eingebüßt hat.[7]

Grundlegende Überlegungen über die innere Schulreform hatte Anna Siemsen bereits vor ihrem parteipolitischen Engagement vorgestellt. In einigen Aufsätzen für die Jenaer Zeitschrift „Die Tat" plädierte sie 1917/18 zugunsten einer Öffnung der Schule für neue pädagogische Ansätze und eine rigorose Entrümpelung der Curricula von nervtötendem Wissensballast sowie für die Aufhebung der strengen Bevormundung der Lehrer durch die vorgesetzten Behörden. Die bestehende preußische Schule, das wußte sie aus eigener Erfahrung, trieb die Schüler mit Zeugnissen zum gegenseitigen Neid, schied sie, ihrer Meinung nach, nach „Stand und Vermögen" und hatte außerdem auch in moralischer Hinsicht kaum überzeugende Ergebnisse vorzuweisen. Da Anna Siemsen davon ausging, daß Erziehung vor allem durch das Vorbild der Lehrer geleistet wurde, mußte eine neue Schule besonders bei deren Ausbildung ansetzen und ihnen in der Schule mehr Freiheit zubilligen. Zwang, Autorität, Berechtigungen und Zeugnisse, so lautete das Fazit ihrer Überlegungen, sollten zugunsten einer freien Schule eliminiert werden, die sich im Kernunterricht mit der Vermittlung der elementaren Kulturtechniken und der Ausbildung grundlegender körperlicher und handwerklicher Fertigkeiten begnügen sollte. Dort wo die Entwicklung der freien Persönlichkeit im Vordergrund stand, in den musischen und künstlerischen Fächern, bei der Religion, da sollte ein freies Kurssystem den Elementarunterricht ergänzen. 1917 erwartete sie noch, daß eine solche Reform sich in erster Linie ohne den Staat, den sie nur negativ als „Zwangsgemeinschaft" verstand, vonstatten gehen müsse, daß eine „Reform im Erkennen und Bewußtsein" nur von „innen kommen" könne. Bereits zwei Jahre später mußte auch sie sich eingestehen, daß allein ein ethisches Motiv nicht ausreiche, auf gesellschaftlichem Terrain Fortschritte zu erzielen. Zu hart hatten sich in den Auseinandersetzungen um die Weimarer Verfassung bereits wieder die Gräben zwischen den gesellschaftlichen Klassen und Schichten aufgeworfen. „Wir brauchen eine Bewegung, die wahrhaft revolutionär ist", schrieb sie Mitte 1919 in einem Leitartikel für die sozialistische Lehrerbewegung und fuhr fort, „d. h. die nicht mit Reformen und Quaksalbereien am kranken Körper unserer Gesellschaft und unserer Schule sich begnügt, die nicht bereit ist, das ‚bewährte Alte' langsam umzuwandeln – wobei dann immer dies Alte siegreich bleibt und das Neue ansteckt und verfälscht – nein, die von Grund aus neu bauen will und daher auch das Zerstören nicht scheut. Daher brauchen wir die entschlossene Angriffstellung und das herzhafte Bekenntnis zum Kampf gegen die kapitalistische Gesellschaft."[8]

1921 legte Anna Siemsen eine kleine programmatische Schrift mit dem Titel „Erziehung im Gemeinschaftsgeist" vor, in der sie sich mit den Anforderungen an eine sozialistische Erziehungspolitik und mit den hemmenden Faktoren derselben auseinandersetzte. Neben der geforderten Verbindung von Hand- und Kopfarbeit, die schon frühzeitig im Erziehungsprozeß einsetzen sollte, wies sie besonders auf die Gefahren des sich ausbreitenden Taylorismus, der Rationalisierung und Normierung industrieller Arbeit und deren Auswirkungen auf den schulischen Lernprozeß, hin. Der Vereinzelung innerhalb der kapitalistischen Gesellschaft stellte sie ein Modell einer zukünftigen sozialistischen Erziehung entgegen. „Die neue Erziehung", so schrieb sie in dieser Broschüre, „kann nur erwachsen auf einem ganz anderen Boden, nur aus der Gemeinschaft, die in gemeinsamen Leben und gemeinsamer Arbeit den einzelnen einordnet, ohne ihn zu vergewaltigen, wie das bisher immer geschehen ist. Diese Erziehung ist also nur möglich, wenn und soweit die Befreiung der menschlichen Arbeit überhaupt eintritt. Aber sie ist zugleich Voraussetzung dieser Befreiung. Eins hängt vom anderen ab, eins ist Bedingung des anderen. Die befreite, zur Gemeinschaft gewordene Gesellschaft fordert den frei erzogenen Menschen, dieser Gemeinschaftsmensch kann nur in einer befreiten Gesellschaft erzogen werden."[9] Im ökonomischen Bereich der Weimarer Gesellschaft, so meinte sie, seien die Grundlagen für die Verwirklichung dieser Utopie schon angelegt, aber noch weit mehr hoffte sie auf die natürliche Entfaltung von Freiheit und Gemeinschaft: „Freiheit und Gemeinschaft aber sind die vornehmsten menschlichen Forderungen. Die ganze menschliche Geschichte ist der Versuch, sie zu verwirklichen."[10]

Als sich 1921 für Anna Siemsen die Möglichkeit bot, in Berlin eine Stelle als Oberschulrätin und Dezernentin für das Fach- und Berufsschulwesen anzunehmen, verließ sie die rheinische USPD-Metropole Düsseldorf. Aber auch in Berlin lebte sie nur zwei Jahre und folgte im Herbst 1923 einem Ruf der sozialistischen Regierung Thüringens, die ihr eine Stelle als Schulrätin für das Mittlere Schulwesen und eine Honorarprofessur an der Jenaer Universität antrug. Die Aufgabe dieser neu eingerichteten Professur war die Vorantreibung der Volksschullehrerausbildung, die, gegen den scharfen Protest vieler Professoren, erstmalig an einer Universität etabliert werden sollte. Zusammen mit einer ganzen Reihe bekannter sozialistischer Pädagogen (Olga Essig, Siegfried Kawerau, August Siemsen) begann die thüringische Regierung unter dem Kultusminister Greil (USPD) mit einer grundlegenden Schulreform, die erstmalig eine Vereinheitlichung und radikale Verweltlichung des Schulwesens anstrebte. Die politischen Ereignisse überrollten dieses Unterfangen alsbald, und die „Reichsexekution", die Entsendung der Reichswehr in die beiden Staaten Thüringen und Sachsen, setzte dem reformpolitischen Vorhaben ein schnelles und brutales Ende. Nach den Neuwahlen, die unter restriktiven Bedingungen Anfang 1924 unter der Knute der Reichswehr durchgeführt wurden, etablierte sich eine konservative Regierung, die unverzüglich alle sozialistischen Schulbeamten aus den entscheidenden Positionen der Schulaufsicht entfernte. Anna Siemsen blieb allerdings Professor in der Philosophischen Fakultät.

Reichsschulgesetz und berufliche Bildung

Mit der offiziellen Schulpolitik der SPD stand Anna Siemsen in den zwanziger Jahren des öfteren auf Kriegsfuß. Nachdem die Weichen für die bildungspolitische Entwicklung in der Weimarer Republik bereits durch die Schulartikel der Reichsverfassung gestellt waren – die hatte Anna Siemsen auf das schärfste abgelehnt – plädierte sie später jedoch immer dafür, zumindest den schmalen Spielraum, etwa in der Frage der Einrichtung von weltlichen Schulsystemen, so weit wie möglich auszunutzen. Zusammen mit Kurt Löwenstein, dem sie seit ihrer gemeinsamen Arbeit in der USPD durch eine enge Freundschaft verbunden war, forderte sie die Sozialdemokratie unermüdlich zu einer offensiveren Schulpolitik auf. Sowohl bei den Debatten um die Verabschiedung eines Reichsschulgesetzes wie auch bei den Konkordatsverhandlungen des Reiches und Preußens mit dem Vatikan verlangte sie eine schärfere Gangart, als es die Parteimehrheit zugestehen mochte. Erst nachdem sie die SPD verlassen hatte und für einige Zeit in der Sozialistischen Arbeiterpartei (SAP) ihre politische Heimat fand, entlud sich die ganze Verbitterung und Verärgerung über die sozialdemokratische Bildungspolitik in den vorausgegangenen Jahren. Konnte sie zuvor am erziehungspolitischen Teil des Heidelberger Programms der SPD (1925) noch einige positive Züge finden, so fiel nun, 1932, ihr Urteil vernichtend aus. Insbesondere Heinrich Schulz, dem führenden sozialdemokratischen Politiker, der längere Zeit als Staatssekretär im Reichsinnenministerium an den verschiedenen Entwürfen eines

Reichsschulgesetzes mitgearbeitet hatte, warf sie vor, er habe in seinen Kommentaren zum Heidelberger Programm versucht, die Illusion aufrechtzuerhalten, alle sozialdemokratischen Forderungen seien schon auf dem Boden der bestehenden Gesellschaft durchzusetzen. Mit der grundsätzlichen Überzeugung, daß ein reformerischer Weg zum Sozialismus möglich sei, mochte sie sich nicht mehr identifizieren, wenngleich, das sei hier angemerkt, sie dieser Auffassung schon immer recht skeptisch gegenübergestanden hatte. „Wir begegnen hier wie so oft der Voraussetzung des Heidelberger Programms", schrieb sie 1932 in einer kritischen Begutachtung der sozialdemokratischen Parteiprogramme, „daß es möglich sei, in die kaptialistische Gesellschaft sozialistische Fremdkörper einzubauen, den Arbeitsertrag einer kapitalistischen Wirtschaft sozialistischen Zwecken zuzuführen. Die Gesamtentwicklung seit 1925 hat gezeigt, daß dieser Weg auf die Dauer immer ungangbarer wird, auch beim Erziehungsprogramm."[11]

Die aktuelle Schulpolitik war jedoch nicht ihr einziges pädagogisches Arbeitsfeld. Als Erziehungswissenschaftlerin befaßte sich Anna Siemsen intensiv mit Fragen der beruflichen Bildung und der Entwicklung von Ansatzpunkten für einen sozialistisch gefaßten Bildungsbegriff. Hier faßte sie aus der historischen Analyse heraus den Berufsbegriff wesentlich weiter, als es bürgerliche Pädagogen taten, indem sie von der Kategorie des Erwerbsberufes Abstand nahm und die Arbeit in gesellschaftlich nützlichen Bereichen als Grundbedingung individueller Bedürfnisbefriedigung ansah. Notwendigerweise durfte somit die Berufsbildung nicht als Vermittlung von spezialisiertem Expertenwissen erfolgen, sondern hatte in erster Linie die Ausbildung allgemeiner Grundqualifikationen zu gewährleisten. Die Arbeit des Reformpädagogen Kerschensteiner, der schon zu Anfang des 20. Jahrhunderts den Beruf als Bildungs- und Lebenszentrum postuliert hatte, schätzte Anna Siemsen auf der einen Seite als sehr wichtig ein, sah jedoch auch, daß Kerschensteiner gerade in dem Augenblick den Beruf als Bildungszentrum verstehen wollte, wo dieser für viele noch nicht einmal die Sicherung der materiellen Existenz gewährleistete. Außerdem, so meinte sie, verwende Kerschensteiner mit seinem Ideal des ‚Staatsbürgers' lediglich eine Leerformel, da er die wichtige Funktion des Staates nämlich die Sicherung der kapitalitstischen Organisation, verkenne.[12]

Hoffnungsträger Jugend

Eigentlich war Anna Siemsen immer zutiefst davon überzeugt gewesen, daß alle politische Propaganda und Agitation im Grunde ihres Wesens nichts anderes als Erziehungs- und Bildungsarbeit waren. Und so wie die Erziehung als Funktion der Gesellschaft sich zukünftig nicht mehr am überholten Individualismus des Bürgertums, sondern am Menschheitsideal der zukünftigen, solidarischen und damit auch sozialistischen Gesellschaft sich zu orientieren hatte, so bestand auch für Anna Siemsen kein Zweifel daran, daß auch die gesamte proletarische Lebensführung einem radikalen Bewußtseinswandel zu unterziehen sei. Erziehung zum Sozialismus, das bedeutete die Herausbildung solidarisch und selbstverantwortlich handelnder Menschen, die sich sowohl der historischen Aufgabe der Arbeiterbewegung wie auch dem individuellen Part des einzelnen bewußt zu sein hatten. Wie viele Vertreter des Weimarer Kultursozialismus, die in der politischen Bildungsarbeit und gemeinschaftlichen Selbstverwaltung nicht mehr und nicht weniger als die Geburt eines neuen Menschengeschlechts erblickten, setzte Anna Siemsen dabei alle ihre Hoffnungen auf die Jugend. Schon 1919 – gerade war die pazifistisch engagierte Lehrerin in die USPD eingetreten – richtete sie einen Appell an die jugendliche Kriegsgeneration, an die Jungen und Mädchen, denen es – wollte man Anna Siemsen Glauben schenken – oblag, mit der verderbten Hinterlassenschaft des Weltkrieges aufzuräumen. „Jetzt", so rief sie die junge Generation, „ist das Schicksal der Welt und eures in eure Hände gegeben."[13]

Im Laufe der politischen Ereignisse der Jahre 1919/20, nachdem sich die Hoffnung auf eine Neugestaltung in diesem Sinne als unhaltbare Illusion erwiesen hatte, da war es für Anna Siemsen die Arbeiterjugend, die, nun im Bunde mit den erwachsenen Genossen aus der Arbeiterbewegung, als Hoffnungsträger für die zukünftige Gesellschaft auftrat. Prädestiniert durch die proletarischen Sozialisationserfahrungen – Hunger, Armut, Unbeständigkeit etc. –, so meinte sie, seien besonders die proletarischen Jugendlichen für die Erziehung zum sozialistischen „Wollen und Erkennen" auserkoren. In den Gruppen der Arbeiterjugendbewegung, gleichsam auf kleinen Inseln im stürmischen Meere des Kapitalismus, sollten die Arbeiterjugendlichen schon frühzeitig in solidarische Verhaltensweisen eingeübt werden, damit sie später, in der sozialistischen Zu-

kunft, die gesellschaftliche Arbeit für das Gemeinwohl fortführen konnten. Programmatisch war in diesem Sinne eine kleine Broschüre von Anna Siemsen mit „Selbsterziehung der Jugend" betitelt (Berlin 1929).
Gleichwohl herrschte zwischen der „Sozialistischen Arbeiterjugend" und Anna Siemsen nicht immer eitel Sonnenschein. Als unter maßgeblichem Anteil des Verbandsvorstandes der SAJ die Mitglieder des Internationalen Jugendbundes (IJB), einer elitär und autokratisch organisierten Gruppen um den charismatischen Göttinger Philosophen Leonard Nelson, aus der Sozialdemokratie herausgedrängt wurden, da war es auch Anna Siemsen, die sich energisch einer administrativen Lösung widersetzte. Dabei war sie beileibe keine Freundin oder auch nur Sympathisantin von Nelson, bezeichnete sie sich doch in aller Klarheit als „ausgesprochenen Gegner der Nelsonschen Philosophie und seiner Theorie" und fand zudem auch wenig Gefallen an der eigentlich recht anti-demokratischen Organisationsform des Bundes. Und dennoch fühlte sie sich in die Pflicht genommen. Und zwar einzig und allein aus dem Gefühl heraus, daß hier einer Gruppe von jungen Menschen, die sowohl in politischer wie auch lebensreformerischer Hinsicht hochgradig motiviert war, Ungerechtigkeit widerfuhr. Anstelle der Drohung mit dem Ausschluß konnte sie sich nur eine Klärung auf dem Wege einer offenen innerparteilichen Diskussion vorstellen.[14]
Ein Grund für den erfolgten Unvereinbarkeitsbeschluß des SPD-Parteivorstandes war unter anderem auch die Tatsache, daß die IJB-Mitglieder auch bei den Jungsozialisten sehr aktiv waren und auf deren Reichskonferenz 1925 zusammen mit dem marxistisch orientierten Minderheitsflügel der Jusos richtungsweisenden Einfluß auf den Verband gewonnen hatten. Und gerade hier, in den Gruppen der 20–25jährigen, fand Anna Siemsen die begeisterungsfähigen jungen Sozialisten, die so gar nichts von dem altväterlichen Gehabe vieler Sozialdemokraten wissen wollten. Zusammen mit G. E. Graf und Max Adler unterstützte Anna Siemsen die Herausgabe der „Jungsozialistischen Schriftenreihe", auf Konferenzen und Schulungswochen der Jusos war sie eine gefragte Referentin.

Sozialdemokratische Reichstagsabgeordnete

Im Kreise der sozialdemokratischen Linksopposition nahm Anna Siemsen anfänglich eine gewisse Randstellung ein. Sie beschäftigte sich in ihren Veröffentlichungen in erster Linie mit kulturpolitischen Fragen. Und die waren eben auf der Linken weit weniger strittig als etwa die Debatte um die Beteiligung der SPD an bürgerlichen Koalitionen. Außerdem gehörte Anna Siemsen zum Autorenkreis so unterschiedlicher Zeitschriften wie der „Sozialistischen Politik und Wirtschaft" bzw. dem späteren „Klassenkampf", steuerte aber ebenso, und das war das eigentliche Novum, eine Vielzahl von Beiträgen für die von Joseph Bloch redigierten „Sozialistischen Monatshefte" bei, die bekanntlich eher dem reformistischen Flügel der Sozialdemokratie zuzurechnen waren. Und – dies zum besseren Verständnis – es wäre wohl kaum möglich gewesen, daß ein Paul Levi oder Max Seydewitz in dieser Zeitschrift hätte publizieren können! In erster Linie wohl Blochs Berücksichtigung kontinentaler bzw. europäischer Zusammenhänge, seine Forderung nach einer ‚Europäischen Föderation' auf der Grundlage einer Aussöhnung von Deutschen und Franzosen und ebenso Blochs entschiedene Ablehnung der britischen Europa-Politik hatten Anna Siemsen wohl, bei allen Differenzen in sonstigen Fragen, auch zu einer Mitarbeit bewogen. Aber gleichzeitig ist dies auch Indiz für die mehr integrierende und über die politischen Flügel hinausgehende Rolle von Anna Siemsen in den Jahren 1924 bis 1931.

Ab 1928 deutet sich allerdings ein Wandel an. Häufiger befaßte sich Anna Siemsen nun auch mit grundsätzlichen Fragen einer linkssozialistischen Politik. Schließlich war sie in diesem Jahr auf der Liste der Leipziger SPD in den Deutschen Reichstag gewählt worden, dem sie allerdings nur bis Mitte 1930 angehörte, da sie aus Krankheitsgründen ihr Mandat vorzeitig niederlegen mußte.

Der Großen Weimarer Koalition unter der Kanzlerschaft des Sozialdemokraten Hermann Müller stand Anna Siemsen von Anbeginn an sehr skeptisch gegenüber. Daß sie selbst nicht gewillt war, sich unbedingt und bedingungslos in allen Fragen der Mehrheitsmeinung der Partei zu unterwerfen – was eben ganz ihrem Verständnis von praktiziertem demokratischen Verhalten widersprochen hätte –, zeigte sie gleich zu Anfang der Legislaturperiode. Aus Protest gegen die Konzeptionslosigkeit der sozialdemokratischen Regierungsbeteiligung blieb sie zusammen mit acht weiteren SPD-

Abgeordneten der Abstimmung über die erste Regierungserklärung des Kanzlers Müller fern. Anläßlich der Debatten auf dem Leipziger Parteitag ging Anna Siemsen 1931 im „Klassenkampf" nochmals auf die Ursachen des parlamentarischen Mißerfolgs der Sozialdemokraten ein. Die Ergebnislosigkeit sozialdemokratischer Regierungsbeteiligung – immerhin hatte ja die SPD u. a. mit Rudolf Hilferding ihre erste Garnitur ins Rennen geschickt – war ihr Beweis genug, daß mit dem Fortschrittsoptimismus, wie ihn Hilferding noch auf dem Kieler Parteitag unter großem Beifall verkündet hatte, wenig Staat zu machen war. Unweigerlich, so schien es Anna Siemsen, mußte eine Politik, die, wie Hilferding es doch so eingängig formuliert hatte, „aus dem Staat das beste politische Instrument machen" wollte, kläglich scheitern, wenn sie aufgrund analytischer Schwächen von falschen Voraussetzungen ausging. Sowohl Hilferdings These vom „organisierten Kapitalismus" und noch weit mehr das diesem Konzept zugrundeliegende Staatsverständnis waren ihrer Meinung nach mit schwerwiegenden Mängeln behaftet. Denn der Staat, so schrieb sie im „Klassenkampf", könne nicht einfach als neutrales Steuerungsinstrument verstanden werden, welches sowohl unter sozialistischen wie auch unter konservativen Vorzeichen zur Lenkung gesellschaftlicher Prozesse zu instrumentalisieren sei. Sie selber konnte in dieser Frage auf die eigenen Erfahrungen in der Schulverwaltung zurückgreifen und hatte doch gerade in den Jahren 1919 bis 1923 erfahren müssen, welche Eigendynamik staatliche Institutionen entwickeln konnten.

Zwangsläufig mußte sie den fast schon naiven Pragmatismus von vielen führenden Sozialdemokraten ablehnen: „Dies Instrument des Staates ist kein lebloses und neutrales Werkzeug. Sein Apparat, seine Tradition, die Menschen, welche Träger der Verwaltung sind, sind Exponenten der kapitalistischen Gesellschaft. Dies Instrument funktioniert ausgezeichnet, solange die Wirtschaft: Finanz, Industrie und Grundbesitz in ihm den Diener und Helfer sehen. Er versagt in dem Augenblick, wo es antikapitalistischen Interessen, planmäßiger Wirtschaft im allgemeinen Interesse dienen soll. Die Geschichte der letzten deutschen Koalitionsregierung ist ein fortlaufender Beweis dieses Satzes."[15] Zusammen mit einer Überschätzung des Parlaments, das seine Macht eben nicht aus sich selber heraus, sondern durch die spezifischen gesellschaftlichen Machtpotentiale erfuhr, hinterließ, so ihr Fazit im Sommer

1931 eine sozialdemokratische Koalitionsregierung während einer Phase wirtschaftlicher Instabilität nicht mehr und nicht weniger als einen Trümmerhaufen, schlimmstenfalls sogar die totale Diskreditierung der Partei bei der Wählerschaft.
Mit dieser Auffassung lag Anna Siemsen auf den ersten Blick sicher richtig. Doch waren andererseits die Handlungsalternativen in der Opposition angesichts der politischen Lage wirklich um so vieles günstiger? Lag nicht ihren Forderungen nach unermüdlicher sozialistischer Schulung und dem Aufbau einer proletarischen Massenbewegung zumindest zu einem gewissen Teil die unzulässige Übertragung von Erfahrungen aus Sachsen und Thüringen, wo noch über längere Zeit ein dichtes und intaktes Netz proletarischer Kultur auffindbar war, zugrunde?

Katholische Kirche und Sozialdemokratie

Die koalitionsskeptische Haltung von Anna Siemsen lag aber auch in einem weiteren, nicht minder wichtigen Sachverhalt begründet. Spätestens seit der Verabschiedung der Weimarer Reichsverfassung erblickte Anna Siemsen in der katholischen Zentrumspartei den politischen Gegner, der, besonders auf kulturpolitischem Terrain, jedweden Fortschritt im Sinne der Sozialdemokratie hemmte. Die politische Situation in den zwanziger Jahren brachte es jedoch mit sich, daß gerade diese Partei als einziger Koalitionspartner für die Sozialdemokraten in Frage kam, da alle anderen bürgerlichen Parteien weit mehr von der SPD trennte oder, wie etwa im Falle der Demokratischen Partei, über einen zu geringen parlamentarischen Einfluß verfügten. Für Anna Siemsen aber war das Zentrum eigentlich gar keine eigenständige Partei, keine eigenständige politische Macht, sondern lediglich ein Satellit des römischen Papstes, nicht mehr und nicht weniger also als eine Filiale der katholischen Kirche. Die Frage nach dem Wesen und den Begründungszusammenhängen der Zentrumspolitik reduzierte sich somit bei Anna Siemsen auf die Analyse der katholischen Kirche als Institution gesellschaftlicher und wirtschaftlicher Macht. „Kennen wir den Katholizismus", so formulierte sie die einfache, vielleicht zu einfache Wahrheit, „so kennen wir auch die Auffassung der Zentrumspartei, deren Mitglieder jederzeit gewertet werden nach der Gefügigkeit gegenüber katholischen Forderungen."[16] Die katholische Kirche aber vereinigte in den Augen von Anna Siemsen alle nur erdenklichen negativen Eigenschaften: sie war autoritär, zentralistisch und traditionalistisch, die Politik des Papstes, zumindest in allen katholischen Ländern, „durchweg antidemokratisch und faschistenfreundlich", und in Deutschland, bedingt durch den größeren Einfluß des Protestantismus, letzteres zwar weniger, aber doch zutiefst antidemokratisch. Und eine derartig beeinflußte und charakterisierte Partei, die zudem noch in allen, besonders für viele Vertreter des „Kultursozialismus" wichtigen Bereichen wie der Ehe- und Sexualrechtsreform, der Gemeinschaftserziehung oder in der Schulpolitik, nur auf das Bewahren des Vertrauten drängte, konnte wohl kaum als Koalitionspartner akzeptiert werden. Oder wie es Anna Siemsen formulierte: „Solch ein Gefährte bringt Gefahr ins Haus."[17]

Es hieße jedoch zu kurz zu greifen, wenn man aus dem bisher Gesagten schließen wollte, die protestantische Pfarrerstochter Anna Siemsen habe mit ihrer eigenen Sozialisation, mit den Sitten und Werten des Christentums vollständig gebrochen. Denn am Gedankengut des Urchristentums, paradigmatisch in der Bergpredigt und den Evangelien gefaßt, fand sie schon Gefallen. Die radikale Ablehnung von Gewalt und Herrschaft und die internationalistische Haltung dieser Keimzelle des Christentums bejahte sie uneingeschränkt, jedoch verurteilte und bekämpfte sie die Institutionalisierung der Kirchen als gesellschaftliche Machtfaktoren auf das schärfste. Im rationalen und modernen 20. Jahrhundert, so schien ihr, hatte eine Religion, die ihre inneren Triebkräfte aus der Mystik und dem Glauben an das Übernatürliche bezog, keine Berechtigung mehr. Und in der alltäglichen politischen Praxis, da galt immer noch das bekannte Postulat aus dem Erfurter Programm der SPD: Religion ist Privatsache.

Die Sozialdemokraten warnte Anna Siemsen deshalb immer, sich nicht der Illusion hinzugeben, man könne die katholische Kirche durch kooperatives Verhalten oder etwa durch philosophische Diskussionen von ihrem anti-sozialdemokratischen Kurs abbringen. Vor allem letzteres, so urteilte Anna Siemsen, sei schon allein wegen des bekenntnishaften Charakters aller Religionen gar nicht möglich. Schützenhilfe bezog sie dabei von dem Führer der österreichischen Sozialdemokratie, von Otto Bauer. Der riet, wie Anna Siemsen auch, das menschliche Gemeinschaftsbedürfnis, welches nach beider Auffassung der Existenz von Religion zugrunde lag, durch entsprechende Organisationen der Arbeiterbewegung aufzufangen. Die SPD dürfe sich nicht allein auf die politischen Interessenvertretung beschränken, sondern müsse zunehmend auch kulturelle, lebensgestaltende und gesellige Funktionen und Aufgaben übernehmen, um so der Befriedigung des menschlichen Gemeinschaftsbedürfnisses bessere Rahmenbedingungen zu bieten, als es die Kirchen bisher vermochten.[18]

Parteidisziplin und sozialistische Überzeugung

Hatte Anna Siemsen zu Anfang ihrer politischen Laufbahn 1919 in Düsseldorf vor ihrem Beitritt zur USPD noch für die Einheit der sozialdemokratischen Parteien gestritten und geworben, so sah sie sich doch unverhofft innerhalb kurzer Zeit selbst vor die Situation einer Parteispaltung gestellt. Die innerparteilichen Auseinandersetzungen um den Anschluß der USPD an die *Komintern* trieben schon 1920 einen tiefen Keil in die bis dato noch im politischen Aufwind vorwärtsstrebende Partei. Zusammen mit der Minderheitsfraktion, die sich vehement dem Anschluß der USPD an die *Komintern* widersetzt hatte, schloß sich Anna Siemsen 1922 der alten Sozialdemokratie an. Die KPD schien ihr ein zu widersprüchlicher Partner zu sein, als daß sie sich eine Mitgliedschaft dort vorstellen konnte. Außerdem hegte sie ein tiefes Mißtrauen gegen alles Zentralistische. „Und", so schrieb sie später, „ich hielt es für völlig ausgeschlossen, daß man die verwickelten deutschen Verhältnisse von Moskau aus übersehen, geschweige denn lenken könnte, besonders angesichts der mir persönlich bekannten sozialistischen Führer, die für die Komintern Gewährsleute hätten sein müssen."[19]

Zufrieden war Anna Siemsen mit der weiteren Entwicklung der Sozialdemokratie jedoch keinesfalls. Der verschwindend geringe Einfluß der ehemaligen USPD-Mitglieder wie auch der gesamten Linksopposition, die restriktive Handhabung der innerparteilichen Demokratie und die insgesamt doch zu konfliktscheue und ängstliche Haltung der Parteiadministration in vielen Fagen begründeten ihr negatives Urteil.

Als sich im Laufe des Jahres 1931 – ausgelöst durch den sog. ‚Disziplinbruch' von neun linkssozialistischen Reichstagsabgeordneten, die sich dem Fraktionzwang widersetzt und demonstrativ gegen den Wehretat gestimmt hatten – die ersten Anzeichen eines Auseinanderbrechens der SPD andeuteten, mahnte Anna Siem-

sen in einer kleinen Broschüre, „Parteidisziplin und sozialistische Überzeugung" betitelt, die Partei eindringlich zu einer fairen Diskussion über die weitere Politik. Im Mittelpunkt ihrer Überlegungen stand das Problem, wie die Überzeugungstreue des einzelnen bei gleichzeitiger Bewahrung der notwendigen Geschlossenheit der Partei zu gewährleisten sei.
Sie kam dabei zu dem Ergebnis, daß nicht unbedingt jede Mehrheitsentscheidung auch der proletarischen Weisheit letzter Schluß sei, und billigte dem einzelnen sogar zu, unter bestimmten Umständen auch gegen die eigene Partei stimmen zu dürfen. War dies für viele Sozialdemokraten noch gerade an der Grenze des Verkraftbaren, so wirbelte der folgende Satz wohl mehr Staub auf, als es Anna Siemsen hatte erwarten können: „Ist der falsch empfundene Beschluß so folgenschwer", so führte sie aus, „von solch grundsätzlicher Bedeutung, daß das gesamte Ziel der sozialistischen Bewegung in Frage gestellt wird, so ist diesem größten aller politischen Übel gegenüber die Zersplitterung der Organisation, die doch nur Mittel zum Zweck ist, das geringere Übel. Das Nichtfolgeleisten wird dann zur sozialistischen Pflicht und äußere Disziplin zum Verrat an der Sache."[20]
1917 etwa, bei der Gründung der Unabhängigen Sozialdemokratischen Partei und der Billigung der Kriegskredite durch die alte Sozialdemokratie, war in ihren Augen solch eine Situation eingetreten, wo die Partei gegen elementare Prinzipien verstoßen hatte. Ausdrücklich insistierte Anna Siemsen jedoch darauf, daß die Spaltung der Arbeiterbewegung nur in einer Situation höchster Not hingenommen werden könne, und erläuterte auch, unter Rückgriff auf den Soziologen Michel, wie erst die bürokratische und autokratische Organisationsform der SPD, mit all ihren persönlichen Abhängigkeiten, zu einer Paralysierung der innerparteilichen Demokratie geführt habe. Und unter diesen Umständen, so meinte sie, könne auch nur das individuelle Gewissen in bestimmten Konfliktfällen, wie etwa beim sogenannten Disziplinbruch der neun Reichstagsabgeordneten, als Richtschnur für das persönliche Handeln Geltung haben. Zumindest dann, wenn sich ein jeder nicht dem bürgerlichen Individualismus, sondern einem sozialistischen Sittlichkeitsideal, das sich am Gemeinwohl der zukünftigen Gesellschaft zu orientieren habe, verpflichtet fühle.
Mit diesen Gedankengängen, die unverhohlen an der bisher so sakrosankten und unbedingten Treue zur Parteiführung rüttelten,

entfachte Anna Siemsen wohl eher unbeabsichtigt einen Sturm der Entrüstung. Der dem linken Flügel zuzurechnende Bernhard Düwell etwa plädierte in einer ebenfalls als Broschüre erschienenen Replik in jedem Falle für die Erhaltung der Parteieinheit. Aus dem Parteivorstand sprudelte es nur so von Überreaktionen: Neben dem Vorwurf, Anna Siemsen huldige einem liberalen Individualismus, war man hier der Auffassung, man habe es bereits mit einer „Theorie der Parteispaltung" zu tun.[21] Und ebenso gründlich mißverstanden wurde Anna Siemsen wohl auch von der Redaktion des „Freien Wortes". Denn hier frohlockte man schon frühzeitig, als mit A. Gurland ein weiterer Vertreter der Parteilinken gefunden wurde, der Anna Siemsens Position ablehnte und die Einheit der Arbeiterbewegung als oberste Maxime und Grundlage aller linkssozialistischen Politik postulierte. Die Darstellung seiner Auffassung entsprach jedoch nicht ganz Gurlands Intention, und der integre Doktor der Philosophie ließ es sich auch nicht nehmen, in einer Richtigstellung, die wenig später in derselben Zeitschrift veröffentlicht wurde, die Dinge wieder zurechtzurücken. Denn, so meinte er hier, „geistige Klärung in der Partei hat das Verstehen der bekämpften Ansicht zur Voraussetzung und nicht deren Entstellung". Und es erschien Gurland doch geradezu „erschreckend", wie oft doch das Anliegen von Anna Siemsen mißverstanden wurde. Gurland sah in der kritischen Siemsenschen Schrift beileibe keinen Aufruf zur Parteispaltung, vielmehr akzeptierte er voll und ganz die Beweggründe der Autorin, wenn er auch, und das war die eigentliche Differenz zu ihr, nicht billigen wollte, daß das politische Handeln des einzelnen nur im Gewissen seine letzte Entscheidungsinstanz finden sollte. Diese lag seiner Auffassung entsprechend in der Autorität der sozialdemokratischen Parteitage, denen er einen legislativen Charakter bei der Verabschiedung sozialdemokratischer Grundsätze zusprach. Außerdem wies er zu Recht darauf hin, daß es nur schwer festzustellen sei, wann denn eine Situation vorliegt, wo die Mehrheit der Partei in so hohem Maße gegen die eigenen Grundsätze verstieß und dadurch das sozialistische Endziel der Bewegung bloßstellte.[22]
Anders als Anna Siemsen gehofft hatte, führte ihr kleiner Mahnruf nicht zu der erwarteten Klärung in der SPD, sondern verschärfte die Konflikte um so mehr. Der Sozialdemokratie gelang es fatalerweise nicht, in den Sommermonaten des Jahres 1931 die oppositionellen Linkssozialisten um die Zeitschrift „Klassenkampf" auch nur an-

satzweise zu integrieren. Als sich diese Gruppe um eine eigene Wochenzeitung und eine eigenständige Verlagsanstalt bemühte, um zumindest im eigenen Kreise eine Basis für die Kommunikation zu schaffen, eskalierte der schwelende Konflikt und endete mit dem Ausschluß der beiden sächsischen Reichstagsabgeordneten Max Seydewitz und Kurt Rosenfeld. Beide waren dann entscheidend an der Gründung der Sozialistischen Arbeiterpartei (SAP) beteiligt. Hier versammelte sich unverzüglich ein Teil der ehemaligen Linksopposition, die nicht länger die Tolerierungspolitik der SPD billigen wollten und für die eigene politische Arbeit in dieser Partei keine Basis mehr sahen.

Enttäuschung: Episode SAP

Anna Siemsen hatte lange Zeit gezögert, sich dieser neuen Partei anzuschließen, hatte sich vor dem Ausschluß von Rosenfeld und Seydewitz in der „Klassenkampf"-Gruppe immer wieder Abspaltungstendenzen widersetzt. Erst die Zustimmung der sozialdemokratischen Reichstagsfraktion zu den Notverordnungen der Regierung Brüning im Herbst 1931 brachen auch bei ihr die letzten Bastionen. Im Oktober verließ sie die SPD und trat in die SAP ein. Ihr Bruder August hatte diesen Schritt schon einige Wochen zuvor vollzogen, und es gibt zumindest Anhaltspunkte, daß neben der eigentlichen politischen Entscheidung auch Anna Siemsens Sympathie zu ihrem Bruder entscheidenden Einfluß auf ihr Handeln gehabt hat.

Um Anna Siemsen bildete sich in der SAP bald ein links-pazifistisch gesinnter Kreis, der aber nur wenig Einfluß auf die Programmatik der jungen Partei gewann. Denn sehr rasch entpuppte sich diese aus der Not geborene Neugründung als Sammelbecken der versprengten linken Splittergruppen, und die von Anna Siemsen erhoffte solidarische Diskussion über die Grundsätze des politischen Selbstverständnisses erwies sich alsbald als Illusion. Sie selber hatte schon in der eingangs erwähnten Broschüre die Befürchtung geäußert, daß die Linke dann, wenn sie die Majorität innerhalb der SPD gewänne, ebenso restriktiv mit der Meinungs- und Willensbildung verfahren werde, wie sie es der reformistischen Mehrheit in der SPD immer wieder vorwarf. Und diese Befürchtung sollte sich nur zu schnell bewahrheiten! Zu gut waren die Funktionäre der politischen Klein- und Kleinstgruppen mit den Taktiken und Strategien des politischen Kalküls vertraut, und bald tobte auch in der SAP ein politischer Richtungskampf, der sich weder in der Form noch bei der Wahl der Mittel wesentlich von den Umgangsformen der alten Sozialdemokratie unterschied.

Anna Siemsen schwebte für die SAP eigentlich das Konzept einer politischen Massenpartei vor. Massenagitation und -propaganda, Aufklärung und demokratische Erziehung, das waren in ihren Augen die vordringlichsten Aufgaben, die die SAP zu leisten hatte, um die Arbeiterschaft nach einer erwarteten längeren Krise aus der politischen Talsohle hinauszuführen. Denn auch jetzt noch mochte sie nicht von ihrer konkreten Utopie einer umfassenden und weitreichenden Demokratisierung der Gesellschaft Abstand nehmen. Weiterhin hielt sie an ihrer ureigensten Überzeugung fest, daß die politische, wirtschaftliche und soziale Revolution einzig und allein das Werk der unterdrückten Klasse sein konnte und die Partei sozusagen nur als Katalysator, keinesfalls aber als politische Vorhut in diesen Prozeß eingreifen durfte. Mit diesem Konzept stieß sie allerdings bei der meinungsführenden innerparteilichen Linken um den Breslauer Nationalökonomen Fritz Sternberg und den Zwikkauer Nelson-Schüler Klaus Zweiling auf harsche Ablehnung. Die Linke wies es kategorisch zurück, daß pazifistische Auffassungen mit einer revolutionären Partei zu vereinbaren seien, und hielten den demokratischen Weg zur politischen Macht prinzipiell für verbaut. Unter den gegebenen Voraussetzungen, so meinten sie angesichts der faschistischen Bedrohung, sei die Führungsrolle der Partei mehr denn je gefordert. Zum dritten Male also fand sich Anna Siemsen in der Rolle einer innerparteilichen Opponentin wieder. Im Sommer 1932 wollten Gerüchte über ihren Parteiaustritt trotz entschiedener Dementi nicht verstummen. Spätestens aber seit dem Juni 1932, nachdem sie in der „Sozialistischen Arbeiterzeitung" eine bittere Erklärung gegen die Intoleranz der Parteimehrheit veröffentlicht hatte, mußte aufmerksamen Beobachtern aufgegangen sein, daß die Tage ihrer Mitgliedschaft in der SAP bereits gezählt waren. Zusammen mit Seydewitz und Rosenfeld, die sich vergeblich um einen Integrationskurs bemüht hatten, verließ sie noch vor dem März 1933 die Partei.[23]

Emigration in die Schweiz

Im Februar 1933 sollte Anna Siemsen eigentlich auf einer Kundgebung der „Deutschen Liga für Menschenrechte" gegen den braunen Terror der SA auftreten, doch kurz vor ihrem Eintreffen wurde die Veranstaltung verboten. „Ich verließ Berlin", so schrieb sie über dieses Erlebnis, „mit dem Gefühl, daß ich's zum letzten Mal gesehen hätte. [...] Ich erwartete eine lange Periode der Unterdrückung, bei der mir aber persönliche Arbeit in der Stille als Vorbereitung des späteren Neuaufbaus vorschwebte, und suchte mich darauf vorzubereiten. Es kam sehr anders."[24]

Die nationalsozialistische Machtpolitik hatte Anna Siemsen 1932 selbst hautnah erfahren müssen, denn in diesem Jahr entzog ihr der nationalsozialistische thüringische Innenminister Frick die Professur an der Jenaer Universität. Als einzige Professorin dieser Universität hatte Anna Siemsen sich einer Protestresolution gegen die Amtsenthebung des Heidelberger Statistikers Prof. E. J. Gumbel angeschlossen. Gumbel war wegen seines pazifistischen Engagements kein Unbekannter. In den zwanziger Jahren hatte er mit Untersuchungen über die politische Justiz und die „Schwarze Reichswehr" Aufsehen erregt. Beispielhaft verdeutlicht auch die Tatsache, daß ihm die Lehrbefugnis wegen einer ironischen Bemerkung über den Ersten Weltkrieg entzogen wurde, das politische Kräfteverhältnis und die herrschenden Mentalitäten in weiten Kreisen der Akademikerschaft.

Die brutalen Ausschreitungen nach dem Reichstagsbrand wenige Tage vor den Wahlen am 5. März und der Wahlausgang selber machten auch Anna Siemsen deutlich, welch gewaltsames Regime sich hier endgültig zu etablieren begann. Die Verfolgung und Verhaftung vieler ihrer politischen Weggenossen verdeutlichten ihr, daß auch sie mit der Verfolgung durch die braunen Machthaber zu rechnen hatte. Vom barbarischen Terror der nationalsozialistischen Hilfstruppen blieb sie nur verschont, weil sie am 15. März 1933 Deutschland verließ und in die Schweiz auswanderte. Die Familie besaß dort am Genfer See, nahe dem kleinen Örtchen St. Sulpice ein kleines Chalet, das für die ersten Monate Unterschlupf bot, bis ein winterfestes Haus in ähnlicher Lage erbaut werden konnte. Während Anna Siemsen über längere Zeit in Zürich wohnte, weilte hier für drei kurze Jahre die Familie ihres Bruders August, ehe dieser, einer drohenden Ausweisung zuvorkommend, eine Lehrer-

stelle an der deutschen Pestalozzi-Schule in Buenos Aires (Argentinien) annahm. Die beiden Geschwister Paula und Karl blieben mit ihren Familien in Deutschland, der Bruder Hans gelangte über Frankreich einige Jahre später schließlich in die USA.
In der Schweizer Arbeiterbewegung besaß Anna Siemsen viele Freunde, denn mehrere Vortragsreisen für die Schweizer Arbeiterbildungszentrale hatten sie bereits in den zwanziger Jahren in die Eidgenossenschaft geführt. Die „politische Heirat" mit Walter Vollenweider, dem Sekretär der Schweizer Arbeiterjugendbewegung, sicherte der Emigrantin 1934 die schweizerische Staatsbürgerschaft und befreite sie von der Last der restriktiven Flüchtlingspolitik, die den Emigranten, wenn sie denn überhaupt in der Schweiz bleiben durften, jedes politische Engagement untersagte. Zwar unterhielt Anna Siemsen in den nächsten Jahren vielfältige Beziehungen zur deutschen Emigrantenszene in der Tschechoslowakei, Frankreich oder Großbritannien, und auch, wenn ihr kleines Domizil am Genfer See schnell zur Zufluchtstätte für prominente und weniger bekannte Genossen geriet, so lag dennoch ihr Haupttätigkeitsgebiet bald in der Schweiz. Die Kinderfreunde und die Arbeiterjugendbewegung, die sozialdemokratischen Frauengruppen, die ihr ab 1938 die Redaktionsführung der Zeitschrift „Die Frau in Leben und Arbeit" antrugen, die Arbeiterbildungszentrale und die Schweizer Sozialdemokratie wußten die Arbeitskraft der verfolgten Genossin bald ausgiebig in Anspruch zu nehmen.
Unermüdlich focht Anna Siemsen in der Schweiz gegen das faschistische Deutschland und all jene europäischen Staaten, die dem Erstarken Deutschlands und der hemmungslosen Annektierungspolitik Hitlers tatenlos zusahen. Zumindest zu Anfang ihres Schweizer Exils brachte ihr das entschiedene Engagement nicht wenige Diffamierungen ein. Die bürgerliche Frauenbewegung der Schweiz etwa bezeichnete sie eine Zeitlang als „kommunistische Giftspritzerin". Allerdings konnte dies Anna Siemsen nicht daran hindern, in einer Flut von Aufsätzen, Artikeln und Broschüren immer wieder an die Verantwortung der europäischen Mächte für das verbrecherische Treiben in Deutschland zu erinnern.
In Leonard Ragaz, dem Zürcher Theologen und führendem Kopf der Schweizer religiös-sozialen Bewegung, fand Anna Siemsen einen engagierten Weggenossen und Mentor, der sich auch nicht scheute, offen für die verfemte Gesinnungsgenossin Partei zu ergreifen. Ragaz' Ablehnung der konfessionellen Kirchen vereinte

beide in ihrem Denken, und vielleicht noch weit mehr schätzte Anna Siemsen den Mut und „seine Überzeugungstreue gegen jeden Widerstand offizieller Stellen, ja Haß und Boykott, die modernen Formen der Verfolgung [...]".[25] Ebenso wie Anna Siemsen war auch Ragaz zweimal unter Berufung auf seine eigene Überzeugung aus der Sozialdemokratie ausgetreten und hatte mit der Sozialdemokratischen Partei der Schweiz wohl ähnlich leidvolle Erfahrungen hinter sich wie Anna Siemsen mit den deutschen Sozialdemokraten.

Gemessen am Schicksal vieler ihrer sozialistischen Gesinnungsgenossen, hatte Anna Siemsen noch Glück gehabt und konnte sich gesichert durch die Schweizer Staatsbürgerschaft auch öffentlich in der Politik zu Worte melden. Die Hoffnung auf die Rückkehr in ein befreites „anderes Deutschland", gab sie freilich in den 13 langen Jahren ihres ‚Exils' nie auf. Gegen Ende des 2. Weltkrieges sammelte sich unter ihrer Führung eine „Union deutscher Sozialisten in der Schweiz", die sich in erster Linie aus den Mitgliedern der verschiedenen linkssozialistischen Emigrantengruppen rekrutierte. 1944 initiierte Anna Siemsen zwei Sonderlehrgänge, in denen aus dem Kreise deutscher Emigranten Lehrer für die deutschen Schulen ausgebildet wurden. Die angegriffene Gesundheit der Sechzigjährigen, die neben ihrem Hüftleiden zusehends unter einer starken Schwerhörigkeit litt, ermöglichten die endgültige Rückkehr in das zerstörte und ausgehungerte Deutschland erst im Dezember 1946. Zuvor hatte sie schon eine Reise in das Rheinland geführt. „Unbeschreibliche Zerstörung", so schrieb sie über diese Reise an eine österreichische Freundin. „Man wandelt oft halbe Stunden lang durch die Ruinen und weiß nicht, wo man ist. Köln ist ganz zerstört. Nur der Dom, den ich nie liebte, steht wie ein Spuk über den Trümmern, während all die unvergleichlichen romanischen Kirchen zerstört sind, [...]. Trotzdem bin ich nicht hoffnungslos."

Die letzten Jahre im Nachkriegsdeutschland

Mit der Gewißheit, in Hamburg an der Ausbildung von Lehrern sowie an der Neuorganisation des hanseatischen Schulwesens an entscheidender Stelle beteiligt zu werden, hatte Anna Siemsen die Schweiz verlassen. Immer und immer wieder wurde ihr dann aber die Verbeamtung unter dem Hinweis auf die desolate Finanzlage der Hansestadt verwehrt. Was blieb, war schließlich die Leitung zweier Sonderkurse zur Ausbildung von Volksschullehrern im Jahre 1947 und ein Lehrauftrag für europäische Literatur an der Hamburger Universität. Wie schon in den Weimarer Jahren stand ihre berufliche Karriere unter einem schlechten Stern. Dagegen fand Anna Siemsen bei der SPD, der Gewerkschaft Erziehung und Wissenschaft sowie in der sozialistischen Jugendbewegung, zu deren entschiedensten Förderinnen sie gehörte, eine dankbare Zuhörerschaft und einen fruchtbaren Boden für ihre pädagogische und politische Arbeit.

Der Sozialismus in Form einer nach sozialer und individueller Gerechtigkeit strebenden Gesellschaft hatte auch jetzt, nach dem Mißerfolg der Arbeiterbewegung in der Weimarer Republik, noch nichts von seiner Leuchtkraft verloren. Mehr als je zuvor sah Anna Siemsen in der Einigung Europas im Rahmen eines föderativen europäischen Staates eine der vordringlichsten und wichtigsten Aufgaben, um die drohende Katastrophe eines dritten, alles vernichtenden Weltkrieges zu verhindern. Bestärkt durch ihre Erfahrungen in der Weimarer Republik, beharrte sie darauf, daß eine wirkliche Demokratie die soziale und wirtschaftliche Existenz des einzelnen zu sichern habe und insbesondere durch eine geeignete Erziehung urteilsfähige Menschen heranbilden müsse. Die Garantie der Presse- und Glaubensfreiheit war für das Funktionieren dieser Demokratie ebenso konstitutiv wie auch die Gewähr dafür, „daß jeder Anreiz auf Reichtum oder Machtzuwachs durch Irreführung der Menschen" wegfalle.[26] Diesen Anforderungen, da war sich Anna Siemsen unbeirrt sicher, konnten nur in einer sozialen Demokratie, unter der sie eigentlich schon immer nichts anderes als Sozialismus verstand, garantiert werden. Mit dem Niedergang des deutschen Faschismus war die letzte Schlacht um diese Gesellschaft noch nicht geschlagen und vor allem bei weitem noch nicht gewonnen. Es stelle sich die Frage, so meinte sie, wann die sich wiederorganisierende Arbeiterschaft auch stark genug sei, den zu erwartenden „neuen Gewaltausbruch des um seine Existenz kämpfenden Kapitalismus zu verhindern".[27] Denn daß auch weiterhin ein Klassenverhältnis zwischen Lohnabhängigen und Kapitalisten bestand, daran hielt sie auch 1947 fest, als sich die SPD noch guten Glaubens Hoffnungen auf einen entscheidenden Einfluß in der Politik machte. „Mannigfaltigkeit in der Einheit" und „Selbsterziehung" – diese beiden Forderungen schrieb Anna Siemsen der Nachkriegssozialdemokratie Kurt Schumachers, dem sie im übrigen zwar Integrität und Entschlossenheit, aber wenig Sensibilität für die Weltpolitik attestierte, in das politische Stammbuch. Und wie schwer der Weg der deutschen Sozialdemokraten zur politischen Hegemonie in der Bundesrepublik werden sollte, deutete sie in ihren letzten Lebensjahren immer wieder an, sah sich vor allem durch das Erstarken konservativ-klerikaler Kräfte in Gestalt der CDU und CSU an die Entwicklung der Weimarer Republik erinnert. Aber dennoch glaubte sie nicht an eine Wiederholung der Eskalationen der Vergangenheit, denn zu stark wirkte in ihren Augen die Diskreditierung Hitlers und Mussolinis, und ohne den Terror der vergangenen Jahre, das schien ihr sicher, konnten sich letztlich nur die „Realitäten unserer Lebensnot durchsetzen". Und sie schöpfte Hoffnung, Hoffnung auf eine international geeinte Arbeiterbewegung und das geeinte föderative Europa. „Die Zeit wird hart bleiben und gefahrenschwanger", so schrieb sie am 24. Mai 1949, am Tage der Verabschiedung des deutschen Grundgesetzes. „Es bleibt nichtsdestoweniger wahr, daß die Zeit objektiv reif ist für die großen Wandlungen. Die unerläßliche subjektive Reife herbeizuführen wird damit die dringlichste aller Aufgaben in Deutschland wie überall in Europa."[28]

In einem ihrer letzten Briefe schrieb sie lakonisch wie eh und je über ihre persönliche Situation Ende 1950: „Von mir ist nur zu sagen, daß ich viel Arbeit habe..." Keinen Monat später, nachdem sie diese Zeilen verfaßt hatte, am 22. Januar 1951, nur vier Tage nach ihrem 69. Geburtstag, starb sie in einem Hamburger Krankenhaus nach zwei schweren Darmoperationen. Noch am Vorabend ihres Krankenhausaufenthaltes hatte sie im Kreise der sozialistischen Jugendbewegung über sozialistische Erziehung gesprochen.

Anmerkungen

1 Anna Siemsen, Von Strafen und ihren Wirkungen, in: Paul Oestreich, Strafanstalt oder Lebensschule, Karlsruhe 1922, S. 25ff.
2 August Siemsen, Anna Siemsen. Leben und Werk, Hamburg 1951, S. 111.
3 Anna Siemsen, Literarische Streifzüge durch die Entwicklung der europäischen Gesellschaft, Jena 1929, S. 153.
4 Anna Siemsen, Mein Leben in Deutschland. Unveröffentlichtes Manuskript, o. O. 1939, S. 17.
5 Friedrich Mark, Die Kriegsphilosophen, in: Die Weißen Blätter 4 (1917), S. 180.

6 Siemsen (Anm. 4), S. 23.
7 Vgl. Schulprogramm. Ein Entwurf der vom Zentralkomitee der Unabhängigen sozialdemokratischen Partei eingesetzten Kommission für das Erziehungs- und Bildungswesen. Mit einem Vorwort von Georg Ledebour, Berlin 1920.
8 Vgl. hierzu Anna Siemsen, Staatschule und Schulreform, in: Die Tat 10 (1918/19), S. 174ff., dieselbe, Was ist zu tun?, in: Der Föhn 1 (1919), Nr. 13, S. 1ff.
9 Anna Siemsen, Erziehung im Gemeinschaftsgeist, Stuttgart 1921.
10 Ebd.
11 Anna Siemsen, Auf dem Weg zum Sozialismus, Berlin 1932, S. 121. Vgl. hierzu auch Ralf Schmölders, Anna Siemsen: Zur Biographie einer sozialdemokratischen Pädagogin in der Weimarer Republik. Ein Beitrag zur Geschichte sozialdemokratischer Bildungspolitik 1918–1933. Diplomarbeit Universität Bielefeld 1987.
12 Vgl. Anna Siemsen, Beruf und Erziehung, Berlin 1926.
13 Anna Siemsen, Der neue Tag, in: Die Tat 10 (1918/19), S. 789.
14 Vgl. Anna Siemsen, Sachlichkeit oder Demagogie?, in: Jungsozialistische Blätter 4 (1925), S. 335ff.
15 Vgl. Anna Siemsen, Von Hilferding bis Tarnow. Zur Naturgeschichte sozialdemokratischer Parteitage, in: Der Klassenkampf 5 (1931), S. 430ff.
16 Anna Siemsen, Die katholische Kulturauffassung und der Sozialismus, in: Der Klassenkampf 2 (1928), S. 299ff.
17 Anna Siemsen, Kulturbolschewismus und katholische Kirche, in: Jungsozialistische Blätter 10 (1931), S. 163ff.
18 Anna Siemsen, Sozialismus und religiöse Organisationen, in: Der Klassenkampf 1 (1927), S. 13ff.
19 Siemsen (Anm. 4), S. 63.
20 Anna Siemsen, Parteidisziplin und sozialistische Überzeugung, Berlin 1931.
21 Vgl. Bernhard Düwell, Einheit oder Aktion, Berlin 1931, und Vorstand der SPD (Hrsg.), Gegen die Parteispaltung, o. O. 1931, S. 37.
22 Vgl. Arkadij Gurland, Für Parteieinheit, aber nicht „kontra Siemsen", in: Das Freie Wort 3 (1931), Nr. 34, S. 5ff.
23 Vgl. zur SAP: Hanno Drechsler, Die Sozialistische Arbeiterpartei Deutschlands (SAPD), Neudruck Hannover 1983.
24 Siemsen, (Anm. 4), S. 82.
25 Anna Siemsen, Briefe aus der Schweiz, Hamburg 1947, S. 53.
26 Anna Siemsen, Einführung in den Sozialismus, Hamburg 1947, S. 12.
27 Ebd., S. 32.
28 Anna Siemsen, Bundesrepublik Westdeutschland, in: Rote Revue (1949), S. 236.

Literatur

Die Literatur über Anna Siemsen ist sehr spärlich. Einzig die 1951 wenige Monate nach ihrem Tode erschienene Biographie „Anna Siemsen. Leben und Werk" (Frankfurt 1951), die ihr Bruder August Siemsen noch während seiner Zeit in Argentinien geschrieben hat, gibt Auskunft über ihr Leben. Der vorliegende Aufsatz basiert zu einem Teil auf diesen Informationen. Zusätzlich konnten dazu noch einige unveröffentlichte autobiographische Materialien von Anna Siemsen herangezogen werden, die der Autor in einem mehrjährigen Forschungsprozeß sicherstellen konnte. Eine Biographie über Anna Siemsen befindet sich zur Zeit in Arbeit. Ein weiterer Beitrag über Anna Siemsen erscheint im Herbst 1988 in dem Band: Brehmer, Ilse (Hg.), Mütterlichkeit als Profession? Lebensläufe von deutschen Pädagoginnen in der ersten Hälfte dieses Jahrhunderts. Centaurus-Verlag Pfaffenweiler. Voraussichtlich im Januar 1989 erscheint der Band: Schmölders, Ralf, Anna Siemsen zur Einführung. Junius-Verlag Hamburg.

Wilhelm Sollmann (1881–1951)

Der Parteireformer

von
Franz Walter

Wilhelm Sollmann: ein sozialdemokratischer Individualist. So jedenfalls bezeichnete er sich selber, stolz und traurig zugleich, als er im amerikanischen Exil über sich und seine Rolle in der Politik der deutschen Linken nachdachte. Und in der Tat: je gründlicher man sich mit der Biographie Wilhelm Sollmanns beschäftigt, je mehr man über seinen historischen Ort in der Geschichte der Sozialdemokratie grübelt, um so stärker ist man geneigt, ihm in seiner Selbst-Einschätzung recht zu geben. Er war zwar kein bunter Hund, kein enfant terrible und hoffnungsloser Außenseiter in der Sozialdemokratie der Weimarer Jahre, aber er war seiner Zeit voraus, zu modern in seinem Denken, um damit Anerkennung und Zustimmung zu finden. Da, wo seine Partei in der Ideologie ängstlich alles beim alten lassen wollte, sich schnell auf das traditionelle und Sicherheit vermittelnde „Milieu" zurückzog, statt der Regierungsverantwortung meist doch lieber die Oppostionstaktik wählte, trat Sollmann für gründliche Neuerungen und Veränderungen ein: für eine weltanschauliche Pluralität und für religiöse Toleranz, für die Fortentwicklung der SPD von einer Klassen- zur Volkspartei, für eine machtbewußte und prinzipielle Politik demokratischer Staatsführung im Bunde mit den Parteien des republikanischen Bürgertums. In Weimar jedoch kam er damit zu früh. Erst der Sieg der Nationalsozialisten führte zu einem Wandlungsprozeß in der europäischen Linken; nun erst begann das Denken in sozialen, politischen und kulturellen Bündnissen; erst jetzt begannen sich die meisten sozialistischen Parteien sozial und geistig wirklich zu öffnen.
Und doch fällt es schwer, Wilhelm Sollmann als modernen Sozialisten zu bezeichnen, als jemanden, der in historischer Übereinstimmung mit der heutigen Sozialdemokratie leben würde, wenn auch die SPD sich doch zweifellos in seinem Sinne zu einer Volkspartei gemausert hat, die die Pluralität weltanschaulicher Normen und Motive anerkennt, und die die Führung der Regierungsgeschäfte

ernsthaft anstrebt. Aber Sollmann wäre wohl auch heute ein streitbarer sozialdemokratischer Individualist, für einige in der SPD vielleicht ein provozierendes Ärgernis, vielleicht aber auch nur ein politischer Anachronismus. Schließlich war Sollmann ein betont patriotischer Sozialdemokrat, ein entschiedener Gegner des Pazifismus und ein leidenschaftlicher Befürworter militärischer Landesverteidigung; außenpolitisch orientierte er sich am Westen, innenpolitisch lehnte er alle Bündnisse mit Kommunisten scharf und kompromißlos ab. Dabei zeigte sich Sollmann wie kein zweiter in der SPD sensibel für neue Strömungen und Ideen, aufgeschlossen für Jugend- und Lebensreformbewegungen, als deren Anwalt er in seiner Partei auftrat. Wo also würde Wilhelm Sollmann heute stehen?

Herkunft und Jugend

In seinem aktiven politischen Leben bekannte Sollmann sich stets und ausdrücklich als rheinischer Sozialdemokrat. Seine Wiege aber stand in Thüringen. Dort wurde er am 1. April 1881 in der Nähe von Coburg als Sohn eines Brauereibesitzers geboren. Seine Mutter führte ein Gasthaus, und seine späteren Freunde vermuteten – Sollmann selbst schwieg sich darüber aus –, daß ihn seine Kindheitserlebnisse mit der Trunkenheit der Gäste in der elterlichen Kneipe zum Lebensreformer und zeitlebens prinzipienfesten Abstinenten werden ließen. In seiner Jugend schloß er sich zunächst dem Guttemplerorden an, nach seiner Hinwendung zur Sozialdemokratie trat er dem „Deutschen Arbeiter-Abstinenten-Bund" bei. Als gleichermaßen prägend wie die lebensreformerische Betätigung wirkte sich auch das christliche Engagement auf den Werdegang Wilhelm Sollmanns aus. Er gehörte dem „Christlichen Verein Junger Männer" an, den er aber ebenso wie die Evangelische Kirche nach der Jahrhundertwende enttäuscht verließ; es ging ihm dort zu wenig christlich zu, und er glaubte nun, daß eine viel tiefere Religiosität in den Zielsetzungen der sozialistischen Arbeiterbewegung stecken würde. Darin aber wurzelten seine sozialistischen Überzeugungen, in der Lebensreform und der Ethik, und schon allein aus diesen, biographischen, Gründen hat er sich bis zu seinem Lebensende für die Pluralität der Wertentscheidungen anstelle eines verbindlichen geschichtsphilosophischen Dogmas in der SPD stark gemacht.

In die SPD war er im September 1906, nun schon in Köln wohnhaft, eingetreten. Neun Jahre zuvor hatte die Familie Sollmann, mit finanziellen Sorgen belastet, Coburg verlassen und war an den Rhein gezogen. Wilhelm hatte wegen der materiellen Schwierigkeiten seiner Eltern den Besuch des Gymnasiums aufgeben und mit einer kaufmännischen Lehre beginnen müssen. Er litt sehr unter dem Abbruch der gymnasialen Bildung und versuchte das von ihm so empfundene Defizit autodidaktisch wettzumachen – das zumindest hatte der „sozialdemokratische Individualist" mit vielen Sozialisten seiner und der vorangegangenen Generation gemeinsam. Er ging in die Volksbibliothek und absolvierte, dabei bis an den Rand seiner Kräfte gehend, Abendkurse an der Kölner Handelshochschule, die im übrigen nicht zuletzt seines Einsatzes wegen 1919 den Rang einer Universität erhielt und die ihm das 1919 und 1928 mit der Verleihung der Ehrendoktorwürde vergelten wollte. Beide Male lehnte Sollmann, dem alle Ehrungen und pompösen Galafeierlichkeiten zuwider waren, ab. Diese Haltung war typisch für Sollmann, der einen ausgesprochen bescheidenen, teils sogar asketischen Lebensstil pflegte.

Sein Hauptbetätigungsfeld zu Beginn seiner sozialdemokratischen Karriere war die sozialistische „Freie Jugend" Kölns, die er 1907 zu gründen half und deren Vorsitz er bis 1914 innehatte. Unter Sollmanns Leitung geriet die Kölner Jugendorganisation bald in den Ruf, besonders radikal zu sein, da sie ständig mit der von Friedrich Ebert geleiteten Berliner Zentrale im Zwist lag. Doch der oppositionelle Kurs Sollmanns war nicht etwa, wie viele meinten, in einer zwischenzeitlichen marxistischen Radikalität begründet, sondern speiste sich wieder aus seinen lebensreformerischen Quellen; er wehrte sich gegen bürokratische Gängelungen, lehnte sich gegen einen einfallslosen, unbeweglichen Patriarchalismus auf und forderte jugendliche Autonomie. Mit diesem Impetus trat er als Delegierter und Vertreter der Jugend auch auf dem Jenaer Parteitag 1913 auf, wo er im übrigen zu der Minderheit derer gehörte, die für den politischen Massenstreik zur Erringung des gleichen Wahlrechts in Preußen votierten. Dennoch hinterließ Sollmanns Radikalismus Spuren, die ihm später etwas peinlich waren, da sie häufig Anlaß zu parteiinternen Frotzeleien wurden. Aus seiner Erziehungsarbeit in der „Freien Jugend" gingen nämlich nur wenige gute Sozialdemokraten hervor, der größte Teil seiner Zöglinge landete schließlich bei den Kommunisten, darunter so prominente Leute wie der spätere Vorsitzende der kommunistischen Reichstagsfraktion Walter Stoecker und der Reichsleiter der „Revolutionären Gewerkschaftsopposition" Franz Dahlem. Dennoch gehörte die Zeit in der sozialistischen Jugend zu den Lebensabschnitten, die Sollmann stark prägten und an die er sich immer wieder gerne erinnerte. Eine Anekdote besonders erzählte er später oft, um der nachfolgenden Arbeiterjugend-Generation die „revolutionäre Phantasie" der halb-illegal tätigen „Freien Jugend" im Umgang mit der obrigkeitsstaatlichen Polizei zu illustrieren. Die Polizei machte damals Jagd auf staatlich inkriminierte Symbole, die rote Fahne beispielsweise; die sozialistischen Jugendlichen wiederum machten sich einen Spaß daraus, die Gendarmerie zu narren und ins Bockshorn zu jagen. Einmal – die Kölner „Freie Jugend" befand sich auf Fahrt im Bergischen Land – hatten die Polizisten den ganzen Tag vergebens nach dem roten Banner gefahndet. Dann aber, vor der Rückfahrt nach Köln, wurde es ernst; die Polizisten stellten sich vor der Bahnhofssperre auf und bildeten eine Gasse, durch die jeder der jungen Sozialisten einzeln hindurch mußte. Die aber hatten geistesgegenwärtig und rasch geschaltet; einer versteckte die Fahne unter seiner Weste, ein anderer benutzte den Fahnenstock als Wanderstab; so konnte jeder unbehelligt passieren. Kaum aber hatte der Zug sich in Bewegung gesetzt, da flatterte die Fahne auch schon aus dem Fenster. „Aus mehreren hundert Kehlen aber", so ließ Sollmann seine Anekdote ausklingen, „schmetterte es zu den Überlisteten hinüber ‚Wir sind die junge Garde des Proletariats'."[1]

Politischer Publizist und Volkstribun

Den für sein weiteres Leben wohl entscheidenden Schritt tat Sollmann im Jahre 1911, als er sich mit Erfolg um die Stelle des Lokalredakteurs am örtlichen Parteiblatt, der „Rheinischen Zeitung", bewarb. Dort blieb er trotz seiner späteren, anstrengenden und zeitraubenden Reichstagsabgeordnetentätigkeit – und von einer kurzen, sechs Monate währenden Episode beim „Fränkischen Volksfreund" abgesehen – bis 1933 tätig, seit 1920 als verantwortlicher Chefredakteur. In der Zeitungsarbeit konnte Sollmann seine Talente voll entfalten, er war weniger Politiker als politischer Publizist, und er gehörte in der Weimarer Zeit zu den herausragenden Journalisten der Sozialdemokratie; manche hielten ihn für den besten überhaupt. In der Tat: sein Stil war geschliffen, seine Artikel sprühten vor Witz und feinsinniger, niemals verletzender Ironie; stets wurde die Neugierde des Redakteurs an neuen Themen und geistigen Strömungen erkennbar; selten einmal gebrauchte er die vorgestanzten, immer gleichen, ungelenken sozialdemokratischen Gesinnungsformeln, die so viele Druckerzeugnisse der SPD zu einer ungenießbaren, schlicht langweiligen Lektüre machten. Die Reform der Parteipresse war ihm ein Hauptanliegen, mit der er sich freilich nicht durchsetzen konnte. Er wünschte sich für die Zeitungen der SPD mehr lokales Kolorit, mehr Unterhaltung und auch ein wenig Plauderei; nur so glaubte er, wären sie auch für breitere Teile der Bevölkerung attraktiv. Seine Kritiker dagegen befürchteten, daß damit eine „Amerikanisierung" der sozialdemokratischen Medien beginnen würde.

Während des Weltkrieges unterstützte Sollmann die Kriegskredit- und Burgfriedenspolitik des Mehrheitsflügels in der SPD. 1915 wurde er Vorsitzender des Kölner Ortsvereins, stand zunächst aber noch weiterhin im Schatten seines älteren Redaktionskollegen Jean Meerfeld. Erst die Revolutionsereignisse änderten das schlagartig; seit diesen Tagen, als Sollmann wie selbstverständlich der geistige Kopf des Arbeiter- und Soldatenrates war und mit rhetorischer Gewandtheit und praktischer Energie die Richtung der Aktivitäten des revolutionären Organs bestimmte, galt er als der unbestrittene Führer der oberrheinischen Sozialdemokratie. Auch die Mitglieder der Kölner USPD, die bald einen der radikalsten Ortsvereine im Reich überhaupt bildeten, hatten seiner Geschicklichkeit und vor allem Zielstrebigkeit nicht viel entgegenzusetzen. Am 14. November 1919 stimmten auch sie im Arbeiter- und Soldatenrat einer von Sollman verfaßten Resolution zu, die den politischen Charakter der Kölner Revolutionsereignisse bestens illustrierte: „Der A.-S.-Rat Kölns erklärt sich mit der Kundgebung der sozialdemokratischen Regierung einverstanden. Er hält daran fest, daß die Organisation des A.-S.-Rates nur vorübergehend sein kann. Die endgültige innenpolitische Gestaltung Deutschlands muß Sache der Nationalversammlung sein. Jede Diktatur ist abzulehnen."[2]

Sollmann ging mithin geschickter vor als viele seiner mehrheitssozialdemokratischen Genossen, im Grunde aber stand er den revolutionären Vorgängen genauso ablehnend, ja widerwillig gegenüber wie sie. Die Novemberereignisse waren für ihn Zusammenbruch, Auflösung, Zersetzung; er befürchtete Chaos, Anarchie und aus diesem Grunde nahm er die Initiative so entschlossen und tatkräftig in die Hand. Die sozialistische Revolution jedenfalls hatte er sich anders vorgestellt, edler, als ein Akt der Kultur, der menschlichen Humanität und als konstruktiven Aufbau. Nun hörte er bei Kundgebungen auf der Straße von allen Seiten Gewaltparolen, sah, daß Gefängnistore gestürmt und Plünderungen unternommen wurden. Der ungeschulten Masse mißtraute er von nun an; diejenigen, die die Masse als Ferment sozialistischer Veränderung verherrlichten, bekämpfte er. Für die Räteorganisation, diesen Import aus Rußland, hatte er nichts übrig; die praktische Arbeit verrichteten dort doch nur die langjährig Geschulten, die sozialdemokratischen Stadtverordneten, Redakteure, Gewerkschaftssekretäre und Abgeordnete; die anderen, so sah er das, die droschen doch nur Phrasen.

Schätzen gelernt hatte er indessen während der Revolution die Zusammenarbeit mit einem Mann, mit dem er schon in der Vergangenheit gut konnte: Konrad Adenauer, Oberbürgermeister von Köln, der sich, wie Sollmann ihm attestierte, „während des Krieges zu weitreichenden sozialen und demokratischen Anschauungen durchgerungen hatte."[3] Die beiden Politiker hielten den Kontakt auch in den nächsten Jahren bis in die Gründungszeit der Bundesrepublik Deutschland hinein aufrecht. Entstanden waren die Beziehungen durch die Wahl Sollmanns, noch nach dem alten preußischen Dreiklassenwahlrecht, in die Kölner Stadtverordnetenkammer. Damit begann die parlamentarische Karriere Sollmanns, er stand von 1918–1924 der Ratsfraktion der Kölner SPD als Fraktionsvorsitzender vor. Danach ließ er, der zuletzt kaum mehr Zeit gefunden hatte, an allen Stadtverordnetensitzungen teilzunehmen, sich jedoch nicht mehr bei den Kommunalwahlen aufstellen. Sein Terrain war seit 1919 das zentrale Parlament. Zunächst die Nationalversammlung, dann der Reichstag; hier konnte er seine zweite große Fähigkeit, die er neben seinem journalistischen Talent besaß, voll entfalten – die des Rhetoren. Der Stil seiner Rede glich dem seiner Publizistik: er war geschliffen, elegant, einprägsam, eindringlich, in der Logik messerscharf und, wenn die Situation es erforderte, auch mit einem gewissen epischen Pathos. Selbst der renommierte Berliner Journalist Rudolf Olden war verblüfft, als er feststellte, wie dieser „schmalbrüstige, schmalgesichtige Brillenträger" „Fraktur" reden konnte. Dabei kämpfte Sollmann mit dem Flo-

rett, er war ironisch, aber nicht sarkastisch, selbst diejenigen, die er angriff, konnten, soweit sie Humor hatten, noch schmunzeln. „Duldsamkeit und Achtung auch vor dem Andersdenkenden und politischem Gegner" war eine der Hauptdevisen Sollmanns, die er im Kölner Volkshaus den sozialdemokratischen Arbeitern immer wieder einzuschärfen versuchte. Mit ätzender Schärfe sprang Sollmann zunächst nur mit den völkischen Extremisten der DNVP um, immer mehr auch mit den Kommunisten und schließlich dann mit den Nationalsozialisten, die er im Reichstag als „Aufstand geistloser Barbarei"[4] brandmarkte und bis zur Weißglut reizen konnte. Sollmanns großes Vorbild war der 1914 ermordete fanzösische Sozialistenführer Jean Jaurès. Ihn bewunderte er wegen seiner herausragenden Sprachgewalt, mit der er das französische Parlament zu fesseln verstand, und, vielleicht mehr noch, wegen seiner selbstbewußt vorgetragenen patriotischen Gesinnung, die der französische Sozialist keineswegs im Gegensatz zu den internationalen Zielsetzungen der sozialistischen Arbeiterbewegung sah. Wann immer Sollmann im Reichstag das Wort ergriff – im Plenum sprach er regelmäßig als Sprecher seiner Fraktion zum Etat des Reichsinnenministers; häufig äußerte er sich auch zu kultur- und außenpolitischen Fragen, ließ er es an nationalen Bekenntnissen und mitunter recht ungestümen Angriffen auf die „imperialistische Entente" und den „erpreßten Versailler Gewaltfrieden" nicht fehlen. Sollmann identifizierte sich dann ganz mit seiner Rolle als Sprecher eines durch „fremde Mächte" besetzten „deutschen Kulturgebietes", des Rheinlandes. Gleichwohl verstellten ihm seine manchmal überschäumenden nationalen Emotionen nicht den Blick für politische Realitäten und Notwendigkeiten; im Gegensatz zum sozialdemokratischen Ministerpräsidenten Scheidemann, der den Versailler Friedensvertrag nicht hinnehmen wollte und deshalb aus seinem Amt schied, setzte Sollmann sich in der Fraktion mit Nachdruck für die Unterzeichnung des Vertrages ein, um so mit den Siegermächten eine außenpolitische Verständigung anzubahnen.
Die nationale Orientierung nahm im Denken und in der politischen Agitation Sollmanns einen entscheidenden Platz ein; an ihr und an dem Bemühen, neue soziale Schichten für die sozialistische Bewegung zu gewinnen, entschied sich nach seiner Auffassung das weitere Schicksal der Sozialdemokratie. Beide Faktoren gehörten im übrigen eng zusammen, denn besonders für die mittleren Schichten, um die sich die Sozialdemokratie nach Meinung Sollmanns vor

allem zu kümmern hatte, spielten die nationalen Gefühle eine große Rolle. Die sozialdemokratische Arbeiterschaft aber zeigte sich zum Leidwesen Sollmanns der nationalen Frage gegenüber eher gleichgültig, und deshalb versuchte er ihr in unzähligen Volkshausreden und auf etlichen Marktplatzkundgebungen nationale Gesinnung beizubringen. Dabei verstieg er sich mitunter zu nachgerade nationalrevolutionären Parolen; erst wenn die Lasten des Versailler Vertrages beseitigt, die Besatzungstruppen der Entente verschwunden wären, erst dann, rief er aus, könnte sich die Arbeiterschaft sozial emanzipieren – der nationale Kampf wurde so zur revolutionären Tat. Gewiß übersah Sollmann, daß man im Deutschland der 20er Jahre nicht unbefangen auf der Klaviatur nationaler Gefühle spielen durfte; dies konnte, ja dies mußte zu einem Sprengsatz für die labile Gleichgewichtsordnung in Europa werden. Auch ließ er sich in Situationen der nationalen Erregung, wie etwa 1923, als französische Truppen in das Ruhrgebiet einmarschierten, zu Volksgemeinschaftsillusionen verleiten; er hoffte dann, für einen Moment zumindest, auf eine große nationale Einheitsfront aller sozialen Klassen – Wunschträume, die, so zeigte sich rasch und für ihn ernüchternd, wie Seifenblasen zerplatzen sollten.

Um so erbitterter reagierte er darauf; für ihn war die herrschende Klasse, die das Versailler Debakel durch ihre imperialistische Politik zu verantworten hatte, national unzuverlässig; sie redete zwar große Töne, vor Opfern aber drückte sie sich; die Lasten mußte allein die Arbeiterschaft tragen. Sollmann sprach den herrschenden Schichten jedes Recht ab, sich über Versailles zu entrüsten, da sie es waren, die zu Beginn des Krieges in Belgien einmarschierten und Frankreich annektieren wollten und dann durch ihre sture Haltung einen rechtzeitigen Friedensschluß verhinderten. Und ein weiteres verhehlte Sollmann nicht: hätte der deutsche Militarismus auf den Schlachtfeldern gesiegt, so hätte auch er seinen Kriegsgegnern einen Friedensschluß aufgezwungen, der um keinen Deut gerechter gewesen wäre als der von Versailles – und die Mehrheit des deutschen Volkes hätte seinen Feldherren und seinem Kaiser lauthals zugejubelt. Man mußte Mut haben, um so etwas im Deutschland der 20er Jahre offen auszusprechen. Sollmann trug es den Haß der Deutschnationalen und Völkischen ein, die er überdies noch dadurch reizte, daß er ihre Franzosenhetze, ihre Regimentsfeiern und Feldmarschallparaden, ihr Revanchegeschrei für die anti-deutsche Politik der Ententemächte verantwortlich machte.

Ein Nationalist war Sollmann also gewiß nicht. Man kann seine Haltung vielleicht als sozial-demokratischen Patriotismus bezeichnen. Immer wieder reklamierte er in seinen Reden die Traditionen von Kant und Fichte, von Schiller und Goethe, von Scharnhorst und Gneisenau, von Arndt und Uhland und, nicht zuletzt, von Lassalle und Bebel – um diesen Geist der Deutschen ging es ihm. Und außerdem drückte sein Patriotismus ein Stück Heimatliebe aus, eine sentimentale Zuneigung zu den Landschaften und Orten, die er, der Lebensreformer, bei seinen Wanderungen quer durch Deutschland mit Rucksack und Laute durchstreift hatte. Je mehr er später die Welt, auch außerhalb Deutschlands, kennenlernte, um so stärker erhielt sein Patriotismus gleichsam eine kosmopolitische Weite. Im übrigen aber war er in der Tat ein gelehriger Schüler Jean Jaurès. Sollmann strebte, wie er es auf dem SPD-Parteitag 1922 nannte, „ein Zusammenklingen von Klassengefühl, internationalem Bewußtsein und nationaler Gesinnung"[5] an. Sein Ziel war ein wirtschaftlich und geographisch einheitliches Westeuropa mit einer Vielfalt besonderer nationaler Kulturen, ein Europa mit dem Schwergewicht deutsch-französischer Freundschaft, ein Europa unter der Regierungsführung etwa Leon Blums, Hermann Müllers und Ramsey Mac Donalds.

Politiker in der Republik

1923 war es dann soweit, Sollmann war ministrabel geworden – zu seinem großen Entsetzen und trotz heftigen Sträubens; man mußte ihn, wie der Parteivorsitzende Hermann Müller auf dem Berliner Parteitag 1924 bestätigte, in sein Amt, das des Reichsministers des Innern, regelrecht hineinpressen. Man hätte es besser nicht getan, denn Sollmann war ein brillanter Mann der Feder, ein mitreißender Rhetoriker, jemand, der sensibel für gesellschaftliche Stimmungen und Umbrüche war, der Anregungen, Impulse gab, zum Nachdenken anreizte, aber er war kein Politiker der Macht. Mit Verwaltungen und Bürokratien konnte er nicht umgehen, er wirkte unentschlossen, hilflos, schließlich verzweifelt und deprimiert; zu guter Letzt war er heilfroh, daß alles nach knapp drei Monaten zu Ende war und er wieder als Abgeordneter in den Plenarsaal des Reichstages, als Journalist an das Pult in seine Redaktionsstube und vor allem als Tribun auf die Rednerpodien der Volkshäuser zurückkehren konnte. Die Probleme, die das von Gustav Stresemann geführte Kabinett der Großen Koalition zu lösen hatte, waren allerdings auch gewaltig genug; es mußte den passiven, nun deutlich aussichtslosen Widerstand an der Ruhr beenden, die zerrütteten Staatsfinanzen sanieren, mit den rechtsradikal-separatistischen Strömungen in Bayern fertigwerden und die kommunistischen Putschversuche in Sachsen vereiteln. Die Regierung war unpopulär, den Arbeitern ging es schlecht, sie murrten, und Sollmann bekam das auf Volksversammlungen zu spüren. Da aber stand er fest. „Der hungrige Magen", erklärte er seinen sozialdemokratischen Anhängern, und dies blieb seine Maxime, „ist ein schlechter Berater. Ein politischer Führer wird die Volksstimmung als einen wichtigen Faktor in seinen Berechnungen einsetzen. Er wird seine ganze Kraft anspannen, die Ursachen des Erregungsstands der Massen zu beseitigen, soweit das menschenmöglich ist, aber er wird sich nie zum willenlosen Knecht der auf ihn eindringenden Gefühlsausbrüche machen."[6]

Sollmann gehörte zu jener Minderheit von Sozialdemokraten, die es im Prinzip für richtig hielten, wenn die SPD sich in Koalitionen an der Regierung beteiligte. So könnte man zum einen möglichst viel an sozialen Errungenschaften für die Arbeiterschaft herausholen – und Sollmann legte noch in den Jahren seiner Emigration Wert darauf, daß Weimar-Deutschland aufgrund der sozialdemokratischen Leistungen das Land mit der besten Sozialgesetzgebung und den höchsten Löhnen Kontinentaleuropas war – und zum anderen den Zugriff der politischen Rechten auf Staat und Verwaltung begrenzen. Doch er wußte auch, daß viele sozialdemokratische Arbeiter anders darüber dachten; sie hätten ihre Partei lieber in der Opposition gesehen. Sollmann aber begriff sich als politischer Führer, als jemand, der die Massen schult und erzieht, und nicht als jemand, der sich von ihren Emotionen und Gefühlsausbrüchen tragen läßt oder sie gar noch schürt. So gerieten seine Versammlungen oftmals zu groß angelegten Bildungsveranstaltungen; selbst wenn er vor Tausenden von Arbeitern auf Massenkundgebungen sprach, benahm er sich häufig wie ein Lehrer. Er erteilte seinen Zuhörern Lektionen, redete ihnen ins Gewissen, sparte nicht mit Vorwürfen, etwa wenn er sie anklagte, den Wert der Republik nicht hinreichend anerkannt zu haben, wenn er sie rügte, mit den Machtmitteln der Demokratie nicht umgehen zu können, wenn er es ihnen verargte, daß sie aus „ultrapazifistischen" Gründen das Militär – den entscheidenden

Hebel für eine aktive Außenpolitik – ablehnten, und wenn er ihnen, die über die „Kompromißpolitik" der SPD-Führer schimpften, die Grundregel des Parlamentarismus erklärte: der Reichstag und eine Koalitionsregierung sei nun mal, pflegte er dann zu sagen, kein sozialdemokratischer Parteitag, und der Wille einer noch so machtvollen Arbeiterdemonstration könne nicht an die Stelle eines von 30 Millionen Deutschen gewählten Parlaments treten.

Nun hatte Sollmann zwar Verständnis dafür, daß sich notleidende, verzweifelte Arbeiter gegen eine republikanische „Vernunftpolitik" wandten und auf einen „sozialen Heiland" hofften, der sie durch eine entschlossene revolutionäre Tat aus allem Elend herausführte, schwer aber fiel es ihm, die Gründe nachzuvollziehen, die erfahrene Arbeiterführer des linken Flügels der SPD dazu bewogen, einen prinzipiellen Oppositionskurs vorzuschlagen. Seit der Wiedervereinigung mit der USPD gab es im Kölner Ortsverein und auch in der Reichstagsfraktion der SPD die immer gleiche Debatte. Sollmann und seine Freunde vom aktivreformistischen Flügel hielten eine einseitige Klassenherrschaft weder für politisch und ethisch wünschenswert, noch sahen sie dafür einen soziologischen Raum; insofern interpretierten sie die Koalition gleichsam als das politische Grundgesetz der Republik, und es schien ihnen widersinnig und unverantwortlich, wenn die Sozialdemokratie sich daran nicht beteiligen wollte. Für die sozialdemokratische Linksopposition war die Republik dagegen weniger eine Demokratie denn ein bürgerliches Klasseninstrument, das die sozialistische Arbeiterbewegung, wie schon mit Erfolg im Kaiserreich, aus der Opposition heraus zu bekämpfen habe. Für Sollmann war dies ein konservativer, unzeitgemäßer Standpunkt, wie er überhaupt die sich so revolutionär gebenden Marxisten des linken Flügels mit ihren „vorgestrigen" Parolen schlicht für Reaktionäre hielt. Nach Sollmanns Auffassung gab es sie in allen Parteien; im Grunde sehnten sie sich alle, ob es nun Deutschnationale auf der einen oder „Marxisten" auf der anderen Seite waren, nach den verklärten Zuständen des Deutschlands vor dem August 1914 zurück.

Kurzum: die SPD hatte Staatspartei zu sein und verantwortliche Politik zu betreiben; sie konnte in scharfer Opposition zu einer spezifischen Regierung, nicht aber zum republikanischen Staat als solchem stehen. Auch Sollmann hielt es in manchen Situationen, etwa in der Koalitionsdebatte Ende 1925, für besser, in die Opposition zu gehen, dann vor allem, wenn der Einfluß der Sozialdemokratie in der Regierung schwach bleiben müsse und nicht der geringste innenpolitische Konsens zu erwarten sei. Sollmann fürchtete, daß andernfalls der Koalitionsgedanke bei den Massen den letzten Kredit verlieren würde. Diesen Gesichtspunkt ließ er niemals außer acht; so eröffnete kein anderer als er im August 1928 den Proteststurm gegen die Panzerkreuzerentscheidung der vier Sozialdemokraten im Kabinett Mülller. Nicht daß ihn, den Befürworter des Militärs, die paar „Panzerkreuzerchen" – wie er sie im Rückblick nannte[7] – groß gestört hätten, aber solche Handlungen, die im schreienden Gegensatz zum Wahlversprechen standen, mußten, das sah er klar, die Koalition und die Demokratie diskreditieren.

Natürlich wünschte Sollmann sich im wesentlichen eine Koalition aus Vertretern der Sozialdemokratie und der übrigen republikanischen Parteien. Entscheidend war ihm dabei die „schwarzrote" Achse; von der Zusammenarbeit der sozialistischen Arbeiterbewegung mit dem politischen Katholizismus versprach er sich viel, nicht nur für Deutschland, sondern für die meisten Länder Europas. Gewiß war Sollmans Hochachtung vor der stabilen Organisation des Zentrums und der fast zwei Jahrtausende währenden Tradiiton der katholischen Kirche geprägt durch seine politisch-kulturellen Erfahrungen in Köln, der Hochburg des Zentrums und des deutschen Katholizismus. Dagegen traute er den Demokraten nicht viel zu, auf sie mochte er sich nicht verlassen. Auch da mögen Kölner Erfahrungen eine Rolle gespielt haben, denn dort standen sie, die sich nicht „Demokraten", sondern „Liberale" nannten, häufig noch weiter rechts als das Zentrum; sie verhielten sich, etwa beim Kapp-Putsch oder nach dem Rathenau-Mord, opportunistisch und wankelmütig[8]. Wert legte Sollmann indessen darauf, daß in innen- und außenpolitischen Krisenzeiten, besonders wenn der Bestand der Reichseinheit auf dem Spiel stand, die Deutsche Volkspartei und die hinter ihr stehenden einflußreichen Kräfte der Wirtschaft in eine Koalition einbezogen wurden.

Nun war Sollmann nicht so naiv, die tiefe Kluft, die sozial und ideologisch zwischen den Parteien herrschte, zu übersehen. Er wußte, wie labil das Gerüst der meisten Koalitionen gebaut war, wie wenig die Einsicht in den Kompromiß, die Relativierung der eigenen Weltanschauung in der politischen Kultur der Weimarer Gesellschaft verwurzelt war. Er machte diesen Mangel der politischen Kultur 1929 zum Gegenstand einer großen Reichstagsrede, einer Rede, auf die viele seiner Parteifreunde mit eisigem Schweigen reagier-

ten, die aber so typisch für den Stil und die Auffassung Sollmanns ist, daß sie hier ausführlich dokumentiert werden soll:
„Der Grund liegt viel tiefer. Sie können das Wahlrecht ändern, wie Sie wollen, technisch kommen Sie dem Problem nicht bei, wenn es nicht gelingt, die *Erstarrung der politischen Parteien,* nein der politischen Kirchen in Deutschland zu ändern. Dürfen wir einmal über die Grenzen der Parteien hinweg ein Wort ganz ehrlich zueinander sagen. [...] Wie ist es denn? Man hört es Jahr für Jahr und Tag für Tag im Parlament. Derjenige, der das Wort „National" im Firmenschild hat, bezeichnet oft genug, mindestens öffentlich, jeden, der die internationale Verbundenheit stärker betont, als einen Bürger zweiten Ranges, manchmal sogar als einen lumpigen Landesverräter. Derjenige, der das Internationale mehr in den Vordergrund rückt, der hält schon jeden für einen Chauvinisten, der etwa, wie mein Parteifreund Karl Bröger, bekennt: Land, mein Land, wie leb ich tief aus dir! Viele von den Christen halten beinahe jeden Freidenker für ein sittlich bedenkliches Subjekt. Der Freidenker auf der anderen Seite hält vielfach jeden Christen für einen Heuchler oder für einen beschränkten, unwissenden Menschen. Der Pazifist hält vielfach jeden für einen Barbaren, der die Landesverteidigung heute noch für notwendig hält. Der Patriot dagegen sieht in jedem Pazifisten einen Feigling, einen Menschen, der vielleicht im Dienste des Auslandes steht. Ja, meine Herren, solange man diese Engstirnigkeit pflegt, können Sie ein Wahlrecht bringen, wie sie wollen, so lange werden Sie niemals das deutsche Volk zum politischen Denken bringen. (Sehr wahr! in der Mitte.) Auf diesen starren Bekenntnissen erwächst der blöde, unwissende und rohe Fanatismus, der sich vielfach in wirklich tierischen Roheitsakten äußert. (Sehr wahr! bei den Sozialdemokraten und in der Mitte.) Vielleicht darf ich einmal ein altes Lied variieren, das heute beinahe alle Parteien singen könnten und das abgeschafft werden muß: Üb' immer das Parteiprogramm bis an dein stilles Grab, und weiche keinen Finger breit von seiner Lehre ab –, auch wenn du noch so sehr davon überzeugt bist, daß es längst geändert werden müßte."[9]

Für das Bündnis in der Volkspartei, gegen die Zusammenarbeit mit den Kommunisten

Die Mängel in der politischen Kultur der Weimarer Gesellschaft also sah Sollmann in der Struktur der Parteien, in ihren starren Klassen- und bornierten Weltanschauungsprinzipien begründet. Sollmann wollte daher daran mitwirken, zumindest die SPD von der Enge ihres ideologischen Dogmas und ihrer einseitigen Fixierung auf das Industrieproletariat zu lösen. Auch diese politische Haltung Sollmanns war, wie schon die zur nationalen Frage und zur Perspektive eines „schwarzroten" Koalitionsblocks, erheblich von seinem rheinischen Milieu, durch den Zwang, in einer Stadt mit einer zutiefst katholisch geprägten Bevölkerung sozialdemokratische Politik machen zu müssen, geformt. Schon 1917, auf dem Würzburger Parteitag der SPD, forderte Sollmann im Namen seines Kölner Ortsvereins, daß sich die SPD künftig von einer Klassen- zur Volkspartei entwickeln müsse. Als im Oktober 1919 in Köln die Kommunalwahlen erstmals nach dem allgemeinen demokratischen Wahlrecht stattfanden, führten die dortigen Sozialdemokraten einen betont mittelstandsfreundlichen Wahlkampf. Auf ihrer Kandidatenliste präsentierten sie eine Reihe von selbständigen Handwerkern und kleineren Geschäftsleuten, und sie riefen, ein Novum für Köln, eine Handwerkerversammlung zum Thema „Mittelstandsforderungen im Rathaus" ein; das Referat hielt Wilhelm Sollmann. Der richtete all seine öffentlichen Reden auch in den nächsten Jahren niemals nur an seine sozialdemokratischen Genossen, sondern appellierte stets an alle ausgebeuteten Schichten des Volkes, an die Arbeiter, Angestellten und Beamten, an die Intellektuellen, Landarbeiter und Kleinbauern und an den von den kapitalistischen Konzernen enteigneten Mittelstand; seine Kurzformel dafür: an die Arbeiter der Hand und des Kopfes. Besonders in den frühen 30er Jahren bekam diese Rhetorik Sollmanns eine besondere Dynamik, sie zielte weniger in Richtung einer sozialreformerischen Volkspartei als in die eines linken Populismus, der in mancher Hinsicht wie ein sozialdemokratisch verträgliches Imitat national-sozialistischer Agitation anmutete. Sollmann plädierte in diesen Jahren für eine breite „Volksbewegung" gegen das Großkapital, für eine Allianz des ergrimmten Volkszorns, die von sozialdemokratischen Arbeitern über verarmte Mittelständler und bündische Jugendliche bis hin zu von ihrer Partei enttäuschten Nationalsozialisten reichen sollte.

In den 20er Jahren argumentierte Sollmann zunächst noch gemäßigter. Er strebte weniger eine „sozialistische Volksbewegung", dafür mehr eine „sozialdemokratische Volkspartei" an, und eins vor allem wollte er damit erreichen: die wirtschaftlichen und organisatorischen Kompetenzen und Erfahrungen möglichst vieler Berufe für den Sozialismus nutzbar zu machen. Sollmann sah nämlich außerordentlich schwarz, wenn er an die Fähigkeiten der organisierten Sozialdemokraten dachte, ein sozialistisches Wirtschaftssystem in einem hochkomplexen, industrialisierten Land aufzubauen. Er traute ihnen das nicht zu; die Partei hatte zwar eine Überfülle von wortgewaltigen Deklamatoren und hinreißenden Rednern, so Sollmann, aber einen erschreckenden Mangel an sachverständigen Organisatoren und erfahrenen Praktikern, in der Fraktion wimmelte es von Redakteuren und Sekretären, aber es fehlten die Kenner der Landwirtschaft, des Handels und der Industrie. Deshalb empfahl Sollmann seiner Partei, sich für diese Schichten zu öffnen, er legte ihr nahe, für die Wahlen zum Reichstag einige vielleicht weniger populäre, dafür aber tüchtige Kenner des Wirtschaftslebens aufzustellen.

Die Sozialdemokratie sollte also ihre Tore weit öffnen, so Sollmann, sie müßte Platz machen auch für die, die nicht über Marx, sondern über „Jesus oder Franz von Assisi"[10] aus Gründen der sittlich-religiösen Empörung gegen die Ungerechtigkeiten des Kapitalismus zum Sozialismus gefunden hatten. Sollmann verwies seine Parteifreunde dabei auf das Beispiel seines Parteiorgans, die „Rheinische Zeitung", die ein hohes Maß an religiöser Toleranz und Duldsamkeit gegenüber dem christlichen Glauben zeigte, die Weltanschauungen nicht als Dogmen ansah, sondern als Angelegenheiten privater und persönlicher Entscheidung behandelte. Den religiösen Sozialisten öffnete die „Rheinische" bereitwillig ihre Spalten; seit 1929 erschien sie mit dem „Roten Blatt der katholischen Sozialisten" als Beilage. Im gleichen Jahr, auf dem SPD-Parteitag in Magdeburg, richtete Sollmann einen ebenso vielbeachteten wie bei den Freidenkern heftig umstrittenen Appell zur religiösen Toleranz in der SPD. Die Partei, so führte er aus, müsse volle Gewissensfreiheit gewähren und den religiösen Anschauungen mit größtem Respekt beggenen, denn das „hohe ethische Ziel des Sozialismus kann ebensowohl aus einer atheistischen wie aus einer christlichen Weltanschauung begründet werden."[11]

Die Volkspartei, die Sollmann sich vorstellte, verkörperte mithin

eine Art sozial-kulturelles Bündnis, sie umfaßte Menschen verschiedener sozialer Schichten und unterschiedlicher weltanschaulicher Herkunft, die eins aber einte: den Kapitalismus wirtschaftlich, politisch und kulturell überwinden zu wollen.
Soviel Sollmann also von einem sozial-kulturellen Bündnis in einer sozialdemokratischen Volkspartei erwartete, sowenig versprach er sich dagegen von einem proletarischen Einheitsfrontbündnis der SPD mit der USPD bzw. der KPD. Er gehörte in der Weimarer Zeit zu den schärfsten Gegnern des linken Radikalismus überhaupt, und das machte ihn im Lager der linken USPD und der KPD zu einem der meistgehaßten Repräsentanten der (Mehrheits-)Sozialdemokratie. Vor allem in den frühen 20er Jahren kam es auf Versammlungen, in denen Sollmann sprach, immer wieder zu Tumulten und Radauszenen; selbst mit tätlichen Angriffen und Mordandrohungen mußte Sollman in dieser Zeit leben und fertigwerden.
Dabei war Sollmann zunächst auf Versöhnung aus. Als sich Ostern 1917 die Gegner der mehrheitssozialdemokratischen Politik zur USPD zusammenschlossen, hoffte Sollmann noch, daß bei beiderseitigem guten Willen eine Wiedervereinigung auf mittlerer Ebene möglich sein müßte. In diesem Sinne sprach er auch auf dem Würzburger Parteitag Mitte Oktober 1917, als er einen Verständigungsantrag des Kölner Ortsvereins einbrachte und begründete, und in diesem Sinne polemisierte er zudem, in der Zeitschrift „Die Glocke", gegen den rechten Sozialdemokraten August Winnig, der davon nichts wissen wollte. Sollmann verwies dabei, auf die gemeinsame parteigeschichtliche Tradition und das gemeinsame Ziel, den demokratischen Sozialismus; noch sah er keine „uralten chinesischen Mauern"[12] zwischen den beiden Parteien aufgerichtet. Im Deutschen-Arbeiter-Abstinenten-Bund immerhin trug seine Vermittlungstätigkeit erfolgreich Früchte; ein Kompromißvorschlag Sollmanns verhinderte hier Anfang 1918, gleichsam in letzter Minute, die drohende Abspaltung der USPD-nahen rheinisch-westfälischen Gruppen von der mehrheitssozialdemokratisch dominierten Berliner Zentrale.[13]
Im Laufe der revolutionären Monate 1918/19 veränderte Sollmann seine Position; an eine baldige Wiedervereinigung glaubte er nun nicht mehr – und er hielt sie, anders als viele sozialdemokratische Arbeiter, auch gar nicht mehr für wünschenswert, zumal die USPD sich immer mehr nach links radikalisierte, an putschistischen Aktionen teilnahm und von einem sozialistischen Rätesystem träumte.

Gewiß stand Sollmann auch in dieser Frage stark unter dem Eindruck seiner Kölner Erfahrungen, denn die Kölner USPD-Ortsgruppe betrieb eine besonders wortradikale, politisch ausgesprochen chaotische Politik. Sollmann verurteilte den putschistischen Antiparlamentarismus der USPD-Linken und besonders der KPD als gegenrevolutionär, und darin sah er die schwelende Krisis der sozialistischen Arbeiterbewegung, ja der Weimarer Republik insgesamt begründet, daß sie sich der Gegenrevolutionäre von zwei Seiten, von rechts und links, zu erwehren hatten. Dabei nahm Sollmann die Zielsetzungen der radikalen Linken nicht sonderlich ernst, eine kommunistische Gefahr fürchtete er für Deutschland durchaus nicht. An die Weltrevolution, so spottete er, glaubten doch nur Kinder und Narren; die Diktatur des Proletariats, so höhnte er, daure bestenfalls eine Woche, denn schon am ersten Tag werde sich die Unfähigkeit der Kommunisten, die nicht einen einzigen tüchtigen Wirtschaftsexperten in ihren Reihen zählten, dramatisch offenbaren. Für eine proletarische Diktatur gebe es in Deutschland weder die geistigen noch die sozialen Voraussetzugnen. Schließlich befänden sich in den nicht-sozialistischen Parteien zehnmal mehr Arbeiter der Hand und des Kopfes als in der KPD; die agrarische Bevölkerung würde die Industriestädte aushungern, die östlichen, südlichen und westlichen Landesteile sich von einem Sowjetdeutschland lostrennen. Im Rheinland beispielsweise, argumentierte Sollmann, sei eine proletarische Diktatur gegen die festgegliederte und tief im rheinischen Volk verwurzelte Zentrumspartei nicht einmal denkbar. Der Versuch also, in Deutschland durch einen Bürgerkrieg die Diktatur des Proletariats zu errichten, würde, so Sollmann 1923 auf dem Höhepunkt kommunistischen Putschismus, nur ein Ergebnis zeitigen: eine faschistische Diktatur und eine barbarische Arbeiterabschlachtung bisher unbekannten Ausmaßes.

Genau dies aber war die eigentliche Gefahr, die von den Kommunisten ausging: daß sie mit ihren Aktionen das Bürgertum zusammenschweißten und Schrittmacherdienste für die Reaktion leisteten. Sollmann dachte da an Italien, wo ein ultra-linker Maximalismus erst die faschistische Machtübernahme Mussolinis ermöglicht hatte, und er war wütend über seine sächsischen Freunde, die 1923 durch ihre abenteuerliche Koalitionspolitik mit den Kommunisten ähnliches fast heraufbeschworen hätten. Und Sollmann fürchtete um sein Volksparteikonzept, denn er sah, daß die Methoden der radikalen Linken gerade diejenigen Schichten vom Sozialismus abstießen, um die es ihm besonders zu tun war. Deshalb hatte er sich bereits im Vorfeld der Wahlen für die Nationalversammlung energisch gegen eine Listenverbindung mit der USPD für den Köln-Aachener Reichstagswahlkreis ausgesprochen; mit der Partei Adolph Hoffmanns könne man am Rhein, so Sollmann, nichts gewinnen. Der Ausgang der Wahlen schien ihm Recht zu geben; die SPD im Wahlkreis Köln-Aachen hatte besonders bei den Beamten und Angestellten zugelegt und 242 000 Stimmen erhalten; die USPD mußte sich mit bescheidenen 5 700 Stimmen begnügen.

Sollmann war fest davon überzeugt, daß es so bleiben müßte; der vernünftige Teil der Arbeiter, Angestellten und Beamten würde die konstruktive und verantwortungsbewußte Politik der oberrheinischen Sozialdemokratie auch weiterhin honorieren, nur einen kleinen Rest ungeschulter Proletarier müßte man wohl oder übel den Kommunisten überlassen. Doch die Weimarer Gesellschaft war nicht so. Das Scheitern der Strategie Sollmanns zeigte sich 5 Jahre später bei den Reichstagswahlen im Mai 1924. Die rheinländische SPD hatte weder die Angestellten und Beamten halten können, noch blieb ihr die Mehrheit der Industriearbeiterschaft treu. Der Radikalismus der KPD lag den Arbeitern dort nach den Erfahrungen des Krisenjahres 1923 näher als der sozialdemokratische Reformismus, der Not, Elend und rechtsradikale Umtriebe nicht hatte verhindern und abwenden können. Im Wahlkreis Köln-Aachen gelang es den Kommunisten, die Sozialdemokraten zu überrunden; die KPD erreichte 130 000 Stimmen gegenüber 94 000 für die SPD. Auch in der Stadt Köln selbst hatten die Kommunisten die Nase vorne, sie erzielten 11 000 Stimmen mehr als ihre sozialdemokratische Konkurrenz. Dort also, wo Sollmann unmittelbar wirkte, hatte seine Politik nicht den Erfolg, den er sich wünschte – sie stieß auf der einen Seite Kernschichten der Industriearbeiterschaft von der Sozialdemokratie ab, ohne auf der anderen Seite die begehrten neuen sozialen Schichten an die Partei binden zu können.

Gegenüber den Kommunisten aber blieb Sollmann weiterhin kompromißlos. Als in den frühen 30er Jahren in der Kölner SPD der Ruf nach einer Einheitsfront mit der KPD immer lauter wurde, stemmte er sich mit aller Entschiedenheit dagegen; eine solche Einheitsfront widersprach seiner republikanischen, aber auch ethischen Grundüberzeugung. Denn zwischen der Politik des mitteleuropäischen Sozialismus und des Bolschewismus russischer Prägung lag, so

Sollmann, nicht nur die Kluft verschiedenartiger Methoden, zwischen beidem lag zudem der Graben einer ganz entgegengesetzten Geistigkeit. Die Kommunisten strebten nicht nur eine *politische* Diktatur über die Bourgeoisie an, sondern sie übten auch einen *weltanschaulichen* Terror über alle Formen des Geisteslebens – Naturwissenschaften, Technik, Medizin, Kunst, Literatur, Philosophie und Religion – aus. Die Sozialdemokraten dagegen kämpften vor allem gerade deshalb für den Sozialismus, um die geistigen und kulturellen Freiheiten zur vollen Entfaltung zu bringen – und diesen Wert der geistigen Freiheit müßte man auch hungernden Arbeitern zu erklären versuchen. In Rußland schmorten sogar die marxistischen Sozialdemokraten in den Kerkern der kommunistischen Diktatur. „Es ist schwer denkbar", entgegnete Sollmann auf die Einheitsfront-Parolen, „daß wir in Deutschland brüderlich neben den russisch geführten Kommunisten marschieren, solange diese unsere eigenen Gesinnungskameraden in Rußland unter der Knute halten. Unser Ruf ‚Freiheit' klänge sonst wie Hohn!"[14]

Lebens- und Parteireformer

Sollmanns Tätigkeiten als Parlamentarier, Redakteur und Parteiführer absorbierten in den Weimarer Jahren den größten Teil seiner Kräfte, gleichwohl bemühte er sich darum, zumindest hin und wieder Zeit für das zu finden, was ihm ursprünglich Quell des sozialdemokratischen Engagements bedeutete: die sozialistische Jugend und die Lebensreform. Seine Aktivitäten im Deutschen-Arbeiter-Abstinenten-Bund hatten lange Jahre geruht. Abstinent aber war er dennoch, wie er stolz betonte, auch in dieser Zeit geblieben, ganz gleich in welcher Situation und Lebenslage er sich befand, ob als Redakteur, Abgeordneter oder Minister, ob in Arbeiterkneipen oder Schlössern, ob in internationalen Luxushotels oder auf parlamentarischen Bierabenden. Das war nicht immer leicht, weil ihn viele Gastgeber verstört und eisig anstarrten, wenn er ihre „edelsten Tropfen" abwies, oder wenn andere hinter seinem Rücken, aber vernehmlich genug, über ihn lästerten: „Schade, sonst ein vernünftiger Kerl, aber doch mit einem kleinen Tick!"[15] Sollmanns Devise, um damit fertig zu werden, lautete: man muß sie alle fröhlich auslachen.
Ab 1923 aber hatte seine bloße „Gewohnheits-" und „Gesinnungs-

abstinenz" ein Ende; nun konnte er sich wieder als politischer Abstinent betätigen, gleichsam als parlamentarischer Arm des Deutschen-Arbeiter-Abstinenten-Bundes, denn der war inzwischen von einer reinen alkoholgegnerischen Propaganda abgerückt und zur alkoholpolitischen Taktik übergegangen. Für Sollmann bedeutete das, durch parlamentarische Initiativen Einfluß auf die Gesetzgebung zu nehmen, um den Alkoholausschank einzudämmen und Alternativen dazu zu fördern. Seine Arbeit als Redner im Parlament oder als Mitverfasser von Gesetzestexten in Ausschüssen blieb nicht ohne Erfolg; so brachte er im Juli 1923 durch eine eindringlich vorgetragene Rede eine parlamentarische Mehrheit für die Abschaffung der Mineralwassersteuer hinter sich.

Zur Jugend waren Sollmanns Kontakte ebenfalls durch Krieg und Revolution abgerissen; die Turbulenz dieser Jahre hatte wie ein Ferment gewirkt und ihn binnen kurzem aus der Jugendbewegung gleichsam herausgeschleudert und zum politischen Repräsentanten der rheinischen Sozialdemokratie katapultiert. Hinzu kam die Enttäuschung über den Werdegang der meisten seiner Freunde aus der Kölner „Freien Jugend", die zu den Kommunisten gefunden hatten und ihm nun auf Versammlungen oder gar im Reichstag feindselig gegenüberstanden.

Doch eine neue Jugend-Generation war inzwischen in der SPD herangewachsen, und Sollmann zeigte sich von ihr zutiefst beeindruckt. Es war Ende August 1920. Sollmann hatte gerade zwei Wochen lang, nur mit einem Rucksack und etwas Kochgeschirr ausgestattet, die bayrischen Höhen durchwandert, als er anschließend mit dem Zug nach Thüringen fuhr, um an dem Reichsjugendtreffen der mehrheitssozialdemokratischen Jugendvereine in Weimar teilzunehmen. Die Jugendlichen, die er dort in den Straßen antraf, waren so, wie er sie sich wünschte: fröhlich, tanzend, singend, spielend und muszierend; die Jungen mit langen, wehenden Haaren, die Mädchen mit blumenverzierten Haaren; allesamt barfuß oder in schlichten Sandalen wandernd; die Suppe im Freien auf dem Boden löffelnd – kurzum: eine „wahre Jugend", ganz im Habitus der Lebensreform und keine von den von Sollmann so verachteten „blasierten nurpolitischen Jugendvertretern"[16] mit Gelehrtenbrille und scheinrevolutionären Phrasen.

Zu dieser Jugend des „Weimar Geistes" knüpfte Sollmann rasch wieder die besten Beziehungen, und ein Teil dieser Jugend akzeptierte ihn als „politischen Führer", so etwa der Hofgeismar-Kreis der

Jungsozialisten, eine kleine Gruppe junger Sozialdemokraten, die ganz ähnlich wie Sollmann für einen nationalen, wehrhaften Sozialismus fochten. Innerparteilich waren die Jungsozialisten, gleich welchen Flügels, im übrigen keineswegs wohlgelitten; viele ältere Sozialdemokraten mißtrauten ihnen, weil sie ständig von einer „Erneuerung des Sozialismus" redeten und über die „verknöcherte Parteiorganisation" schimpften. Sollmann indessen stellte sich auf dem Berliner SPD-Parteitag 1924 demonstrativ hinter sie und lobte ihre, in der Partei nur selten anzutreffende, Sensibilität für die „großen allgemeinen Geistesströmungen unserer Zeit".[17] Doch setzte Sollmann sich nicht nur dann für junge Sozialisten querköpfiger Gesinnung ein, wenn sie sich damit auf seiner politischen Wellenlänge befanden, sondern auch in solchen Fällen, wo er inhaltlich ganz anders dachte als sie. Als einmal der Vorsitzende der preußischen SPD-Landtagsfraktion Ernst Heilmann öffentlich einen jungen Leipziger Sozialdemokraten wegen dessen etwas romantischen Sympathien für Karl Liebknecht und Rosa Luxemburg mit schneidiger Schärfe als verkappten Kommunisten abfertigte – und dabei Liebknecht mit Hitler gleichsetzte – unterzeichnete Sollmann mit einigen anderen prominenten Sozialdemokraten, so etwa Georg Dekker, Tony Sender und Paul Hertz, eine Protesterklärung gegen den einflußreichen preußischen Fraktionschef – ein in der Partei ungewöhnliches, ja einmaliges Vorgehen. Die Unterzeichner wandten sich darin gegen die völlig unpädagogische Art, mit der Heilmann, und das nicht nur dieses Mal, mit den Jugendlichen umsprang, und sie nahmen auch Karl Liebknecht in Schutz, als jemanden, der zwar eine abwegige Politik verfolgt habe, aber doch als „Märtyrer der Revolution"[18] für den Sozialismus gestorben sei.
Sollmann also konnten die jungen Sozialisten vertrauen, er war kein Apparatschik, und er besaß das nötige Fingerspitzengefühl, um auch auf radikale Überschüsse besonnen und verständnisvoll zu reagieren. So jedenfalls war es in den 20er Jahren. Als 1927 die Sozialistische Arbeiterjugend ein Älterenorgan für ihre 17–20jährigen Mitglieder schuf und nach einem Politiker Ausschau hielt, der in regelmäßigen Kolumnen zu brennenden Fragen des politischen Tagesgeschehens erläuternd Stellung beziehen sollte, fiel ihre Wahl fast zwangsläufig auf den Kölner Reichstagsabgeordneten. Allerdings hätte der oppositionelle Flügel der Jugendorganisation statt Sollmann lieber den linken Jugendbildner Georg Engelbert Graf als Gast-Kommentatoren für die Älterenzeitschrift gesehen.

Dieser linke Flügel wurde seit den späten 20er Jahren immer stärker, und nun geriet auch Sollmann mit ihm in Streit. Mit den Jungsozialisten, die er einst so leidenschaftlich verteidigte, verband ihn nun nichts mehr. Sie hatten sich von einer jugendbewegten Gemeinschaft experimentierfreudiger Lebensreformer zu einem elitären Zirkel dogmatisch diskutierender Marxisten verwandelt. Auf dem Leipziger Parteitag 1931, als es um ihre weitere organisatorische Existenz ging, schonte auch Sollmann sie nicht; er warf ihnen „geistigen Hochmut" und „pharisäerhaften Wortglauben" vor.[19] Hoch ging es ebenfalls in seinem Kölner Ortsverein zu. Dort marschierten die Jungsozialisten 1930/31 Arm in Arm mit den gut geschulten, radikal-linkssozialistisch eingestellten Mitgliedern der sozialdemokratischen Studentengruppe zu den Parteiversammlungen auf. Sie beherrschten die Diskussionen und setzten die lokale Parteiführung mit einer scharf oppositionellen Rhetorik und mit radikalen Entschließungen mächtig unter Druck. Das Ergebnis war in Köln nicht anders als sonst, wenngleich Sollmann autoritäre Überreaktionen zu vermeiden versucht hat: Turbulenzen, Grabenkämpfe, Ausschlüsse und zu guter Letzt die Gründung einer SAP-Ortsgruppe im Oktober 1931 durch die früheren Mitglieder der Jungsozialisten und der Studentengruppe. Auch die Parteireformer von rechts waren mit den jugendlichen Rebellen von links letztlich nicht besser fertig geworden als die vielgescholtenen „Bürokraten" aus dem Zentrum der Partei.

Noch Ende 1930 hatte Sollmann sich mit einem vielfach nachgedruckten Artikel in der Parteipresse zu Worte gemeldet, in dem er die Verjüngung des Funktionärsapparats der Partei als einen notwendigen Beitrag zum Abbau der Generationsspannungen und zur Parteireform anforderte. Die Reform der Parteistrukturen war ihm in den frühen 30er Jahren ein Hauptanliegen. Doch schon in den 20er Jahren hatte er Signale zu setzen und Anstöße zu geben versucht. So war er neben Gustav Radbruch einer der wenigen Sozialdemokraten, die 1926 die Gründung eines – 4 Jahre später dann allerdings gescheiterten – sozialdemokratischen Akademikerbundes begrüßten und unterstützten. Sollmann erwartete von dieser neuen Arbeitsgemeinschaft eine größere Ausstrahlungskraft der Sozialdemokratie auf die gebildeten Schichten der Bevölkerung und, umgekehrt, eine stärkere Durchdringung der Parteidiskussion von den intellektuellen und kulturellen Ideen der Zeit. Der gleichen Motive wegen gehörte Sollmann auch zu den Vorbereitern und Teilnehmern einer Konferenz, die Pfingsten 1928 in Heppenheim stattfand, und an der im wesentlichen ethische und religiöse Sozialisten teilnahmen. Die Initiatoren hatten zu einer offenen Aussprache über die „Krise des Sozialismus" aufgerufen, es ging ihnen um eine Alternative zum „ökonomischen Sozialismus", um einen „Sozialismus aus dem Glauben" – so der Titel der später herausgegebenen Broschüre, in der die Referate und Debatten der Heppenheimer Konferenz dokumentiert waren. Ab 1930 förderte Sollmann, als Beirat der Redaktion, das Experiment einer neuen sozialdemokratischen Zeitschrift, der „Neuen Blätter für den Sozialismus", an der vor allem religiöse Sozialisten, bündisch sozialisierte Jugendliche bildungsbürgerlicher Herkunft und die Gruppe patriotischer Radikalsozialisten aus der Tradition des früheren Hofgeismar-Kreises der Jungsozialisten mitarbeiteten. Die neue Zeitschrift kritisierte die Erstarrung des Parteiapparats, beklagte die mangelnde Flexibilität der sozialdemokratischen Taktik und warb für eine aktivistisch-dynamische Strategie zur Verteidigung der besonders durch die Nationalsozialisten gefährdeten republikanischen Ordnung.

Durch solch unorthodoxes Engagement kam Sollmann plötzlich als möglicher Nachfolger für den im März 1931 verstorbenen Parteivorsitzenden Hermann Müller ins Gespräch. Pikanterweise war es der Chefredakteur der angesehenen linkssozialdemokratischen „Leipziger Volkszeitung", Hugo Saupe, der den dezidierten Reformisten und ethischen Sozialisten als geeigneten Kandidaten für den Parteivorsitz vorschlug. Saupe erwartete von einem fähigen Parteivorsitzenden, daß er geistig beweglich sei, die politischen Vorgänge in ihrer Totalität durchschauen könne und über gute Beziehungen zur Jugend verfüge. Nehme man dies alles zusammen, so Saupe, so komme man zum Schluß, „daß Genosse Sollman den gestellten Anforderungen im weitesten Maße entsprechen würde".[20] Doch Saupes Anregung fand nicht den nötigen Widerhall; Sollmann war kein politischer Macher, kein Mann, der einen Apparat beherrschen konnte; das aber zählte in der Partei. Gewählt wurde dann der fränkische Reichstagsabgeordnete und langjährige Parteisekretär Hans Vogel.

Sollmann mußte sich also weiterhin mit publizistischen Mitteln begnügen, um eine gründliche Reform des Parteiapparats anzumahnen. Seine Stunde kam, so schien es, im November 1932. Die Monate November, Dezember 1932, Januar 1933 gehörten zu den diskussionsintensivsten in der Geschichte der Weimarer Sozialdemokratie überhaupt. In breiten Kreisen der Partei, nicht nur an ihren Rändern oder in kleineren Zirkeln, herrschte eine Stimmung fundamentaler Selbstkritik; man war der Meinung, die Arbeiterbewegung stehe an der Schwelle einer ganz neuen Epoche; sie benötige neue Zielsetzungen, neue Taktiken, neue Methoden. Der nächste SPD-Parteitag, für Mitte März 1933 nach Frankfurt einberufen, sollte den Grundstein des erwarteten Neubeginns legen. In den Parteizeitungen spiegelte sich bereits im Vorfeld des Parteitages, der dann bekanntlich niemals stattfinden sollte, eine bunte, höchst kontroverse Diskussion wider. Der Artikel, der darunter am meisten Aufsehen erregte, der sowohl euphorische Zustimmung als auch verärgerte Ablehnung hervorrief, war von Wilhelm Sollmann geschrieben und trug den Titel „Positive Parteikritik". Zahlreiche Zeitungen druckten ihn nach, viele Sozialdemokraten bestellten bei der Redaktion der „Rheinischen Zeitung" Sonderdrucke, und selbst das Blatt des demokratischen Bürgertums, die „Frankfurter Zeitung", beschäftigte sich ausführlich mit ihm.

Sollmann hatte in diesem Artikel seine Zweifel angemeldet, ob die Partei den kommenden schweren Aufgaben organisatorisch, personell und vor allem geistig überhaupt gewachsen sei. Es gebe zwar, so Sollmann, einen ausreichenden Bestand an guten Organisationsleitern, aber es mangele an wirklich befähigten politischen „Führern" mit Instinkten, Suggestivkräften und Phantasie. Die entscheidenden Instanzen der SPD, der Parteivorstand und vor allem der Parteiausschuß, seien geprägt von der Übermacht der Organisationsleiter, jener Schicht von Redakteuren und Sekretären, die nahezu alle Fäden der Partei in ihren Händen hielten. Diesen Organisationsleitern aber fehle es an Zeit und Muße, sich den nötigen Einblick in die sich rasch wandelnden geistigen, sozialen und politischen Fragenkomplexe der Gesellschaft zu verschaffen. Dadurch aber kapsele die SPD sich immer mehr von den geistigen Vorgängen und gesellschaftlichen Triebkräften ab und könne so auf neue soziale Phänomene, wie eben den Faschismus, nur noch mit Verspätung reagieren. Sollmann forderte daher die stärkere Berücksichtigung von politisch-geistigen Köpfen und neu aufstrebenden politischen Kräften in der Zusammensetzung der obersten Parteigremien. Doch Sollmann ging noch weiter; er befand sich im Herbst 1932 auf dem Höhepunkt seines linken Populismus mit all den daranhängenden autoritären Auswüchsen. Er proklamierte die „Führerauslese" und schwärmte von der Entfaltung „bis zur Brutalität energischer Führereigenschaften". Er entwickelte die Idee einer autoritären Demokratie, die mit dem Liberalismus des Weimarer Systems Schluß machen sollte, die es, mit seinen Worten gesprochen, „böswilligen Schwätzern" versagen würde, alles „mit Kot zu bewerfen".[21]

Im Parteiausschuß selbst traf Sollmann mit seinen Vorschlägen auf wenig Gegenliebe. Teils spielten da organisationskonservative Motive eine Rolle – man hielt die Partei, so wie sie war, für bestens in Ordnung –, teils aber lehnte man Sollmanns Überlegungen aus zwar traditionellen, aber guten sozialdemokratischen Gründen ab, da man sich nicht von der Zauberformel des „politischen Führers" betören und auf die Verheißungen einer „autoritären Demokratie" einlassen wollte. Doch dann fand die innerparteiliche Debatte, die mit so viel Verve begonnen hatte, durch die Machtübernahme der Nationalsozialisten am 30. Januar 1933 sowieso ein jähes Ende.

Emigration und Neubeginn

Die Nationalsozialisten hatten die scharfen Angriffe, die Sollmann im Reichstag gegen sie gefahren hatte, nicht vergessen. Er war einer der ersten Reichstagsabgeordneten, der die brutalen Willkürmaßnahmen der SS- und SA-Horden zu spüren bekam. Am 9. März – Sollmann war vier Tage zuvor bei den Reichstagswahlen erneut in das Parlament gewählt worden – überfielen sie seine Wohnung und schlugen dort alles kurz und klein. Sollmann selbst mißhandelten sie mit Fausthieben und Fußtritten, um ihn dann in einem offenen Gefährt höhnisch und provozierend durch das traditionell rote Arbeiterviertel Köln-Kalk zum „Braunen Haus" der NSDAP-Gauleitung zu fahren. Dort wurde er bestialisch gefoltert. Nach seiner Entlassung setzte er sich mit Hilfe von Freunden sofort nach Luxemburg ab. Doch noch nach Tagen war sein Gesicht so zerschlagen und zerfetzt, daß Besucher ihn kaum wiedererkannten. Er mußte in einer Klinik behandelt werden. Nachdem sich sein Zustand gebessert hatte, ging er nach Saarbrücken, um dort in der Redaktion der Tageszeitung „Deutsche Freiheit" zu arbeiten. Doch nach der Saarabstimmung im Januar 1935 mußte er wieder die Flucht ergreifen; erneut begab er sich nach Luxemburg, besuchte in dieser Zeit aber immer wieder auch Gesinnungsfreunde in Frankreich, Österreich und der Tschechoslowakei.

1937 setzte er dieser Odyssee ein Ende. Er, der entschiedene deutsche Patriot und Europäer, wagte, inzwischen immerhin schon 56 Jahre, den Schritt über den Atlantik in einen anderen Kulturkreis: Er begann ein neues Leben in Amerika. Schon in Luxemburg hatte er damit begonnen, wiewohl es ihm ungeheure Schwierigkeiten bereitete, die englische Sprache zu erlernen, denn mit ihrer Hilfe wollte er den Lebensunterhalt für sich und seine Freunde verdienen. Und es gelang ihm. Er reiste quer durch die Vereinigten Staaten und hielt zahlreiche Vorträge und Referate in Instituten und in Klubs. 1943 erhielt er die amerikanische Staatsbürgerschaft und nannte sich fortan William S. Sollman. Eine Existenz und Heimat aber fand er bei den Quäkern. An ihrer Universität, in Pendle Hill, einem Vorort von Philadelphia, lehrte er bis zu seinem Tode im Januar 1951.

In all den Jahren hatte Sollmann an den Debatten über eine künftige Perspektive des deutschen und europäischen Sozialismus teilgenommen. Aber er war dennoch in der sozialdemokratischen Emigration ein eher isolierter Mann, der weder mit den sozialdemokratischen Traditionalisten noch – und schon gar nicht – mit den linkssozialistischen Emigrantenzirkeln zurechtkam. Sie alle lebten nach seiner Auffassung in der Vergangenheit, schlugen die Schlachten von gestern und vorgestern, verbrauchten sich in sektiererischen und orthodoxen Zänkereien. Sollmann selbst hatte seine Minderheitspositionen aus der Weimarer Zeit noch mehr zugespitzt und sich damit gewiß von vielen seiner früheren sozialdemokratischen Freunde weiter entfremdet. In einer programmatischen Diskussion mit dem früheren Chefredakteur des „Vorwärts", Friedrich Stampfer, im Herbst 1938, vollzog er einen radikalen Abschied von der ideologischen Indentität der alten sozialistischen Arbeiterbewegung. Den Klassensozialismus erklärte er als gescheitert; die marxistische Doktrin bezeichnete er als verhängnisvoll. Begriffe wie „Klasse" und „Proletariat" waren ihm abgenutzte Klischeeworte ohne jeglichen soziologischen Erklärungswert zum Verständnis der komplizierten Strukturen moderner Gesellschaften. Eine erfolgreiche Politik konstatierte Sollmann nur bei denjenigen sozialdemokratischen Parteien, die, wie in England, Holland, Belgien, den skandinavischen Ländern und der Schweiz, in der Vergangenheit eine „gute nationale reformistische Volkspolitik"[22] betrieben hätten. Das letztliche Scheitern der österreichischen und deutschen Sozialdemokratie führte er auf die marxistische Schulung der Funktionärskörper zurück, die, von der marxistischen Kritik an der „formalen" Demokratie durchformt, den Wert der republikanischen Ordnung niemals vollständig begriffen hätten. Doch Sollmanns Kritik am Marxismus ging weiter. Immer mehr zweifelte er daran, daß die Abirrungen Lenins und Stalins lediglich Pervertierungen des Marxismus waren; bald glaubte er, daß der despotische Charakter der bolschewistischen Herrschaft im Marxismus selbst angelegt war, ja, daß das „Kommunistische Manifest" gewissermaßen die Geburtsurkunde der totalitären Gesellschaftsdiktaturen war. Die Fragen, die sich Sollmann in den letzten Jahren seines Lebens immer mehr stellte und die ihm keine Ruhe ließen, da er sie für das Zentralproblem des Sozialismus hielt, waren die, wie man die Freiheit des Menschen vor den Zumutungen einer zentralisierten Ökonomie und Staatsverfassung schützen kann, ob sich ökonomische Planung und die Selbständigkeit des Individuums überhaupt verbinden lassen, ob also sozialistische Planung ohne totalitäre Diktatur jemals möglich sein würde. Eine Antwort darauf fand er nicht; seine grundsätzliche Skepsis teilte er mit anderen emigrierten Sozialdemokraten, marxistischer Vergangenheit im übrigen, wie etwa Rudolf Hilferding und Emil Lederer.

Die beste Gewähr, um eine Diktatur zu verhindern, war für ihn nach wie vor – oder besser: mehr denn je – das *Bündnis;* das sozial-kulturelle Bündnis verschiedener Schichten und Weltanschauungen in einer sozialdemokratischen Volkspartei und das Bündnis zwischen verschiedenen republikanischen Parteien innerhalb einer Regierungskoalition. Diesen Rat erteilte er nach dem Zweiten Weltkrieg auch seinen sozialdemokratischen Freunden in Deutschland. In mehreren Briefen plädierte er für den Aufbau einer großen und sozialen Volkspartei, die Platz habe für Materialisten und Idealisten, für Freidenker und Christen oder Juden, für Bauern, Arbeiter, Gelehrte und Geschäftsleute. Und er hoffte auf die katholisch-sozialdemokratische Koalititon, vielleicht ergänzt noch um eine Partei des linken demokratischen Bürgertums. Das aber war der Grund, weshalb sein Verhältnis zu Kurt Schumacher äußerst frostig blieb. Dabei stimmten sie in zentralen Positionen überein: beide waren entschiedene Patrioten, beide bejahten mit Nachdruck den republikanischen Staat, beide drängten sie auf eine volksparteiliche Umwandlung der Sozialdemokratie, kurzum: beide orientierten sich eher an Jean Jaurès und Ferdinand Lassalle als an Karl Marx. Doch Kurt Schumacher argumentierte starrer und kompromißloser als der auf Versöhnung bedachte Sollmann, von einer Machtteilung mit den Christdemokraten wollte Schumacher nichts wissen; er hielt schließlich an der geschichtlichen und moralischen Mission der sozialistischen Arbeiterbewegung fest, an die Sollmann im Grunde nicht mehr glaubte, die er, zum Prinzip erhoben, sogar als eine bedenkliche Gefahr ansah.

Doch auch die Politik von Kurt Schumachers Kontrahenten Konrad Adenauer, dem politischen Gefährten aus gemeinsamen Kölner Zeiten, betrachtete er in den letzten Jahren seines Lebens mit großer Sorge. Adenauer stand ihm zu sehr unter dem Einfluß der deutschen Generäle. Zur Jahreswende 1950/51, wenige Tage vor seinem Tode, schrieb Wilhelm Sollmann, schon von unerträglichen Schmerzen gepeinigt, einen letzten längeren Brief. Er beinhaltete gewissermaßen eine politische Botschaft – und er ging an Konrad Adenauer:

„Bewahret ein Gleichgewicht, und sei es noch so unsicher, für fünfzig oder, wenn nötig, hundert Jahre! (...) Verhandelt! Verhandelt! Verhandelt!"[23]

Anmerkungen

1 Vgl. Die Arbeiter-Jugend 1927, Nr. 6, S. 124.
2 Vgl. Rheinische Zeitung, 15. 11. 1918.
3 Wilhelm Sollmann, Die Revolution in Köln. Ein Bericht über Tatsachen, Köln 1918, S. 11.
4 Vgl. Verhandlungen des Reichstages. Stenographischer Bericht, Bd. 446 (11. 5. 1932), S. 2662.
5 Vgl. Protokoll der Sozialdemokratischen Parteitage in Augsburg, Gera und Nürnberg, Berlin 1923, S. 19.
6 Rheinische Zeitung, 21. 8. 1923.
7 Wilhelm Sollmann an Walter Sassnick, 18. 7. 1938, in: Nachlaß Wilhelm Sollmann (Historisches Archiv der Stadt Köln).
8 Vgl. Rheinische Zeitung, 22. 3. 1920, 30. 8. 1921 u. 7. 7. 1922.
9 Verhandlungen des Reichstages. Stenographische Berichte, Bd. 425 (7. 6. 1929), S. 2168.
10 Vgl. Rheinische Zeitung, 2. 7. 1926.
11 Protokoll über die Verhandlungen des Parteitages der Sozialdemokratischen Partei Deutschlands, Magdeburg, 29.–31. März 1929, Berlin 1929, S. 76.
12 Die Glocke 1917, Nr. 25, S. 982.
13 Vgl. Der Abstinente Arbeiter 1918, S. 36 u. 40f.
14 Volkswille Hannover, 20. 1. 1933.

15 Vgl. Wilhelm Sollmann, Nach 25 Jahren, in: Unser Weg und Ziel. Festschrift zum 25 jährigen Bestehen des Deutschen-Arbeiter-Abstinenten-Bundes, Berlin 1928, S. 16.
16 Vgl. Sollmanns Schilderung in der Rheinischen Zeitung, 3. 9. 1920.
17 Protokoll über die Verhandlungen des Parteitages der Sozialdemokratischen Partei Deutschlands, Berlin, 11.–14. Juni 1924, Berlin 1925, S. 116.
18 Vgl. Das freie Wort, 6. 7. 1930, S. 7.
19 Protokoll über die Verhandlungen des Parteitages der Sozialdemokratischen Partei Deutschlands, 31. Mai – 5. Juni 1931, Berlin 1931, S. 183.
20 Das freie Wort, 31. 5. 1931, S. 15.
21 Rheinische Zeitung, 27. 11. 1932.
22 New-Yorker Volkszeitung, 8. 10. 1938.
23 Zit. bei Felix E. Hirsch, Wilhelm Sollmann (1881–1951), in: Rheinische Lebensbilder, Bd. 6, Köln 1975, S. 257ff, hier: S. 283f.

Literatur

Zahlreiche Informationen über die Persönlichkeit und den Werdegang Wilhelm Sollmanns verdanke ich den folgenden drei kenntnisreich und souverän geschriebenen Arbeiten:
Kühn, Heinz: Wilhelm Sollmann. Rheinischer Sozialist, Kölner Patriot, demokratischer Weltbürger, Köln 1981 (Kölner Biographien 16).
Hirsch, Felix E.: Wilhelm Sollmann (1881–1951), in: Rheinische Lebensbilder, Bd. 6, Köln 1975, S. 257–285.
Miller, Susanne: Wilhelm Sollmann, in: Politik und Landschaft. Beiträge zur neueren Landesgeschichte des Rheinlandes und Westfalens, hrsg. von Walter Först, Köln–Berlin 1969, S. 119–125.
Den Nachlaß von Wilhelm Sollmann kann man im Historischen Archiv der Stadt Köln einsehen. Er ist dort mustergültig von Ulrike Nyassi bearbeitet worden.

Fritz Sternberg (1895–1963)

Ein unorthodoxer Marxist und Lehrer einer Generation junger
Sozialisten: Wider den Absturz in die Barbarei

von
Helga Grebing

Vorbemerkung

1988 sind es 62 Jahre her, seit Fritz Sternbergs 614 Seiten umfassendes Werk „Der Imperialismus" erschien und den gerade 31jährigen Autor mit einem Schlage in der wissenschaftlichen und in der politischen Welt bekanntmachte. Heute dagegen wird es nicht mehr viele in der Sozialdemokratie und in den Gewerkschaften geben (oder inzwischen vielleicht wieder ein paar mehr), die von Sternberg auch nur den Namen, geschweige denn sein Werk kennen, obwohl er doch der Lehrer einer ganzen Generation junger Sozialisten gewesen ist.

Jugend in Breslau

Der Breslauer Gymnasiast Fritz Sternberg mag noch 12 oder gerade schon 13 Jahre alt gewesen sein, als er regelmäßig von der im Süden, dem vornehmsten Teil der Stadt, gelegenen Kaiser-Wilhelm-Straße 92–94, wo er mit seinen Eltern in einer großen Villa wohnte, zu den Geschäftsräumen der sozialdemokratischen Zeitung „Volkswacht" pilgerte, um sich „sein Blatt" zu kaufen. Max Tockus, der Geschäftsführer von Partei und Partei-Zeitung, übernahm alsbald, auf den Abonnenten aufmerksam geworden, eine Art Mentorenrolle für den Jungen. Der konnte dann auch, als er ein paar Jahre älter geworden war, seine ersten Artikelchen über Tennis-Matches, bald auch anspruchsvollere Sachen, wie z. B. die Analyse der Reichstagswahl von 1912, plazieren. Tockus war es auch, der Sternberg darüber aufklärte, daß es im Interesse der Arbeiterklasse läge, den wohlhabenden Vater die Ausbildung des künftigen Klassenkämpfers bezahlen zu lassen und sich folglich nicht vom Elternhaus zu trennen. Das Elternhaus: Der Vater Carl (1856–1918), noch in Militsch in Schlesien in eine jüdische Familie hineingeboren, hatte in Breslau Jura studieren können, weil seinem Vater Adolf der Sprung nach Breslau gelungen war, wo er eine Druckerei betrieb. Der Doktor der Rechte, Carl Sternberg, wurde ein angesehener Rechtsanwalt in Breslau und irgendwann auch sogar zum Justizrat ernannt; er war, wie der Arzt der Familie bezeugte, „einer der geistreichsten und witzigsten Menschen". Die Mutter, Jenny, geb. Zendig (1856–1932), stammte aus Krottoschin, Provinz Posen, einem jüdischen Shtetl, war Lehrerin an einer jüdischen Schule gewesen und – für die zurückgenommene Stellung der Frau im damaligen jüdischen Milieu ungewöhnlich – erwarb und verwaltete den Immobilienbesitz der Familie. Zur engeren Familie gehörten außer Fritz, dem Jüngsten, noch vier Kinder (zwei Mädchen, zwei Jungen), aus denen bis auf eine behinderte Schwester alle promovierte Akademiker wurden: ein Mediziner, ein Mathematiker, eine Germanistin. Sternbergs Elternhaus war nicht mehr streng orthodox, aber auch noch nicht liberal, und die gesellschaftlichen Beziehungen beschränkten sich auf einen Kreis jüdischen Bildungsbürgertums in Breslau. Man lebte nicht im Ghetto, aber unter sich, und für die Kinder gab es erst einmal einen eigenen Kindergarten, den Breslauer Freunde-Garten, ehe man sie in die staatlichen Schulen schickte.

Bis 1911 hatte sich Sternberg auch mit den sozialistischen Klassikern vertraut gemacht, und der Weg des jungen Mannes in die sozialistische Arbeiterbewegung schien vorgezeichnet. Doch da traten Irritationen von erheblicher Wirkung ein: 1911 lernte Sternberg in einer jüdischen Jugendgruppe Martin Buber kennen, der dort zu einem Vortrag eingeladen worden war. Wahrscheinlich hat sich Sternberg auch mit Bubers „Drei Reden über das Judentum" (1911) befaßt, die eine große Rolle in der damaligen zionistischen Jugendbewegung spielten. Es war eine prägende und eigene Vorstellungen bestärkende Begegnung. Parallel dazu, aber unabhängig voneinander, wuchsen bei Sternberg die Zweifel an der bewegenden Kraft der deutschen Arbeiterbewegung, die 1914 in einer tiefen Enttäuschung über die Bewilligung der Kriegskredite mündeten.

Der Versuch, sozialistischer Zionist und Marxist zu sein

1913 hatte Sternberg nach dem Abitur das Studium der Nationalökonomie aufgenommen, das ihn von Breslau, wo er unter anderem bei Adolf Weber hörte, nach Berlin – hier waren Franz Oppenheimer und Werner Sombart seine Lehrer – und nach Heidelberg zu Alfred Weber führte. In Breslau und vor allem in Berlin arbeitete er in unterschiedlichen sozialistisch-zionistischen Gruppen der jüdischen Jugend- und Arbeiterbewegung mit. Aber er konnte sich immer noch nicht entscheiden zwischen der zionistisch-sozialistischen Arbeiterbewegung und der deutschen Sozialdemokratie; jedenfalls bat er im März 1915 brieflich Karl Kautsky um ein Gespräch („weil ich noch sehr jung bin und Sie in einigen Angelegenheiten persönlicher Natur um Rat fragen will") – vergeblich. Dies scheint die Entscheidung für den Zionismus beschleunigt zu haben.
Doch im Mai 1916 wurde Sternberg erst einmal zum Militär (Infanterie, Feldposttransport-Begleitung) einberufen und 1917 zur Promotion an der Breslauer Universität beurlaubt – das Dissertationsthema deutete fast schon das politische Programm des jungen sozialistischen Zionisten an: „Die Juden als Träger einer neuen Wirtschaft in Palästina." Sternberg hatte sich inzwischen von den zionistischen „Volkssozialisten", die unter Bubers Einfluß den Klassenkampf und den historischen Materialismus ablehnten, getrennt und suchte ein stärkeres Engagement bei der „Poale Zion" (Arbeiter Zions), einer Gruppe bzw. kleinen Partei innerhalb der jüdischen Arbeiterbewegung, die eine Synthese von Marxismus und Zionismus zu finden versuchte; sie war internationalistisch orientiert, d. h. sie lehnte einen jüdischen Nationalstaat in Palästina ab und baute auf eine Versöhnung mit dem arabischen Proletariat.
1918, während der Revolutionszeit, gehörte Sternberg dem Breslauer Arbeiter- und Soldatenrat an, hat aber leider nicht – wie eine Legende es will – Rosa Luxemburg nach ihrer Entlassung am 8. November 1918 aus dem Strafgefängnis in Breslau begrüßen können.
1919, nach einem längeren Aufenthalt in Wien zur Orientierung in den Kreisen um Siegmund Freud und Alfred Adler, rief ihn Franz Oppenheimer als Mitarbeiter an die Universität Frankfurt am Main. Oppenheimer, Arzt, Soziologe, Philosoph und Ökonom, ebenfalls jüdischer Herkunft, vertrat ein liberalistisch-sozialistisches, von Marx beeinflußtes siedlungsgenossenschaftliches Konzept, dem Sternberg damals sehr nahestand. Durch seine Seminare an der

Universität, seine längeren Studienreisen nach Dänemark und Italien, die dazu dienten, das Genossenschaftswesen als mögliche Vorbilder für jüdische Siedlungen in Palästina kennenzulernen, und durch seine Zugehörigkeit zum Diskussionskreis um den hebräischen Dichter Samuel Joseph Agnon gewann Sternberg den Ruf, „als einer der fähigsten Köpfe der jüngeren Generation im Zionismus" zu gelten.[1] Seit dieser Zeit datiert auch seine Freundschaft mit Nahum Goldmann, dem späteren Präsidenten des jüdischen Weltkongresses.

Zweierlei zugleich: Marxistischer Theoretiker und sozialistischer Volkstribun – noch einmal Breslau

1923, Sternberg war jetzt gerade 28 Jahre alt, sah alles anders aus: Nach einem gescheiterten Habilitationsversuch und dem Zerwürfnis mit Oppenheimer verzichtete Sternberg auf eine Universitätslehrerlaufbahn und wird fortan als freier Schriftsteller und Vortragender, von kleinen Veröffentlichungen in Zeitschriften, von Buchhonoraren, von Honoraren aus Diskussionen und Seminaren in interessierten Arbeitskreisen und gelegentlich auch vom neuen Medium Rundfunk leben. Sternberg trennte sich auch von der „Paole Zion" bzw. von seinem Versuch, einen marxistischen Weg im Rahmen des Zionismus zu finden. Nicht nur, daß ihm sachliche Zweifel an der Durchführbarkeit genossenschaftlich-rätedemokratischer Konzepte in einem regionalen Kontext gekommen waren – überdies sah er die zionistische Bewegung, in der seine Gruppe eine absolute Minorität darstellte, sich zunehmend ideologisch-religiös verengen anstelle der von ihm geforderten ökonomisch-analytischen Argumentation. Auch war er sich darüber klar geworden, daß die Wege zur Überwindung des Kapitalismus bzw. zur Verwirklichung des Sozialismus in einem globalen Zusammenhang gesehen werden mußten.
Seit Herbst 1923 arbeitete Sternbeg an seinem Imperialismus-Buch, 1924 und 1925 – vorwiegend aus finanziellen Gründen zu Hause in Breslau. Als das Manuskript fertig vorlag, begann die schwierige Suche nach einem Verlag – der Malik-Verlag, gegründet und geleitet von Wieland Herzfelde, übernahm es schließlich. Das Buch erschien Ende 1926 zu einem Preis von 13 RM für das broschierte und 17 RM für das gebundene Exemplar und machte sei-

nen Autor als meist- und gleichzeitig kontrovers diskutierten Autor auch über den inneren Kreis der marxistischen Theorie-Anhänger hinaus bekannt.
In seinem „Imperialismus" führte Sternberg die von ihm in einigen Punkten scharf kritisierten Auffassungen Rosa Luxemburgs über den Imperialismus weiter. Er erklärte, warum die kapitalistische Produktionsweise trotz Krieg und Krisen noch nicht an die Grenzen ihrer Existenz gestoßen war und warum die Arbeiterbewegung ihre Kraft, als Motor des Transformationsprozesses des Kapitalismus in den Sozialismus zu wirken, verloren hatte: der Vorstoß der kapitalistischen Staaten in die kolonialen Gebiete mit vorindustriellen Produktionsformen hatte eine neue Expansionsphase für den europäischen Kapitalismus gebracht, dessen Krisenanfälligkeit gemildert und die sozialen Spannungen entschärft; die Arbeiterklasse – insgesamt und nicht nur die von Lenin so bezeichnete „Arbeiteraristokratie" – hatte „Schonzeit". Sternberg erwartete nun nach dem Ende des Weltkrieges das Ende der „Schonzeit" durch einen neuen aggressiven Krisenzyklus wegen der verminderten Expansionsmöglichkeiten des Kapitalismus und fragte deshalb nach den Möglichkeiten der Schärfung des revolutionären Klassenkampfbewußtseins der Arbeiterklasse. Er sah sie in der Trennung von der revisionistisch-reformistischen Sozialdemokratie, in der Herauslösung der kommunistischen Arbeiter aus der orthodoxen, ultra-links gewordenen KPD und in der Schaffung einer neuen sozialistischen Partei, in der die Intellektuellen – hier war Sternberg Leninschen Positionen nahe – eine wichtige Funktion bei der revolutionären Bewußtseinsbildung zu übernehmen hatten. Für den Fall, daß im Zuge einer Existenzkrise des Kapitalismus die Arbeiterbewegung nicht in der Lage sein würde, den revolutionären Transformationsprozeß in Europa vorwärtszutreiben, befürchtete Sternberg eine Krisenverschärfung, die bis zu einem neuen Weltkrieg unter den imperialistischen Mächten führen würde, wenn nicht sogar zum „Absturz in die Barbarei": „Das Korrelat zum Kapitalismus ist nicht notwendigerweise Sozialismus; die Möglichkeit der Barbarei besteht."[2]
Sternbergs Imperialismus-Theorie enthielt zweifelsohne einige Defizite: Sternbeg überschätzte die systemimmanente Abhängigkeit des Kapitalismus von der imperialistischen Expansion in offene, „freie", d. h. noch nicht durchkapitalisierte Räume; er unterschätzte die Möglichkeiten einer Steigerung der Kapazitäten des inneren Marktes auch mit Hilfe unproduktiver Investitionen; er überspannte

die Bedeutung des subjektiven Faktors für die sozialistische Revolution (wie vor ihm schon Rosa Luxemburg und zeitgleich Georg Lukács, der Sternbergs Imperialismus-Theorie als den ökonomischen Unterbau von „Geschichte und Klassenbewußtsein" betrachtet haben könnte). Sternberg sah zwar zutreffend den Zusammenhang von Reformismus und „Schonzeit", stellte sich aber – zunächst jedenfalls – nicht die Frage, ob nicht gerade der hohe Industrialisierungsgrad der europäischen Länder ein objektives Revolutionshindernis war, weil er subjektiv das reformistische Bewußtsein perpetuierte und objektiv die Machbarkeit von Revolutionen restringierte. Sternberg wies deshalb der Arbeiterbewegung Handlungsspielräume zu, die sie in der von ihm erwarteten Form gar nicht hatte.[3]

Doch haben Nachgeborene den „Vorteil oder können ihn doch haben, das Resultat von historischen Entwicklungen, ihre Gründe, Verzweigungen und Folgen besser zu kennen als die unmittelbaren Zeitgenossen".[4] Anders als die meisten seiner zahlreichen zeitgenössischen Kritiker hat Sternberg jedenfalls zutreffend die Gefahrenpotentiale erkannt und eingeordnet, die der kapitalistischen Entwicklung der Zwischenkriegszeit immanent waren; er hat den Rang der kommenden Krise und ihre drohende äußerste Konsequenz – Barbarei und Krieg – seinen Zeitgenossen dramatisch vor Augen führen wollen, ehe es zu spät war. Bei diesem Bemühen erwies sich Sternberg als das, was er zeitlebens bleiben sollte: ein durchaus unorthodoxer, dessenungeachtet aber eng an Marx gebundener Marxist.[5]

Sternbergs Gegner besetzten ideologisch-theoretisch ein breites Feld; zu ihnen gehörten u. a. Alfred Braunthal, ein Schüler Kautskys und Hilferdings, Helene Bauer, die ökonomietheoretisch versierte Frau des österreichischen marxistischen Theoretikers, Benedikt Kautsky, der Sohn, vor allem aber Henryk Großmann, der Hauptassistent am Frankfurter Institut für Sozialforschung, und natürlich auch orthodoxe Leninisten der „Kommunistischen Internationale", deren Namen heute keiner mehr kennt. Die Kritik an Sternbergs Imperialismus-Theorie hat einer seiner wenigen Verteidiger, Arkadij Gurland, auf den zutreffenden Nenner gebracht: die einen, die Reformisten, wollten die Verwurzelung ihrer Theorie und Politik im Imperialismus nicht wahrhaben, „und den anderen paßt wieder die Feststellung nicht, daß der Reformismus nicht Verrat, sondern Folgeerscheinung einer wirtschaftlichen, sozialen und politischen Entwicklungsreihe ist".[6] Insbesondere Sternbergs Hauptgegner

Großmann wollte nicht darin verunsichert werden, daß die objektiven Entwicklungsgesetze des Kapitalismus notwendig zum Sozialismus führen würden, weil sie zum Zusammenbruch des Kapitalismus trieben. Auch sozialliberale Nationalökonomen wie Sternbergs früherer Mentor Franz Oppenheimer und der generationsgleiche Hans Neißer beteiligten sich – zum Teil vor Entstellungen sich nicht scheuend – an der Zurückweisung von Sternbergs Imperialismus-Interpretation. Sternberg sah sich wieder und wieder veranlaßt, auf die Herausforderungen seiner Gegner zu antworten, immer angriffslustig, keineswegs bitter, sogar mit zwei Büchern: „Der Imperialismus und seine Kritiker" (Berlin 1929) und „Eine Umwälzung der Wissenschaft? Kritik des Buches von Henryk Großmann: Das Akkumulations- und Zusammenbruchsgesetz des kapitalistischen Systems. Zugleich eine positive Analyse des Imperialismus" (Berlin 1930).

Im umgekehrten Verhältnis zur schroffen Kritik bzw. scharfen Ablehnung der Sternbergschen Imperialismus-Deutung in der bürgerlichen Wissenschaft und bei den meisten, sich ebenfalls marxistisch nennenden Theoretikern stand die euphorische Aufnahme der Botschaft von Sternberg bei den jungen Sozialisten zuerst in Breslau, dann später 1928–1931 in der Region Niederrhein, vor allem in Köln und Düsseldorf, und auch in Sachsen, in Berlin, Frankfurt am Main und anderen Großstädten. Sternberg hatte, als er in Breslau am Imperialismus-Buch arbeitete, das Bedürfnis entdeckt, seine Arbeitsergebnisse im Hinblick auf ihre Vermittelbarkeit zu überprüfen und zur Diskussion zu stellen. Er tat dies in einer „Marxistischen Arbeitsgemeinschaft", zu der sich Jungsozialisten, Mitglieder der Sozialistischen Arbeiter-Jugend, der Bund der Freunde sozialistischer Studenten bzw. Akademiker in Breslau, Freidenkerjugend, junge Gewerkschafter und als einzelne auch Mitglieder des Kommunistischen Jugend-Verbandes zusammenfanden. Ab 14. 12. 1924 bis 13. 3. 1926 trafen sich die Teilnehmer jeden Mittwochabend im Gewerkschaftshaus und wurden in dieser Zeit der „geistige Kristallisationspunkt für radikale Linksintellektuelle und theoretisch interessierte Arbeiter parteipolitisch unterschiedlicher Observanz".[7]

Sternberg wurde in dieser Zeit „der Volkstribun eines Typus, den es in Deutschland kaum je gegeben hat in der wirklichen Arbeiterpolitik". „Ein jüdischer Danton gleichsam", so charakterisiert ihn Hans Mayer, der ihn aus dieser Zeit kannte.[8] Und so gab es denn überall, wo Sternberg auftrat, volle Säle, überfüllte Vortragsräume, ein Publikum, das Sternberg während seines Vortrags mit seinem suggestiv-metaphorischen Stil in einen stummen Dialog mit ihm hineinzog, heftige Diskussionen nach dem Vortrag, in denen Sternberg abermals mit seiner argumentativen Kraft glänzte. Die ergrauten Parteisoldaten rauften sich manchmal die Haare: nichts als Sternberg, mehr pro als contra schien in den Köpfen der Jungen zu stekken. Wie konnte es geschehen, daß Sternberg „der Lehrer einer ganzen Generation junger Sozialisten wurde"? Sternberg gab ihnen mitten in der „Krise des Marxismus" eine neue Standortbestimmung, die Theorie und Praxis als realitätsgerechte Einheit zusammenfügte. Aber er erhielt auch etwas zurück, eine seltene Befähigung, so zu sprechen, daß sowohl der damals durchschnittlich geschulte Arbeiter als auch der anspruchsvolle Intellektuelle auf ihre Rechnung kamen.

Unter Künstlern und Proletariern – Berlin
Mitte der zwanziger Jahre

Von Breslau, der niederschlesischen Metropole, in das Berlin der „Goldenen Zwanziger" übergesiedelt, lernte der marxistische Ökonom hier Dichter (Alfred Döblin, Bertolt Brecht, Lion Feuchtwanger), Literatur- und Kunsttheorektiker (Georg Lukács, Ernst Bloch, Walter Benjamin), Regisseure (Erwin Piscator, Bernhard Reich), bildende Künstler (George Grosz, Rudolf Schlichter), Herausgeber von Zeitschriften (Willy Haas, Carl v. Ossietzky) und Verleger (Wieland Herzfelde, Ernst Rowohlt) nicht nur kennen, sondern er wurde ihr zündend-anregender Gesprächspartner, wie sich Manès Sperber erinnert: „Sternberg war ein temperamentvoller Debattierer, der stets im rechten Augenblick interessante Zitate, statistische Daten und kühne Behauptungen vorzubringen wußte."[9]

Für Sternberg, der als ganz junger Mann angesichts seiner beachtlichen musikalischen Begabung geschwankt hatte, ob er sich nicht statt der strengen Wissenschaft den schönen Künsten zuwenden sollte, bedeuteten diese Kontakte, die sich im Falle Brechts und Piscators zu einer Zusammenarbeit ausweiteten, keine Wiederannäherung an alte Wünsche. Vielmehr wollte er Kunst als Handlungselement in seine revolutionäre Zukunftsstrategie einsetzen, Kunst schon im Kapitalismus für den Sozialismus instrumentalisieren und dem Künstler Antwort geben auf die Frage, wie er sich oder was ihn in die Lage versetzen könnte, seine Existenz im Kapitalismus als seinem wahren Wesen entfremdete und als eine transitorische zu begreifen. Nach Sternberg war dies möglich 1. durch die strenge Bemühung um rationale Erkenntnis als Voraussetzung für die Entfaltung der schöpferischen Kräfte („sich über die Ratio ein Bild der heutigen Gesellschaft zu machen"), 2. durch methodisch-analogisches Erfassen der „Hellsichtigkeit" von Dichtern früherer Epochen, wie z. B. Shakespeare. Sternbergs Versuch einer „Soziologischen Dramaturgie"[10] in der von Willy Haas herausgegebenen Zeitschrift „Literarische Welt" sollte die Rationalität marxistisch-soziologischer Literaturinterpretation beweisen.

Gleichzeitig bemühte sich Sternberg damals um eine kritische Auseinandersetzung mit der Freudschen Psychoanalyse; seine Absicht war es, einige ihrer zentralen Kategorien zu übertragen in eine marxistische Analyse der kapitalistischen Gesellschaft. Daraus resultierten verschiedene Ansätze zu einer „Soziologie der Verdrängung", die Sternberg allerdings nie systematisch entfaltet hat, die ihn aber bis in seine letzten Lebensjahre beschäftigte.

Nun saß Sternberg aber in jenen Berliner Jahren nicht ständig im „Romanischen Café" (wenn er überhaupt je dort gesessen hat) oder vergleichbaren Künstler-Domizilen, und er fuhr auch nicht dauernd mit Brecht in dessen flinkem Auto durch die Straßen Berlins auf der gemeinsamen Suche nach dem revolutionären Proletariat (was sie auch schon mal taten, wie z. B. am 1. Mai 1929).[11] Damals begann auch seine freundschaftliche Zusammenarbeit mit einigen linken, aus der demokratisch-kommunistischen Tradition Rosa Luxemburgs kommenden Arbeiterführern – Jacob Walcher und August Enderle – und sozialistischen Studentenführern – Richard Löwenthal und Hans Mayer. Er nahm im Februar 1927 am Anti-Imperialistischen Kongreß in Brüssel teil (wo er Jawaharlal Nehru begegnete). Vor allem aber schrieb er, aufmerksam geworden auf die gesellschaftliche und politische Schlüsselrolle der neuen Mittelschichten, in der einschlägigen sozialdemokratisch orientierten Gewerkschaftspresse – Der freie Angestellte, Deutsche Werkmeister-Zeitung, Deutsche Techniker-Zeitung – grundsatzorientierte Kommentare zur sozioökonomischen Entwicklung vor und zu Beginn der Weltwirtschaftskrise. Ein herausragender Beitrag war die Kontroverse mit Fritz Naphtali, dem damals führenden Gewerkschaftstheoretiker, in der Deutschen Werkmeister-Zeitung 1928 über Krise und Konjunktur.[12] Während Sternberg die kapitalistische Wirtschaft nach dem Weltkrieg in einen verschärften Krisenzyklus geraten sah, meinte Naphtali, daß man sich bereits wieder in einem normalen konjunkturell bedingten Krisenzyklus befände.

1929 und 1930, jeweils im Sommer, reiste Sternberg nach Moskau (beim zweiten Mal auch noch nach Leningrad und in den Kaukasus) – der Analytiker der kapitalistischen Ökonomie wollte die Realisierung des sozialistischen Gegenmodells überprüfen.[13] Das Ergebnis auch nach Diskussionen im Marx-Engels-Institut mit Eugen Varga, Karl Radek und Nikolai Bucharin war eher bedrückend: Stalins unumschränkte Diktatur schien sich zu festigen, ökonomisch dagegen war man konzeptionslos, absolut falsch schätzte man die Situation des Kapitalismus in der Krise ein und täuschte sich besonders über die angeblich „akute revolutionäre Situation" in Deutschland.

Sternbergs Kampf gegen den Faschismus

Als Sternberg nach sehr anstrengenden Monaten in der Sowjetunion im Spätherbst 1930 wieder nach Berlin in seine alte Wohnung in der Koblankstraße am Schönhauser Tor (nur wenige Schritte von dem Haus der Volksbühne und nur einige hundert Meter von der KPD-Zentrale, dem Karl-Liebknecht-Haus, entfernt) zurückkehrte, hatten sich seine Befürchtungen bestätigt: Die ein Jahr alte Wirtschaftskrise war von Monat zu Monat schärfer geworden, die Nationalsozialisten befanden sich im Aufwind, die Reichstagswahlen vom September hatten es bestätigt. Die nächsten zweieinhalb Jahre bis zu seiner erzwungenen Flucht aus Deutschland gehörte Sternberg zu den aktivsten Kämpfern gegen den Nationalsozialismus in Wort, Schrift und politischer Aktion, und dies auf mehreren Ebenen. Seit dem 28. 8. 1930 bis zum 30. 3. 1933 schrieb Sternberg in der „Weltbühne" 72 Artikel, die analytisch orientiert in der Grundaussage und zugleich kämpferisch im Ton den Aufstieg des Nationalsozialismus und die Handlungsspielräume der Arbeiterbewegung kritisch kommentierten. Er benutzte dazu die Pseudonyme K. L. Gerstorff und Thomas Tarn[14], wohl um die verschiedenen Aktionsebenen voneinander zu trennen; denn Sternberg veröffentlichte parallel unter seinem Namen weiter in den Publikationsorga-

nen des linkssozialistischen Teils der Arbeiterbewegung (so im „Klassenkampf", im „Aufbau", im „Freidenker"). Zusammen mit den Vortragshonoraren und Bücherverkäufen konnte Sternberg nun mit seiner ebenfalls publizistisch tätigen Lebensgefährtin (und späteren Frau) Erna v. Pustau[15] seine bescheidene Existenz als freier Schriftsteller als einigermaßen gesichert ansehen.
Gleichzeitig mischte sich Sternberg nun auch in die konkrete politische Tagesarbeit der Arbeiterbewegung ein. Es ging ihm bis Herbst 1931 um die Unterstützung des linken, um die proletarische Einheitsfront gegen den Naitonalsozialismus bemühten Flügels in der SPD, den er – wie auf dem Parteitag im Juni 1931 in Leipzig – politisch-strategisch und vielleicht auch taktisch beriet, sehr zum Mißfallen der alten Funktionärsgarde, die Sternberg gerne als „Sendling der KPD" und „Zersetzungsapostel" (übrigens unter Enttarnung seiner Pseudonyme in der „Weltbühne") ausgegrenzt hätte.[16]
Die dramatische Zuspitzung der politischen Situation führte schließlich dazu, daß der unabhängige Sozialist, der vom Herkommen aus jüdisch-bourgeoisem Milieu im Grunde ein Individualist war, die Unbequemlichkeit einer auch organisatorischen Parteinahme bewußt auf sich nahm: am 17. 11. 1931 wurde er Mitglied der Ende Oktober gegründeten SAP, der kleinen linken Partei zwischen SPD und KPD. Nun stand er in vorderster Front bei dem zuletzt fast verzweifelten Bemühen, in letzter Minute Brücken zu schlagen zwischen der gespaltenen Arbeiterbewegung, um deren krisengeschwächte Kraft zusammenzufassen zum Kampf gegen die drohende Nazi-Barbarei. Auf Kundgebungen z. B. gemeinsam mit Ernst Eckstein, dem legendären Arbeiterführer von Breslau, und dem Schriftsteller Erich Mühsam, auf den Wahlkampfveranstaltungen seiner Partei im Rheinland, im Ruhrgebiet, in Sachsen, in Niederschlesien und immer wieder in Berlin, bei Veranstaltungen und Kursen wie eh und je mit sozialistischen Studenten, als Artikelschreiber für die Zeitung der SAP, die „Sozialistische Arbeiter-Zeitung" (SAZ), als Debattierer auf dem (einzigen) Parteitag der SAP im März 1932 und als das Programm der Partei in entscheidenden Punkten beeinflussender Theoretiker[17] war er in jenen knapp zwei Jahren fast im wahrsten Sinne des Wortes: pausenlos in Aktion.
In all diesem aktuellen Getümmel fand Sternberg noch die geistige Kraft, Beiträge zu einer Analyse und theoretischen Einordnung des Faschismus zu verfassen, die auch heute noch ihren Platz in der Faschismus-Theorie beanspruchen können. (Um seine Leistung in

diesen Jahren zu gewichten, muß man wissen, daß bei Sternberg 1931 eine Diabetes-Krankheit diagnostiziert wurde, die ihn zu strengster Diät und Insulin-Behandlung zeitlebens zwang.) Sternberg sah die nationalsozialistische Bewegung nicht als eine autonome Massenbewegung an, sondern betrachtete sie als eine bewußt vom Monopolkapital, von der Bourgeoisie organisierte. Ihr Zweck war es, in der Weltwirtschaftskrise, der bisher schwersten Krise des kaptialistischen Systems überhaupt, die Kapitalakkumulation, die sich nicht mehr mit den Mitteln der parlamentarischen Demokratie garantieren ließ, durch eine offene Diktatur sicherzustellen. Dabei räumte Sternberg der nationalsozialistischen Bewegung eine gewisse „Eigengesetzlichkeit" ein, wie er andererseits darauf aufmerksam machte, daß zunächst jedenfalls nicht alle Fraktionen des Kapitals auf den Faschismus setzten. Er unterschied auch zwischen den Präsidialkabinetten Brünings und Papens und der offenen faschistischen Diktatur in Deutschland, deren Gefahren für die Arbeiterbewegung er scharf herausstrich.

Stärker als andere linke Faschismus-Theoretiker, aber ähnlich wie Trotzki verwies er auf die Bedeutung der Pauperisierung und Verproletarisierung der alten und der neuen Mittelschichten und auf ihre Rolle als Potential für die faschistische Bewegung. Die einzige Kraft, die eine Machterorberung des Faschismus in Deutschland verhindern konnte, blieb die Arbeiterbewegung, deren desolaten Zustand Sternbeg nicht verkannte und erbarmungslos anklagte: den ultralinken sozialfaschistischen Kurs der KPD wie den kleinbürgerlich-wirtschaftsdemokratischen Reformismus von SPD und Gewerkschaften. Sternbergs Artikel in diesen Jahren, stärker als in der „Weltbühne" in der „SAZ", beweisen, daß er nicht den mühseligen Weg unterschätzte, den die SAP zu gehen sich entschlossen hatte: das Gravitationszentrum für die antifaschistische Einheitsfront zu bilden. Zwar war die SAP eine kleine Partei, aber sie bestand aus „geschulten Funktionären der gesamten Klasse"; doch ihr gegenüber stand das Schwergewicht von Jahrzehnten reformistischer Politik, die noch dazu zwischen 1924 und 1928 in der sogenannten Stabilisierungsphase ihren „Altweibersommer" erlebt hatte. Sternberg gehörte zweifellos zu den unerbittlichsten Kritikern des sozialdemokratischen Reformismus, dessen Organisationen er im März 1933 vorwarf, „umsonst zu kapitulieren" – „weder die Gewerkschaften noch die Sozialdemokratie werden durch freiwillige Kapitulation ihre Zerschlagung verhindern können".[18] Aber es war ihm auch klar, daß die Hauptverantwortung für das traurig-tragische Ende der deutschen Arbeiterbewegung die KPD-Führung trug: Niemand, so schrieb er am 29. 1. 1933 in der „SAZ", führe die Einheitsfront mehr im Munde, niemand verhindere sie mehr als die KPD-Führung, die mit ihrer Forderung der Einheitsfront von unten die Sozialdemokraten abstoße und es den sozialdemokratischen Führern leichtmache, „ihre staatsbejahende, objektiv klassenverräterische Politik durchzusetzen".

Die Nachgeborenen würden es sich zu leicht machen, Sternberg und seinen politischen Freunden vorzuwerfen und nachzutragen, sie hätten Illusionen gehabt, seien blankem Voluntarismus verfallen gewesen, hätten sich in sektiererischen Aktionismus und eifernde Ungeduld geflüchtet. Wenn wirklich nicht alles täuscht, wußten sie bereits 1931, daß der Wettlauf mit der Reaktion von der Arbeiterbewegung nicht mehr zu gewinnen war; auf Sieg konnten sie nicht mehr setzen, wohl aber nicht verzweifelnd sich bemühen, gemäß ihrer politischen Moral der Welt von Feinden bis zum letztmöglichen Augenblick zu trotzen.

Die Barbarei wird nicht das letzte Wort sein

Sternberg verließ Deutschland, nachdem er nach dem Reichstagsbrand am 27. Feburar 1933 einer Verhaftung nur durch Zufall entgangen war, Mitte März 1933; über das Riesengebirge als Rodler im Schnee getarnt erreichte er zu Fuß von Krummhübel über seit Kindheitstagen vertraute Wege die Tschechoslowakei. Von dort ging es bald nach Basel, im Sommer 1936 nach Paris, im Frühjahr 1939 per Schiff (es war wirklich die „Queen Mary") nach New York. Joseph Lang, einer seiner engeren politischen Freunde aus der SAP, widmete dieser Emigrationszeit in seiner Gedenkrede für Sternberg die Sätze: „In diesen kritischen Zeiten, da viele schwankend und unsicher wurden, gehörte Fritz Sternberg zu denen, die auch während des Siegeszuges der Nazis davon überzeugt waren, daß deren schließliche Niederlage unaufhaltsam sei. Er hat es immer wieder in Wort und Schrift bekundet."

Dies geschah in seinem 1935 erschienenen Buch „Der Faschismus an der Macht"; dem waren die Gespräche gewidmet, die er über eine Woche im August 1933 mit Trotzki in desen französischem Exil führte; so wirkte er auf dem Treffen mit den Genossen, wie z. B. im

Juli 1937, wo er den jungen Willy Brandt kennenlernte, der dort das Referat über „Ein Jahr Krieg und Revolution in Spanien" hielt; auch die Bemühungen um die Volksfront trug er mit. Hauptsächlich beschäftigte er sich jedoch seit Mitte der 30er Jahre mit militärpolitischen Fragen: Der kommende Krieg durfte nicht mit Hitlers Sieg enden; er würde es auch nicht, so analysierte Sternberg die Situation, wenn die USA auch diesmal nicht Europa im Stich lassen würden. Das Ergebnis seiner Überlegungen faßte er in dem Buch „Die deutsche Kriegsstärke. Wie lange kann Hitler Krieg führen?", das im Jahre 1939 erschien, zusammen. Solche Überlegungen waren das Hauptmotiv für den im Vergleich mit seinen Freunden frühen Aufbruch in die USA, wo er dabei mitwirken wollte, die liberalen Kräfte in ihrer Offensive gegen den Isolationismus zu unterstützen.

Ein leidenschaftlicher Zeit-Genosse

In den USA baute sich Sternberg wie einst im Weimarer Deutschland eine neue Arbeitsbasis auf, was damit begann, daß der humanistisch Gebildete erst einmal Englisch lernte. Das war alles sehr schwer, kostete viel Kraft, aber Sternberg hielt nichts davon, wie viele seiner Mitemigranten, auf unausgepackten Koffern sitzenzubleiben. So wurde er auch in den USA ein beachteter Publizist, und es war dann auch nur konsequent, daß er 1948 amerikanischer Staatsbürger wurde.
Aber zunehmend verlegte er nach 1945 sein Tätigkeitsfeld wieder nach Europa. Ungebrochen und oft gesteigert bis zu der aus den 20er Jahren an ihm bekannten Aktivität und Übezeugungskraft, für die Verwirklichung des demokratischen Sozialismus in einem neuen Parallelogramm der Weltkräfte zu denken und zu streiten. Gerhard Beier sieht Sternberg treffend, wenn er schreibt: „Er verstand sich als einen leidenschaftlichen Zeitgenossen, stets auf die Bugwelle konzentriert, wo lebendige Gegenwart in das Meer der Zukunft einschnitt."[19] Sozialismus, auch und gerade in seiner Form der Solidarität mit den Völkern der „Dritten Welt", und Aufklärung der Menschen über ihre Zeitgenossenschaft und die aus ihr ihnen erwachsenen Aufgaben blieben für Sternberg die zentralen Elemente einer humanen, menschlichen Überlebensperspektive.
Nachdem Fritz Sternberg in der Nacht vom 17. auf den 18. Oktober 1963 in München gestorben war, schrieb ein jüngerer Kollege, mit

dem er im Funk viel zusammengearbeitet hatte[20]: „Er war Gott seinen Tod noch nicht schuldig [...]. Er zählte 68 Jahre, als er starb, und geschuftet hat er in diesem einen Leben, als verfüge er über deren drei. Wie erstaunlich war seine Arbeitskraft, wie lebendig blieb dieser Geist noch im von Herzinfarkten bedrängten Körper. [...] Man wird nicht mehr reden können mit diesem wunderbaren scharfen Kopf. [...] Wie arm kann der Tod eines einzelnen Mannes uns machen."[21]

Anmerkungen

1 Vgl. Gershom Scholem, Walter Benjamin – die Geschichte einer Freundschaft, Frankfurt am Main 1975, S. 150.
2 Fritz Sternberg, Der Imperialismus, Berlin 1926, S. 318.
3 Vgl. Hans-Christoph Schröder, Fritz Sternbergs Imperialismustheorie, in: Helga Grebing (Hrsg.), Fritz Sternberg (1895–1963). Für die Zukunft des Imperialismus, Köln 1981; Helga Grebing, Der Revisionismus. Von Bernstein bis zum ‚Prager Frühling', München 1978 (Kap. 6,5 über Fritz Sternberg), S. 121–138; Michael Schneider, Der Wissenschaftler als Zeitgenosse. Zur Wiederentdeckung Fritz Sternbergs, in: Archiv für Sozialgeschichte, Bd. XXV, 1985, S. 678–686.
4 Gert Schäfer, Einleitung zum Neudruck von Fritz Sternberg, Der Faschismus an der Macht (1935), Hildesheim 1981, S. V.
5 Vgl. Iring Fetscher, Fritz Sternbergs Beitrag zur Weiterentwicklung des Marxismus, in: Grebing (Hrsg.), Sternberg (Anm. 3), S. 15.
6 Vgl. Arkadij Gurland, Imperialismus und Arbeiterklasse, in: Sozialistische Politik und Wirtschaft, 5. Jg., 1927, Nr. 8, zit. bei Grebing, Revisionismus (Anm. 3), S. 133.
7 Franz Walter, Nationale Romantik und revolutionärer Mythos. Politik und Lebensweisen im frühen Weimarer Jungsozialismus, Berlin 1986, S. 138.
8 Hans Mayer, Ein Deutscher auf Widerruf. Erinnerungen, Bd. 1, Frankfurt am Main 1982, S. 136f.
9 Manès Sperber, Die vergebliche Warnung. All das Vergangene..., Wien 1975, S. 216; Fritz Sternberg, Der Dichter und die Ratio, Göttingen 1963.
10 Vgl. Fritz Sternberg, Soziologische Dramaturgie, in: Grebing (Hrsg.), Sternberg (Anm. 3), S. 418–424 (Auszug).
11 Sternberg (Anm. 9), S. 24ff.
12 Die Kontroverse ist abgedruckt bei Grebing (Hrsg.), Sternberg (Anm. 3), S. 248–270.
13 Vgl. Fritz Sternberg, Moskau, Berlin – New York 1930, in: Grebing (Hrsg.), Sternberg (Anm. 3), S. 336–351.
14 Der letzte Artikel erschien unter einem neuen Pseudonym: Jack Enderzin; in der Emigrationspresse wurden neue Tarnnamen benutzt: Ungewitter, Fried.
15 Vgl. Pearl S. Buck, So kommt's dazu. Gespräche über das deutsche Volk

1914–1933 mit Erna v. Pustau, Wien 1948. – Sternbergs erste Frau aus dem Umfeld der jüdischen Jugendbewegung war Genia Fadenhecht, sie starb 1923.
16 Vgl. Protokoll des Parteitages, S. 265, ferner Leipziger Volkszeitung, 5.6.1931.
17 Sternberg hat gemeinsam mit Klaus Zweiling einen Programm-Entwurf ausgearbeitet (veröffentlicht Ende Februar 1932 in der Sozialistischen Arbeiterzeitung) für den 1. Reichsparteitag der SAP in Berlin vom 25.–28. März 1932 (Karfreitag bis Ostermontag), der in seinen ökonomischen Analysen der Prognosen weitgehend in die Prinzipien-Erklärung der SAP übernommen wurde.
18 Erschien unter dem Pseudonym Jack Enderzin in: Die Wiener Weltbühne, Prag, Zürich, 2. Jg., Nr. 13 v. 30. 3. 1933, teilweise abgedruckt in: Sternberg (Anm. 4), S. 282f.
19 Gerhard Beier, Schulter an Schulter, Schritt für Schritt. Lebensläufe deutscher Gewerkschafter, Köln 1983, S. 184.
20 Gerhard Zwerenz in: twen, 5. Jg., 1963, Nr. 12.
21 Die Verfasserin dankt Fritz Sternbergs Frau Lucinde Sternberg-Worringer (mit der er seit den 50er Jahren verheiratet war) für ihre Mithilfe bei der Rekonstruktion seiner Lebensgeschichte und widmet ihr diesen Beitrag zu ihrem 70. Geburtstag am 29. 3. 1988. Dank gebührt auch Franz Walter, der bei seinen Untersuchungen über die Weimarer Jungsozialisten unermüdlich „Sternbergiania" ‚gefischt' hat.

Literatur

Neuere Versuche, Fritz Sternberg wiederzuentdecken, sind:
Grebing, Helga (Hrsg.): Fritz Sternberg (1895–1963). Für die Zukunft des Sozialismus, Köln 1981 (mit Beiträgen von Gerhard Beier, Iring Fetscher, Herbert Ruland, Hans-Christoph Schröder).
Schäfer, Gerd: Einleitung, in: Fritz Sternberg, Der Faschismus an der Macht (1935), Neudruck: Hildesheim 1981.
Walter, Franz: Nationale Romantik und revolutionärer Mythos. Politik und Lebensweisen im frühen Weimarer Jungsozialismus, Berlin 1986. Vgl. hier den Abschnitt „Wider den Absturz in die Barbarei", S. 157–163.

Über die Autoren

Dieter Emig, geb. 1949, wissenschaftlicher Mitarbeiter am Institut für Politikwissenschaft der Technischen Hochschule Darmstadt. Veröffentlichungen u. a.: Hrsg. von A. R. L. Gurland, Die CDU/CSU. Ursprünge und Entwicklung bis 1953 (1980); Arkadij Gurland, Marxismus und Diktatur (1981).

Antje Dertinger, geb. 1940, Journalistin und Sachbuchautorin. Veröffentlichungen u. a.: Dazwischen liegt nur der Tod – Leben und Sterben der Sozialistin Antonie Pfülf (1984); ...und lebe immer in Eurer Erinnerung – Johanna Kirchner, eine Frau im Widerstand (1985); Weiße Möwe, gelber Stern – Das kurze Leben der Helga Beyer (1987).

Walter Euchner, geb. 1933, Dr. phil., Professor für Politikwissenschaft an der Universität Göttingen. Veröffentlichungen u. a.: Egoismus und Gemeinwohl (1973); Naturrecht und Politik bei John Locke (1979^2); Karl Marx (1982).

Helga Grebing, geb. 1930, Dr. phil. et rer. pol., Professor für vergleichende Geschichte der internationalen Arbeiterbewegung und der sozialen Lage der Arbeiter am Institut zur Erforschung der europäischen Arbeiterbewegung der Ruhr-Universität Bochum. Veröffentlichungen u. a.: Lehrstücke in Solidarität. Briefe und Biographien deutscher Sozialisten 1945–1949 (1983); Arbeiterbewegung. Sozialer Protest und kollektive Interessenvertretung bis 1914 (1987^2); Der „deutsche Sonderweg" in Europa 1806–1945. Eine Kritik. (gemeinsam mit H.-J. Franzen und D. v. d. Brelie-Lewien) (1986).

Dietmar Klenke, geb. 1954, Dr. phil., wissenschaftlicher Angestellter an der Fakultät für Geschichtswissenschaft und Philosophie der Universität Bielefeld. Veröffentlichung: Die SPD-Linke in der Weimarer Republik (1987^2).

Werner Korthaase, geb. 1937, Direktor der Otto-Suhr-Volkshochschule Neukölln von Berlin.

Ursula Langkau-Alex, geb. 1937, Dr. phil., wissenschaftliche Mitarbeiterin der Stichting Internationaal Instituut voor Sociale Geschiedenis in Amsterdam. Veröffentlichungen u. a.: Volksfront für Deutschland (1977); Die deutsche sozialdemokratische Emigration in den Niederlanden nach 1933 (1982); Zwischen Tradition und neuem Bewußtsein. Die Sozialdemokratie im Exil (1988).

Detlef Lehnert, geb. 1955, Dr. phil., Privatdozent an der FU Berlin. Veröffentlichungen u. a.: Sozialdemokratie zwischen Protestbewegung und Regierungspartei 1948–1983 (1983); Sozialdemokratie und Novemberrevolution (1983); Arbeiterbewegung und Arbeiterkultur in Berlin 1918–1933, hrsg. zusammen mit G.-J. Glaeßner und K. Sühl (1988).

Peter Lösche, geb. 1939, Dr. phil., Professor für Politikwissenschaft an der Universität Göttingen. Veröffentlichungen u. a.: Parteien in der Krise, hrsg. gemeinsam mit C. Graf von Krockow (1986); Wovon leben die Parteien? Über das Geld in der Politik (1984); Politik in USA (1977).

Susanne Miller, geb. 1915, Dr. phil., 1938–1946 Exil in England und Tätigkeit für sozialistische Organisationen; 1952–1960 Angestellte beim SPD-Parteivorstand. 1964–1978 wissenschaftliche Referentin bei der Kommission für Geschichte des Parlamentarismus und der politischen Parteien. Danach Mitarbeiterin in Institutionen der politischen Bildung und Vorsitzende der Historischen Kommission beim SPD-Parteivorstand. Veröffentlichungen u. a.: Burgfrieden und Klassenkampf (1974); Die Bürde der Macht (1978); Kleine Geschichte der SPD (gemeinsam mit Heinrich Potthoff) (1988[6]).

Hans-Harald Müller, geb. 1943, Dr. phil., Professor für Neuere deutsche Literaturgeschichte am Literaturwissenschaftlichen Seminar der Universität Hamburg. Veröffentlichungen u. a.: Intellektueller Linksradikalismus in der Weimarer Republik (1977); Der Krieg und die Schriftsteller (1986); Herausgeber der Werke von Theodor Plievier (1981 ff.).

Kersten Oschmann, geb. 1955, Dr. phil., z. Z. im Ausbildungsprogramm der Bundesvereinigung der deutschen Arbeitgeberverbände.

August Rathmann, geb. 1895; Tischlerlehre, seit 1921 Arbeitersekretär beim ADGB. Ab 1925 Jura-Studium; von 1930 bis 1933 Mitherausgeber und Schriftleiter der „Neuen Blätter für den Sozialismus". Ab 1933 Kleinunternehmer; nach dem Krieg Sozialleiter der Stahltreuhändervereinigung, dann Geschäftsführer einer Institution der Mitbestimmung. Veröffentlichungen u. a.: Ein Arbeiterleben (1983); Wegweiser und Denker des Sozialismus (1987 ff.).

Ralf Schmölders, geb. 1960, Diplompädagoge an der Fakultät für Pädagogik der Universität Bielefeld. Arbeitet gegenwärtig an einer Biographie über Anna Siemsen.

Michael Scholing, geb. 1954, Dipl.-Sozialwirt, Redakteur beim „Vorwärts".

Franz Walter, geb. 1956, Dr. disc. pol., Akademischer Rat am Seminar für Politikwissenschaft der Universität Göttingen. Veröffentlichungen u. a.: Jungsozialisten in der Weimarer Republik (1983); Weimarer Linkssozialismus und Austromarxismus (gemeinsam mit Gerd Storm) (1984); Nationale Romantik und revolutionärer Mythos (1986).

Rüdiger Zimmermann, geb. 1946, Dr. phil., wissenschaftlicher Mitarbeiter in der Bibliothek der sozialen Demokratie. Veröffentlichung u. a.: Der Lenin-Bund. Linke Kommunisten in der Weimarer Republik (1978).